Philosophie der symbolischen Formen

Erster Teil　die Sprache

当　代　世　界　学　术　名　著

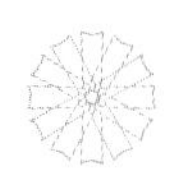

符号形式哲学

第一卷　语言

[德] 恩斯特・卡西尔(Ernst Cassirer) / 著

李彬彬 / 译

中国人民大学出版社

・北京・

“当代世界学术名著”
出版说明

中华民族历来有海纳百川的宽阔胸怀，她在创造灿烂文明的同时，不断吸纳整个人类文明的精华，滋养、壮大和发展自己。当前，全球化使得人类文明之间的相互交流和影响进一步加强，互动效应更为明显。以世界眼光和开放的视野，引介世界各国的优秀哲学社会科学的前沿成果，服务于我国的社会主义现代化建设，服务于我国的科教兴国战略，是新中国出版工作的优良传统，也是中国当代出版工作者的重要使命。

中国人民大学出版社历来注重对国外哲学社会科学成果的译介工作，所出版的“经济科学译丛”、“工商管理经典译丛”等系列译丛受到社会广泛欢迎。这些译丛侧重于西方经典性教材；同时，我们又推出了这套“当代世界学术名著”系列，旨在逐译国外当代学术名著。所谓“当代”，一般指近几十年发表的著作；所谓“名著”，是指这些著作在该领域产生巨大影响并被各类文献反复引用，成为研究者的必读著作。我们希望经过不断的筛选和积累，使这套丛书成为当代的“汉译世界学术名著丛书”，成为读书人的精神殿堂。

由于本套丛书所选著作距今时日较短，未经历史的充分淘洗，加之判断标准见仁见智，以及选择视野的局限，这项工作肯定难以尽如人意。我们期待着海内外学界积极参与推荐，并对我们的工作提出宝贵的意见和建议。我们深信，经过学界同仁和出版者的共同努力，这套丛书必将日臻完善。

中国人民大学出版社

译者序：《符号形式哲学》与卡西尔的文化哲学[①]

恩斯特·卡西尔（Ernst Cassirer）是“当代哲学中最德高望重的人物之一，现今思想界具有百科全书知识的一位学者”。他 1874 年 7 月 28 日出生于德国布列斯劳的一个富裕犹太人家庭，1892 年进入柏林大学求学，跟随格奥尔格·西美尔研读康德。在西美尔的影响下，卡西尔开始接触赫尔曼·柯亨研究康德的著作，并于 1896—1899 年到马堡跟随柯亨完成了研究笛卡尔数学和自然科学思想的博士论文。在马堡完成了研究莱布尼茨的著作之后，他 1903 年回到柏林，1906 年以研究文艺复兴以来哲学和科学的著作获得柏林大学的任教资格，之后从 1906 到 1919 年都在柏林大学担任编外讲师。1919 年，卡西尔在汉堡大学获聘教授，在这里完成了他的《符号形式哲学》。1929 年卡西尔被擢升为汉堡大学校长，成为德国获得这一职位的第一位犹太人。1933 年，面对日益猖獗的反犹势力，卡西尔被迫流亡海外，先后旅居英国、瑞典和美国，1945 年于美国哥伦比亚大学去世，享年 71 岁。

卡西尔一生著作等身。他早期沿着康德哲学和新康德主义的思路，对自然科学、认识论进行过充分的研究，创作了《认识问题》（四卷本）、《爱因斯坦的相对论》等富有影响的著作。以《实体概念

① 本文的底稿是我 2010 年于北京师范大学完成的硕士学位论文《文化作品的象征本性——卡西尔〈象征形式哲学〉的批判性解读》，这次出版做了全面的删节和修改。

和函数概念》为标志，卡西尔抛弃了实体性的思维模式，转向功能性的思维。同时，因为不满意自己的老师把知识局限于数学、自然科学，卡西尔决意把康德理性批判的范围扩大到整个文化领域，由此形成了他富于特色的文化哲学。《符号形式哲学》集中表达了他的文化哲学思想，被哈贝马斯誉为 20 世纪 20 年代世界范围内最伟大的哲学著作之一，奠定了卡西尔在 20 世纪的哲学地位。

一、“符号形式”释义

《符号形式哲学》书名的德语原文是“*Philosophie der symbolischen Formen*”，应该做何翻译，学界一直充满争论。例如，甘阳先生在《人论》译本中把它译为《符号形式哲学》，李幼蒸先生在《理论符号学导论》中则把它译为《象征形式哲学》。在我们近邻的日本学术界也有两种译法。“符号”（希腊语“*σύμβολον*”，即“symbolon”）源于希腊语的“*συμ-βάλλω*”，其含义是分开再合到一起使其吻合。[1] 这一词源学含义与古汉语中“符”的含义相近。[2] 故此，本译稿将其译为《符号形式哲学》。

“符号形式”是《符号形式哲学》的核心概念。卡西尔至少曾对它做过如下两种定义：其一，在《人文科学建构中的符号形式概念》中，卡西尔指出，符号形式是“精神的活动（Energie des Geistes），精神性的含义内容通过它关联于具体的感性的记号”[3]。其二，在

---

① 翁贝尔托·埃科．符号学与语言哲学．王天清，译．天津：百花文艺出版社，2006：239.

② 《说文解字》对“符”的解释是：“符，信也。汉制以竹，长六寸，分而相合。”

③ Ernst Cassirer. “The Concept of symbolic form in the construction of the human science”. 转引自：John Michael Krois，“Cassirer's ‘Prototype and Model’ of Symbolism：Its Sources and Significance”，*Science in Context*，1999，12（4）：531-547，esp. 540。在这里，“Energie des Geistes”宜译为“精神的活动”，而非“精神的能量”，因为卡西尔特别看重洪堡关于“语言并非产品（Ergon），而是活动（Energeria）”的界定，主张不能仅仅从客体的方面去理解文化作品，而且要从精神的活动中来理解它。

《人论》中，卡西尔又指出，“所有这些文化形式都是符号形式”①。符号形式既是一种精神活动，又是精神活动的创造物。这一界定与卡西尔对“符号”和“形式”的理解有关。

“符号”是精神内容与感性形象的统一体。在《符号形式哲学》中，卡西尔是这样界定“符号”的：“我们从一开始就已经赋予符号概念（Symbolbegriff）一个不同的更宽泛的含义。我们试图用这个概念囊括所有那些现象，在这些现象中感性东西总是以某种方式‘充满意义’——在这些现象中一个感性的东西在其定在（Dasein）和如此存在（Sosein）的方式中同时还表现为一种意义的特殊化（Besonderung）和形体化（Verkörperung）、显现（Manifestation）和化身（Inkarnation）。”② 在这里，卡西尔很明确地表达了他对“符号”概念的理解，即符号是精神性意义的感性具象呈现。精神意义具体化、特殊化为感性形象，这个过程表达的是精神对象化自身进而把自身客观化为具体形象。这个具体形象不是单纯的物理存在，它属于人类精神活动的范围。

在后期的《人论》中，卡西尔表达了同样的认识。他说：“符号（symbol），就这个词的本来意义而言，是不可能被还原为单纯的记号（sign）的。记号和符号属于两个不同的论域：记号是物理的存在世界之一部分；符号则是人类的意义世界之一部分。记号是‘操作者’（operators）；而符号则是‘指称者’（designators）。记号即使在被这样理解和运用时，也仍然有着某种物理的或实体性的存在；而符号则仅有功能性的价值。”③ 卡西尔以海伦·凯勒的例子说明了记号行为与符号行为之间的差异，他说，海伦·凯勒在理解了语言的符号意义之前，早就学会了把一个物体或者事件与一个记号联系起来。因为，她在事物与它们的触感之间的固定联结早就被建立起来了。但

---

① 卡西尔. 人论. 甘阳，译. 上海：上海译文出版社，2004：37.

② Ernst Cassirer. *Philosophie der symbolischen Formen*. Band 3. Berlin：Bruno Cassirer Verlag，1929：105.

③ 同①40. 原文参见：*An Essay on Man*. New Haven：Yale University Press，1945：31。

是，对人类言语及其意义的理解，并不是把握事物和它们感觉印象之间的联结，这样的联结就算被重复和扩大，也不是对语言的理解。要达到对语言的理解，小孩子就必须对名称有一个更重要的发现。她必须要理解的是："凡物都有一个名称——符号的功能并不局限于特殊的状况，而是一个普遍适用的原理，这个原理包含了人类思想的全部领域。……词的用途不仅是作为机械式的记号或暗号，而且是一种全新的思想工具。"① 我们在这里可以清晰地看到卡西尔在"符号"和"记号"之间所做的严格的区分，即记号是物理存在，符号属于意义世界。

卡西尔把"符号"区分为"人工符号"（künstliche Symbolik）和"自然符号"（natürliche Symbolik）。所谓"人工符号"即"意识在语言、艺术和神话中创造的"各种符号。人工符号构成了我们的文化作品，因为它们是人造的，所以带有一定的任意色彩，比如不同民族的语言用来表达颜色的语词各有不同。所以人工符号又被卡西尔称为"任意的记号"。自然符号是"意识的整体"，它"必然已经包含在或至少已经安放在意识的每一个个别要素和片段中"②。对于卡西尔而言，人工符号并不是文化作品含义的源头，该源头在自然符号，文化作品有意义，就是因为它们根植于自然符号。"假如这些间接的记号的最终根源并不在一种原初性的、根植于意识本身的本质之中的精神过程里，那么，这些间接的记号的力量和效果就依旧是一个不解之谜。"③ 人工符号与自然符号的关系表明了文化作品的自由本性："因为意识的每一个个别的内容都处在各种联系的网络之中，通过这个网络，意识的个别内容在它的简单存在和自我表现中都同时包含着对其他内容和更多其他内容（andere und wieder andere Inhalte）的**指示**（Hinweis），而且又重新把其他内容包含于自身之内，所以，就可能

① 卡西尔．人论．甘阳，译．上海：上海译文出版社，2004：44.

② Ernst Cassirer. *Philosophie der symbolischen Formen*. Band 1. Berlin：Bruno Cassirer Verlag，1923：105.

③ 同②.

存在并且也必然存在着意识的特定形成物,该指示的纯粹形式似乎感性地体现在这种形成物中。由此立即就得出了这些形成物特有的双重本性:它们束缚于感性,同时在自身中又包含着摆脱感性的自由。"①

卡西尔把"形式"分为"能动的形式"和"被动的形式"两种形态。在《精神与生命》一文中,卡西尔指出,经院哲学家区分开了"能动的自然"(natura naturans)和"被动的自然"(natura naturata),符号形式哲学也必须区分开"能动的形式"(forma formans)和"被动的形式"(forma formata)。"它们之间的交互作用(interplay)构成了理智生命自身的钟摆。能动的形式为了保存自身而不至于被还原为被动的形式,它必须主动变成后者,能动的形式保留了从后者中重新找回自己并再次降生为被动的形式的力量——这就是精神(geist)和文化(culture)发展的独特之处。"② 人类丰富多样的文化作为"被动的形式"必定有自己的惰性,但是这种惰性不是单纯否定意义上的,而是说,它使能动的精神活动获得了固定的内容,"被动的形式"固化了"能动的形式"的流动性,正是在"被动的形式"中,"能动的形式"获得了自己的生命。文化作品的创造者把自己富于创造性的精神凝聚在符号中,通过这些符号,作者的精神获得了感性的形式,并借此得以流传下来,读者在阅读这一作品时,透过"被动的形式"领会到的是作者创造性的精神——"能动的形式"。我们的文化形式是被精神活动这种能动的形式创造的形式,它渗透着精神

---

① Ernst Cassirer. *Philosophie der symbolischen Formen*. Band 1. Berlin: Bruno Cassirer Verlag, 1923: 105.

② Ernst Cassirer. *The Philosophy of Symbolic Forms*. Volume 4. New Haven and London: Yale University Press, 1996: 18-19.《精神与生命》一文的重要性在于,卡西尔最初打算把它作为《符号形式哲学》的结语置于第三卷最后。但出于逻辑和篇幅上的考虑,卡西尔放弃了这一打算。布鲁诺关于"能动的自然"(natura naturans)与"被动的自然"(natura naturata)的区分被斯宾诺莎继承下来。参见:斯宾诺莎. 伦理学. 贺麟,译. 北京:商务印书馆,1997:29-30。"能动的自然"指的是"作为自由因的神",后者是"出于神的必然性的一切事物""神的属性的全部样式"。在《自然哲学体系初稿》中,谢林把自然界解释为"natura naturans",即一个自我生成、自我建构的有机整体。参见:赵鹏. 谢林"Potenz"概念探源. 世界哲学,2005(2)。

的主动性，精神从这种被创造的形式中总是可以发现自己的创造力，而从没有失却自己的主动性。人类的文化生活就在这种交互作用中不断为自己开辟道路。

“符号形式”概念是卡西尔把康德的“理性批判”拓展为“文化的批判”的关键。根据高伦斯基（Dimitry Gawronsky）的报道，第一次世界大战结束没多久，卡西尔就在酝酿自己的新作了，他对“符号形式”概念的思考最早可以追溯到 1917 年。有一天，正当他进入电车准备回家时，“符号形式”概念闪现在他的脑海里，在接下来的十年间，他一路思考下来。在这一概念的指引下，“康德—柯亨知识理论的片面性对卡西尔来说变得明晰起来。只有理性打开了理解实在的大门看来并不正确，更确切地应该是，人类心智的全体——携带着它所有的功能和能量，与想象、感受、意志、逻辑思维一道，它们具有建构连接起人类心灵与现实之间桥梁的效能——它们规定并‘浇筑’了我们关于现实的概念”①。卡西尔借助“符号形式哲学”试图拓展康德以来的知识论。对卡西尔而言，整个精神生活的完整图景只有在不同的文化作品中才能全幅地展示出来。“我们得之于神话的是一种想象的客观化，得之于艺术的是一种直观的或冥想的客观化，得之于语言和科学的是一种概念的客观化。”在《符号形式哲学》第 3 卷中，他把伦理道德、国家政治等也视为人类文化生活的一个扇面。卡西尔指出，这些不同的文化形式之间尽管千差万别，甚至是明显对立的——比如宗教神话与科学技术，但是，当我们看到它们都聚焦于人类精神生活的统一体，它们之间的关系又会呈现出和谐的一面。卡西尔多次指出人类的文化活动具有“聚合”和“辐散”的特性，作为一个由不同功能建构起来的人类文化的整体，每一种文化符号中都蕴含着人“建设一个人自己的世界的力量”，这些力量趋向于不同的方向，遵循着不同的原则，但正是这种丰富性打开了人性的一个个扇面。

对卡西尔而言，人类的文化作品无论如何是不能单纯在物理“记

---

① *The Philosophy of Ernst Cassirer*. Edited by Paul Schlipp. Chicago：Open Court Publishing Company，1949：25.

号”的意义上来理解的，它们在本质上是符号性的。因为如果把文化作品仅仅看作一种记号，记号作为“操作者”，摆脱不掉它的物理特性，我们的文化也会囿于物理存在的范围内。而更重要的是，记号在“能指”与“所指”之间的断裂，又含有世界是外在于人的文化作品的坚硬客体这一隐喻。自这一视点看去，必然会出现胡塞尔所说的自然科学越发展，人越是脱离前逻辑的生活世界以致“无家可归”的文化悖论。这种二元论的思维模式正是卡西尔所要克服的。卡西尔指出，那种认为有独立于这些形式的实在的观点是朴素的实在论，这种观点在康德之后已经遭到抛弃。“神话、艺术、语言和科学都是作为符号（symbols）而存在的，这并不是说，它们都只是一些凭借暗示或寓意手法来指称某种给定实在的修辞格，而是说，它们每一个都是能创造并设定一个它自己的世界之力量。”[①] 在卡西尔看来文化作品与记号所关涉的是两个完全不同的论域。文化作品的本性是符号，它本身就是我们所建构的意义世界；它不是指向自身之外，提示着一个外在于它的意义的记号，而是我们的“器官”，正是在各种符号形式中，我们才建构起了一个属人的世界。

二、知觉活动与符号的意义起源

文化作品的感性符号如何成为精神意义的载体，这是卡西尔的符号形式哲学高度关注的问题。他说：“在分析语言、艺术和神话时，我们遇到的第一个问题（Problem）是这个问题（Frage）：一个确定的感性的个别内容一般而言如何能够成为一个一般性的精神‘含义’的载体。”[②] 对卡西尔而言，经验主义、理性主义和康德批判哲学都没能回答这一问题，它们都没有消除“单纯的‘质料’与其纯粹的

① 卡西尔．语言与神话．于晓，等译．北京：三联书店，1988：36．

② Ernst Cassirer. *Philosophie der symbolischen Formen*. Band 1. Berlin：Bruno Cassirer Verlag，1923：26－27．

‘形式’之间的内在张力”①，它们共同的出发点都是“感性世界”（mundus sensibilis）与“理智世界”（mundus intelligibilis）的二分。它们都假定感觉被动接受的材料是无形式的，都在证明这些感性印象是如何获得形式的。但是，这些理论与我们在知觉现象中经验到的感性方面和理性方面的共时性是冲突的。为了解释感性材料如何获得精神性形式，感性主义求助于心理学的历程，理性主义求助于逻辑的历程，这本身就表明知觉中这两个方面的分离已经是感性主义和理性主义理论后来经过一系列分析和综合才造成的，正是在这个意义上，卡西尔说，“我们在这里求助的所有心理学的或逻辑的历程可以说都来得太迟了”②。因此，要想回答我们的知觉经验为什么是有意义的，我们不能从一个假定这两方面已经分离的理论开始，而是必须返回到知觉的原初状态，即知觉的这两个不同方面尚未分离开的阶段。“与对问题的这种描述相对立的首先是，它所表达的对立是抽象的产物，是对个别的意识因素做逻辑评价和估价的产物，同时，意识的质料与意识的形式的统一性，‘特殊’与‘一般’的统一性，感性‘给定要素’与纯粹‘秩序要素’的统一性，恰恰构成了那个从一开始就确定的（ursprünglich-gewisse）和从一开始就广为人知的（ursprünglich-bekannte）**现象**（Phänomen），这个现象必然是每一种意识**分析**的出发点。”③ 知觉过程原本就是质料与形式、感性与意义的统一体，这种直接统一性被卡西尔表述为“符号意蕴”（Symbolische Prägnanz）。

“符号意蕴”是卡西尔意义理论的核心概念，它指明了感性的文化符号如何具有精神性意义。这一术语一方面受到莱布尼茨的影响，即意识的每一个片段都蕴含着其他片段，正如时间意识的当下蕴含着过去和未来；另一方面受到格式塔心理学基本规律“简洁律”或“蕴

---

① Ernst Cassirer. *Philosophie der symbolischen Formen*. Band 1. Berlin：Bruno Cassirer Verlag，1923：39.

② 同①141.

③ 同①39-40.

含律”(Gesetz der Prägnanz)的影响,这一规律说的是,当我们观察到一个复杂的或意义不明的图形时,我们的知觉会把它整理为简洁的、蕴含意义的图形,以方便我们把握住它。卡西尔用这个术语表达的是一个直接给予的个别的感性东西直接包含着一个意义整体,二者是交织在一起的。“‘符号意蕴’应被理解为一种方式,在这种方式中,知觉体验作为感性的体验同时包含着特定的非直观意义,且该意义是直接地、具体地向它表现出来的。这里涉及的并不是单纯的‘感知’给予的东西——后来某种‘统觉’行动嫁接到了它上面,由此它才得到了解释、判断和改变。毋宁说,是知觉本身靠着其自身内在固有的分节(Gliederung)获得了一种精神性的‘勾连’(Artikulation)——这种勾连作为自成一体的(in sich gefügte)也属于一个确定的意义结构(Sinnfügung)。就其整个现实性来说、就其总体性和生命力来说,知觉同时就是一种‘在’意义‘之中’的生命。它不是随后才被吸纳到这一领域中,而是它在一定程度上就表现为出生于这一领域中的。‘意蕴’这个术语所要指称的,正是此时此刻给予的单个知觉现象与一个典型的意义整体的这种理想性的交织和关联状态。”① “符号意蕴”表达的是,我们的每一个知觉立即直接就包含着非直观的意义,其意义在于,每一个个别的知觉总是与知觉整体相关,某一个意识片段总是与整个意识相关。这个意义不是后来附加到知觉材料上的,而是知觉本身之中就包含的。

卡西尔认为,我们的一切文化形式在知觉中都有其根基,为了理解人类文化形式的分化发展,必须回到知觉本身。“我们必须逼近一切意识现象中的这一基本的和原始的层面,务求在此一层面中去掌握那我们一直在找寻的阿基米德点”,并提出要发展一种“知觉现象学”来探求人类文化的发展起点。② 卡西尔指出,知觉向来是“自我之极”和“对象之极”的统一体。当我们关注“对象之极”时,就会发

① Ernst Cassirer. *Philosophie der symbolischen Formen*. Band 3. Berlin: Bruno Cassirer Verlag, 1929: 231.

② 卡西尔. 人文科学的逻辑. 关子尹, 译. 上海: 上海译文出版社, 2004: 62.

现，“自我之极”要么把“对象之极”知觉为一个事物（Sache），要么把它知觉为一个人格（Person）。我们可以“简单地和图像化地把它们描述为一朝于‘它（Es）’之方向和一朝于‘你（Du）’之方向”。在这两个不同的方向之下，“自我之极”所采取的态度是完全不同的。面对事物的世界，“自我”把它看作在空间中有其广延的对象以及它们在时间中经历的各种变化，这一知觉方向上的世界是“一个绝对的异别者”。而面对人格的世界时，“自我”则把它看作“相等于我们自己的”，这一知觉方向上的世界表现为一个“另外的我”。我们总是以这两种形式去知觉世界，这就是卡西尔所说的“表达知觉”和“事物知觉”。在神话这种文化形式中，“表达知觉”处于优势地位，它甚至不了解严格意义上的事物世界。语言的出现使得“事物知觉”开始占据优势地位，而把世界视为物的体系以及把一切事件视为物理力量的结果，这是 17 世纪科学大发展以后的事情。这表明一个与“自我”相异的事物世界并不是在知觉过程之前就存在的，而是在文化形式的发展过程之中被建构起来的。同理，“那所谓‘我’的世界和那所谓‘你’的世界，都是在这些文化形式之中和借着这些形式之力而被建构出来的。……语言之使用，艺术的构作中，思想与研究的过程，它们都分别表达出一种独特的活动，而所谓‘我’和‘你’，都是在这些活动中借着同时互相区别而产生的”①。

卡西尔对知觉过程的分析与康德和胡塞尔的感性学说不同。针对康德把感觉经验区分为质料和形式，并且把知识看作先验范畴对感觉经验整理的结果，他说：“纯粹知性概念并不是后来附加于知觉上的，而是它构成了知觉本身的构成要素。”② 针对胡塞尔区分开“质素”和“意向行为”的做法，卡西尔说：“从现象学研究的立场上看，既没有‘质料自身’，也没有‘形式自身’——始终只有整体的体验（Gesamterlebnisse），能够从质料与形式立场上比较它并按照这一立

---

① 卡西尔．人文科学的逻辑．关子尹，译．上海：上海译文出版社，2004：82.

② Ernst Cassirer. *Philosophie der symbolischen Formen*. Band 3. Berlin：Bruno Cassirer Verlag，1929：221.

场规定和划分它。”① 我们的感觉经验从来不是单纯接受性的，因为呈现到知性面前的材料从来都是井然有序的，在我们接受经验材料的过程中，精神从没有以漠然的态度面对这一切，精神的主动性就体现在它对每一个感觉材料的加工整理之中。因此，我们致力于区分开精神活动和对象世界的努力只能是徒劳的，这是形而上学和二元论的原则。自我和世界其实是在同一个过程中构成的，它们之间的交互作用带出这两个端点之间的分化和融合。它们之间存在的是“关系的相关性和完满性”，而非“实体的分离”。只有在持续不断的相互作用中，它们才能确立起自身的存在。卡西尔曾指出，“精神生命无非是由一种活动构成的，这种活动就是把整体分离开来以便把这分离的整体更为紧密地统一起来”②。精神活动的这一特点反映在人的文化作品中。“精神在其所有的成果中一直与生命相对而立，但却从来都没有反抗过它，从来没有与它敌对过。离开生命和精神之间的这种相互关系，文化形式的世界将只是一个幽灵的世界；语言和知识、诗歌和造型艺术将只不过是空泛的幻觉效应。”③

卡西尔的“知觉现象学”与梅洛-庞蒂的“知觉现象学”也有显著区别。第一，知觉并不表征人的有限性。梅洛-庞蒂的现象学方法的目的在于“通过忠实地、真正地描述我们生活经验的构成成分的现象（事物呈现给人的意识的样子），全面地解释我们生活经验——这是我们所面对的唯一的世界——的整个境遇（或范围）。最终说来，现象学期望把我们带回到‘事情本身’，带到有限的人真正的、日常的世界所经验到的事情那里”④。梅洛-庞蒂指出，人“在-世界-之中-存在”的结构决定了人和世界之间存在着一种关系的相关性。在这种

① Ernst Cassirer. *Philosophie der symbolischen Formen*. Band 3. Berlin: Bruno Cassirer Verlag, 1929: 227.

② 卡西尔. 人文科学的逻辑. 关子尹，译. 上海：上海译文出版社，2004：90.

③ Ernst Cassirer. *The Philosophy of Symbolic Forms*. Volume 4. New Haven and London: Yale University Press, 1996: 31.

④ 丹尼尔·托马斯·普里莫兹克. 梅洛-庞蒂. 关群德，译. 北京：中华书局，2003：11-12.

关系中，他之所以特别关注知觉，“是因为被知觉物从根本上讲是在场的，并且是鲜活的，［以知觉为对象的研究］旨在确定一种研究方法，它使我们面对着在场的、鲜活的存在……我们之所以将这层经验说成是首要的，不是为了表示所有其他经验都通过变换或进化的渠道从此衍生出来，而是说它揭示出文化所要解决的问题的恒常性材料”①。他主张，“任何一种哲学都不能无视有限性的问题，否则，就不知道自己是哲学，任何一种知觉的分析都不能无视最初现象的知觉，否则，就不知道自己是分析”②。与梅洛-庞蒂不同，卡西尔并不认为知觉表征着人的有限性，相反，他在知觉中看到的是精神主动的创造性和超越性。他说：“感觉远高于被动的‘印象’；它将纯然是判断、评估和选择立场的活动吸纳到自身之中。只有到此时，它才获得了在心理格局中的中心位置。它看上去不再是自我的一项特殊能力，而是其真正的来源——它是自我原初的力量，其他所有的力量都来自它，而且其他力量必须不断从它那里汲取营养，否则它们便会枯竭衰亡。感官之所以能够如此，是因为在它里面蕴含着一股动力，这股动力构成其本质特征。”③ 第二，知觉包含精神的主动性。梅洛-庞蒂认为，“知觉不是关于世界的科学，甚至不是一种行为，不是有意识采取的立场，知觉是一切行为得以展开的基础，是行为的前提”④。他认为，“我不能把知觉与属于判断、行为或断言的综合等同起来”⑤。在他看来，文化世界是“建构于知觉经验之上的第二层经验”⑥。卡西尔坚决反对文化世界有一个自然世界作为其基础。因为卡西尔的观点是，整个世界都是在我的行动中生成的，它是我的作品。他以歌德的名言说道，“最崇高的事情是认识到一切事实都是理论”⑦。

---

① 梅洛-庞蒂．知觉的首要地位及其哲学结论．王东亮，译．北京：三联书店，2002：32.

② 梅洛-庞蒂．知觉现象学．姜志辉，译．北京：商务印书馆，2005：65.

③ 卡西勒．卢梭问题．盖伊，编．王春华，译．南京：译林出版社，2009：100.

④ 同②5.

⑤ 同②5.

⑥ 同①52.

⑦ Ernst Cassirer. *Philosophie der symbolischen Formen*. Band 3. Berlin：Bruno Cassirer Verlag，1929：475.

三、文化形式的现象学考察

按照卡西尔的观点，在哲学史上康德哲学才是理解文化“作品”最成功的方式，只有它才能成为我们进一步研究的向导。因为，“康德并没有在先前本体论的意义上直接研究物的存在，他探求的是各种‘作品’(比如，‘数学自然科学’这种‘作品’)，他询问的是‘这些作品是如何可能的’，即它是以什么样的逻辑前设和准则为基础的”①。康德的批判哲学是从对知识样式的独特性的探究开始的，“物在这些知识样式中‘给予’我们，通过这些知识样式，物才是我们所能触及的”②。我们知道，在《纯粹理性批判》中，康德区分了数学、自然科学、形而上学这三种知识。但卡西尔显然并不满足于此，他说，康德创造的“知识的样式”这个词必须在最广泛的意义上来理解才能显现出它的重要意义。就康德的整个体系来说，我们能够看到三种“知识的样式”——理论知识、实践知识和审美知识。在理论知识中，“‘自然’的法则和时空中经验的对象被打开”，实践知识“揭示了伦理的法则、‘意志的自律’”，审美知识则“使得艺术及其独特的‘真’及客观性对我们成为明晰的，使得艺术的构成性准则成为可理解的”。正是看到了康德哲学对待“作品”的宽广视野，卡西尔说：“一种试着理解文化‘作品’——它们的独特客观性类型——的结论性、根本性的方法是由康德引进哲学中的。”在解决各种“知识的样式”“何以可能”这个问题的时候，康德把“结构问题作为核心”，即哲学要理解的是各种“知识的样式”的内在结构，“这些结构必须被理解为普遍的形式——自然科学的形式、艺术的形式”。卡西尔说，对作品结构的探究就是符号形式哲学的方法，“所有的文化作品都要

---

① Ernst Cassirer. *The Philosophy of Symbolic Forms*. Volume 4. New Haven and London：Yale University Press，1996：165.

② 同①.

依照它们的条件来研究，都要在它们的一般‘形式’中呈现出来。只有沉浸在经验材料中，我们才能发现这个‘形式’，但是，这一点只有在形式的历史变迁中才能为我们所理解”①。“语言史、神话史、宗教史、艺术史、科学史都为符号形式哲学提供‘材料’，离开它从个别学科中获得的这些材料，符号形式哲学无法前进一步。”② 卡西尔由此过渡到对文化形式的现象学研究。

卡西尔在《知识现象学》中明确指出，他的文化哲学坚持的是对文化形式的现象学考察。他的现象学和当时正在流行开来的胡塞尔现象学的追求并不一致，胡塞尔力求通过现象学还原把握意识活动的先验结构，卡西尔在根本上就不认同胡塞尔对意识做“质素”和“意识活动”的区分，他的现象学是要在文化形式芜杂表现形式中发现精神为自身开辟的道路。这一点与黑格尔现象学的目标相通。但是，卡西尔并不同意黑格尔纯粹理智的逻辑建构，他指出文化形式的根本目标在于建立一个思维、情感的共同世界，一个充满清醒的理智而不是个人梦幻和妄想的人性世界。在建构这一文化宇宙的时候，任何文化形式都不可能遵循某种预先决定好的形式，即那种在根本上可以以一种先验的思维方式描述的形式。我们的所作所为只能遵循在各种形式的历史中表现出来的渐进发展，并标下这条发展道路的各个里程碑。③接下来就跟随卡西尔的思路，以神话、语言和科学为界碑简略地勾画文化现象中所显现出来的精神发展的历程。

卡西尔对神话思维的研究。在卡西尔借助歌德的“原初现象”理论为文化作品寻求存在论上的奠基时，他曾经给出这样的分析，生命活动总是在遭遇阻碍和克服阻碍的过程中保持自身的流动性。这种阻碍意欲压制生命的活动，阻碍被感受为异己的、有意志的、人格性的力量。这种意识状态被卡西尔称为表达的知觉，它是神话的根基。神

---

① Ernst Cassirer. *The Philosophy of Symbolic Forms*. Volume 4. New Haven and London：Yale University Press，1996：165.

② 同①.

③ 卡西尔. 符号 神话 文化. 李小兵，译. 北京：东方出版社，1988：24-25.

话的典型特征是观相学的，周围世界被感受为一种人格性的力量，在神话中的现象就像人的表情一样不停地变换，它们并没有一个固定的中心，没有一个可供人掌握的核心特征。

卡西尔借鉴乌西纳对神话的研究成果指出，神话的发展过程也经历了三个阶段，即“瞬息神”（momentary deities）、“功能神”（functional gods）和“人格神”（personal gods）①。“瞬息神”，顾名思义，是一种纯粹转瞬即逝、方生即灭的心理内容。它不具有可重复性，不能在不同时间、不同地点对不同的人显现，而只是某一时刻、某一经验瞬间，对某一特定的经验主体存在的东西。随着心智的发展和文化的进步，人类的活动范围也开始出现分化，在人类活动的每一个领域中都产生出一个影响该类活动的特殊的神。卡西尔基于宗教史的材料指出，在古罗马人的宗教中，春耕、播种、开镰、收获都有自己的守护神，要想保住农业收成，必须按正确的仪式祈求正确的神佑护。“功能神”都有自己的专职，为了表明它们的身份，就要赋予它们名称。随着某个语音演化为专有名称，成为和人的名字一样的东西，过去表达某种活动的功能神的音响获得了有血有肉的形象。神祇获得了人格性的存在。正如卡西尔所说的，神话的特点就是表达的感知优于事物的感知，神话的真正基础不是思维而是情感。它的统一性更多地依赖于情感而不是逻辑法则。② 这种情感的统一性是原始思维最强烈、最深刻的特色。

卡西尔指出，神话体现的是人的情感的对象化，在神话中，人所经历到的世界是一个充满自己情感的世界，它体现的人的精神表达自我的功能，是人的精神活动表达自身的一种符号形式，体现的是精神活动的主动性和创造性。卡西尔说，在神话、宗教中，人并不是完全依赖于神灵、匍匐在神灵的脚下的。在神话思维的典型表现——巫术——中，人们抱有的是这样的信念，即人的行为可以影响到自然界的反应，自然界的生灭变动可以由人的行为掌握、操控。人们借助于

---

① 卡西尔．语言与神话．于晓，等译．北京：三联书店，1988：45-50.

② 卡西尔．人论．甘阳，译．上海：上海译文出版社，2004：第七章.

神灵是要把握外界变化莫测的现象界，这种把握要求全面地涵盖现象的一切方面，而神灵无所不在、无象无形的特点恰好符合这一切要求。可见，即使在人类文化的原初形态中，人的精神也并未放弃它的主动性。这种主动性就体现为，人把自己的情感投注到自然现象之上，使自然获得了人格性的力量。这与霍克海默和阿多诺的看法是一致的，后者在《启蒙辩证法》中指出，神话其实已经是启蒙，因为它传达的是人控制自然的要求。

卡西尔的语言形式现象学。功能神对名称的要求促使人的精神迈出命名这一步。在命名活动中，我们从多种多样的、零散的感觉材料中提取出一些固定的恒常性要素。名字的作用就是突出我们视野中的现象的某一方面的特色，它不再像神话那样要求把现象的全部特征囊括在自己的范围内。“一个名字的功能并不在于详尽无遗地指称一个具体情景，而仅仅在于选择和详述某一方面。”① 被提取出来的感觉要素在语言中被客观化，“正是借助于语词我们形成了对于世界的最初的客观视域或理论视域”②。语言打破了个人体验式的神话知觉，因为在神话世界观中，每个人都是从自己的视角，从自己的心理体验去感知世界，世界的面相随个人情感的起伏而波动。语言客观化的努力“是通达文化进程欲以趋赴的共同世界的第一步”③，是标志个人经验具备可共度性的第一块路标。

语言概念的最初功能要凝聚我们的感官经验，但是，这种凝聚的方式总是取决于主体的旨趣，“更多地是为观察经验时的合目的性视角，而不是经验的内容所制约”。不论什么东西，只有对我们——包括我们的意愿、意志、活动、行为等——是重要的，它才有可能获得名称，进入语言意义的领地。正如卡西尔所说的，只有那些与意志和行动的焦点相关联的东西，只有那些是生命与活动的整个目的的本质的东西，才能得以从感觉表象的流变中被选择出来，才能被“注意

① 卡西尔．人论．甘阳，译．上海：上海译文出版社，2004：187.
② 同①.
③ 卡西尔．符号 神话 文化．李小兵，译．北京：东方出版社，1988：25.

到”，受到语言的特别重视，从而获得一个名称。“语言从未简单地指称对象、指称事物本身；它总是在指称源发自心灵的自发活动的概念。因此，概念的性质取决于规定着这一主动性观察行为之取向的方式。”① 语言引领人走出神话世界观物我不分的状态，而着力于建构一个客观的可共度的世界。但是，这个在语言活动中建构起来的世界同样是不能脱离语言的。离开语言，我们只能滑回到神话式的个人体验。语言作为交互作用的中介关联着人和世界这两个端点，在语言之外，我们不能发现它们中的任何一个。语言不像记号那样是意义的提示，它就是意义的载体，是一个“符号形式”。

当然，在人类语言的发展中，每一个进展，都导向更为广泛的概观，都导向对我们的知觉世界做出更好的定向和安排。② 但是，日常语言上升到普遍的概念和范畴的过程是非常缓慢的，它并不具有逻辑思维所要求的那种普遍性。它受民族的甚至个体的条件的限制，我们日常语言的语词总是有一定程度的含糊性，它们几乎无一例外地都是模糊不定和定义不明确的，以致经受不住逻辑的分析。尽管如此，“我们的日常语词和名辞仍然不失为走向科学概念之路的路标”③。因为，语言和科学不仅是我们弄清和规定外部世界的过程，而且它们都是按照一定的规则把感官知觉的材料加以分类并把它们置于一般规则之下。与艺术是对实在的夸张不同，它们都是“对实在的缩写”，在语言中无意识地完成的事，正是科学有意识地打算做并且有条理地完成的事。

卡西尔对科学的研究。在古希腊语中，科学（episteme）这个词从词源学上说就是来源于一个含义为坚固性和稳定性的词根。科学的进程导向一种稳定的平衡，导向我们的知觉与思想世界的稳定化和巩固化。科学给予我们的是对一个永恒世界的信念。在变动不居的宇宙中，科学思想确立了支撑点，确立了不可动摇的支柱，给了人一个具

---

① 卡西尔. 语言与神话. 于晓，等译. 北京：三联书店，1988：58.

② 卡西尔. 人论. 甘阳，译. 上海：上海译文出版社，2004：189.

③ 同②187.

有确定性的世界。杜威曾经把人类的发展过程看作一个在无所依托世界中寻求确定性的过程，可以说，科学最终满足了人的这一要求。科学是人类理智发展中的最后一步，并且可以看成是人类文化最高、最独特的成就，人类精神生活的“拱顶石”。

但是，科学是一种只有在特殊条件下才可能得到发展的精致成果。而它之所以能够达到今天这样的成就，主要在于它有一套得心应手的工具——数学。自伽利略以来，柏拉图把数看作超越于可见世界之上的理念的观点被打破了。数不再被看作独立的形而上学的或物理的实体，而是被看作发现自然实在的一种工具。高斯曾经说过数学是科学的女王，而算术是数学的女王。卡西尔指出，数学自然科学发展的典型特征就是算术化，我们在自然科学的发展中看到的是越来越充分的代数记号体系，它把自然界整理为一个有机的、易于理解的整体。我们对自然现象理解的过程就是：我们力图发现一般概念和自然规律。而科学家总是根据这样的原则行事：即使在最复杂的情况下，他最后也必须成功地发现一种适当的记号体系，使他能够用一种大家都能理解的语言来描述他所观察到的现象。自然科学数学化是自伽利略以来科学发展的重要特征，也是科学取得巨大成就的原因所在。自然科学的每一次进步都是通过新的“表象性形式”的创制完成的，这种“表象性形式”并不能被视为“记号”，因为自然规律只有通过这些“表现性形式”才能被我们发现，离开这些“表现性形式”，我们面对的只能是不清晰的形象。这些“表现性形式”并不是指示它自身之外的规律的“记号”，而只能被视为“符号”。

卡西尔指出，科学原理的纯粹逻辑品性，并非源于我们的现实经验和单纯的自然事实，而是与我们对自然的解释相关。科学所表达的客观规律其实是人自身的积极建构。科学家所使用的“表现性形式”并非在单纯地描绘自然的进程，它同时传达出人对自然的态度。人之所以能够站到自然之外把握自然规律，是因为经过神话的表达和语言的陈述功能的孕育，精神发展出“纯粹意谓”的功能。在科学的世界里，人找到的是表达自己的纯粹形式。神话的表达功能是物我不分的表达，经过语言建构客观世界的努力，从陈述功能中生长出来的“纯粹意谓”功能是人自觉地把自己和对象世界区分开来，以一种对象性的态度面对自然、整理自然现象的能力，但是这种能力自觉到自我和世界的对分是在交互关系的基础上的分化，认识到自我和世界并不是割裂的。正如苏珊·朗格所说的，“卡西尔在认识论研究中最伟大的贡献在于他通过对概念形成的最初的形式的研究来考察心智。他对科学的思考告诉他的是所有的概念形成都关联于表达；规定了那些概念形成的表达形式就是符号形式”①。卡西尔曾经指出，每一种文化形式都是从神话意识中生发出来的，它们虽然超越了神话面相学的态度，但这些文化形式与人的生命和作为人的无机身体、包裹着人的自然界之间的联系却从未被斩断。在科学的态度中，人并不是生活在一个与生活世界疏离的世界里，因为科学并没有摆脱我们对自然的阐释，它融贯着人的整个精神活动，包含着人的情感、意志、欲望，等等。而科学之所以能够以客观化的态度面对世界，乃是因为作为人类精神发展的拱顶石，它形成了一套“纯粹意谓”的符号体系。

回顾“符号形式哲学”展开的思路，我们可以发现，卡西尔从人类生活中最常见的文化现象——语言活动入手，把人类语言从它的原始阶段发展到今天所经历的分为模仿性的、比拟性的和符号性的三个阶段，模仿阶段主要是指语言试图把周围环境的每一个细节都收入自己的表达中，这是神话式的对世界“观相学”的态度，而纯粹符号的表达则主要体现在科学中，它们进一步摆脱了语言所受的指称对象的限制，而进入纯粹关系的序列中。语言的发展过程勾连出神话和科学。神话、语言和科学之间呈现出精神辩证的发展过程，这个过程是精神在生命活动中不断分化自身的过程。每一个符号形式都是精神分化自身形成的作品，它们的符号性传达给我们的是它们与人的整个精神活动的关联。而且神话、语言和科学作为一个文化形式，它们每一个都是精神外化、分化自身的结果，而这些作品同样也是我们理解精

---

① Susanne K. Langer. *On Cassirer's Theory of Language and Myth*//Paul Schilpp. *The Philosophy of Ernst Cassirer*. Chicago：Open Court Publishing Company，1949：381－400.

神活动的入口。“语言绝非只是吾人自身底朝外的取向；正如艺术和任何其他一种‘符号形式’一般，语言乃是吾人得以甄于自己的道路；我们之所以说语言是生成性的，乃是说，必须假以语言之途，吾人的‘我识’和‘自我意识’方始足以被建构起来。”① 文化作品作为符号形式表达的是，它们是精神不断分化自身的作品，并且这种分化开来的作品是有其统一性的。正如卡西尔在《人论》的结尾处写的：“作为一个整体的人类文化，可以看作人不断自我解放的历程。语言、艺术、宗教、科学是这一历程中的不同阶段。在所有这些阶段中，人都发现并证实了一种新的力量——建设一个人自己的世界、一个‘理想’世界的力量。”② “符号形式哲学”一方面要把握住每一种精神能量的独特性，另一方面又要对这些活动的统一性有一个整体把握。

四、文化作品的存在论根基

卡西尔对文化作品的存在论思考以歌德的“原初现象”（das Urphänomen）为起点。在《箴言集》第 391 条至 393 条中，歌德从一个艺术家的独特感受出发，提出了他对“原初现象”的理解。他说：“我们从上帝和自然那里领受的最高的馈赠……是生命……它是单子式的围绕其自身不知停息的旋转运动。”生命必须被看作第一个原初现象。第二个原初现象是我们从自然那里接受的“第二种利益”，它是“单子对外部周围环境的被经验到的、开始被我们真正意识到的、活生生-运动着的介入，它由此意识到自身于内是无限制的，于外则是有限制的”。第三个原初现象是“我们向着外部世界的行动和行为、话语和作品”③。卡西尔首先对歌德的这三个原初现象进行了重新表

① 卡西尔．人文科学的逻辑．关子尹，译．上海：上海译文出版社，2004：87.

② 卡西尔．人论．甘阳，译．上海：上海译文出版社，2004：313.

③ Ernst Cassirer. *The Philosophy of Symbolic Forms*. Volume 4. New Haven and London：Yale University Press，1996：127-128.

述，他说，歌德在这里其实是想按照生命定在的特征来重建我们的生命，歌德所说的三个原初现象其实对应于生命的三个层次——“自我现象”（das Ich-Phänomen）、“行动现象”（das Wirkens-Phänomen）和“作品现象”（das Werk-Phänomen）。“自我现象”说的是每一个生命体都是以自我为中心的运动；而这种以自我为中心的运动必然表现为对周围环境的介入，这是“行动现象”的核心特征；自我在介入周围世界时客观化的成果是“作品现象”。

每一个自我都是“单子式的生命”。“生命于我们是‘单子式的’定在（Dasein）——它是不能被理解为停留在自身之内的定在，而只能被理解为一个过程、运动——永不停息的‘意识之流’。”卡西尔指出“单子式的生命”之所以必须被看作一个“原初现象”，是因为在我们对它一无所知的情况下却已然接受（承认）了它。卡西尔把它称作“自我现象”，它的基本特征就是活动，“活着就在活动着”。这种“单子式的”定在本身包含着生命的所有方面的展开，包含着它的当下、过去和将来。“自我经验到自己是‘当下、过去和未即之在’。”[①] 卡西尔十分注重奥古斯丁的时间学说，即并不存在过去、现在、将来三个时间，“说时间分过去、现在和将来是不确当的。或许说：时间分过去的现在、现在的现在和将来的现在三类，比较确当”[②]。生命过去的经历积淀起来，成为现在的内容，当下的境遇又规定着未来超越的可能性空间，未来从现在之中生长出来。与海德格尔以时间性作为此在的意义，得出了人的生命的时间性、历史性和有限性不同，卡西尔则从时间是一个功能统一体而非实体统一体的观点出发，认为海德格尔还局限于生存论的时间，而没有从形式意义上理解时间，指出每一个时间意识都包含着过去、现在、未来三个维度，为人的生命的超越性和无限性辩护。

卡西尔说，自我绝对不是被内在主观“意识”的壁垒幽闭着的，

---

① Ernst Cassirer. *The Philosophy of Symbolic Forms*. Volume 4. New Haven and London: Yale University Press, 1996: 139.

② 奥古斯丁. 忏悔录. 周士良，译. 北京：商务印书馆，2009：247.

它不仅感知到自身是从一个状态向着另一个状态转变着的，而且还能经验到自己总是处于相互影响和相互作用之中。这种影响着它的东西在最初被遭遇到的时候，并不是被理解为非人格的“物”的。它不可能是躲在某一个远远的角落里，静静地等待着我们发现的“物”。倒不如说，这个被遭遇到的东西是有意志、有毅力的，因为它倔强地反抗着生命活动的一举一动，限制着它的活动空间，让我们为每一个活动的持续进行而烦心劳神。卡西尔说：“‘在空间中’的事物的‘定在’是另一个更加复杂、后来的问题。我们在这里关注的是一个不同的、更加原始的问题，即在一个共有的行动空间里的行动。”① 在这个空间里与我同时共存的是和我一样的人格性的力量。我要行动，而周围世界（即环境，“Umwelt”）阻挠我称心如意、得心应手地做出任何行动，那阻挠我行动的东西因此被体验为有意志的，而一个有意志而又能反抗我行动的东西只能是一个和我一样行动着的生命。我立即体验到自己是处于他人的环绕之中的，也就是说，我是一个“社会性的生命”。他说：“在‘彼-此-有-影响’的形式里的这种‘彼-此-共-在’形式是一个真正的原初现象，它不能从任何别的东西得来，而是始源性地构成的。我们发现，一直以来，‘我们’并没有仅仅把这种方式标画为‘活生生的’，即处在从一个状态向另一个状态的转变中，而且还把它标画为作用和反作用，标画为通过作用和反作用关联于、联系于他者。这种（在作用和反作用中的）‘纽带’因此是一个原初现象，离开它将不会有任何‘客观性的意识’。”②

生命之流在不停地涌动，它不断地遭遇到周围世界的阻碍。自我体验到他的行动和周围世界的阻碍是作用和反作用的关系，它们作为对立的力量相伴而生。运动无论在强度还是在方向上都是一致的，如果生命停止了运动，那么也就不再有任何阻碍。是生命的行动建立起了阻碍着它的力量。自我认识到那原来阻碍着它行动的周围世界本就

① Ernst Cassirer. *The Philosophy of Symbolic Forms*. Volume 4. New Haven and London：Yale University Press，1996：140.

② 同①.

是它的行动。当那和生命相遭遇的东西阻碍、妨碍我行动的时候，生命为了保证自身的绵延不绝，必然要冲破对方的阻碍，或者说打碎那阻碍着我的周围世界。可是，自我不能生存于真空之中，它打碎了自己的周围世界，也就彻底截断了自己的生命之流。我是一刻也离不开那周围世界的，因此，我只有陶铸那周围世界，使得它符合我的兴趣、倾向，才能摆脱阻碍的烦扰。而那环绕着我、构成我的生存环境的周围世界尽是一些人格性的力量，是和我一样的生命。也就是说，我在陶铸着他的时候，他也在陶铸着我。我意识到他是独立于我的力量。事实上，当我把那周围世界思量为有意志、有毅力的时候，我是把我的意志、毅力、情感投注到对象之中。是我投注出去的力量在这一刻获得了独立的存在。这个由我投注出去而又独立于我的存在就是我的"作品"。也就是说，周围世界（Um-Welt）作为我的环境（Umwelt）无一不是我的作品（Werk）——正是因着这一点，人的环境获得了不同于动物置身于其中的周围世界的意义。同时，作品是在我陶铸着人格性的周围世界以及人格性的周围世界陶铸着我的过程中产生出来的，即那独立于我的"作品"是我和一些人格性的力量在作用和反作用中建立起来的。这就是说，作品只能是在社会中生产出来的。所以，卡西尔说："每一份作品都不只是个人的，而是从协作、关联着的行动中产生的。它见证了行动的'社会性'。"[1] 作品不是作者的自说自话，它是社会文化状况的体现，有其生成的历史渊源和现实情景。

作品作为行动的成果，它的生成凝结了前此行动的效果。在作品中，行动找到了自己的表达。但是，作品的生成同时也意味着一段行动的完成、终结，作品正是因为独立于活动才获得自己的生命。它必须和人的活动保持距离以捍卫自己的生命。卡西尔指出，"这里包含着远离'自我'，甚至与它相异化"。但是，这种"异化"绝非消极的，这种消极的态度是浪漫主义和神秘主义的惯常态度。卡西尔说：

---

① Ernst Cassirer. *The Philosophy of Symbolic Forms*. Volume 4. New Haven and London：Yale University Press，1996：159.

“如果我们仅仅把表达的‘非我性’解读为否定性的就会铸成大错，或者不免操之过急。毋宁说，它是一个全新的起点——正是这一点才真正地指向对实在的真正意识。”①。作品是人生产出来的，但是一经生产出来，它就获得了自己的生命，它是独立的、持存的。它的独立性要求我们给予它们特殊的待遇，它必须让生产者意识到它的“异己性”，否则它就不能成其自身为“作品”。正是对对象这一要求的领悟、感受，我们体验到了客观性的力量。我们只有把我们所遭遇的一切理解为我们的作品，我们才能领受它们的独立的价值和实在的品性。作品“提供了走向‘客观’存在的通道和入口”②。他指出，转向持存的作品事实上为人类打开了“客观的”“事物”的领域。“从作品意识中生长出的是事物意识。在这里我们第一次体验到事物的必然性意味着什么。在这里‘对象’自身的独立性要求方为我们所知晓。”而“事物的领域，更确切地说，就是‘客观性’的领域。它是我们在这里获得的客观性的‘精神’，它是通向实在的最后‘驿站’。只有现在，实在性的‘窗口’才真正打开”。卡西尔指出，“我们要小心，不要把这一领域理解为‘堕落’‘沉沦’，也不要把它理解为人从生命直接性的天国、从瞬息万变的‘原初’行动中的陨落，这是很重要的”。因为，“存在并不是作为一个完全分开的本质（‘在我们外面的’存在）给予我们的，毋宁说，它是在作品的中介中给予我们的”③。

借助于歌德的“原初现象”理论，卡西尔要解决的问题是，我们是如何建立起对“实在性”的知识的。卡西尔指出，“为了获得通向‘实在’的道路，我们必须从‘原初现象’开始。正是在‘原初现象’中，‘实在’被始源性地揭示、开辟出来。并不是逻辑意识主体意义上的‘我们’以我思（cogitatio）和举证（argumentatio）的形式

---

① Ernst Cassirer. *The Philosophy of Symbolic Forms*. Volume 4. New Haven and London：Yale University Press，1996：141.

② 同①.

③ 同①141-142.

‘推断’出实在的存在。这种推论并不适用于原初现象。原初现象‘先于’所有的思想和推论并且是它们的基础。毋宁说，是原初现象本身最先‘绽开’，即展现、显示出来”①。卡西尔指出，“原初现象”不是以某种方式通过意识的“窗口”降临于我们的“现成”(vorhanden)的东西，而就是我们对实在的知识的“窗口”。通过这个“窗口”，实在向我们开显出来。“它是我们投向世界的目光，也可以说，是我们睁开的双眼。眉眼乍开之间，现象的‘实在’向我们展示出来。”② 从作品意识中生发出了事物意识、对象意识。而既然对象意识是从作品意识中生发出来的，那么对象意识就不能先于作品意识，也就是说，对象并非在先地“给定的”，而是我们在行动中不断地构成的。认识到这一点，我们就不会局限于理性主义和形而上学独断论的幻象，执着地认定世界具有一成不变的本质，这个本质只有理性才能把握，凡是不符合这个本质的都是幻象。正如卡西尔说的，“倘若我们不把对象看作从一开始便即固定不变的，而把对象看作来自一无限远的焦点亦即全部认知和理解所指向的目标的话，这个问题就会面目一新”③，由此，对象之“给予”演变为对象性之“工夫”(Aufgabe)。也就是说，整个世界并非给定的，精神的每一种能力都作为“对象化的样式和方向”、作为一种“工夫”一起参与进来，整个周围世界作为我的环境无不是我的作品。作品是我们触及实在的“窗口”和“通道”。

卡西尔通过“原初现象”完成了一种存在论的奠基。借此，他获得了超越传统形而上学主客二分的世界模式论的视野。自我与世界不是认识主体与认识客体的关系，毋宁说，它们之间的本真关系是一体共生的，没有脱离自我的世界，也没有独立于世界的自我。生命的存在是一切事实与价值的前提，运动中的生命在行动中展开自身，在创

① Ernst Cassirer. *The Philosophy of Symbolic Forms*. Volume 4. New Haven and London：Yale University Press，1996：136-137.

② 同①138.

③ 卡西尔. 人文科学的逻辑. 关子尹，译. 上海：上海译文出版社，2004：48.

造中通向世界，在作品中超出自身。“自我现象”“行动现象”“作品现象”作为“原初现象”并没有时间先后上的派生关系，它们之间的逻辑关系表明它们绽出的是生命现象的不同面相——“生命在于运动”，运动就是行动，行动总是在遭受阻挠与克服障碍中展开，而障碍的克服（就是作品的生成）又保证了生命运动的连续性，作品在生命活动中有其渊源。《符号形式哲学》所要研究的正是人类的文化作品。

卡西尔在《人文科学的逻辑》中指出对作品的认识有三个层次：“作品分析”（Werk-Analyse）、“形式分析”（Form-Analyse）和“演变分析”（Werden-Analyse）。关于“作品分析”，卡西尔指出，我们一经关注“作品”，就会发现它是一个物理存在，它有自己的物理性材质——绘画作品需要画布来支撑，要由颜料来填充；语言有声音、文字；数学自然科学则是由记号、公式构成的体系。但是，绘画不是稚子涂鸦，语言也不是鹦鹉学舌，自然科学更不是漫无目的。它们总是在表象某一事物——花鸟虫石、人情物事，绘画、语言能够活灵活现地把它们表达出来；数学自然科学所要表达的也是事物之间的一般性联系。仅仅认识到这两个层次是不够的，我们要看到绘画、言语、科学总是创作者情感的抒发，作画、言谈、公式总是作者理想世界图景的表达，它们蕴含着作者的情感，这第三个层次即为人格表达。“作品分析”告诉我们这三个层次在每一个文化作品中都是完整存在的，就文化作品是一个物理存在，并表象一个对象而言，我们可以说它和记号是等同的。但是，除此之外，每一个文化作品还都是作者的“人格表达”，正是这一点把文化作品和物理记号区别开来。作品渗透着作者的“人格表达”，因此，读者透过作品的物理存在和它所表象的对象领会到的是作者面对世界的主动创造，这才是一部作品的真正意义之所在。如果把文化作品仅仅看作“记号”，我们就错失了文化作品的真义。

在这里，我们要注意的是，“作品分析”是我们进一步理解人类文化的准备，它是“负载一切的基础”。但是，“作品分析”也不是把这些作品作为“原始素材”放在我们面前。“我们必须了解这些作品的深层含意，理解它们究竟向我们传递了什么。实现这种理解需要一种特定的解释程序，即一种独立的、十分复杂的‘诠释学’。”① 正是基于文化诠释学对作品深层含意的解读，我们才获得了进行“形式分析”的基础。这种形式分析最终必然以符号形式哲学作为归宿。符号形式哲学关注的是“语言的一般性、神话的一般性、自然科学的一般性和数学的一般性”。它一开始就试图确立一条进入精神（geist）的具体产物的途径。所以说，作品分析只是符号形式哲学的“起点”（terminus a quo），而非“终点”（terminus a quem）②。从“形式分析”再进一步，我们要达到的是“行动分析”（Akt-Analyse），它既非“作品分析”，亦非“形式分析”。现在，我们研究的是作品中所显示出来的“符号意识”（Symbolbewusstsein）的特点。“行动分析”所指向的是作品从中产生的“心灵历程”（Seelische Prozessen）。从“作品分析”进到“行动分析”，我们要确证的是每一种文化作品在生命行动中都有其根基，宗教、语言、艺术、科学都是在不同的结构形式中展现出来的生命行动。

卡西尔说，在以往的文化研究中，对“作品”的“演变分析”是我们曾经做的最多的工作，我们探求神话、宗教、语言、科学和艺术的起源就是例子。但这种追求由于把因果联系应用到了错误的领域最后只落得个“缘木求鱼”的下场。卡西尔指出，对文化的“演变分析”应该置于“形式分析”之后，待“形式分析”为我们揭示了语言、神话、宗教、科学的一般结构，我们再运用因果范畴把握这一结构和形式是如何变更、发展的，这样一来我们才不至于迷失方向，才能理解“存在中的生成”。只有这样，我们才不至于在理解人类文化时因为在因果性思维中追寻它的起源而“堕入黑暗和无知”，因为“生成”并不能解决所有问题，还有另外一些知识是涉及“纯粹存

---

① 卡西尔．人文科学的逻辑．关子尹，译．上海：上海译文出版社，2004：154.

② Ernst Cassirer. *The Philosophy of Symbolic Forms*. Volume 4. New Haven and London：Yale University Press，1996：165.

在”、纯粹形式的。而对这种形式的研究就是“符号形式哲学”的任务。

五、符号形式哲学的理论价值

捍卫人文主义的文化理论。《符号形式哲学》写作于20世纪20年代的德国。当时，德国思想界最重大的课题就是迎击虚无主义。卡西尔作为新康德主义者，尽管自己一生颠沛流离，但对人类理性的能力却始终怀着美好的信仰。他的《符号形式哲学》就是要在纷繁芜杂的文化现象中发现人类精神发展的轨迹，探寻每一种文化形式的独特价值以及各种文化形式的精神统一性，进而理解它们对于人的自由的积极意义。因此，他被誉为“当代最后一位人文主义学者”。

卡西尔敏锐地感受到科学主义对人的精神世界的侵蚀。自然科学提升了人掌控自然的能力，人把自己确立为自然界的最高目的。但是，正如他所揭露的，人类君临于自然之上并没有为人带来真正的福利，相反，人类的每一次进步都包含着自我丧失悖论。文化产品的极大丰富并没有成为我们的精神食粮，物质产品的奢华却成为我们心灵空虚的缘由，科学技术的巨大进步所带来的只是生存环境的日益恶化，人类对自然控制力的增强一再将自己推到毁灭的边缘。不仅如此，人类的神话、宗教、语言和艺术，哪一项不在怀疑主义的冲击下变得岌岌可危呢？神话和宗教从来没有使人类解脱，而是让人永远匍匐在神圣力量的脚下。贝克莱把语言看作人类理性的对立面；柏拉图说艺术和真理隔着三层远；胡塞尔说自然科学主客二分的思维模式更是把人从他的生活世界中拖拽出来，造成了人无家可归的困境。文化作品不仅不是人的生命力的确证，而且还导致人丧失自我、丧失自己生活于其中的世界。

卡西尔试图以一种人文主义的态度来与科学主义相抗衡。他认为，在我们对文化作品的认识中之所以会出现上述悖论，是因为我们是在科学主义主客二分的思维模式下审视文化作品的。世界被理解为外在于我们的客体，文化作品是我们对世界的附和。其实，康德已经告诉我们，拿我们的知识去附和外部世界的做法是走不通的。黑格尔的“精神现象学”更是道出这样一个事实，不仅自我意识是文化发展的较高阶段才出现的，我们认识世界的范畴、物和属性、一般与个别等，也是经过一定的理智努力才获得的成就。我们最初是以“意味着”的态度面对着世界的。卡西尔认为，甚至黑格尔作为精神发展历程之起点的感性确定性也不是最原初的，因为它已经包含着主体与对象、“我”与“物”的区分。卡西尔认为，“一切科学生成的真正起点，其直接的开端，与其说是在感性东西领域，不如说在神话直观领域。人们习惯于称作感性意识、‘知觉世界’持存（der Bestand einer »Wahrnehmungswelt«）——知觉世界本身又进一步分节（gliedern）为有明确区分的诸单个知觉范围、颜色音调等感性的‘要素’——的那种东西本身就已经是抽象的产物，已经是对‘给定的东西’进行理论加工的产物”①。《符号形式哲学》的目的就在于扭转传统形而上学的视野，把对象的“给定性”“被给予性”转变为对象性的“工夫”，也就是说，精神的每一种能力都参与到对象的形成过程中，神话、语言、艺术、理论知识等并不是对外部实在的客观反映、模仿，而是参与到了对象的构成中，“因为它们预期地构作了一实在之领域，因为它们乃是对象化程序的一些特定的途径与方向”②。从这个角度看去，“自我”和“他者”、“心灵”和“世界”、“内在”和“外在”，一句话，对象世界和主体的生命活动，并不是两个天然地分离而后被某种

① Ernst Cassirer. *Philosophie der symbolischen Formen*. Band 2. Berlin：Bruno Cassirer Verlag，1925：XI. 作者以为，卡西尔在这里对黑格尔产生了一个误解，因为黑格尔指出作为精神发展之起点的“感性确定性”是一种纯粹直接的“纯有”，这统一体里包含着“作为自我的这一个”和“作为对象的这一个”，只是黑格尔对这种原初的统一体没有做出足够的分析，就直接转入对“自我”和“对象”这两个极点的分析，在表明这两个看起来具有真理性的端点都是不确定的之后，进而指出感性确定性必须把“感性确定性的整体设定为它的本质”，这个“整体”需要我们指出来，而一旦指出来就从个别上升到共相，进入到“知觉”的层次了。在黑格尔这里，知识在起点处同样是没有自我和对象的区分的。

② 卡西尔．人文科学的逻辑．关子尹，译．上海：上海译文出版社，2004：48.

神秘力量黏合到一起的实体，它们其实是在同一个对象化的过程中构成的。在意识到达“自我”与“世界”、“主体”与“客体”这种区分之前，必须经历神话意识阶段。卡西尔指出，神话世界的典型特征是没有“主体”与“客体”的区分，整个世界被一种神秘的力量包围着，它向我们呈现出的是流动不息的“面相学”特征。作为一切文化形式发源地的神话世界观是人的情感对象化，世界从一开始就融贯着人的情感，绝不是与人对立的异己的力量。尽管在文化的发展过程中，语言和数学自然科学都致力于建构一个客观的世界。但是，人和世界只能是在同一个对象化的过程中被建构起来的。在文化中，人与世界神话式的情感纽带从来没有被切断，而是被继承下来，在更高的阶段上保存了下来。

与当时影响日盛的“文化悲剧”观相左，卡西尔认为，文化的发展并不是与人日益疏离的过程。因为文化创作的终点并不是“作品”，而是“另一个主体”。文化作品的真正功用和使命只有在作者与读者的独特交互关系中才能实现，“它成为了‘我’与‘你’之间的转接者，这并不是说它把一些既成的文化内容单纯地自一端负载到另一端去而已，而是说，这些创作果实以创造者的创造活动去燃点领受者本身的创造活动。由此，我们可以理解，文化里真正伟大的果实永远不会只作为一些根本上为静止僵化的作品一般地陈置于吾人当前，以致对吾人的心智之自由运作产生狭限和压抑作用的。伟大的文化果实之所以对吾人而言为具有内容，是因为它可以不断更新地被后世吸纳，从而不断地以崭新的方式再予以创造”①。作者通过文化作品的创作，把自己对世界的理解客观化，为我们敞开了审视世界的一扇窗，透过这扇窗，读者领受到的是作者独特的创造性。读者在面对作品时之所以有与作者感同身受的体验，是因为在面对流传物时，每一个读者都不是被动的接受者，被动的读者根本无法领会文化作品，读者主动地参与到了文化作品的再创造中。不仅流传物只有在作者与读者的对话

① 卡西尔．人文科学的逻辑．关子尹，译．上海：上海译文出版社，2004：176-177.

中才成其为文化作品，而且只有与作者沟通、对话，从流传物的物理存在中体认到作者的人格表达的读者才是真正的读者。不仅作者，而且读者也参与到了文化作品意义的生成过程中。作品是在读者和作者的互动中确立起来的。在文化的世界里，只要读者积极参与到对作品的诠释中，文化作品就不会成为外在于人的生命的僵死的存在。

求解人类的本性的线索。在《人论》的一个核心章节“人性的一条线索：符号”（a clue to the nature of man：the symbol）中，卡西尔把人定义为“符号的动物”（animal symbolicum）①。卡西尔指出，自从苏格拉底以来，“认识你自己”那道神谕一直是哲学家共同努力的方向。当苏格拉底说“没有经过检验的生活是不值得过的”时候，他实际上道出了这样一个道理：人在解释自己、质疑自己的同时又总是在不断地塑造着自己。这也提示我们，我们对自己的认识与我们的当下生存状态以及前途命运都不是漠不相关的。然而，当我们翻开哲学史，映入眼帘的却是派系林立的格言说教，如古希腊“人是理性动物”（animal rationale /a rational animal）的形而上学理想，中世纪“信仰是为了理解”（fides quaerens intellectum）的神学信念。尽管它们是互不相容的，可是在一个取代了另一个于思想界取得统治地位的时候，至少我们还有一个可以趋近的中心。但是，近代科学兴起以来，生物学、物理学、心理学、经济学、社会学、人种学、遗传学从各自的“科学的”角度对人的探究，却使人的自我知识陷入“无政府”的状态。卡西尔认为，面对现代科学分门别类的研究所积累起来的丰富材料，要想对“人是什么”保持清醒的认识，对人类的文化的一般特征达到透彻的了解，我们必须要有一种整体性的

① 其实，“animal symbolicum”更贴切的翻译应为“a symbol-making animal”或者“a symbolizing animal”，即，创制符号的动物或使世界符号化的动物。初看之下，“animal symbolicum”这个对人的本性的“定义”并未脱离传统形而上学的轨道，但我们要注意的是，卡西尔只是谨慎地把“符号”看作寻找人性统一性的一条线索。他指出，在《符号形式哲学》中他只是给出探究人性的一种可供选择的方法——它不可被认为是彻底的创新，而只是以往观点的补足。

视野。

卡西尔对人的本性的探求总是把它投射到一个更大的平面上，也即他所致力的是人作为一个类存在物在劳作中所具有的共通性。之所以采取这样一种方式，他在回顾柏拉图对正义的探讨时给出了答案。我们知道，在《理想国》中，柏拉图指出，相对于城邦正义而言，个人正义是用小写字母写成的，是不容易被清楚地把握的，为了弄清楚什么样的生活对一个人来说是正义的，他走向了一条较长的路，先探究了城邦中的正义。明白了城邦中的正义，个人的正义问题自然就解决了。卡西尔指出，柏拉图的工作已经表明国家的本性是以大写字母写成的个人的本性。但是，在国家这种政治形式以外，我们总是生活在神话想象、宗教献祭、艺术直观、科学知识等文化世界里，对人类文化的探究其实就是为了把握住大写的人的本性。

卡西尔对人性的基本观点是，人的突出特征并不是他的形而上学的、物理学的本性，而是在于他的劳作。“正是这种劳作，正是这种人类活动的体系，规定和划定了‘人性’的圆周。语言、神话、宗教、艺术、科学、历史，都是这个圆的组成部分和各个扇面。因此，一种‘人的哲学’一定是这样一种哲学：它能使我们洞见这些人类活动各自的基本结构，同时又能使我们把这些活动理解为一个有机整体。语言、艺术、神话、宗教决不是互不相干的任意创造。它们是被一个共同的纽带结合在一起的。”① 人性是无法直接被我们知晓的，我们必须通过对人在他的整个历史生活过程中创造的符号系统进行分析，才有理解人的可能性。因而，人应该被定义为“符号的动物”。这也是《符号形式哲学》的一个基本出发点。卡西尔指出，亚里士多德关于人是理性的动物的定义，在这里并没有失去效力，乃是被符号这个概念包容了起来。理性在人的一切行为上都打上了痕迹，就连神话迷思也有自己的概念系统，理性乃是人区别于动物的重要标志之一。但是以理性来定义人乃有以偏概全之嫌。还是以神话为例，它与

---

① 卡西尔．人论．甘阳，译．上海：上海译文出版社，2004：87.

讲求逻辑的思维是绝对不同的，它是人刚起步走出大自然的襁褓，对自己的母体尚缺乏科学认识的情况下，以自己的情感为指向整理周围世界的尝试，我们绝对不能说这种文化形式是理性概念的创造。人类整个文化不能还原为理性的创造，它是人的各种情感、精神力量的凝结。

卡西尔指出，在探讨人的本性时，三卷本的《符号形式哲学》的基本前提是“如果有什么关于人的本性或‘本质’的定义的话，那么这种定义只能被理解为一种功能性的定义，而不能是一种实体性的定义”①。卡西尔关于人的本性在于使世界符号化的劳作这样一种功能性的分析，是借鉴了当时生物学的研究成果的。生物学家乌克威尔基于解剖学的结构指出，生命体在与环境的作用中都发展出一套感受器和效应器系统。而在我们进入人类世界中便发现人类生命特殊标志的新特征。“在使自己适应于环境方面，人仿佛已经发现了一种新的方法。除了在一切动物种属中都可看到的感受器系统和效应器系统以外，在人那里还可发现可称之为符号系统的第三环节，它存在于这两个系统之间。”② 正是因为有了符号系统这个中介，人类所面对的不再是直接的物理事实，不再单纯地生活在一个物理的世界里。他所面对的一切，都被神话的、宗教的、语言的、艺术的、科学的形式所浸淫着，人被这些形式包围着。“如果这些创造［注：语言、艺术、理论知识，等等］缺少独特的形式构造［即，赋予经验以形式］做基础，就不会有这些纯粹的产品。人类具有这种生产力，恰恰显示除了人性的独一无二的特征。从广的意义上说，‘人性’是‘形式’得以产生、发展和繁荣的绝对普遍（因而也是唯一）的媒介。”③ 人和动物被周围的世界包围着，但是他们对待世界的态度是不同的。动物的

① 卡西尔．人论．甘阳，译．上海：上海译文出版社，2004：87.

② 同①33．在《人文科学的逻辑》中，卡西尔再次提到人和其他生命有机体的区分。在那里，他说动物有一个“感触世界”和“回响世界”，当它们被提升到人类身上时，则表现为“图像世界”。

③ 卡西尔．自然主义和人文主义的文化哲学//卡西尔．人文科学的逻辑．沉晖，海平，叶舟，译．北京：中国人民大学出版社，2004：18-19.

“感受器系统”和“效应器系统”将它钳制在自然本能之间。当然人也不能打碎自然环境而跃升到一个纯粹形式的王国，卡西尔将那里的生活状态视为在真空状态下呼吸。但是正是在这种限制状态下，人创造符号的能力为人类营造了一个只有它才能打开的世界。我们知道黑格尔关于自由和必然的辩证法曾经提示我们对必然的认识即是自由，卡西尔也指出“对必然性的认识与思考，正是‘精神’之于‘自然’所达到的完满过程的开始”。人类通过对自己寄身于其中的环境的认识而超越了它的限制。神话、语言、艺术和科学这些中介就代表了人超越这种限制的典型过程。

余　论

卡西尔的“符号形式哲学”面临着被后现代主义过度诠释的危险。哈贝马斯在《现代性的概念》中指出，自笛卡尔以来，现代哲学集中关注的就是主体性和自我意识问题。理性作为主体先天能力把人从自然界中提升出来这一观念已深入人心。整个现代性的自我理解就是围绕这个先验理性展开的。卡西尔的《符号形式哲学》不再把精神、理性、自我意识视为一套先验结构，而是把它们视为在发展过程中成长起来的功能。如哈贝马斯所言，关于主体和自我意识的理性概念受到了解先验化的冲击，哲学思维从先验研究转向历史理性的建构，这种历史理性就体现在符号当中，并依赖于一定的文化语境。先前一直都是由先验意识表现出来的建构世界的能动性，现在转变为卡西尔的符号形式、雅斯贝尔斯的世界图景等尝试之中。[①] 哈贝马斯指出，古典现代性概念是在意识哲学的前提下发展起来的，经过语言学转向，以主体为中心的理性概念被一种解先验化的“具体的理性”概念取代。这为通向一种后传统的现代性批判铺平了道路。如纳尔逊·

---

① 哈贝马斯. 后民族结构. 曹卫东，译. 上海：上海人民出版社，2002：191.

古德曼所言，“现代主流哲学思想始于康德用心灵的结构取代了世界的结构……现在则进一步用科学、哲学、艺术、知觉以及日常话语的很多种符号系统的结构取代了概念的结构”①。古德曼深刻地感受到了卡西尔“符号形式哲学”为现代思想带来的转变。他抓住卡西尔的每一种文化形式都是人建构一个理想世界的努力的观点，推而极之，发展出了一种“后实在论”的观点。他认为，我们生活于其中的世界并不是实在的，而是我们用不同的形式和风格建构起来的。尽管这种观点是在卡西尔的启发下发展出来的，但是我们很难把这种“后现代主义”的思想归于卡西尔。

卡西尔的“符号形式哲学”与马克思唯物主义互补的可能性。毫无疑问，卡西尔的文化哲学会受到马克思唯物主义的质疑。在《关于费尔巴哈的提纲》中，马克思指出：“从前的一切唯物主义（包括费尔巴哈的唯物主义）的主要缺点是：对对象、现实、感性，只是从**客体**的**或者直观**的形式去理解，而不是把它们当做**感性的人的活动**，当做**实践**去理解，不是从主体方面去理解。”② 如果我们从客体的角度直观地看待对象，拘泥于对象是给定的，是外在于我们的客观现实，而不把它们看作在人的实践活动中形成的，那么我们就会和费尔巴哈一样连“樱桃树”都无法认识。马克思对传统唯物主义的批判与卡西尔哲学有相通之处。《符号形式哲学》以宏大的视野完成了多种文化形式和精神形态的研究，而这恰恰是马克思哲学所欠缺的。马克思和恩格斯在《德意志意识形态》中在对构成历史的四个要素阐述之后指出，人还具有意识，是有意识的存在者，“人和绵羊不同的地方只是在于：他的意识代替了他的本能，或者说他的本能是被意识到了的本能”③。没有这种意识，人就只能像牲畜一样慑服于自然界。但是一方面限于与德意志意识形态论战的需要，另一方面限于阐述发展唯物

① 纳尔逊·古德曼. 构造世界的多种方式. 姬志闯，译. 上海：上海译文出版社，2008：1.

② 马克思恩格斯文集：第1卷. 北京：人民出版社，2009：499.

③ 同②534.

史观的任务，马克思和恩格斯并没有更多地讨论精神生产的历史。《符号形式哲学》作为这方面的鸿篇巨制是一个有益的补充。当然，正如马克思所指出的，唯心主义虽然发展了人的能动性，但是由于不知道真正的、感性的活动本身，它只是抽象地发展了人的能动性。卡西尔虽然关注人的劳作在世界建构中的作用，但是他所说的劳作仅限于精神劳作，并把文化形式作为人的本质的全部表现，这当然也是在抽象地发展人的能动性，对人性的丰富性构成了一种遮蔽。

译者说明

一、本书由德国哲学家恩斯特·卡西尔所作。书名《符号形式哲学》德语原文为 *Philosophie der symbolischen Formen*，共有三卷，第一卷《语言》，第二卷《神话思维》，第三卷《知识现象学》，分别于 1923 年、1925 年、1929 年由柏林的布鲁诺·卡西尔出版社出版。中文译稿就是分别按照这一版译出的。为方便读者查找比对原文，本译稿的边页码标注的也是这一版的页码。

二、原书正文中节以下各级标题多有省略，目录中则有完整的章节目标题，为方便读者阅读，本译稿参照原书目录补足了原文省略的标题，并在补充的地方以脚注标明。

三、本书在翻译过程中参考了英语译本，有些译名的选择还对照了《人论》《人文科学的逻辑》的中译本。

四、德语原文中突出强调的关键词是以“疏排法”刊印的，今参照汉语图书出版惯例以加粗黑体字标出。原书引文中以斜体字突出的关键词，也以加粗黑体字标出。

五、本书注释有三种：一种是德语第一版中由作者所附的注释，本书直接列于脚注之中；一种是菲利克斯·迈纳出版社（Felix Meiner Verlag）2010年重新刊印《符号形式哲学》所增补的注释，这些注释补足了原书遗漏的一些重要文献及出处，本书脚注收录这些注释时以中括号标注，与原书注释加以区别；还有一种是我所加的注释，以“——中译者注”标出。

六、本书“关键术语、人名对照表”参考了英语译本和迈纳出版社2010年版本，我也有所增补。

七、本书的翻译起于2008年春季学期，那时我还在北京师范大学跟随张曙光老师攻读马克思主义哲学硕士学位，在张老师的指导下我开始研读并翻译《符号形式哲学》。2010年硕士研究生毕业之后，我考到北京大学攻读马克思主义哲学博士学位，由于学业压力，翻译的进度更慢了。2014年到中央党校工作之后，教学科研压力陡增，翻译更是一度中断。直到2018年才抽出整块时间开始翻译。但在重新翻译的过程中，我几乎完全舍弃了旧有译稿并进行了彻底的重译。就算如此，也很难说得上完全满意。非常感谢中国人民大学出版社同意出版本书，感谢学术出版中心的杨宗元老师和责任编辑吴冰华老师付出的艰辛努力！

本书的翻译出版获得了教育部哲学社会科学后期资助（重大）项目“恩斯特·卡西尔《符号形式哲学》翻译研究”（项目号：21JHQ002）的资助。

目　录

前　言

这部著作——我在这里拿出的是它的第一卷——的构思可以追溯 V 到我在《实体概念与功能概念》（柏林，1910）一书中所做的各种研究。那些研究本质上处理的是数学的和科学的思想的结构。当我试图把我的发现应用于**人文科学的**（geisteswissenschaftlicher）问题时，我逐渐清晰地认识到，一般认识论因为其传统见解和局限不能为人文科学（Geisteswissenschaften）[①] 提供一个充分的方法论基础。对我来说，在这种不充分性得到完善之前，认识论的整个规划似乎都将不得不加以拓展。它不能仅仅研究对世界的科学**认知**（Erkennen）的一般前提，而是必须把人**"理解"**（Verstehen）世界的各种不同的基本形式区分开，同时按照每一个形式的独特方向和特定的精神形式来尽可能清晰地理解它们。只有当精神的这种"形式学"（Formenlehre）至少在一般轮廓上确立起来时，我们才能够发现对个别人文科

① 此处"Geisteswissenschaften"译为"人文科学"而非"精神科学"，相关讨论参见关子尹教授《人文科学的逻辑》译者序，上海译文出版社 2004 年版第 6-16 页。——中译者注

学学科更加清晰的方法论认识和更加可靠的解释原则。自然科学的概念形成和判断形成（Begriffs- und Urteilsbildung）学说规定了自然的“客体”（Objekt）的构成性特征，同时把知识的“对象”（Gegenstand）理解为由知识功能决定的，纯粹主观性领域的一种类似规定必然会让位于这种学说。主观性在对自然和现实的认知观察中并没有消失，而是只要现象整体被置于一种特定的精神视角之下并从这种视角被赋形（gestaltet）时，主观性都证明自己在发挥自己的作用。这必然表明了，这些构形（Gestaltungen）中的每一个是如何满足精神建构的一项独特任务的，以及它们中的每一个是如何服从一个专门法则的。从对这一问题的研究中发展出了诸精神表达形式一般理论的计划，我将在导论中更加详细地描述这一计划。关于这一研究的细节安排，当前的第一部分将限定于对语言形式的分析；第二卷——我希望它大约在一年后面世——将包含神话思维和宗教思维的现象学纲要；在第三卷也是最后一卷中，将要描述的是真正的“知识学说”，即**科学**思维的形式学说。

VI

自从威廉·冯·洪堡最初的各种奠基性的著作出版以来，从明确的哲学“体系”的立场上研究**语言**的纯粹哲学内容事实上是一个几乎没人做过的大胆的冒险。如果说洪堡——正如他在 1805 年写给沃尔夫（Wolf）的信中说的——认为他已经发现了如何像使用一个工具一样使用语言，借助这个工具可以穿越整个世界的高度、纵深与多样性，那么，这种要求在很大程度上似乎已经被 19 世纪的语言学与语言哲学搞得无效了。在很多时候，语言似乎正在变为怀疑主义的主要武器而不是哲学知识的一种工具。按照现代语言批判的观点，语言哲学是否认语言精神内容的同义语。但是，即使我们无视现代语言批判的那些结论，如下信念还是越来越强烈地表现出来了，即如果有丝毫的可能对语言进行哲学阐释的话，那么只能经由**心理学**研究的途径才能达成。17 世纪和 18 世纪的经验主义者与理性主义者曾经以不同的方式追随一种绝对普遍的、“哲学的”语法理想，自从科学的比较语言学出现以来，这一理想似乎一下子被打碎了：语言的统一性不再能在其逻辑内容中被找到，而是只有在其起源以及在支配这一起源的心理法则中才能被找到。在很长时间之后，**冯特**（Wundt）在他研究语言的伟大著作中试图再次囊括整个语言现象并使之服从于一个特定的精神性解释，他的这部巨著从民族心理学（Völkerpsychologie）的概念和方法论中得出了这一解释的原理。在《心理学和语言科学导论》（1871）中，**斯坦因塔尔**（Steinthal）在相同的思维方向上试图证明**赫尔巴特**（Herbart）的统觉概念是语言研究的根基。此后，**玛蒂**（Marty，1908）有意识地与斯坦因塔尔和冯特对立，返回到“普遍的语法和语言哲学”① 思想，他把这看作“描述性含义学说”② 的框架。但是，他也试图通过纯粹心理学方法建构这种含义学说；事实上，他明确地以这种方式限制语言哲学的任务，即所有指向语言现象的一般性和法则的问题都应该属于语言哲学的任务，因为这些问题“要么具有心理学本性，要么离开心理学的首要帮助至少是无法解决的”③。因而，撇开这种观点在语言研究领域中尤其是在**卡尔·福斯勒**（Karl Vossler）那里碰到的反对意见，心理主义和实证主义似乎已经不仅被确立为这个领域的方法论理想，而且几乎还被提升为一种一般的教条。哲学唯心主义确实还在与这个教条斗争，但是它也还没有恢复语言在洪堡著作中曾经享有的**自主**（autonome）地位。因为它并没有尝试着把语言理解为一种独立的、以独特法则为基础的精神“形式”，而是试图把语言还原为一般的审美功能。在这一意义上，**贝纳德托·克罗齐**（Benedetto Corce）把语言表达的问题从属于审美表达的问题，而**赫尔曼·柯亨**（Hermann Cohen）的哲学体系却把逻辑学、伦理学、美学以及最后宗教哲学都作为独立的环节，但却只是偶尔触及语言问题，而且是联系着审美问题来论及语

VII

① ［Anton Marty, *Untersuchungen zur Grundlegung der allgemeinen Grammatik und Sprachphilosophie*, Bd. 1, Halle a. d. S. 1908.］（中括号里的脚注是根据菲利克斯·迈纳出版社 2010 年版《符号形式哲学》增补的，在本书 1923 年第一版中并没有这个脚注。——中译者注）

② 同①53.

③ 同①19.

言的。

这种状况造成的结果是：在现在这本著作里，我不能追随任何现成的哲学道路，而是被迫完全寻找我自己的方法论路径。然而，自威廉·冯·洪堡以来，**语言科学**的发展为我的研究提供了丰富的灵感源泉。在洪堡那里，对语言进行真正普遍的探究的思想还只是作为唯心主义哲学的一个假设出现的，但是，从此以后，这一假设似乎越来越 VIII 多地接近于达到一种具体的、科学的实现。真正说来，经验科学研究材料的这笔财富为哲学探究造成了一种几乎无法跨越的困难。因为如果它希望忠实于自己本身的意图和任务，那么它就既不能放弃这些细节，也不能完全局限于这些细节。为了解决这种方法论的两难，唯一的可能在于，虽然要以系统的普遍性表述语言研究提出的**问题**，但是在任何时候都要从经验研究中获取**答案**。对于某一个别语群中的各种现象，以及对于在思想的基本类型上差别很大的不同语群的结构，都必须努力获得一种尽可能宽泛的观点。在解决问题时必须经常向语言科学的文献寻求建议，这些文献的范围如此一来确实被极大地拓展了，以至于我的研究一开始设定的目标也倒退得越来越远，以至于我经常怀疑它是否还在我的能力范围之内。尽管如此，我还是沿着这条路继续走下去，我之所以这样做，是因为对语言现象的多样性了解得越多，我相信自己也越清楚地感知到了，所有的个别东西如何互相让对方变得更加清楚，以及它们本身如何契合于一种一般性的关联(Zusammenhang)。接下来的研究并不以某些个别现象为目标，而是致力于明确和阐明这一关联。如果指引着接下来的研究的知识批判的基本思想被确证了，如果对纯粹语言**形式**的描述和评论——正如在这里试图做的——被证明为有根据的，那么，很多在细节上被忽视或曲解的东西在现在对这一主题的研究中就能够简单地得到补充和纠正。在写作本书时，我本人已经清晰地意识到了该对象的难度和我能力的界限，因此我衷心地欢迎这一领域的专家们的任何批评；为了让这种批评变得容易，在解释与评价语言科学的个别素材时，我总是明确地 IX 说出我的消息来源并清楚地指明我的参考资料，如此一来，就能够直接进行验证了。

接下来我还需要表达我对在我准备本著作的过程中曾经给予我帮助的所有人的谢意，他们或者是对这本书表现出了一般的兴趣，或者是给出了专家意见。在我试图对那种被称为“原始”语言的结构获得更加精确的洞见时，我从一开始就被**卡尔·梅因霍夫**（Carl Meinhof）的著作以及**博厄斯**（Boas）和**塞莱尔**（Seler）有关美洲原住民语言的著作所引导。在我1919年访问汉堡之后，我就一直在梅因霍夫非洲和南海语言研究所的有着丰富藏书的图书馆处理资料，更重要的是，在很多困难问题上我能够得到梅因霍夫真诚地给出的很有帮助的建议。我还应该感谢我的同事**奥托·戴姆普乌尔夫**（Otto Dempwolff）教授和**亨利希·容克**（Heinrich Junker）教授，因为在与他们的交谈中我获得了很多洞见。最后，海德堡的**恩斯特·霍夫曼**（Ernst Hoffmann）和汉堡的**埃米尔·沃尔夫**（Emil Wolff）远不是在一些细微的问题上帮助了我。最重要的是，霍夫曼和沃尔夫也在进行着哲学和语言学研究，和我共享着本书的根本观点：我们都确信，语言和人类精神的一切基本功能一样，只有在哲学**唯心主义**的整个体系（Gesamtsystem）中才能发现其哲学解释。我还为恩斯特·霍夫曼不顾自己工作的沉重负担而阅读了这第一卷的论据而衷心地感谢他。不幸的是，由于技术性的原因，在这一过程中他提供给我的一些重要提示和补充没能收录在这本已出版的书中，但我希望在将来的课题研究中能够用到它们。

1923年4月于汉堡

恩斯特·卡西尔

导论与问题的提出

1

一、符号形式概念与符号形式系统[①]

3 哲学思辨最开始的起点是由**存在**概念标明的。一当这个概念成为这样的概念，即一当意识觉悟到存在的统一性是与存在者的多样性和差异性相对立的时候，世界观的特定哲学方向就产生了。但是，这种世界观在相当长的时期内仍然被禁锢在它努力摆脱和战胜的存在者的范围内。一切存在的开端、起源和最终的“基础”都应该被说出来：这个问题虽然被如此清楚地提出来了，但是为这个问题找到的那些具体的、确定的答案却不足以达到对这一问题的最高的和最普遍的把握（Fassung）。那种被称为世界的本质和实体的东西，在原则上并没有超出这个世界，而只是来自这个世界的一种提取物。为了在起源上（genetisch）从中引出并“解释”一切其他的东西，某个个别的、特

① 在本书1923年第一版中，导论中的四节标题只有“一”“二”“三”“四”。为方便读者阅读，译者参照该版本的目录补足了标题的详细内容。——中译者注

殊的、有局限的存在者被挑选出来。尽管这些解释在内容上可能会千差万别，但就其一般形式而言还始终停留在同一种方法论的界限内。一开始，存在着一种其本身还是感性的个别定在，即一种具体的“原初物质”（Urstoff），它被确立为现象共同性的最后基础；而后，解释转入观念性的东西（Ideelle），一种纯粹思想性的“原则”取代了这种物质，一切东西都是由它派生的。但是，进一步考察的话，这种“原则”还处在悬浮于“物理”和“精神”之间的中间地带。尽管这种“原则”带有观念东西的色彩，但它仍然与现存东西构成的世界这个另一面有最紧密的联系。在这个意义上，尽管毕达哥拉斯学派的数、德谟克里特的原子与伊奥尼亚学派的原初物质不同，但仍然是方法论上的混合物，还没有在自身中发现自己的真实本性，而且似乎也还没有确定自己真正的精神家园。这种内在的不确定性最终在柏拉图的理念论中才被克服。柏拉图理念论巨大的系统性的和历史性的功绩就在于，在这个学说中，一切哲学理解和一切哲学世界解释基本的关键精神前提首次表现出了明确的形态。柏拉图在“理念”的名称之下所探索的那种东西，在解释世界的那些最初尝试中——在埃利亚学派、毕达哥拉斯学派、德谟克里特那里——都是作为一种内在原则起作用的，但柏拉图是第一个意识到这种原则是什么以及这种原则含义的人。柏拉图自己也是在这一意义上理解他的哲学成就的。在他的晚期著作中，他十分清楚地意识到他的学说的逻辑前提。在这些著作中，他把那种使他的思辨与前苏格拉底哲学家的思辨分离开来的差异称为决定性的差异：前苏格拉底的哲学家们把存在等同于一个个别存在者的形式，并把它作为固定的**出发点**，而柏拉图则第一次意识到存在是一个**问题**。他完全不再追问存在的分节（Gliederung）①、状况（Verfassung）和**结构**（Struktur），而是追问存在这个**概念**以及这个

4

① “Gliederung”词干为“部分、环节”（Glied），其含义为划分成有区别但又有关联的部分，如一篇文章分为若干小节，它们之间既有区分又上下连贯。在汉语中不太好找到对译的词，本书将其译作“分节”。“Artikulation”与之含义相近，其词根是“小环节”（articulus），意为划分开来又联系着，本书译为“勾连”。——中译者注

概念的含义。与柏拉图的尖锐问题和他的严格要求相比，在他以前的那些解释尝试都黯然失色，成了存在的单纯故事，成了存在的神话。① 现在，真正辩证的解释应该提升到这些神话式的宇宙生成论解释之上，不再拘泥于存在的单纯**持存**（Bestand），而是使其思想**意义**及其系统性的-合目的性的安排（Fügung）变得可见。这样一来，思维（Denken）就获得了全新的更深刻的含义，在巴门尼德以后的希腊哲学中，它一直都是作为存在（Sein）的互换概念出现的。只有当存在获得了明确规定的**问题**意义时，思想才能获得明确规定的**原则**意义和价值。现在，思想不再仅仅是与存在并列的，不再是“关于”存在的单纯反映，而是说，思想是存在自身的内在形式，而且决定了存在的内在形式。

同样典型的基本特征在唯心主义历史发展的不同阶段上反复出现。实在论的世界观满足于把事物的某种终极属性作为一切认识的基础——而唯心主义则把这种属性改造为思维的问题。这一过程不仅在哲学史上可以看到，而且在各个学科中也可以见到。在这里，这条道路并非仅仅从“事实”通向“法则”，而后又从这些法则返回到“准则”（Axiome）和“原理”（Grundsätze）：这些准则和原理——它们在知识的某一特定阶段上代表着最后的和充分的答案——在知识后面的那些阶段上必定又会变成问题。因此，科学称为自己的“存在”（Sein）和“对象”（Gegenstand）的那个东西就不再表现为一种绝对简单和不可分割的事态（Tatbestand），相反，每一种新的观察方式和方向（Art und Richtung der Betrachtung）都揭示出这一事态的某个新方面。僵死的存在概念看起来似乎处于流动之中，处于一种普遍的运动之中——存在的统一性只有作为这一运动的目标，而非作为这一运动的起点才是可以被思考的。随着这种洞见在科学中得到发展和贯彻，幼稚的知识**反映论**（Abbildtheorie）便名誉扫地了。每一门科学的基本概念，它用来提出问题并阐述其答案的工具，不再表现为某

5

① 参见：Platon，*Sophistes* 243 C ff.。

种给定存在的被动反映，而是表现为主动创造的理智**符号**（Symbole）。数学的-物理学的知识最早地也最清楚地意识到了它们的基本工具的这种符号特征。① **海因里希·赫茨**（Heinrich Hertz）在其《力学原理》的导论中最出色地表达了知识的整个发展都指向的这个新理想。他认为，我们的自然知识的最迫切和最重要的任务是使我们能够预见未来的经验——但是科学借以从过去引申出未来的那种方法是：我们为自己制造出了外部对象的“内部虚构图像（innere Scheinbilder）或符号”，这些符号是以这种方式构成的，即图像（Bilder）的具有思维必然性的（denknotwendigen）结果始终是那些被描摹的对象的具有自然必然性的（naturnotwendigen）结果的图像。

> 一旦我们成功地从我们的过去经验中推导出所要求的性质的图像，我们就能像从一个模型中一样短时间内从这些图像中发展出结果来，而这些结果在外部世界中将在很长的时间之后表现出来，或者作为我们自己干预的后果而表现出来［……］我们所谈论的这些图像，是我们关于事物的表象；这些图像与事物有**一种**本质上的一致，这种一致性就在于它们满足上述要求，但是，对于它们的目的而言，则不需要与事物之间有任何更进一步的一致性。实际上，我们不知道而且也无法了解到，我们关于事物的表象与事物之间除了那**一种**根本关系之外是否还有其他的一致性。②

6

尽管海因里希·赫茨以之为基础的自然科学知识理论——赫尔姆霍茨首次发展完善的“记号”理论——仍然在说着知识反映论（Abbildtheorie）的**语言**，但是，“图像”（Bild）概念现在已经经历了一种内在的转变。因为现在一种极其复杂的逻辑关系表达、一种普遍性

① 在我的著作《论爱因斯坦的相对论》［ECW10］中有关于这一点更进一步的讨论，尤其可以参见讨论《质量概念和事物概念》的第一部分。

② Heinrich Hertz, *Die Prinzipien der Mechanik in neuem Zusammenhange dargestellt* (*Gesammelte Werke*, hrsg. v. Philipp Lenard, Bd. III), Leipzig 1894, S. 1ff.

的理智**条件**代替了有关图像与事实（Sache）[①] 之间具有内容**相似性**的空洞要求，而这种**条件**则是物理学知识的基本概念必须满足的。其价值并不在于反映某一给定的定在（Dasein），而在于它作为知识的工具所完成的东西，在于现象（Erscheinungen）的统一性，这种统一性是现象从自身中产生出来的。客观对象的关联及其相互依赖的方式应该在物理概念的体系中被一览无余——但是，只有当这些概念从一开始就属于一个确定的、统一的知识视线时，这才是可能的。对象不能被说成是独立于自然科学的本质性范畴的赤裸裸的自在东西（Ansich），而是只有在这些首次构成它自身形式的范畴里，对象才可能得到描述。在这个意义上，力学的基本概念，特别是质量和力这两个概念，对于赫茨而言，就是“虚构”（Scheinbildern），这些“虚构”——正如它们是由自然知识的逻辑所创造的——也服从于这一逻辑的一般性要求，首先是服从清晰性、无矛盾性、描述的明确性等先天要求。

由于有了这种批判性的洞见，科学事实上放弃了“直接”把握和再现现实的希望与要求。科学理解了它所能完成的所有客观化（Objektivierung）事实上都是中介化（Vermittlung），而且必然永远只是中介化。而且，在这种洞见中还包含着另一个重要的唯心主义结论。如果知识对象只有通过一种独特的逻辑概念结构的中介才能被定义和规定，那么由此就必然可以得出如下结论：这些中介的多样性必定也与客体的不同结构相一致，与诸“对象性”关联之不同意义相一致。即使在“自然”的范围内，物理学的对象与化学的对象也不是绝对一致的，化学的对象与生物学的对象也不是完全一致的——因为物理学知识、化学知识、生物学知识都是从一种特定的观点出发**提出自己的问题**（Fragstellung），并且根据这一观点使现象服从于一种独特的解释（Deutung）和赋形（Formung）。这个结论在唯心主义思想的发

7

① 在德语中，“Sache”与“Person”是一对概念，前者在不同语境中分别译为“事实”“事物”“物品”，后者译为“人”“人格”；同理，“Sachlich”与“Persönlich”也是一对概念，分别译为“事实性”与“人格性”。——中译者注

展中似乎肯定会使它开始时所抱有的期望化为泡影。这一发展的终点似乎否定了它的开端——因为被追寻和被要求的存在的统一性再次面临着分解为存在者的单纯杂多性的威胁。**思想**牢牢抓住那一个存在(das eine Sein)，看起来除非思想摧毁自己的形式，否则就不能抛弃那一个存在，这个存在越来越多地把自己拉出了**知识**的领域。它变成了一个单纯的X，它越是严肃地主张自己的形而上学的统一性是“物自体”，它也就越多地脱离了认识的一切可能性，并最终被完全排挤进了不可知的领域。现在，与这个僵硬的形而上学的绝对（Absolutum）相对立的是现象的王国，即具有持久的复多性、具有条件和相对性的真正的可知领域。但是，更进一步做些考察的话，对统一性的基本要求并没有由于知识方法和知识对象的这种绝对不可还原的杂多性而名誉扫地，而是说，它只不过是以一种新的形式被提出来罢了。诚然，认知（Wissen）的统一性再也不能通过把一切认知形式都与一个共同的“简单的”对象（这个对象与这些形式之间的关系就像超验的原型与经验的摹本之间的关系一样）关联在一起而得到保证并变得稳固了——但是，取而代之的是，现在出现了另一个要求，即在一个**体系**中把握住认知的不同方法指向，把握住其所有得到承认的独特性和独立性，这个体系的各个个别的部分正是在其必要的差异性中互为条件、相互促进的。从现在起，这种纯粹功能统一性的假定取代了基础统一性和起源统一性的假定，从本质上来说，支配着古代存在概念的正是后一种统一性。由此就得出了对知识的哲学批判所要解决的一个新任务。它必须追随各特殊科学，并从整体上考察它们。它必然提出这个问题，即各专门学科用以观察和描述现实性的那些理智符号是不是被思考为简单并存的，或者说，它们是不是可以被理解为同一种基本精神功能的不同表现。而且如果这后一假设被证实了，那么又产生了新的任务，即确立这一功能的一般条件并解释支配着这一功能的那个原则。独断的形而上学追问的是一切特殊定在都起源于其中的那个实体的绝对统一性，与此相反，现在追问的是一个规则，它支配着诸知识功能的具体杂多性和差异性，它既不用消灭这种杂多性和差异性，也不用破坏它们，就能够把它们集合在一个统一的行为（Tun）中，集合在一个自足的精神行动（Aktion）中。

但是不论我们可以给“知识”下一个多么普遍、多么宽泛的定义，一旦我们考虑到**知识**在对存在的精神性把握和解释的整体中始终只是给予形式（Formgebung）的一种方式，那么，我们的视野就又一次扩大了。它是对杂多性的一种构形（Gestaltung），它是被一种独特的因而同时也是受到严格限定的原则引导的。不论各种知识在路径或取向上有多大差异，一切知识的目的最终都在于使现象（Erscheinungen）的复多性（Vielheit）服从“根据律”（Satzes vom Grunde）的统一性（Einheit）。个别的东西不应该停留于作为个别的东西，而是它应该在一种关联中有自身的位置，在那里，它表现为某“结构”（Gefüges）的一个部分，不管这结构是逻辑性的结构、目的论的结构，还是因果性的结构。知识从本质上说总是追求达到如下本质性目标，即把特殊的东西纳入一种普遍的法则形式（Gesetzes）和秩序形式（Ordnungsform）。这种理智综合形式在科学概念的体系之中发挥作用并表现出来，然而，在这种形式之外，在精神生命的整体中还有其他构形方式（Gestaltungsweisen）。它们也可以称为“客观化”的特定方式，也就是说，也可以作为把一个个别东西提升为一个普遍有效东西的手段；但是，它们达到这一普遍有效目标的方法与逻辑概念和逻辑法则是截然不同的。每一种真正的精神性基本功能都与“知识”一样具有如下决定性的特征：寓于它们之中的是一种原初性的-造型的力量，而不是一种单纯摹写的力量。它们不是单纯被动地表达出一种现成的东西，而是它们之中包含着一种独立的精神活动（eine selbständige Energie des Geistes）①，通过这种活动，现象的朴素定在获得了一种确定的“含义”，获得了一种真正的、观念性的内容。这一点适用于知识，也适用于艺术；适用于宗教，也适用于神 *9*

① 此处“Energie”译为“活动”的依据是，亚里士多德关于“Ergon”（作品）与“Einergeia”（活动）的区分以及洪堡关于语言是一种“Einergeia”的讨论是卡西尔本书的重要思想资源。——中译者注

话。它们都生活在特定的图像世界（Bildwelten）之中，这些图像世界并不是简单地反映了一种经验上给定的东西，而是它们所反映的是按照一种独立的原理生产出来的东西。它们每一个都创造出了自身的符号性形态，这些符号性形态即使与理智符号不是相似的，它们的精神起源也与理智符号是同等的。这些形态都不能被完全还原为其他形态，也不能从其他形态中引申出来；它们每一种都表明了一种特定的精神性理解方式（Auffassungsweise），而且在自身中同时通过自身建构了“现实东西”的一个特有方面。它们不是一种自在的现实东西向精神表现出自身的不同方式，相反，它们是精神在自身客观化的过程中，亦即在自身的自我显现中经历的道路。如果我们在这种意义上把握艺术和语言、神话和知识，那么，从它们中立即便提出了一个共同的问题，这个问题为一般人文科学哲学打开了一个新的入口。

康德在理论哲学中带来的“方法上的革命”① 以这一基本思想为基础：到那时为止仍被普遍接受的知识与其对象之间的关系需要彻底改变。我们不能从作为已知的和给定的东西的对象出发，而是必须以知识的法则为起点，因为它是唯一真正可以理解的东西，是最可靠的东西；我们不应在本体论形而上学的意义上界定**存在**的一般性质，而是必须通过对理智的分析才能搞清楚**判断**的基本形式，并在其各种分枝中界定它；因为只有在判断之下，客观性才是**可以思议的**（setzbar）。在康德看来，只有这种分析才阐明了关于存在的每一种**知识**以及存在的纯粹概念所依赖的各种条件。但是，先验分析以这种方式置于我们面前的对象作为知性的综合统一性的相关物，是一种被纯粹逻辑地规定的对象。因此，该对象压根儿没有指明全部的客观性，而是只指明了那种客观法则形式，这种形式在科学的基本概念中，特别是

10 在数学-物理学的概念和原理中才是可以理解与描述的。因此，一旦

① ［Immanuel Kant，*Kritik der reinen Vernunft*，in：*Werke*，in Gemeinschaft mit Hermann Cohen u. a. hrsg. v. Ernst Cassirer，11 Bde.，Berlin 1912－1921，Bd. III，hrsg. v. Albert Görland，Berlin 1913，S. 15（B XI）.］

康德在整个三大批判中进一步发展出了真正的“纯粹理性的体系”，它对于康德自身而言就已经过于狭窄了。在他的唯心主义措辞（Fassung）和解释（Deutung）中，数学的-物理学的存在并没有穷尽全部现实性，因为它远远没有涵盖精神及其自发性的全部作用。在自由的理智王国里（其基本法则是由《实践理性批判》发展出来的），在艺术的王国里，以及在有机自然形式的王国里（正如美学的和目的论的《判断力批判》所表现的那样），都表现出了这种现实性的一个新方面。关于现实性的批判的-唯心论的概念的这种**逐步**展开，以及关于精神的批判的-唯心论的概念的这种逐步展开，属于康德思想的最突出的特征，并且恰恰根植于这种思想的一种风格法则（Stilgesetz）之中。精神真正的、具体的总体性从一开始就不应该用一种简单的公式去描述，而且同样地也不能把它表现为已经完成了的，相反，它在发展着，而且只是在批判分析本身持续前进的过程中才发现了自己。除了在这种进展中察看精神性存在，没有任何别的方法能够指明和规定精神性存在的范围。这一过程的本性就在于，其起点与终点不仅是相互分离的，而且彼此看起来必然是冲突的——但是，这种冲突只不过是潜能与行动之间的冲突，是一个概念的单纯逻辑“资质”与其充分发展和效果之间的冲突。从后一种观点来看，康德所发动的哥白尼式革命就获得了一种新的、扩大了的意义。它不仅仅涉及逻辑的判断功能，而且以同样的理由和权利扩展到了精神形态的每一种方向和原则。决定性的问题始终在于，我们是试图从形成物（Gebilde）中理解功能，还是试图从功能中理解形成物，我们是把前者作为后者的“根据”，还是把后者作为前者的“根据”。这个问题（Frage）构成一条精神性纽带，它把不同的问题域（Problemgebiete）彼此连接在了一起——它表现了这些问题域的内在的方法论统一性（innere methodische Einheit），而没有让它们融合成一种事实上的相同性（eine sachliche Einerleiheit）。因为批判思维的基本原理——功能相对于对象具有“优先性”的原理——在每一个特殊领域内都采取了一种新的形态，同时都要求一种新的、独立的解释。除了纯粹的知识功能，还 *11*

必须设法理解语言思维的功能、神话-宗教思维的功能以及艺术的功能，并且是以这样的方式去理解它们：揭示出在每一种功能中如何取得了一种完全确定的构形，这种形态不是世界的构形（Gestaltung der Welt），而是构形出世界（eine Gestaltung zur Welt），构形出一个客观的意义关联和一个客观的直观整体。

这样一来，理性批判就变成了文化批判。它力求理解并证明，文化的一切内容——就其不只是单纯的个别内容而言，就其以一种普遍的形式原理为基础而言——如何以精神的一种原初活动（eine ursprüngliche Tat des Geistes）为前提。在这里，唯心主义的基本原理才发现了其真正的完全的确证。只要哲学思维还只是与对纯粹**知识形式**的分析有关，同时还仅仅局限于这项任务，那么，幼稚的-实在论的世界观就不可能被完全推翻。知识的对象毫无疑问是以某种方式在知识中并且通过知识的原初法则而被规定和形成的——但是尽管如此，知识的对象看起来似乎也必然是作为某种独立的东西外在于它与知识的基本范畴之间的这种关系（Relation）而在场和给定的。相反，如果我们不是从一般的世界概念（Weltbegriff）出发，而是从一般的文化概念（Kulturbegriff）出发，那么，这个问题由此就会立即获得一种不同的形态（Gestalt）。因为文化概念的内容是不能脱离精神生产（geistigen Produzieren）的基本形式和基本方向的：在这里，“存在”只能在“行动”中得以理解。只有当存在着美学想象和美学观念这个特定方向时，才存在着一个美学对象的领域——这一点同样适用于一切其余的精神活动（geistigen Energien），正是借助这些精神活动，对于我们而言一种特定的对象范围才形成了。宗教意识——尽管它确信自身对象的“实在性”和真理——只是在最低的阶段上，只是在一种纯粹神话思维的阶段上，才把这种实在性转变成了一种简单的物性**实存**（dingliche Existenz）。与此相反，在其他所有更高的观察层次上，它更加清楚或者更加模糊地意识到了，只有把自己以一种完全独特的、仅仅属于它的方式与对象联系起来，它才“拥有了”自己的对象。它是自身行为（Sichverhalten）的一种方式，是精神把自己交托给被思考的客观东西的一种方向，这种客观性本身的最后保证就包含在这种方向之中。哲学思维面对着所有这些方向——并不只是为了孤立地追随每一个方向，也不是为了从整体上概览它们，而是哲学思维带着如下前提面对所有这些方向，即必然有可能使它们与一个统一的焦点、与一个理想的中心联系起来。但是，批判地看，这个中心绝对不存在于一个给定的存在之中，而只能存在于一个共同的**任务**之中。这样一来，精神文化的各种不同产物——语言、科学知识、神话、艺术、宗教——虽然有种种内在差异性，但都变成了一个唯一的大问题语境（Problemzusammenhang）的部分——变成了各种各样的意图，这些意图都指向一个目标，即把单纯**印象**（Eindrücke）的被动世界（精神一开始似乎是被禁锢在这个世界中的）转变为一个纯粹精神**表达**（Ausdruck）的世界。

12

因为，正如现代语言哲学为了发现对语言进行哲学研究的真正出发点已经确立起了“内在语言形式”这个概念一样——因此可以说，对于宗教和神话而言，对于艺术和科学知识而言，一种类似的“内在形式”也是前提，而且也是可以找到这种类似的“内在形式”的。这种形式并不仅仅意味着这些领域中的个别现象的总和（Summe）或后续概括，而且意味着决定其建构的法则。事实上，我们除了就现象本身来阐明法则以及从现象中“抽象出”法则，最终并不存在任何别的道路可以保证这条法则，但恰恰是这一抽象证明了，法则同时就是个别东西的内容性持存的一种必要的和构成性的要素。哲学在其历史进程中或多或少地意识到了这一任务，即需要对诸个别文化形式做一番这样的分析和批判；但哲学大部分只直接承担了这一任务的一部分，并且更多地是怀着否定的而不是肯定的意图去做的。哲学在这种批判中追求的更多地不是描述和说明每一种个别形式的积极成就，而是抵制其错误的要求。自古希腊诡辩论者以来，就有了一种怀疑论的语言批判，正如在那时就有了一种怀疑论的神话批判和知识批判一样。如果我们考虑到，精神的每一种基本形式在其产生和发展的过程中事实上都有一种追求，即不是把自己表现为一个部分，而是把自己表现为一个整体，进而主张自己具有一种绝对的有效性，而不是一种单纯相对的有效性，那么，这种本质上否定性的态度就是可以理解的。13 它们并不满足于自己的特殊领域，而是试图把自己独特的烙印刻在存在和精神生命的整个范围内。从这种努力中产生了文化的冲突，产生了文化概念的二律背反。**科学**起源于一种这样的观察形式：在它能够起作用并完成之前，它总是被迫使用思维的那些最初的联结（Verbindungen）和分离（Trennungen），这些联结和分离在语言与语言的一般概念中找到了自己最初的表达和反映。可是，当科学把语言作为材料和基础来使用时，它必须同时超越语言。一种新的“逻各斯”出现了，并且受到日益严格的界定，变得越来越独立。这种新的“逻各斯”受某个不同于隐藏在语言诸概念中的原则的指导和支配。与这种逻各斯相比，语言的产物似乎还只是障碍和局限，必定会被新原则的力量和特性逐步克服。对语言和语言思维形式的批判变成了科学思维和哲学思维的一个不可缺少的组成部分。而且，这个典型的发展过程也反复出现在其他领域中。个别的精神方向并不是相互补充、彼此平和地并列前进的，而是每一种精神方向只有通过证明自己相对于其他方向的独特力量并在与其他方向的斗争中证明自己的独特力量，才能变成它自己所是的东西。宗教与艺术在它们纯粹历史的效果中是如此地紧密相连，如此地相互渗透，以至于有时候二者从内容上看以及从内在构成原则上看似乎是无法区分开的。据说，希腊的众神源出于荷马和赫西俄德。但希腊人的宗教思维在其进一步的发展中越来越确定地与它的这一审美的开端和源头相分离。自色诺芬以来，希腊的宗教思维越来越坚决地反抗神话的-诗意的神的概念和感性的-形象化的神的概念，把这种概念视为神人同形同性论而加以摒弃。这种精神斗争和冲突在历史中表现得越来越激烈，也越来越有意义。在这种斗争和冲突中，唯一的最终决定似乎只能期待由作为最高的统一性权威（Einheitsinstanz）的哲学做出。但是，独断论的形而上学体系只是部分地满足了这一期望，部分地完成了这一要求。因为这些体系本身通常也处于这场斗争之中，而没有超出这场斗争：尽管它们追求一切概念的普遍性，但是它们代表的只是对象的一个方面，而不是从其整个广度和深度上把握这个对象、传授这个对象。因为，它们本身大部分只不过是关于某一确定的逻辑原理、审美原理或宗教原理的形而上学假设。这些体系越多地把自己封闭在这个原理的抽象普遍性之内，也就越多地割断了它们与精神文化的各个方面及其形式的具体整体性之间的联系。只有当哲学思维能够找到一个既高于这些形式之上而又不是简单地位于这些形式之外的立足点时，它才有可能避免这种割裂的危险——这样一个立足点使得人们有可能一目了然地把握住它们的整体，这样一个立足点只是试图使所有这些形式彼此之间纯粹内在的关系而非它们相对于一种外部的、"超越性的"存在或原理的关系变得可见。这时精神的一种哲学体系（Systematik）就出现了，在这种体系中，每一种特殊的形式都是纯粹通过它在这个体系中所占据的**位置**而获得自身意义的，每一种形式的内容和含义都是由它们与其他精神活动（Energien）以及最终与它们全体（Allheit）之间的关系及交织的丰富性和特殊性来说明的。

从近代哲学伊始，特别是从近代唯心主义哲学出现时起，建立这样一种体系的尝试已不止一次。虽然笛卡尔纲领性的《谈谈方法》和《指导精神的法则》把旧形而上学想要考察**事物**全体和洞察**自然界**终极秘密的一切企图都当作枉费心机而加以否定，但却依旧固执地认为，一定有可能从思维上详尽地阐明和测量出**精神**的普遍原则（universitas）。"界定精神的范围和界限"① ——笛卡尔的这一格言成了整个近代哲学的座右铭。但是，"精神"这个概念仍然是歧义模糊的，因为这个概念有时是在较狭窄的意义上、有时是在较广泛的意义上使用的。正如笛卡尔的哲学是从一个崭新的和宽泛的**意识**概念出发的，但是用"**思**"（cogitatio）所表达的这个概念又变成了纯粹**思维**的同义语，因而对于笛卡尔以及对于整个唯理论来说，精神的体系也变成

---

① [Rene Descartes, *Regulae ad directionem ingenii*, in: *Oeuvres*, hrsg. v. Charles Adam u. Paul Tannery, 15 Bde, Paris 1897ff., Bd. X, S. 349-488: S. 398.]

15 了思维体系的同义语。如此一来，只有在成功地从一个唯一的**逻辑**原则中推导出精神的普遍原理时，精神的普遍原理才会视为真正被把握住了，才会视为从哲学上被看透了。由此一来，逻辑的纯粹形式再次被提升为了每一种精神性的存在、每一种精神性的形式的典型和模板。而且正如在笛卡尔（古典唯心主义体系就是从他开始的）那里一样，在黑格尔（古典唯心主义以他结束）那里，这种方法上的关联再一次十分清晰地展现在我们眼前。黑格尔比之前的任何一位思想家都更明确地提出了这样的要求，即把精神的整体作为一个**具体的**整体（konkretes Ganze）来思考，如此一来就不能停留在它的简单概念上，而是必须在其诸表现的整体中来发展它。可是，在他力图用以完成这项任务的《精神现象学》中，他只为**《逻辑学》**打了一个基础。正如《精神现象学》所提出的，诸精神形式的杂多性最后似乎在一个更高的逻辑顶点上完成——这些形式知识在它们的这个终点上才发现自己最终的“真理”和本质性。尽管它们的内容极其丰富、多种多样，但是它们在结构上都服从一个唯一的、在一定意义上统一的法则——辩证方法的法则，这个法则在概念的自主运动（Selbstbewegung）中表现出不变的节奏。精神把自身形态的所有运动都包含在绝对知识中，因为它在这里赢得了自己定在的纯粹要素，即概念。虽然它之前所经历过的一切阶段都作为环节而被保存在了它的这个最终目标里，但是这些阶段也都被扬弃为了单纯的环节。如此一来，在所有精神性的形式中，似乎只有逻辑形式，即概念和知识的形式才享有真正的和真实的**自律**。概念不仅是**表现**（darzustellen）精神的具体生命的手段，而且也是精神本身的真正实体性环节。由此看来，尽管应该就其特殊差异来理解一切精神性的存在（Sein）和事件（Geschehen），并在这种差异中承认它们，但是这些精神性的存在和事件最终似乎还是与一个唯一的维度（Dimension）有联系并可以还原为这个维度，而且，它们最深刻的内容（Gehalt）和真正的含义也只有联系着这个维度才能被把握住。

而且事实上，哲学本身的概念特别是唯心主义哲学的基本原则必然会要求，把所有的文化形式最终都集中到**一个**逻辑形式之中。因为，如果我们放弃了这种统一性，那么一般说来似乎就不再能谈论这些形式的一种严格**体系**。如此一来，辩证方法的唯一对手和对立面就只剩下一种纯粹经验的做法了。如果我们不能发现一种普遍的法则，凭借这种法则从一种精神形式中产生出另一种精神形式，以至于按照这种原则最终贯通精神形态的整个序列，那么，这些形态的整体看起来就不可以被思考为一个自足的宇宙。那么，个别的形式就只是并存着的：虽然还能够统揽它们的整个范围并就它们的特殊性来描述它们，但是，它们之中所表达的却不再是一种共同的观念性内容。那么，关于这些形式的哲学最终必然就会汇入它们的历史，而按其对象来说，这个历史可表述为以及分化为语言史、艺术史等。如此一来，在这一点上就出现了一个奇怪的两难状况。如果我们牢牢抓住逻辑统一性这个要求不放，那么，逻辑形式的普遍性就有最终抹杀每一单个领域的特殊性及其原则的独特性的危险。相反，如果我们沉浸在这一个别性之中并坚持对之进行观察，那么，我们就有在其中迷失方向找不到返回普遍性的道路的危险。只有当我们一方面成功地指出并把握住一种反复出现在每一种精神基本形式之中的要素，而另一方面这种要素在任何两种形式中都采取绝对不同的形态时，才有可能发现摆脱这种方法论困境的出路。如此一来，只有考虑到这种要素，才能维持住个别领域之间——语言和知识的基本功能之间、艺术和宗教的基本功能之间——的观念性关联，而又不丧失任何一个领域的不可比较的特殊性。如果发现了一种一切形态都必须经过的媒介，同时这种媒介又必须保持其特殊本性和独有的特征，那么，就找到了下述这种研究的必要中间环节：这种研究将把先验批判对纯粹**知识**所做的一切都应用到精神性形式的**全体**上。因此，我们必须要提的下一个问题是：事实上对于精神的各种方向而言是否存在一个这样的中间领域和中介功能？这一功能是否表现出了特定的典型特征，能够让我们借以认识并描述它？

二、记号的一般功能。——含义问题

为此，我们将首先再次追溯到“**符号**”这个概念，就像海因里希·赫茨从物理学知识的立场上对“符号”的特征所描述的那样。这位物理学家在各种现象中寻求的是描述它们之间的必然结合（Verknüpfung）。但是，他只有把感官印象的直接世界置于脑后，而且看起来完全摆脱了它们，才有可能完成这种描述。他使用的各种概念，如空间和时间、质量和力、质点和能量、原子和以太，都是自由的“虚构”（Scheinbilder），知识为了掌握感官经验世界并把它视为一个由规律支配的世界而产生了这些虚构，但是在感觉材料本身之中并没有与这些虚构直接对应的东西。但是，尽管没有这样的对应物——也许恰恰是因为没有这样的对应物——物理学的概念才是完全自成一体的。每一个个别概念，每一个特别的虚构和记号，都与自在地充满含义和意义并按照固定规则分节的（gegliederte）**语言**中发音清楚的（artikulierte）**语词**一样。在现代物理学的最初阶段，在伽利略那里，就有这样的类比，即“自然之书”是用数学语言写成的，并且只能用数学密码识读。从那以后，精密自然科学的全部发展都表明了，其问题提法及其概念工具的每一次进步都是与其**记号系统**的日益精确化同步进展的。只有当伽利略力学诸基本概念的一般逻辑位置似乎已经通过微分算法得以确定，并且创造出了一种对这些概念普遍有效的数学-逻辑记号时，才有可能明确地理解这些基本概念。如此一来，从发现对无限东西的分析而引发的难题出发，**莱布尼茨**立即就想要把标记记号（Zeichengebung）这一功能中所包含的普遍难题最清晰地确定下来，想要把他的“通用字符术”（universellen Charakteristik）计划提升到真正的哲学含义上。从他的基本信念来看，事实的逻辑（Die Logik der Sachen），即各种内容性基本概念和基本关系的逻辑是与记号的逻辑分不开的。这些内容性基本概念和基本关系是建

18

构一门科学的基础。因为记号绝不只是思想的偶然外壳，而是它的必要的和本质性的器官（Organ）。记号并非仅仅服务于传递某种已经确定的思想内容的目的，相反，它是一种工具，思想内容借助于这一工具才得以形成，才赢得自己完全的规定性。从概念上规定某一内容的行动与在某一种字符性的记号中确定该内容的行动是一起发展的。因此，所有真正严格的、精确的思想都是由支撑起它的**符号学和记号学**所维持的。每一种自然“法则”都为我们的思维采取了一种一般“公式”的形态——而只有把一般的记号与特殊的记号结合起来才能表达一个公式。假如离开了算术和代数所提供的普遍记号，那么，物理学特殊的关系和特殊的自然法则都是无法表达的。只有在特殊的东西中才能认知一般的东西，而只有参照一般的东西才能思考特殊的东西，一般而言这似乎可以说是知识的基本原理。

但是，这种交互关系（Wechselverhältnis）并不局限于科学，而是也贯穿于精神创造活动的一切其他基本形式中。对于所有这些形式而言，似乎它们只有为自己创造了一个确定的可感觉的基础（Substrat），才能够发挥出那些适合于它们且为它们所独有的理解方式和构形方式（Auffassungs-und Gestaltungsweise）的作用。在这里，这种基础是如此的重要，以至于有时候它看起来构成了这些形式的全部含义内容和真正“意义”。语言似乎完全可以被定义为和被思考为一个声音记号系统——艺术的世界和神话的世界似乎局限于它们在我们面前设立的个别的和感性上可把握住的那些形态的世界之中。事实上，如此一来就被给出了一种无所不包的媒介，各种如此不同的精神形态（Bildungen）都汇合在这种媒介之中。精神的内容只有在它的表现中才展示出自身，观念的形式只有通过它用以表达自身的各种感性记号的总和（Inbegriff）并在这个总和之中才能被人知晓。假如能够成功地完成对这种表达行为各种不同方向的系统研究——假如能够成功地说明它们的典型的和普遍的特征及其特殊渐变（Abstufungen）与内在区别，那么，对于精神创造活动（Schaffen）的整体而言，莱布尼茨为知识所制定的“通用字符术”理想就达成

19 了。这样一来，我们就拥有了这样一种一般的符号性功能的语法，通过这种语法，其特殊的表达和术语——就像我们在语言、艺术、神话和宗教中看到的那样——就被囊括进来了，而且被一般性地共同决定了。

这种语法的观念扩大了唯心主义传统的和历史的教义（Lehrbegriff）。这一教义一开始就致力于把**“感性世界”**（mundus sensibilis）与另一个宇宙（Kosmos）即**“理智世界”**（mundus intelligibilis）相对立，并确定地把这两个世界的边界划分开。但是，从根本上来说，边界是这样的：理智世界是由纯粹行动的要素确定的，而感性世界则是由受动的要素确定的。在前一个世界里处于支配地位的是精神的自由的自发性，在后一个世界里处于支配地位的是感性东西的局限性和被动性。但是对于“通用字符术”而言——我们现在已经看到了它的问题和任务的一般梗概——这一对立就不再是不可调和的对立了。因为在这里，一种新的交互联系（Wechselbeziehung）和相互关系（Korrelation）形式把感性的东西和精神性的东西连接在了一起。既然已经说明，精神的纯粹**功能**本身恰恰必然要在感性的东西中具体地实现自己，那么，形而上学的二元论似乎就消除了。在感性东西的范围内，必须明确地区分开单纯的“受动”与纯粹的“主动”、“印象”与“表达”。独断论的感觉论的错误不仅在于，它低估了纯粹理智因素的含义和作用，而且首先也在于，虽然它宣布感性是精神真正的基本力量，可是它既没有在感性概念的整个广度上也没有就其整个作用来把握感性。由于独断论的感觉论把感性仅仅局限于“印象”世界，局限于简单感受的直接给定性，所以它所拟定的只是感性的一幅不充分的和扭曲了的图像。在这里，独断的感觉论没有认识到感性本身也有一种主动性（Aktivität），用歌德的话来说，就是也有一种在精神创造活动的各个不同领域内发挥着作用的“精密的感性想象（Phantasie）”①。

① [Johann Wolfgang von Goethe, *Ernst Stiedenroths Psychologie zur Erklärung der Seelenerscheinungen*, in: *Werke*, hrsg. im *Auftrage der Großherzogin Sophie von Sachsen*, 2. *Abt.*: *Naturwissenschaftliche Schriften*, Bd. XI, Weimar 1893, S. 73-77: S. 75.]

事实上，知觉世界之外和之上的其他一切领域都制造了一幅自身的自由的**图像世界**（Bildwelt），这是它们内在进展所固有的工具：就其直接的属性而言，这个图像世界自在地仍然带有感性东西的色彩，但是它也描绘了一个已经形式化了的并且由此一来也是由精神支配的感性。这里所涉及的不再是一个简单给定的和现有的感性东西，而是一个以自由图像的某种形式创造出来的感性杂多的体系。 *20*

语言的形成过程大概就说明了，只有当我们为直接印象的混沌状态“命名”并用语言思维和语言表达的功能渗透其中的时候，这种混沌状态才对我们变得清晰有序。在这个语言记号的新世界中，印象本身的世界也赢得了一种全新的“持存”（Bestand），因为它赢得了一种新的精神性的勾连关系（Artikulation）。通过语词对特定的内容要素所做的区分、分割和固定，不仅表明了而且恰恰也赋予了这些内容要素一种确定的思想性的质，由于这种思想性的质，内容要素现在被提升到了所谓感性的质的单纯直接性之上。这样一来，语言就成为精神的基本工具之一，通过它，我们从单纯的感受世界前进到直观和表象的世界。它已经以萌芽的形式包含着那种理智工作，这种理智工作后来表现在概念——作为科学概念的概念和作为特定逻辑形式统一性的概念——的形成过程中。这里包含着那种最一般的分离和连接功能（Funktion des Trennens und Verknüpfens）的最初起点，这种功能在科学思维的分析和综合之中找到了自己最自觉的表达。在语言记号和概念记号世界之外，还有一个神话或艺术所创造的形态世界（Gestaltenwelt），它们虽然是不可比较的，但是从精神源头来说又是有关联的。神话幻想虽然深深根植于感性的东西中，但是也远远超出了感性的单纯受动性。如果我们用通常的经验标准来衡量它，看它是如何为我们提供感性经验的，那么，神话的形成物必然要表现为完全“不现实的”，但是恰恰在这种不真实性中存在着神话功能的自发性和内在自由。但这种自由与完全无规则的任意绝对是不同的。神话世界不是情绪的单纯形成物或者偶然情况的形成物，而是说它有自己本身的根本形成（Bilden）法则，这些法则在神话的一切特殊表现中都起

着作用。在艺术直观的领域内，下面这一点就变得非常清楚了，即只是因为我们自己在造型中（bildend）创造出了形式的基本环节，关于感性东西的审美形式的一切见解才得以可能。例如，对各种空间形态的一切理解归根到底都与这些形态的内在生产活动以及这种生产活动的合规律性有紧密联系。由此完全说明了，意识所了解的最高级和最纯粹的精神主动性（Aktivität）何以恰恰是以感性活动的特定方式为条件和媒介的。我们永远只有在诸现象的五彩折射中，才获得了纯粹观念的真正的和本质性的生命。我们只有追随精神原初性构成力量的不同方向，才能把握精神多种表现的体系。在这些不同的方向中，我们看到了反射出来的精神本质——因为只有通过为感性材料构形（Gestaltung），精神的本质才能显示给我们。

21

事实上正是精神的一种纯粹活动创造了不同的感性符号系统，因此所有这些符号从一开始就是带着一定的客观性要求和价值要求出现的。它们都超出了单纯个体意识现象的范围——它们都要求把自身与普遍有效的东西相提并论。在后来的批判哲学研究面前，以及在其发达的和完善的真理概念面前，这一要求有可能会被证明为无效的——但是，一般性地提出这一要求，这又属于个别基本形式的本质和特征。这些形式本身不仅一般性地把它们的形成物视为客观有效的，而且大多数时候恰恰还把它们看作客观东西和“现实东西”的真正核心。对于一开始看起来幼稚的和未经反思的语言思维的表现来说，以及对于神话思维来说，它们还没有把“事物”（Sache）的内容与“记号”（Zeichen）的内容清楚地区分开，而是完全漠不关心地把它们混合在一起，这是很典型的。一件事物的名称与这件事物本身是不可分割地结合在一起的——单纯的语词或图像包含着一种巫术力量，通过这种力量，那个物的本质被我们占有了。事实上为了在这个观点中发现一种合法的（berechtigt）内核，我们只需把这种观点从实在性的东西转变成观念性的东西，从物性的东西转变成功能性的东西。因为在精神的内在发展中，获得**记号**实际上构成了获得客观性的本质知识（Wesenserkenntnis）必不可少的第一步。对意识来说，记号似乎是客观性的第一阶段和最初证据，因为意识内容的持续变化通过记号而首先被停顿下来了，因为某种持久的东西在记号中被确定并突出出来了。意识的单纯**内容**一旦流逝过去，被其他内容代替，就不会再次出现严格一致的内容。它一旦从意识中消失，就一去不复返了。但是，意识现在把自己本身的以及自己形式的统一性与构成其内容的各种质的这种不停息的转变相对立。意识并不是在它是什么或者它拥有什么之中，而是在它做什么之中首次真正证明了自己的同一性（Identität）。通过与一个内容结合在一起的记号，这个内容本身就获得了一种新的持存和延续。因为相对于意识个别内容的实际流动，只有记号具有一种持久的、确定的观念性**含义**。与给定的简单感受一样，记号不是一个孤立的个别东西和一次性的东西，而是代表着各种可能内容的一种整体性和总和，因此，它还代表着一种最初的"普遍者"。在意识的符号性功能中——像它在语言、艺术和神话中所表现的那样——某些确定的和稳定的基本形式——有些具有概念性的本性，有些具有纯粹直观的本性——首先脱离了意识之流；取代这一流动性内容的是形式的自成一体的和恒常的统一性。 22

但是，我们在这里讨论的不是孤立的行动，而是讨论一种持续前进的规定过程，这个过程给意识的整个发展都打上了自己的烙印。在最初的那些阶段上，用语言记号、神话或艺术图像来固定思想内容看起来并没有超出把思想内容固定在**记忆**（Erinnerung）中并简单再现（Reproduktion）这一内容的范围。在这里，记号似乎并没有为与记号相关的内容增加什么，而只不过是按照其纯粹持存（Bestand）保存并重复了它。甚至在**艺术**（Kunst）的心理学发展史上，我们相信也能够指出有一个单纯的"记忆艺术"（Erinnerungskunst）阶段，在这个阶段上，一切艺术形态的作用都还指向一个唯一的方向，即强调感官所感知到的东西的特定特征并以自己创造的图像把这些特征呈现给记忆。[①] 但是，单个

① 参见：Wilhelm Wundt，*Völkerpsychologie. Eine Untersuchung der Entwicklungsgesetze von Mythus*，*Sprache und Sitte*，3 Bde.，2，neu bearb. Aufl.，Leipzig 1904，Bd. III，S. 115-118。

的基本方向越是清楚地显示出它们的独特活动（Energie），那么同时 23 也就越清楚地表明了，对于意识而言，一切明显的“再现”总是预设了一种原发性的和自主性的效能。内容本身之所以是能够再现的，这与为它制造了一个记号有密切联系，在制造这个记号的时候，意识在自由地和独立地发挥作用。如此一来，“记忆”概念就获得了一种更丰富和更深刻的意义。为了记住一个内容，意识必须首先以一种与在感受或知觉中不同的方式内在地拥有这个内容。单纯在另一个时间点上重复已经给予我们的东西是不够的，而是在重复的时候，一种新的理解和赋形的方式必定同时也在发挥着作用。因为对内容的每一次“再现”都已经包含着“反思”这个新的阶段。意识不再把这个内容简单地当作当下的东西，而是把它认作已经过去但是在表象中尚未消失的东西，意识因其与该内容之间的改变了的**关系**而赋予了它自身同时也赋予了这个内容一种不同的观念性**含义**。“自我”的表象世界越多地发生分化，这一点也就表现得越来越明确、越来越多。“自我”现在不仅表现出了形成（Bilden）的一种原发性的主动性，而且自我也在学着越来越深刻地理解这种主动性。如此一来，“主观”世界与“客观”世界的界限第一次真正变得清楚了。一般知识批判的一项中心任务是，指明科学思维方法以之为依据而在纯粹**理论**领域内部完成划界的那些法则。它表明了，“主观”存在与“客观”存在并不是从一开始就被严格分离开来的、在内容上完全确定的领域，而是说，它们只是在认知过程中并且依据认知过程的方法和条件才获得自己的规定性。“自我”与“非我”之间的范畴上的划分被证明是理论思维的一个根本性的和稳定的功能，而这一功能**实现**自己的方式，即“主观性”存在与“客观性”存在的内容是如何被分离开来的，是随着已经达到的知识层次而变化的。对于理论的-科学的世界观而言，经验中“客观的东西”是其持久的和必然的要素——但是，哪些内容被判定为持久的和必然的，这一方面依赖于思维应用于经验上的一般方法论 24 标准，另一方面依赖于当时的知识水平，即依赖于它在经验和理论方面已经证实的所有洞见。据此来看，我们把“主观的东西”与“客观的东西”这一对概念性的对立应用于并贯彻到经验世界的构形和自然的建构之中的方式，与其说是知识问题的**解决**，不如说全面地**表现**出了这个难题。[①] 但是，只有当我们超出了理论思维及其特有的概念工具的边界时，这一对立才显示出它的全部丰富性和内在多样性（Vielgestaltigkeit）。不仅科学，而且语言、神话、艺术和宗教都有这一特点，即它们都提供了为我们建构“现实”世界和精神世界，即我的世界的建筑材料。我们也不能把它们当作简单的**形成物**（Gebilde）嵌入现成的世界，相反，我们必须把它们理解为**功能**，借助这些功能，存在的各种独特形态形成了，存在的特定的划分和区别同时也形成了。正如每一种功能都运用不同的工具，每一种功能也都预设、使用了不同的规则和标准，因此，结果也是不同的。科学的真理概念和现实性概念与宗教的或艺术的真理概念和现实性概念是不同的——因此，它们指明和造成的“内在”与“外在”、自我的存在与世界的存在之间的关系是一种特殊的且不可互相比较的基本关系。在能够**确定**所有这些多种多样、互相交织、彼此冲突的不同观点和要求之前，必须首先严格精确地**区分开**它们。每一种个别观点和要求的成就都必须就其本身来衡量，而不能按照任何其他观点和要求的标准及目标来衡量——只有在这种检验结束之后，才能提出下面这个问题，即理解世界和自我的所有这些不同形式是否可以彼此协调一致以及如何相互协调一致？——虽然它们反映的不是同一个自在持存的“物”，但是它们是否彼此补充并形成了精神行为的整体以及统一的体系呢？

就**语言**哲学来说，这一研究方式最早是由威廉·冯·洪堡完全清晰地把握和贯彻下去的。对洪堡而言，声音记号表现的是一切语言构成的质料（Materie aller Sprachbildung），它类似于主观东西与客观东西之间的桥梁，因为这两个方面的本质性要素在声音记号中被结合到了一起。因为声音一方面是被说出来的，即由我们产生和形成的声音；另一方面作为被听到的声音，它又是包围着我们的感性现实的一

25

① 关于补充讨论和更进一步的解释，可参见我的著作《实体概念与功能概念》（*Substanzbegriff und Funktionsbegriff*）［ECW6］第六章的描述。

部分。因此，我们把它理解为、认识为某种既是“内部的”同时又是“外部的”东西——内在东西的一种活动（Energie），它在外部的东西中清楚地表现出来并在外部的东西中把自身客观化。

> 说话时心灵的能量（Streben）通过嘴唇开辟出一条出路，可是它的产物又通过我们自己的耳朵返回来。观念被转换成真正的客观性。只有语言才能这样做。哪里使用语言，哪里就有这种转换，尽管它有时是悄然无声地进行的。如果不把客观性转化为主体，不把主体退回到客观性，那么，概念的构成，因而全部真正的思想都将是不可能的。……因为语言不能被视为当下在场的实体，而只能被视为一个可理解的整体，或者被视为一个可以逐渐地传达的实体。语言是这样一种东西，它必须被不停地产生出来，同时它赖以产生的方式又是不定的。……正如一个具体声音处在人与对象之间一样，全部语言都处在人与从内外两方面作用于他的自然界之间。为同化和理解对象世界，人把自己置身于声音的世界里。①

在这种批判的-唯心论的语言观中，同时也指明了一个对于每一种赋予符号（Symbolgebung）的方式和形式都有效的要素。精神在每一个由它自由地设计的记号（frei entworfenen Zeichen）中都把握住了它的对象，因为它此时既把握住了自身，同时也把握住了它的形成活动（Bilden）的固有规律。这种独特的相互渗透首次为主观性和客观性的更深刻的规定准备了基础。在这种规定的最初阶段上有这样一种假象，似乎这两个对立的要素还是简单地分离开并彼此对峙的。在语言最初的诸形态（Bildungen）中，语言似乎既可以被理解为内部的纯粹表达，又可以被理解为外部的纯粹表达；既可以被理解为**单纯**主观性的表达，又可以被理解为单纯客观性的表达。在前一种情况

---

① 参见：Wilhelm von Humboldt，*Ueber die Verschiedenheit des menschlichen Sprachbaues und ihren Einfluss auf die geistige Entwicklung des Menschengeschlechts*，in：*Gesammelte Schriften*，hrsg. v. der Königlich Preußischen Akademie der Wissenschaften，Abt. 1：*Werke*，hrsg. v. Albert Leitzmann，Bd. VII/1，Berlin 1907，S. 55，57f. u. 60。

下，声音只是激动和情绪的声音（Erregungs- und Affektlaut），在后一种情况下，声音只是模仿的声音（Nachahmungslaut）。关于“语言起源”的各种不同的思辨观点实际上只是在这两个极端之间运动，它们都没有触及语言的核心和精神本质。因为语言所指明和表达的既不是一种片面主观的东西，也不是一种片面客观的东西，而是说，这两个因素之间的一种新的沟通（Vermittlung）、一种特殊的**交互式规定**（Wechselbestimmung）加入到了语言之中。因此，情绪的爆发和客观的声音刺激的重复都无法表现出语言的典型意义和典型形式：毋宁说，只有在这两极融合为一，并由此在“自我”和“世界”之间创造出一种之前并不存在的新的**综合**时，语言才产生了。在每一种真正独立的、原初的意识方向上都产生了一种类似的联系。同样，艺术既不能被规定为和理解为内在东西的单纯表达，也不能被规定为和理解为外在现实性的各种形态的复述；而是说，在艺术中，决定性的和显著的要素也在于，“主观东西”与“客观东西”、纯粹感觉与纯粹形态如何通过艺术而彼此融合，进而在这一融合的过程中获得一种新的持存（Bestand）和新的内容。如果有可能限制在纯粹理智功能的范围内，那么所有这些例子都表明了：在分析各种精神形式时，我们不能从主观东西与客观东西的一种固定的、独断的划界**开始**，而是只有通过这些形式本身，才**完成了**主观东西与客观东西的划界，才固定了它们的范围。每一种特殊的精神活动（Energie）都在以自己特有的方式完成这种划界，都在建构自我概念和世界概念时发挥了自己独特的作用。知识、语言、神话、艺术：它们都不是简单地像一面镜子一样起作用，简单地反射外部存在（Sein）或内部存在所给定的东西的图像，相反，它们不是这种漠不相关的媒介，而是观看（Sehen）的真正光源和条件，是一切构形（Gestaltung）的源头。

三、“再现”问题与意识的建构

在分析语言、艺术和神话时，我们遇到的第一个问题（Problem）

是这个问题（Frage）：一个确定的感性个别内容一般而言如何能够成为一个一般性精神“含义”的载体。如果我们满足于按照其物质持存 27 （Bestand）来把握所有这些领域，从而满足于仅仅按照其物理的属性来描述这些领域所使用的各种记号，那么我们就会把特殊感受的总和以及视觉、听觉和触觉的各种简单的质作为最后的基本要素。但是，现在却出现了这样的奇迹，即通过自己受到观察的方式，这些简单的感性物质（Materie）获得了一种新的、形态各异的精神生命。物理的声音本身只是靠音高、强度和音质来区分的，一旦它成为声音，就把自身规定为最精细的思想和感觉差异的表达。它直接所是的东西，现在被它间接完成的和“言说”的东西完全推到背景中去了。艺术品得以从中建构起来的那些具体的个别要素清晰地显示出了这种基本关系。任何艺术形成物都不能被理解为这些要素的简单总和，而是在每一件艺术形成物中都有审美给予形式（ästhetischer Formgebung）的确定法则和独特意义在起作用。意识在综合中把一系列的音调结合为一种旋律统一体，声音的杂多性借助于综合被结合为一个“词句”的统一体，这两种综合很明显是完全不同的。但是，对它们而言，有一点是共同的，即在这两种情况下，各种感性个别性并不是独立自存的，而是它们都被结合成为一个意识**整体**（Bewußtseins-Ganzen），并且由于这个整体才获得了自己质的（qualitativ）意义。

如果我们尝试着对表明了或构成了意识统一性的各种联系（Beziehungen）的整体做一种初步的一般性研究，那么，首先引起我们注意的就是一系列特定的基本关系（Grundrelationen），它们作为结合（Verknüpfung）的独特和独立“方式”互相对峙。**空间**形式中所表现出来的“并存”的要素，**时间**形式中所表现出来的“相继”的要素——存在的各种规定（Seinsbestimmungen）按照不同方式结合起来，一种规定被理解为**“物”**，另一种规定被理解为**“属性”**；或者各种相继事件（Ereignissen）按照不同方式连接起来，一个事件表现为另一个事件的**原因**：所有这一切都是这种原初性联系方式（Beziehungsart）的例子。感觉论徒劳地试图从各种个别印象的直接内容中引申出并说明这些联系方式。根据休谟的著名心理学理论，“长笛上的五个音符”总是会“得出”时间的表象①——但是，只有把“相继”这一典型的联系和秩序要素悄悄地带到个别音符的内容之中，从而按照其一般性的结构形式已经把时间当作一个前提时，才可能有上面的结果。因此，对于知识批判分析和心理学分析而言，联系的各种真正的基本形式最终都证明自身就是意识的简单的且不可互相还原的“质”，好比视觉、听觉和触觉的要素都是简单的感官质一样。然而，哲学思维并不满足于把这些联系的杂多性（Mannigfaltigkeit）接受为就是这样的，接受为简单的既定事实（einfachen faktischen Tatbestand）。我们在各种感受中可能会满足于简单地列举出它们不同的基本类别，并把它们说成是没有联系的复多性，但是，与此相反，在涉及各种关系时，看起来只有当我们借助于一种更高种类的综合把它们再次思考为结合在一起的时，它们作为结合的个别形式所完成的东西才能被我们把握和理解。自从柏拉图在《智者篇》中提出这个问题以来，即自从纯粹理念与形式概念的系统“共同性”问题被提出以来，它在哲学思维的历史上就一直活跃不停。但是，对这个问题的批判的解答与形而上学-思辨的解答之间的区别在于，它们以不同的“一般东西”概念因而也以逻辑体系的不同意义为前提。第一种研究追溯到“分析的-一般东西”概念，第二种研究追溯到“综合的-一般东西”概念。在前者，我们满足于把可能的结合形式（Verknüpfungsformen）的杂多性联合为一个最高的系统概念，从而使它们**服从于**各种确定的根本法则；在后者，我们试图理解各种特殊形式的总体性和具体的整体性是如何从一个唯一的原初原则（Urprinzip）中发展出来的。如果后一种研究方式只容许**一个**起点和**一个**终点，这两点由于不断地把同一种方法论原理运用于综合的演绎的证

28

① [David Hume, *A Treatise of Human Nature*: *Being an Attempt to Introduce the Experimental Method of Reasoning into Moral Subjects* (Buchl, Teil 2, Abschn. 3), hrsg. v. Lewis Amherst Selby-Bigge, Oxford 1896, S. 36: »Five notes play'd on a flute give us the impression and idea of time [...] «.]

明过程中而彼此结合联系在一起，那么，前一种研究方式不仅容忍而且要求多个不同研究“维度”。它提出了统一性的问题，而统一性从一开始就放弃了简单性。精神性赋形（Formung）的不同方式被承认为是这样的，却没有人试图把它们归入一个唯一的、简单进展的序列之中。然而，按照这种观点，个别形式之间的关联并没有被放弃，毋宁说恰恰相反，由于一种复杂系统的概念取代了一种简单系统的概念，系统的思想也更加明确了。可以说，每一种形式都被安置在一个特定的层次上，在这个层次上发挥自己的作用并完全独立地展开自己独特的特质，但是现在，恰恰在这些观念性的作用方式的总体中同时出现了可以被提炼出来并加以描述的明确的类似的、典型的行为方式。

29

我们在这里遇到的第一个要素是区别，我们能够把这个区别称为诸形式的**质**和**样式**。在这里，一种特定联系的“质”应该被理解为某种具体的结合方式（Verknüpfungsart），通过这种结合方式，它在意识的整体中创造出一个系列，使自己的组成部分服从一个特定的搭配法则（Gesetz der Zuordnung）。因此，比如与“相继”（Nacheinander）相对立的“并存”（Beisammen），与前后相继的结合（Verknüpfung）相对的共时性结合，就构成了这样一种独立的质。但是现在，同一种联系形式（Beziehungsform）也会由于出现在不同的**形式关联**（Formzusammenhang）中而经历一种内在的转变。每一种个别的联系——尽管有其特殊性——总是属于一个意义**整体**（Sinnganzen），这个意义整体本身又拥有其自身的“本性”和自成一体的形式法则（Formgesetz）。举例来说，我们称为“时间”的那种一般关系（Relation）既代表了**审美**意识的一定形成物的本质性要素，同时也是理论的-科学的**知识**的一个要素。时间在牛顿这位力学的鼻祖那里被解释为一切事件（Geschehen）的稳定基础和一切变化的统一尺度，看起来，这种时间与支配着音乐艺术作品及其旋律尺度的时间除了名字上相同以外几乎没有别的相同之处了，然而至少就这二者都设定了我们用“相继”这一表达所指称的那种一般性的和抽象的质而言，这种命名上的统一性还是包含着含义上的统一性的。但是，在自然规律（即事件的时间形式规律）意识中起支配作用的相继样式，与在理解一件音调形成物（Tongebilde）的旋律尺度中起支配作用的相继样式，确实是两种不同的“方式”。类似地，我们在一种情况下可以把特定的空间形式，线条和图形的特定的复合体解释为艺术性的装饰品，在另一种情况下可以把它们解释为几何图形，借助于这种见解，相同的材料被赋予了完全不同的意义。与在一定的几何定理、公理形式中表现出来的空间统一性相比，我们在艺术展览和创作中，在绘画、雕塑和建筑中所建立的空间统一性属于完全不同的层次。在前者适用的是逻辑的-几何的概念样式，在后者适用的则是艺术空间想象的样式——在前一种情况下，空间被思考为各种相互依赖的规定的总和，被思考为各种“原因”和“结果”的体系；在后一种情况下，空间被把握为个别要素动态交织在一起的整体，被把握为直观的、情绪化的统一体。然而，空间意识所经历的构形序列还没有被穷尽：因为在**神话思维**中也表现出来了一种非常特殊的空间观点，这也是一种按照空间观点分节（Gliederung）和“定向”世界的方式，它与在经验思维中所完成的对宇宙的空间性分节方式有着明确的根本差别。[①] 同样地，我们是站在科学思维的层次上还是站在神话思维的层次上来观察“**因果关系**”，在这两种情形下，“因果关系”的一般形式会有完全不同的表现。神话也知道因果关系的概念：它不仅把因果关系概念应用到其一般神学或宇宙学中，而且用它来解释各种个别现象，它是在这一概念的基础上神话式地“解释”这些现象的。但是，这种“解释”的最终动机与被理论的-科学的概念支配的因果知识动机完全不同。起源**问题**本身是科学与神话共有的；但是，一旦我们从一个领域跨入另一个领域——一旦我们学着把**起源**作为科学原则来运用，同时把它理解为科学的**原则**，而不是把它把握为神话**力量**（Potenz），起源的方式、特征和

30

① 参见我的研究：»Die Begriffsform im mythischen Denken«（Studien der Bibliothek Warburg，hrsg. v. Fritz Saxl，Bd. I），Leipzig/Berlin 1922。

样态也随之改变。

这完全表明，为了在其具体的应用和具体的含义中描述一种特定的联系形式（Beziehungsform）的特征，不仅对它的质的属性本身的说明是不可或缺的，而且对它处于其中的整个体系的说明也是不可或缺的。如果我们把各种不同的关系种类（Relationsarten）——例如空间关系、时间关系、因果关系等——表述为 R_1、R_2、R_3……那么，它们每一个就都有一个特殊的“样态索引” u_1、u_2、u_3……该索引标明了需要在何种功能和含义语境（Funktions- und Bedeutungszusammenhangs）中来对待它。因为每一种含义语境——语言和科学知识、艺术和神话——都拥有其自身的构成性原理，这个原理似乎给这一语境之中的所有特殊构形（Gestaltungen）都打上了它的印记。诸形式关系（Formverhältnissen）的一种突出的杂多性由此表现出来了，只有在对每一个个别的整体形式（Gesamtform）的精密分析中才能将它们的内涵和内在的复杂关系一览无余。但是，即使不进行这样的分析，对意识整体的最一般性的研究也已经揭示了确定的基础性的统一性条件（Einheitsbedingungen），揭示了结合（Verknüpfbarkeit）、精神性的概括（Zusammenfassung）和表现（Darstellung）的条件。如果通过这种简单的设定行动没有同时设定其他内容的整个复合体，那么就不能在意识中设定任何内容，这属于意识的本质。康德曾经——在他论否定的量的文章中——把因果关系问题描述为试图理解为什么因为**某物**存在，那么与它完全**不同的东西**同时也应该存在或必定存在（sein）。如果人们在独断论的形而上学那里把绝对**定在**概念当作出发点，那么事实上这个问题最终看起来就是无法解决的。因为一种绝对的存在最终也要求各种绝对的要素，这些要素每一个都自为地处于实体性的刚性之中，而且必须被理解为自为的。但是，这个实体概念现在并没有揭示出向世界之复多性的任何必然过渡，也没有揭示出向世界特殊现象之杂多性（Mannigfaltigkeit）和差异性的任何必然过渡，当然也从来没有揭示出一种可以理解的过渡。即使在斯宾诺莎那里，从作为“在自身内并通过自身而被认识”（in se est et per se conci pitur)① 的实体向个别的依附性的和多变的样式（Modi）的序列的过渡也不是演绎出来的，而是骗取的。正如其历史表明的，形而上学一般而言越来越明显地面临着一个思想性的两难。它要么必须在概念上十分严肃地对待绝对定在这个基本概念，这样一来，所有的关系（Relationen）都将消失，空间、时间和因果性的一切复多性都面临着变为单纯假象的危险，要么必须在承认这些联系（Beziehungen）的同时把它们转化为一种相对于存在而言的单纯外部的和偶然的东西、十足“偶然的东西”。但是之后一种特殊的回击立即又出现了：因为现在越来越明显的是，**知识**可以认识的并且使知识的各种形式变得可以理解的那种东西恰恰是这种“偶然的东西”，而应该被思考为特殊规定之基础的赤裸裸的“本质”却消失在单纯抽象的虚空之中。应该被理解为“实在性的整体”和一切现实性的总和，最终证明自己只是一种这样的东西，它还只是单纯可规定性（Bestimmbarkeit）的要素，但却不再包含独立的和肯定性的规定性（Bestimmtheit）。 *32*

只有从一开始就这样来把握“内容”和“形式”、“要素”和“联系”，即它们并没有表现为互相独立的规定，而是表现为一起被给予的且互相决定的规定，才能避免形而上学本体论的这种辩证论。在思想史上，现代思辨的“主体性”转折表现得越明显，这种一般性的方法论要求就贯彻得越彻底。因为一旦这个问题从绝对存在的领域转移到意识的领域，那么该问题立即就具有了一种新的形态。只有被把握为与其他质处于普遍的统一性之中同时又与其他质处于普遍的分离之中，意识的每一种“简单的”质才具有一种确定的内容。这种统一性和分离的功能不能脱离意识的内容，而是意识内容的根本条件之一。因此，假如没有设定一个“他物”（Anderes）的进一步的中介，而且没有设定一系列的“他物”，那么，意识中就不存在

① [Baruch de Spinoza, *Ethica ordine geometrico demonstrata* (Teil 1, 3. Definition), in: *Opera quae supersunt omnia*, hrsg. v. Karl Hermann Bruder, Bd. I, Leipzig 1843, S. 149-416: S. 187.]

任何一种“某物”（Etwas）。只有当意识的整体以某种形式被同时设定（mitgesetzt）于意识的每一个个别存在之中，被再现于（repräsentiert）意识的每一个个别存在之中时，意识的每一个个别存在才有自己的规定性。只有在这个**再现**中并通过这个再现，我们称为内容之给定性或“呈现”的那种东西才可能存在。只要我们观察这种“呈现”的最简单的例子，只要我们观察时间关系和时间上的“**此时**”，这一点立刻就不言自明了。在意识中真正**直接**给定的一切东西都联系着一个个别的时间点，都联系着一个确定的“现在”并被包含于现在之中，看起来没有比这更加确定的了。过去的东西“不再”存在于意识之中，未来的东西“尚未”存在于意识之中：因此二者似乎都完全不属于意识的具体现实性，完全不属于意识的真正实在性，而是消失于单纯的思想抽象之中。然而，我们称为“现在”的那个内容只不过是把过去的东西与未来的东西划分开来的一个永恒流动的界限而已。离开被它分离开的东西，这个界限就是完全无法设定的：它只实存于这个分离行动（Akt）本身之中，不能把它思考为在这个行动之前并脱离这个行动的东西。只要个别的时间瞬间还被规定**为**时间瞬间，那么，它就不能被把握为静态的实体性定在，而是必须只能被把握为从过去到未来、从“不再”（Nichtmehr）到“尚未”（Noch-nicht）的漂浮不定的转变。如果现在被视为不同的东西，被视为绝对的东西，那么，它事实上就不再构成时间的环节，而是构成了时间的否定。如此一来，时间的运动似乎就被阻断并被否定了。埃利亚学派哲学家的唯一目标是一种绝对的存在，并在这种绝对存在中保持不动，对于一种与埃利亚学派类似的思想而言，飞矢是**不动的**——因为在每一个不可再分的“当下”，它始终都只占有一个唯一的、明确规定了的、不可再分的“位置”。与此相反，如果时间性的要素应该被思考为**属于**时间性的运动，那么，就不应该把它从这个时间性的运动中提取出来，而是应该把它真正地放进时间性的运动之中：而只有当我们把时间性的要素思考为个别的要素而且同时把运动的过程思考为整体，并且只有当要素和过程二者对意识而言融合为一个完善的统一

33

体时，上面所说的才是可能的。除了时间的序列在时间环节中把自己表现为向前和向后延伸的，对我们来说，时间本身的形式无法以别的方式“给予”我们。如果我们思考意识的一个个别的横断面，那么，只有当我们不是仅仅停留在这个横断面上，而是借助于各种确定的空间性的、时间性的和质的秩序功能（Ordnungsfunktionen），在各种不同的关系方向（Beziehungsrichtungen）上超出这个横断面，我们才能够把握它。因为我们只有以这种方式在意识的现实存在中抓住一种不存在的东西（Nicht-Seiendes），才能在已经给予的东西中抓住没有给予的东西（Nicht-Gegebenes）——只有这样，对我们来说才存在那样一种我们一方面称为意识之主观统一性，另一方面称为对象之客观统一性的统一性。

对空间意识的心理学的和知识批判的分析也追溯到了再现的相同原初功能。因为对空间整体的所有理解都以时间整体序列的形成为前提：尽管意识的“共时性”综合构成了意识的一个特有的和原初性的本质特征，但是意识的“共时性”综合始终只有在相继性综合的基础上才能完成并表现出来。如果一些特定的要素应该被联合为一个空间整体，那么，这些要素必须首先经历意识的相继，并按照确定的规则彼此联系起来。无论是英国的感觉主义心理学还是赫尔巴特的形而上学心理学，都没有合理地解释空间综合意识是如何从时间综合意识中**产生**的——“并存”的意识是如何从视觉、触觉和肌肉感（Muskelempfindungen）的单纯序列，或者如何从简单表象序列的复合体中产生的。但是，撇开这些理论的完全不同的出发点，它们在任何情况下都一致承认的是，在其具体的形态和分节（Gliederung）中，空间并不是作为心灵的既成的拥有物而“给定的”，而是只有在意识的过程中，或者也许是在意识的整个运动中才产生出来。但是，假如一般而言整体不是已经包含在环节之中，环节也没有已经包含在整体之中，那么，这个过程本身就将分解为完全孤立的、彼此毫无关系的个别性，因此也完全不可能概括出（Zusammenfassung）**一个**结果。莱布尼茨把意识一般的特征称为“在一中表达多”（die multorum in

34

uno expressio)，在这里，这一特征是决定性的因素。只有当我们一方面把在直接的感性体验中互相渗透的多组感性知觉联合为**一个**表象，另一方面又把这种统一性重新分解为其个别成分的多样性，我们才能成功地直观到确定的空间**形成物**（Gebilde）。只有在集中和分析的这种交互作用中，空间意识才建构起来。在这里，形态表现为可能的运动，正如运动也表现为可能的形态一样。

贝克莱对视觉理论的研究构成了现代生理光学的起点。在他的研究中，贝克莱把空间知觉的发展与语言的发展进行类比。在贝克莱看来，正是通过一种自然语言，即记号与含义之间的一种固定搭配(Zuordnung)，空间直观才被人们获得，才被人们固定下来。不是由于我们在表象中反映了“绝对空间”的一幅现成的原初图像，而是由于我们学会了把各感官领域的——特别是视觉和触觉领域的——不同的、自在地说来独一无二的各种印象作为彼此的再现和记号来运用，空间世界作为一个系统地彼此结合在一起的和彼此关联在一起的知觉(Perzeptionen) 世界才为我们创造出来。依据贝克莱的感觉论基本前提，他在这里试图把精神的语言理解为**感官**的语言（eine Sprache der Sinne)，而且他证明了精神的语言是空间直观的基础。但是仔细观察一下就会发现，这种尝试扬弃了自身。因为语言这个概念本身就说明了，它从来就不可能是单纯感性的，而是表现了诸感性因素与理性因素的一种特殊的相互渗透和相互作用，因为在语言中总是预设了单个的感性记号充满一般性的思想内容（Bedeutungsgehalt)。这一点对于其他一切的“再现”方式都是适用的——在另一个意识环节中并通过另一个意识环节来描述一个意识环节。如果我们考虑一下在确定的视觉、触觉和运动感中建构空间表象的感性基础，那么，这些感受的总和并不包含我们称为“空间”的那种典型的统一性形式。毋宁说，空间表象只有在我们能够借以从每一种这些个别的质过渡到它们的整体搭配（Zuordnung）中才表现出来。在每一个被我们设定为空间环节的环节（Element）中，我们的思维都已经设定了无限多的各种可能**方向**，而且只有这些方向的总和才构成了我们空间直观的整体。我

35

们只有通过在空间“图像”的意义上扩展一个个别的相对有限的视角性观点，只有把这一观点只是作为起点和刺激来使用以求从中建构一个非常复杂的空间关系整体，我们才能形成一个个别的经验对象，例如一所房子的空间“图像”。在这个意义上，就无法把空间理解为静止不动的器皿和容器，各种“物”作为完成的物进入这个容器之中，相反，空间表现的是各种观念性功能的总和，这些功能互相补充并规定为一个结果的统一体。正如我们在简单的时间上的“此时”中明确地发现了“之前”和“之后”，亦即发现了时间性进程的诸基本方向，我们在每一个“这里”之中也都设定了一个“那”（Da）和“那里”（Dort）。个别的位置并不是先于位置系统（Stellensystem），而是只有参照这个系统并与它处于相互关联的联系之中才被给予的。

36 比空间统一性和时间统一性更高的第三个统一性的形式是**对象性结合**（gegenständlichen Verknüpfung）的形式。如果我们把各种确定的属性的总和统合为一个具有杂多和不断变化的特征的恒常物，那么，这个统合（Zusammenschluß）的前提是并存和相继的连接（Verknüpfung），而又不止于此。相对稳定的东西必须与变化的东西区分开来——必须首先理解特定的空间性构形（Konfigurationen），作为可变属性的恒常“载体”的物的概念才能够形成。但是，这一“载体”的思想为有关空间同时性和时间相继性的直观增添了一种具有独立含义的新要素。经验主义的知识分析毫无疑问一直在试图否认这种独立性。它在物的思想中只看到了纯粹外在的结合形式（Verknüpfungsform）；它试图证明“对象”的内容和形式只不过是该对象的各种属性的总和。但是在这里，对自我概念（Ichbegriff）和自我意识（Ichbewußtsein）进行经验主义分解（Zergliederung）时所带有的那同一种基本缺陷立即又出现了。如果休谟把自我解释为“一束知觉”①，那么，这个解释——撇开这一解释仅仅抓住了联结一般（Verbindung überhaupt）的事实（Tatsache），而对于那种综合出

① [Hume, *A Treatise of Human Nature* (Buch 1, Teil 4, Abschn. 6), S. 252: »a bundle [...] of [...] perceptions«.]

“自我”的**特殊**形式和方式并没有说出丝毫东西——已经扬弃了自身，因为在知觉（Perzeption）概念中，自我概念应该已经得到了分析并被分解为其构成部分，但却是包含在完全没有被分解的整体中。使个别的知觉成为知觉的，使个别的知觉作为“表象”的质而与任何事物的质（Dingqualität）区分开来的，正是因为它“属于我”。知觉“属于我”，这并不是从对知觉之多数性（Mehrheit）的后续概括中得出来的，而是每一个个别的知觉一开始就已经拥有的。在把各种各样的“属性”连接为一个“事物”统一体的过程中，有一种完全类似的关系。我们之所以有可能把延展、甜、粗糙、白的感觉结合为“糖”，即结合为一个统一的物性整体的表象，这只是因为我们从一开始就是联系这一整体来思考每一种个别的质的。“白”和“甜”等并没有被理解为仅仅在我之内的状态，而是被理解为“属性”，被理解为对象性的质——这已经完整地包含了渴望得到的“事物”的功能和视角。37 因此，只有在一种一般性基本图式的基础上才能设定个别的东西，在我们关于“事物”和“属性”的不断发展的经验中，这个一般性基本图式不断被新的具体内容充实。正如点作为简单的个别位置只有“在”空间“中”，从逻辑上说，在假定了一个由各种位置规定性构成的**系统**的前提下才是可能的——正如关于时间上的“现在”的思想只有考虑到许多瞬间的“**序列**”，并联系着我们称为“时间”的那种相继的次序和顺序才能确定下来——因此，这一点同样也适用于物与属性的关系。对这些关系做更进一步的规定并把它们分解开（Zergliederung），这是特定认识论的事情。在所有这些关系中都表现出了意识的同一种基本特征，即在这里整体不是首先从各个部分中得出的，而是就其一般性的结构和形式而非就其内容而言，每当设定一个部分时本身就已经设定了整体。每一个个别的东西在这里都已经本源性地属于一个确定的**复合体**，并且它本身就体现了这个复合体的规则。正是这些规则的整体才构成了作为时间统一性、空间统一性、对象性结合的统一性等的真正意识统一性。

传统心理学的概念语言几乎没有为说明这些事情提供恰当的术

语，因为心理学只是后来在现代“格式塔心理学”的发展过程中才从感觉论基本观点的前提下摆脱出来。对于感觉论的基本观点而言，一切客观性都包含在“简单的”印象之中，一切结合只不过是各种印象的单纯汇总（Zusammenfassung）和“联合”（Assoziation）。对于在意识中存在的各种可能的关系而言，这个术语足够宽泛了；但是，正因为它太宽泛了，它又使得这些关系的特殊性和特点成了无法辨认的，各种不同的质和样态的关系通过它又被描述为没有区别的了。“联合”是说把各种要素结合为时间的或空间的统一性，结合为自我的或对象的统一性，结合为一个物的整体或一个事件序列（Folge von Ereignissen）的整体——结合为一个其部分被原因和结果的观点彼此联结起来的系列，结合为一个其部分被“手段”和“目的”的观点联结起来的系列。更进一步说，“联合”也足以表达把个别东西结合（Verknüpfung）为**知识**的概念统一性的逻辑法则，足以表达证明自己在**审美**意识的建构中发挥作用的各种构形（Gestaltung）形式。38 但是，这个概念在任何情况下都只是一般性地描述了联结（Verbindung）的事实（Tatbestand），而丝毫没有透露它的独特方式和规则，这一点也立即就变得明显了。如此一来，意识成功完成综合的不同路径和方向就被完全掩盖了。如果我们把这些“要素”叫作 a、b、c、d 等，那么，就存在着一个精确分层的和自我分化的各种函数的体系，如 f(a，b)、φ(c，d）等，这些函数表达了它们的结合，但是，在联合这个所谓的类概念中，这个体系与其说被表达出来了，不如说消失了，因为这个体系被完全抹平了。而且这个描述还有另一个根本缺陷。无论结合得多么紧密，“融合”得多么密切，不管从意义上，还是从来源上看，这些被人们彼此联合起来的各种内容仍然是**可分的**。在经验的发展过程中，它们被拼接为日益稳定的组合（Verbänden）和群组（Gruppen）；但是，它们的持存本身并不是通过这个群组而是在这个群组之前就给定了。在意识的真正综合中，正是这种“部分”与“整体”的关系从根本上被超越了，整体并不是从它的各部分中**产生**的，而是整体**建构**了部分并赋予它们本质性的含义。正如已经证明了的，在每一个有限的空间片段中，我们都思考着它在整个空间中的方位，在每一个个别的时间瞬间里同时也设定了相继的一般形式，在设定每一种特殊的属性时，我们都设定了“实体”和“偶性”的一般关系，从而也设定了典型的物的形式（Dingform）。但是，恰恰是这种相互渗透，恰恰是这种强烈的“互为前提的存在”，是联合——它表达了各种表象之单纯并存——无法解释的。它为各种表象的单纯流动性制订了经验规则，这些经验规则不能让那些汇集了各种表象的独特的基本形成物和基本形态变得可以被人理解，也不能把从这些表象中产生出来的“意义”统一体变得可以被人理解。

与此相反，理性主义知识理论为自己提出的任务是，拯救并证明这种“意义”的独立性。该理论的重要历史功绩之一是，它借助于那 *39* 同一种思维转变奠定了一种新的和更深刻的关于意识本身的观点，同时奠定了一种新的知识“对象”概念。这证实了笛卡尔的论断，即客观东西的统一性、实体的统一性，在知觉中是不能被把握的，而是只有在精神对自身的反思中，在理智的反省（inspectio mentis）中才能被把握住。理性主义的这一基本学说所表达的东西与经验主义的“联想”理论处于最尖锐的对立之中——但是，意识的两个有基本差别的本质环节之间，即其单纯的“质料”与其纯粹的“形式”之间的内在张力，还是没有被消除。因为这里还是在一种以某种方式从外面接触到个别内容的活动中寻找意识内容**结合**（Verknüpfung）的根据。按照笛卡尔的看法，外部知觉的“观念”、光明和昏暗的观念、粗糙和平滑的观念、颜色和声音的观念，自在自为地说来，只是作为在我们之内的图像（velut picturae）被给予的，在这个意义上，它们只是作为单纯主观的状态被给予的。引导我们超出这个阶段的，使我们有可能从各种印象的杂多性和可变性前进到对象的统一性和恒常性的，是完全独立于这些印象的判断和“无意识推论”功能。客观的统一性是一种纯形式的统一性，它本身既听不到也看不到，而是只有在纯思想的逻辑进程中才能被我们理解。笛卡尔的**形而上学**二元论最终根源于他的**方法论**二元论：关于广延性实体与思维性实体之间绝对划分的学说只是对那种在他描述意识的纯粹功能时就已经可以看到的对立的形而上学表达。即使在**康德**那里，在《纯粹理性批判》一开头，感性与思想、意识的“材料性的”与“形式性的”基本规定之间的这种对立还是表现出了其旧有的力量，而丝毫没有减弱——尽管康德在这里立即就提出了如下思想，即也许有一个我们不知道的共同根基把它们关联在一起。但是，与对问题的这种描述相对立的首先是，它所表达的对立是抽象的产物，是对个别的意识因素进行逻辑评价和估价的产物，同时，意识的质料与意识的形式的统一性，“特殊”与“一般”的统一性，感性“给定要素”与纯粹“秩序要素”的统一性，恰恰构成了那个从一开始就确定的（ursprünglich-gewisse）、就广为人知的（ursprünglich-bekannte）**现象**（Phänomen），这个现象必然是每一种意识**分析**的出发点。如果我们想要用数学的比喻（Gleichnis）或意义图像（Sinnbild）来解释这个自在地说来确实超出了数学界限的事实（Sachverhalt），那么，我们可以选用与单纯的“联合”相对立的“融合”（Integration）这个表达。意识的环节与意识整体的关系并不像一个广延性部分与各部分总和（Summe）的关系，而是像微分（Differential）与积分（Integral）的关系。就像一个运动微分等式是按照该运动的轨迹及其一般规律来表达的一样，因此，我们必须把意识的一般性结构法则（Strukturgesetze）思考为在它的每一个环节中、在它的每一个片段中都被同时给予的东西——然而不是在具有自身独立内容的意义上被同时给定的，而是在趋势和方向的意义上被同时给定的，这些趋势和方向在感性的-个别的东西上已经存在。意识之中的一切“定在”（Dasein）之所以存在（besteht），是因为在综合的这些各式各样的方向上，它们都立即超出自身之外，同时也正是因为这一点，它们才存在（ist）。正如瞬间意识之中已经包含着时间系列的提示（Hinweis），正如个别空间位置的意识之中也已经包含着“那个”（den）作为一切可能的位置规定之总和（Inbegriff）和全体空间的提示，因此，一般而言，还存在着大量类似的联系，整体的形

40

式通过这些联系同时表达在对个别东西的意识之中。意识的“积分”不是从它的各种感性环节（a，b，c，d……）的总和之中，而是从它的关系微分和形式微分（dr1，dr2，dr3 ……）的总体（Gesamtheit）中建构起来的。就其“潜能”和一般可能性而言，意识的全部现实性只是已经全然存在于其每一个特别要素（Sondermomente）中的那种东西的展开。如此一来，才达到了对康德的那个问题的一般性的批判解答：如何思考，因为“某物”存在，与它完全不同的“他物”也必须存在。越是严格地在绝对存在的立场上研究和分析这种关系，它必定表现得越是悖论性的，如果从意识的立场上来观察这个关系，它就是必然的，立即就能被理解的。因为在这里从一开始就不存在一个与抽象地分离开的“他物”相对立的同样抽象的“一”，而是在这里一就“在”多“之中”，好像多就“在”一“之中”一样：因为二者互为条件，彼此再现着对方。

四、记号的观念性含义。——反映论的克服

41 因为我们相信，在另一个内容之中并通过另一个内容而再现和表现一个内容，应该被视为建构意识本身的一个本质性前提及其本身的形式统一性的条件，所以到目前为止的考察都致力于对再现概念做出一种认识论的“演绎”、一种解释和论证。下面的研究不再讨论再现功能的一般逻辑含义。在接下来的研究中，不应该向后追究记号问题的最终“基础”，而是向前追究它在不同文化领域的杂多性中所经历的具体的展开和构形。现在这一研究获得了新根基。如果我们想要理解意识在语言、艺术和神话中创造的人工符号体系（die künstliche Symbolik）和“任意”记号（die »willkürlichen« Zeichen），我们就必须追溯到“自然的”符号体系（die »natürliche« Symbolik），追溯到必然已经包含在或至少已经安放在意识的每一个个别要素和片段中的意识整体的那种表现（Darstellung）。假如这些间接记号的最终根

源并不在一种原初性的、根植于意识本身的本质之中的精神过程里，那么，这些间接记号的力量和效果就依旧是一个不解之谜。一个感性的-个别的东西（ein sinnlich-Einzelnes），比如物理声音，能够变成纯粹精神含义的载体——这一点最终之所以变得可以理解，是因为在设定个别的记号之前，含义的基本功能就已经存在并在发挥着作用，如此一来，含义的基本功能不是在设定个别的记号时才被创造出来的，而只是被固定在个别的记号中，只是被运用到个别的情况中。因为意识的每一个个别的内容都处在各种联系的网络之中，通过这个网络，意识的个别的内容在它的简单存在和自我表现中都同时包含着对其他内容和更多其他内容（andere und wieder andere Inhalte）的**指示**（Hinweis），而且又重新把其他内容包含于自身之内，所以，就可能存在并且也必然存在着意识的特定形成物，该指示的纯粹形式似乎感性地体现在这种形成物中。由此立即得出了这些形成物特有的双重本性：它们束缚于感性，同时在自身中又包含着摆脱感性的自由。在每一种语言“记号”中，在每一种神话的或艺术的“形象”中，一种自在自为地指向一切感性东西之外的精神性内容，看起来都被翻译成了感性东西的形式，即看得见、听得见、摸得着的东西的形式。为了使这种给定性本身作为表达的工具和手段来服务于自己，一种独立的构形方式（Gestaltungsweise），意识的一种独特的主动性（Aktivität）登场了，它与一切直接感觉和知觉给定的东西都区分开了。如此一来，我们发现存在于意识的基本特征之中的“自然的”符号体系（Symbolik）一方面被利用和被固定了，另一方面又被超过和被精密化了。因为在这种“自然的”符号体系中，意识的一个确定**部分**（Teilbestand）虽然不同于整体却保留了代表这个整体的力量，并且通过代表这个整体，它在一定意义上又重新制造出了（wiederherzustellen）这个整体。一个当前的内容具有同时唤起它自身之外的另一个不是直接给予的而是由它所中介的内容的能力。但是，我们在语言、神话和艺术中遇到的各种符号性的记号（die symbolischen Zeichen）并不是先“存在”（sind），而后超出这个存在（Sein）获得

42

一种确定的含义，而是在它们那里，一切存在都首先源于含义（Bedeutung）。它们的内容纯粹地、完全地融入了含义功能之中。在这里，为了在个别中把握整体，意识不再依赖于个别的东西本身的刺激，因为个别的东西必然是如其本身那样而被给予的。而是说，它在这里为自己本身**创造**出了确定的具体-感性内容，并把它作为特定含义复合体（Bedeutungskomplexe）的表达。因为这些内容作为自我创造的内容也完全处于意识的力量之中，因此意识希望通过这些内容可以随时自由地“唤起”所有那些含义。举例来说，当我们把一个给定的直观或表象与一个任意的声音连接起来时，最初看起来我们并没有为其本身的内容增加丝毫东西。然而进一步研究就会发现，在创造语言记号时，内容本身也向意识呈现了一种新的“特点”，因为它也呈现了一种新的规定性。其明确而清晰的精神“再生产”证明自身恰恰是与语言的“生产”行动密不可分的。因为语言的任务并不是仅仅**重复**已经存在于表象之中的各种规定和区别，而是把它们设定为这样的规定和区别，并使它们变得可以被理解。精神活动的自由在每一个领域都表现为，正是通过这种自由，感性印象的混沌才变得清晰，从而为我们呈现出固定的形态。只有当我们在赋予记号（Zeichengebung）的某一方向上**造型地**（bildend）面对流动的印象，该印象才为了我们而获得了形式和恒常性。这一向着形态的变化过程在科学、语言、艺术和神话中是以不同的方式、按照不同的形成原则进行的：但是，它们有一点是共同的，即最终作为它们行为的产物展现在我们面前的东西与它们一开始作为出发点的单纯“**材料**”没有任何共同之处。精神性意识与感性意识正是在赋予记号的基本功能上以及在赋予记号的不同方向上才第一次真正地区分开来。在这里，我们赋予外部定在（Dasein）的独立筑型（Prägung）取代了对外部定在的被动接受性，而且正是通过这种独立的印记，外部定在为了我们而互相进入不同的现实性领域和现实性形式之中。在这个意义上，神话和艺术、语言和科学，都是**通向**存在的筑型：它们不是对现存现实性的简单反映，而是表现了精神运动和观念过程的主要方向，在这个过程中，现实性为了我们而把自己构成为一和多——构成了各种各样的形态，而这些形态又由于含义的统一性而被结合在一起。

如果我们展望这个目标，那么，各种记号体系的特殊规定以及意识使用它们的用法，才是可理解的。假如记号只是对直观或表象的一个确定的、在自身中已经完成的个别内容的重复，那么，如下两个问题就是不得不考虑的：首先，现存东西的一个简单摹本可以做什么？其次，应该如何达到一个精确的摹本？因为非常明显的是，对于精神性的观察而言，模仿永远也不可能赶上原本，永远不可能代替原本。如果以这一标准为前提，那么，我们必然会对记号一般的价值持一种原则性的怀疑态度。如果我们认为现实性已经在个别的感觉和直观中完全展现在我们面前，而语言真正的本质性功能就是在声音这个异样的媒介（fremden Medium）中再一次把那种现实性表达出来，那么，我们立即就会发现，所有的语言都必然无限远地落后于完成这一任务。与直观现实性的无限丰富性和杂多性相对，一切语言符号都必然表现为空洞的；与现实性的个别规定性相对，它们又必然表现为抽象和模糊的。一旦语言试图在**这个**方面与感觉或直观较量，那么立即就证明了它的无力。但是，怀疑论语言批判的标准（πρῶτον ψευδος）正在于，这一标准被预设为唯一有效的、唯一可能的。但是，事实上，对语言的分析——尤其是当这一分析不是从语词的单纯个别性，而是从**语句**的统一体出发时——表明，每一种语言表达远不是给定的感觉世界或直观世界的单纯摹本，毋宁说，它们自身之中都包含着“赋予意义”（Sinngebung）的一种确定的和独立的特征。同样的关系也产生在各种不同种类和起源的记号上。在某种意义上可以说，所有这些记号的价值与其说在于它们从具体的-感性的个别内容及其直接持存中固定下来的东西，不如说在于它们从这些直接存在中压制和忽视的东西。艺术图画只是通过它从“给定的”印象中略掉的东西才成为艺术图画，从而与单纯机械的再生产区分开来。艺术图画并不是在其感性总体性上反映“给定的”印象，而是从这些印象中挑选出某些“丰富”的要素，也就是说，挑选出这样一些要素，通过这些要素，

44

给定的东西被拓展到自身之外，同时艺术地建构起来的和综合性的**空间想象**（Raumphantasie）被引导到一个确定的方向上。如同在其他各个领域里一样，记号在这个领域里的真正力量恰恰在于：随着各种直接的内容规定（Inhaltsbestimmungen）消退，一般性的形式要素和关系要素（Form- und Relationsmomente）在同样的尺度上被铸造得更加明确、更加纯粹。个别的东西本身似乎是受限制的；但是，正是通过个别的东西，我们称为“集成为整体”（Integration zum Ganzen）的那种成果才能更加确定、更加有力地完成了。我们已经看到，意识的一切个别的东西只有潜在地把整体都包含于自身之内，只有在向整体不断过渡时，才“存在”。但是，记号的运用把这种潜在性释放为真正的现实。**一次**跳动现在事实上牵动了千丝万缕。[①] 它们在设定记号时发出了或强或弱、或清或浊的共鸣。在设定记号的时候，意识使自己越来越远地离开感觉的和感性直观的直接**基础**（Substrat）：但是，也正是在设定记号时，意识越来越坚决地表现出了它本身固有的结合（Verknüpfung）和统一（Vereinheitlichung）的原初力量。

45　这种倾向在**科学**记号体系的功能中也许表现得最明显。例如，抽象的化学“分子式”被用来描述某种确定的物质，它本身并不包含直接的观察和感性直观在这个物质上所了解到的东西——但是，与此相反，它把这个特殊的物体置于一种非常丰富的和精密分节的（gegliedert）联系复合体之中，而知觉本身对于这个复合体还一无所知。它不再按照该物体在感性上“是”什么以及它在感性上直接给予我们的东西来描述这个物体，而是它把该物体把握为各种可能“反应”的总和，把握为由普遍规则规定的各种可能的因果关联的总和。在化学结构式中，这些合法则的结合总体与个别的东西的表达融合在了一起，而且通过这种结合的总体，个别的东西的表达获得了一种全新的独特特征（Gepräge）。在这里与在别的情况下一样，记号的作用在

---

① 原文为：“ein Schlag tausend Verbindungen schlägt”，出自歌德的《浮士德》第1927行。——中译者注

于，它创造了一个从意识的单纯“质料”（Stoff）过渡到意识的精神性“形式”（Form）的媒介。正是因为记号没有任何它自身的感性物质，或者说正是因为它漂浮在含义的纯粹以太里，它本身才有能力表现意识复杂的整体活动，而不是意识的单纯个别性。记号并不是某一固定的意识内容（Bewußtseinsbestand）的反映，而是这种运动的指针（Richtlinie）。因此，从物理实体来看，语言词汇只不过是一丝风；但是，在这丝风里却有一种对表象和思想的动力而言的特殊力量。这种动力既是由记号强化的，也是由记号调节的。莱布尼茨的“通用字符术”的草稿强调，记号的一个本质性的和一般性的优点是，它不仅表现而且首先**发现**了确定的逻辑关联——它并非仅仅提供了已知东西的一个符号性缩写，而是为走进未知东西开辟了新路。在这里从一个新的方面确认了意识一般的综合力量，这种力量表现为，意识内容的每一次集中对于意识而言同时也都变成了拓展其既有边界的推动力。因此，在记号中给予我们的那种概括（Zusammenfassung）在单纯地回顾过去（Rückblick）之外也保证了新的前景（Ausblick）。它设定了一个相对的界限，而这个界限本身又包含着继续前进的要求，并且由于这个界限让自身的一般性规则为人所知，它又为进一步的发展清理好了道路。科学史尤其为这一事实（Sachverhalt）提供了最多样的证据——它表明，成功地用一个稳定清晰的“公式”来解答一个特定的问题或问题群对于解决它意味着什么。例如，牛顿的流数概念和莱布尼茨的微分演算法所解决的绝大多数问题，在莱布尼茨和牛顿之前就已经为人所知，而且已经从各种不同的方向——从代数分析、几何学和力学等方向——进行过研究。但是，只有当为它们找到了一个统一的、全面的符号**表达**的时候，所有这些问题才真正被解决了。因为它们现在不再构成个别问题的松散的和偶然的序列，而是说它们共同的起源原理已经用一个确定的普遍适用的**程序**、一个具有确定规则的基本算法表述出来了。 46

因此在意识的符号功能中发现了意识的表现与意识的媒介之间的对立，这个对立在意识本身的简单概念中就已经出现了，并且根植于这一简单概念。一切意识都是以时间性事件（Geschehen）的形式表现给我们的——但是，在这个事件中，“诸形态”的特定区域却趋于突出自身。因此，不断变化的要素和持存的要素相互转化并融合在一起。在语言、神话、艺术的不同形成物（Gebilde）中，在科学的各种理智符号中，这个一般性的要求是以不同的方式实现的。所有这些形成物看起来似乎都还直接属于意识的活生生的、不断更新的过程，而在这些形成物中有一种精神性的追求处于主导地位，即在这个过程中获得确定的停靠点和休息点。在这些形成物中，意识保持着不断流动的特征——但是，意识并没有流进不确定的东西中，而是围绕固定的形式中心和含义中心划分（gliedert）自己。按照其纯粹的“自在性”（Ansich），每一个这样的形式作为一个柏拉图意义上的根据本身（αὐτὸ καθ′ αὐτὸ）都从单纯表象过程的流动中提升出来了——但是为了一般性地被表现出来，为了“对我们而言”赢得一种定在，它们同时又以某种方式被再现在这个流动之中。在创造和运用符号性记号的不同组合体系时，上述两个条件都被满足了，因为一个感性的个别内容能在保持其自身形式的条件下获得一种为意识表现一种普遍有效东西的力量。与理性主义的倒影一样，感觉论的原则——“在思想中的东西，没有不是曾经在感官中的”① ——在这里也丧失了自己的效力。因为这里的问题不再是，“感性的东西”相对于“精神性的东西”是在前还是在后，而是说，这里的问题是精神性的基本功能在感性材料本身中的启示和显现。从这一立场看来，抽象的“经验主义”和抽象的“唯心主义”的片面性表现在，这种基本关系在它们那里都没有完全清晰地发展出来。一方面确立了给定的东西和个别的东西的概念，却没有认识到每一个这样的概念都必定或明或暗地在自身之内始终已经包含着某种一般性东西的要素和规定；**另一**方面断定了这些规定的必然性和有效性，却没有指出它们得以在意识的心理给定性中表

47

① 拉丁语原文为：“Nihil est in intelledtu，quod non ante fuerit in sensu”。［S. John Locke，*An Essay concerning Human Understanding*（Buch III，Kap. 1，Abschn. 5），hrsg. v. Alexander Campbell Fräser，2 Bde.，Oxford 1894，Bd. II，S. 124 f.］

现出来的媒介。然而，如果我们不是从某种抽象的假定出发，而是从具体的生命基本形式出发，那么，这个二元对立似乎就解决了。在理智与感觉、“观念”与“现象”之间存在一种原初性区分的假象就消失了。因为我们在这里其实仍然束缚在“图像”的世界中——但是，这里涉及的并不是那些重现了某个自我持存的“事物”（Sache）世界的图像，而是涉及这样的图像世界，它们的原则和起源要在精神本身的自主创造活动中寻找。只有通过这些图像世界，我们才看到了我们称为“现实性”的那种东西，只有在它们之中，我们才能拥有我们称为“现实性”的那种东西：因为精神所达到的最高的客观真理归根到底就是它自己活动的形式。在精神自身各种成就的整体之中，在对于确定了这些成就的特殊规则的认识中，以及在把所有这些特殊规则重新联合为**一个**任务和答案之统一体的关联意识（Bewußtsein des Zusammenhangs）中，在所有这一切中，精神才获得了对其自身以及对现实性的直观。但是，对于下面这个问题，即除了这些精神性功能之外还有什么绝对现实的东西，还有什么**这个**意义上的“物自体”——对于这个问题，它依旧没有得到答案，只是我们越来越认识到它是一个错误地提出的问题，认识到它是思想的一个幻象。真正的实在性概念不能被硬塞到单纯的和抽象的存在形式之中，而是融入精神生命形式的杂多性和丰富性之中——但是这里说的精神**生命**是一种这样的生命，它被打上了内在必然性的印记，从而也被打上了客观性的印记。在这个意义上，每一种新的“符号形式”——不仅知识的概念世界，而且还有艺术、神话和语言的直观世界——按照歌德的说法，都意味着从内向外的开显（Offenbarung），意味着“世界与精神的综合”①，这个综合真正向我们保证它们二者本来就是一个东西。 *48*

现代哲学从一开始就一直与一个对立做斗争，并越来越清晰地表述了这个对立，现在这个最后的根本性的对立有了新的含义。哲学中

① ［Johann Wolfgang von Goethe，*Über Naturwissenschaft im Allgemeinen*，*einzelne Betrachtungen und Aphorismen*，in：*Werke*，Bd. XI，S. 103-163：S. 128.］

的“主体性”转向已经引导哲学越来越多地把它的整个问题集中到了**生命概念**中而不是存在概念的统一性中。如此一来，尽管独断论的本体论中所表现的那种形式的主观性与客观性的对立看起来被平息了，并且看起来也为其最终的和解开辟了道路，但是，在生命本身范围内，却产生了更加激进的对立。生命的真理似乎只是在其纯粹**直接性**中被给出的，并且似乎被封闭在了其纯粹直接性之中——但是，对生命的所有理解和把握看起来似乎都威胁到了而且似乎都消除了这种直接性。如果我们从独断论的存在概念出发，那么毫无疑问，研究越是深入，存在与思维的二元论在这里也就变得越来越清晰——但是尽管如此，看起来还是留下了这样的可能性和希望：在知识所绘制的关于存在的图像中，至少还会保留着存在的真理的一点残留。看起来存在虽然没有整个地充分进入知识的这幅图像，但是至少存在的**一部分**进入了这幅图像——似乎为了在知识的实体中创造一个或多或少忠实于自己本身的映像，存在用自己本身的实体渗透于知识的实体之中了。但是，生命的纯粹直接性不允许做这样的分割。看起来，它只能要么被完全看到，要么完全没被看到：我们试图表现它，但是它并没有进入我们对它的间接表现（Darstellungen）之中，而是作为一种原则上不同的东西、与这些表现相反的东西，置身于这些表现之外。生命的原初内容不能在任何一种形式的**再现**（Repräsentation）中，而只能在纯粹**直观**（Intuition）中被把握。因而，有关精神性东西的任何见解看起来都必须在这两个极端之中选择其一。必须做出的决定是，我们是想要在精神的**先于**一切间接构形（Gestaltungen）的纯粹原初性中寻找精神的实体性东西，还是想要沉醉于这些中介的丰富性和多样性。我们似乎只有在前一种见解中才触及了生命真正的和真实的核心，但是这个核心又表现为绝对简单的、封闭在自身之内的核心；而我们在后一种见解中又让精神发展的整个舞台剧在我们眼前上演，可是我们越是深入地沉浸在这一舞台剧中，生命也就越来越明显地消解为一种单纯的舞台剧，消解为一种缺少独立真理性和本质性的反射性的反映。这两个对立面之间的鸿沟——看起来——通过调和性思维的

49

任何努力都不可能连接起来，调和性思维完全停留在对立的某一个方面：我们沿着符号性东西的方向，沿着单纯指意性东西（bloß signifikative）的方向前进得越远，我们也就离纯粹直观的原初基础（Urgrund）越远。

不只是哲学**神秘主义**一再面临着这个问题和这个两难境地，而且唯心主义的纯粹逻辑也一再重复地看到了这个问题并描述了这个问题。**柏拉图**在他的第七封书信中对于“理念”与“记号”的关系以及这二者之间存在的必然的不充分性的论述，击中了一个主题，这个主题以最多种多样的变体一直在重现。在莱布尼茨的知识方法论中，“直观知识”与单纯的“符号性”知识是截然分开的。对于这位“通用字符术”的创立者来说，与直观——比如纯粹的观察（Schau），观念的真正“目光（Sicht）”——相对，通过单纯符号的一切知识都下降到了“盲知识”（cogitato caeca）的层次上。[①] **人类**的知识虽然任何时候都不能缺少图像和记号，但是，也正是由于这一点，它才被刻画为人类的知识，亦即与完善理智的理想、与本原的属神的理智的理想相反的受限制的和有限的知识。当康德把这个理想规定为知识的单纯界限概念并相信这样一来就批判地掌握了这个理想的时候，康德指明了这个理想的确切逻辑位置。然而即使在康德那里——在构成了《判断力批判》的纯粹方法顶点的地方——“理智原型”（intellectus archetypus）同“理智摹本”（intellectus ectypus）之间，直观的本原理智同推论性的（diskursiv）、“需要图像的”（der Bilder bedürftigen）理智之间的对立也再一次最为明确地凸显出来了。[②] 从这个对立的立场来看，知识的或任何其他精神形式的**符号内容**越丰富，其纯粹的**本质内容**就必然越萎缩，这似乎是必然的。所有的图像没有指明而是掩盖遮蔽了那个无形的一（das Bildlos-Eine），

50

① 参见：Gottfried Wilhelm Leibniz, *Meditationes de cognitione, veritate et ideis*, in: Philosophische Schriften, Bd. IV, 2. Abt., S. 422-426 [Zitat S. 423f.]。

② [Immanuel Kant, *Kritik der Urteilskraft*, in: *Werke*, Bd. V, hrsg. v. Otto Buek, Berlin 1914, S. 233-568: S. 487 (Akad.-Ausg. V, 408).]

它位于这些图像的背后，而这些图像在——尽管徒劳地——追求着它。只有消除（Aufhebung）一切图像性的规定，只有返回到神秘主义的语言所说的“纯净的无”，我们才能回溯到真正的最初源泉和本质基础（Ur-und Wesensgrund）。从另一个角度看，这个对立表现为“文化”与“生命”之间的一种冲突和一种持续的紧张关系。因为文化必然的命运就是，它在持续进展的构形（Gestaltung）和“形成”（Bildung）过程中所创造的一切东西都使我们越来越远离生命的原初性。精神越丰富地、越有能量地（energisch）从事它的造型活动，这个活动本身似乎就使它越远地离开它自身存在的最初源头（Urquell）。精神现在表现得越来越多地被禁锢在它自己的创造物中——禁锢在语言的语词、神话或艺术的图像、知识的理智符号中，这些创造物像一层纤薄透亮而又无法撕破的面纱蒙在它周围。但是，文化**哲学**——语言、知识、神话等哲学——真正的最深刻的任务似乎正是在于消除（aufzuheben）这层面纱——在于穿透单纯意谓和指称的中介性领域重新进入直观观看的原初领域。但是，哲学唯一使用的独特**工具**却与解决这一任务背道而驰。只有在概念的明确性中，只有在“推论性”思维的清晰性中，才能解决这项任务。对于解决这项任务来说，神秘主义的天国、纯粹直接性的天国已经关上了大门。因此，在这里除了倒转（umzukehren）研究的**方向**，没有别的出路。不是走回头路，而是向前走完这条路。如果所有文化都表现在确定的精神性图像世界的创造（Erschaffung）中，表现在确定的符号形式的创造中，那么，哲学的目的就不是退回到这些创造物（Schöpfungen）的背后去，而是要理解并意识到它们的基本构造原则（gestaltenden Grundprinzip）。只有意识到这个原则，生命的内容才能被提升到自身的真正形式。这样一来，生命就从单纯自然给定的定在领域中产生出来了：它不再是这个定在的一部分，正如它不再是一个单纯的生物过程一样，而是把自身转变为并完善为“精神”的形式。因此，对符号形式的否定事实上并没有把握住生命的内容，反而破坏了对我们而言必然与这个内容联系在一起的精神形式。相反，如果我们走回头

51

路，那么我们就不是在追求对精神现实性获得消极直观的理念，而是置身于精神现实性本身的活动之中——如果我们不是把它视为对存在着的东西（Seienden）的静态观察，而是当作形成（Bilden）的功能（Funktionen）和活动（Energien），那么，尽管从这种形成活动中产生出来的这些**形态**（Gestalten）是如此不同和不相类似，但是在这些形成活动中最终总是会凸显出**构形**本身确定的共同的和典型的基本原则。如果文化哲学成功地把握并且阐明了这个基本原则，那么，它就将在一种新的意义上完成自己的任务，即证明与精神表现的复多性相对的精神本质的统一性（Einheit）——因为这种统一性最明显地证明自己的地方正在于，精神**产物**（Produkte）的多样性无损于精神**生产**（Produzieren）的统一性，而是毋宁证明和证实了这种统一性。

第一卷

语言形式现象学

第一章　哲学史上的语言问题[①]

一、唯心主义哲学史上的语言问题（柏拉图，笛卡尔，莱布尼茨）[②]

追问**语言**起源和本质的哲学问题像追问**存在**起源和本质的哲学问题一样古老。这一点正好表明了，对世界整体最早的有意识的反思的特征在于，对于这种反思而言，语言与存在、语词与意义还没有彼此分离开，而是它们看起来是一个不可分割的统一体。因为语言本身是　*55*

① 一部综合性的语言哲学史著作仍然是迫切需要之物：在一般哲学史的著作之外，于博韦格（Friedrich Ueberweg）的《哲学史大纲》的最新（第十一）版本（1920年）还列举了大量逻辑学、认识论、形而上学、自然哲学、伦理学、宗教哲学以及美学等历史的专著，但是唯独没有提到哪怕一本语言哲学史著作，参见：Friedrich Ueberweg，*Grundriss der Geschichte der Philosophie*，*Erster Teil*：*Das Altertum*，11，vollst，neubearb. u. stark verm.，mit einem Philosophen- und Literatorenregister vers. Aufl.，hrsg. v. Karl Praechter，Berlin 1920。在洛尔士（Lersch）和斯坦因塔尔的几部著名著作以及关于古代语法、修辞学的文献中，已经深入地论述了古代的语言哲学。接下来短缺的历史性导论并没有提出要去填满这一遗漏；它只希望选出在哲学"语言观念"发展中的重要要素，并为未来更详细的研究确立一些临时的准则。

② 在本书1923年第一版中，第一章中的七节标题只有"一""二""三""四""五""六""七"，省略了标题的详细内容，译者参照目录补足了标题。——中译者注

反思的一个前提和条件，而哲学的悟性（Besonnenheit）只有在语言中并通过语言才能觉醒——因此，精神的最初意识总是发现它已经是一种给定的实在，一种与物理“现实”可比较的、对等的“现实”。从人首次把目光转向语言世界的那一刻起，语言的世界就以与物的世界相同的规定性、必要性和“客观性”包围着人。与在物的世界中一样，在语言的世界中，他面对的也是一个整体，这个整体在自身中拥有它自身的本质，并且拥有其自身的排除了一切个别任意的联系。对56于这一最初的观察阶段而言，语词的存在和含义——和物的属性或其感性印象的直接属性一样——与精神的自由活动（Tätigkeit）无关。语词不是一种指称和命名，不是存在的一种精神符号，它本身就是存在的一个实在部分。关于语言的神话观点总是先于关于语言的哲学观点，前者总是表现出对语词和事物（Sache）的漠不关心。对它而言，每一个物（Ding）的本质都包含在它的名称之中。巫术作用直接与语词及其占有物连接在一起，谁要是强占了名称并知道如何使用它，谁也就由此赢得了统治对象本身的力量——谁也就靠自己的全部力量而拥有了它。一切语词魔法和名称魔法都以如下前提为基础，即因为物的世界和名称的世界是一个唯一的本身无法分离开的行动背景（Wirkenszusammenhang），所以它们也是一种唯一的现实。在这两个世界中都有效的以及把它们连接成一个自足整体的是同一种形式的实体性和同一种形式的因果性。

神话世界图像（Weltbild）的这种独特“整体性”——把物的所有区分都扬弃在一个神话-巫术作用的范围内——现在对于理解语言也包含着一个富有意义的后果。一旦神话把自己提升到最原始的巫术“实践”的阶段之上——这种实践试图通过运用每一种**特殊的**工具达到**特殊的**影响，因此也在直接的行为中把一种个别的东西与另一种个别的东西联系起来——一旦神话试图以如此粗糙和不完满的形式来**理解**它自身的行为，那么它就已经洞穿到了一个新的一般性领域。作为**知识形式**（Erkenntnisform），神话与每一种其他知识一样，朝向统一性的趋势都是本质性的。如果神话居于其中的精神性本质和力量是人的行为**可以控制**的（beherrschbar），那么这些本质和力量必然已经表现出了某种持续的**规定**。因此，人施加到他周围的自然事物上的最初的、直接的、感性的和实践性的控制就已经包含着如下思想的最初萌芽，理论的必然性支配着这些事物。神话思维越进步，精灵般的个别力量就越不是单纯的个别力量、单纯的"瞬息神"或"特殊神"——在这些个别力量和神祇中间也越多地表现出一种优先和从属、一种等级分节（Gliederung）。神话的语言观沿着相同的方向前进，它越来越多地从个别语词和个别巫术形式中包含的对特殊力量（Kraft）的直观，提升到语词本身、"话语"整体所拥有的一般能力（Potenz）的思想。在这种神话形式中，**语言**概念首次被构思为**统一体**。在最早的宗教思辨中，这一思想已经以典型的一致性反复出现在相距甚远的各个领域里。对于吠陀教而言，语词的精神力量形成了一个基本题材，从中生长出了这种宗教：使用神圣的语词让智者、祭司变成了一切存在的主人，诸神和人的主人。在《梨俱吠陀》中，语词的主宰同滋育一切的力量、酒神苏摩（Soma）是等量齐观的，被称为"那个（der）用强力主宰一切的人"。因为有生有灭的人类话语以永恒的、不生不灭的话语、天国的波耆语言女神（Vâc）为基础。天国的话语以赞美诗吟唱自己："我与八婆苏、与十一楼陀罗、与楼陀罗风暴、与阿底提六、与众神一起漫步［……］我是女王，是财富的分配者，是智慧，是第一受尊崇者；诸神居住于各处，使我渗入各个领域，把我分割到多个地方。凡有见识者食用的都是通过我获取的；凡有呼吸者听到的都是我说的。我像风一样向前吹，囊括了所有造物。超出天地之外，成为伟大的君王。"①

57

① 《梨俱吠陀》(*Rigveda*）第十卷第 125 曲。——此处采纳的是西罗多・本费的翻译，参见：Theodor Benfey，*Geschichte der Sprachwissenschaft und orientalischen Philologie in Deutschland seit dem Anfange des 19 Jahrhunderts mit einem Rückblick auf die früheren Zeiten*（*Geschichte der Wissenschaften in Deutschland. Neuere Zeit*，Bd. VIII)，hrsg. v. der Historischen Commission bei der Königlichen Academie der Wissenschaften，München 1869，S. 41；关于波耆语言女神（Vâc）的神话-宗教含义，尤其参见：*Briha däranyaka-Upanishad* 1，5，3 ff（bei Paul Deussen，*Sechzig Upanishad's des Veda*，Leipzig [3] 1921，S. 401 ff.）。

乍一看，有关天国语词的高贵和全能的这种神话观点与在希腊思辨中最早形成的“逻各斯”概念还有着密切联系。因为在这里，语词也是永恒者和不朽者；存在者的统一性和持存在这里也追溯到语词的统一性和稳固性。对于赫拉克利特来说，逻各斯是“万物的舵手”①，与它所统治的宇宙一样，它既不是由众神也不是由人创造的，而是过去现在将来永存的。但是在赫拉克利特依旧说着的神话的语言中，现在能够听出一种全新的声调。万物都有统一的和坚不可摧的**规律**(Gesetzlichkeit)，这一哲学的-思辨的基本思想首次以完全自觉性和清晰性与对世界上的事件（Weltgeschehen）的神话观点相对立。世界不再是按照情绪和任意统治世界的各种恶魔般力量的玩物，而是服从一个完全一般性的规则，这个规则把一切个别存在和一切个别时间都联系起来，并为它们安排了固定的尺度。“太阳不会超出它的尺度，否则正义女神的女使爱林尼就会把它查出来。”② 这一内在永恒的宇宙法则表达在自然世界中与表达在语言世界中形式不同，但是内在是相同的。因为智慧只在于一件事，就是认识那关于驾驭一切的思想：“[…] *ἓν τὸ σοφόν, ἐπίστασθαι γνώμην, ὁτέη ἐκυβέρνησε πάντα διὰ πάντων*”③。如此一来，那种巫术的-神话的力量关联（Kraftzusammenhang）现在就变成了一种意义关联（Sinnzusammenhang）。但是，只要我们还停留在只是分裂地和碎片化地理解那一个存在（das eine Sein），只是把它打碎为特殊“事物”的复多性，那么，这种意义关联其实就还没有向我们展示出自己，而是只有当我们把那一个存在视为并理解为一种活生生的整体，这种意义关联才展示出自己。语言也在自身中统一起了两种观点：按照我们对它的观察，其中包含着一种偶然的、个别的存在见解和一种真正思辨的、一般性的见解。如果我们只是从在个**别语词**中表现出的和沉淀下来的形式上观察语言的逻各斯，那么就会

① [Heraklit, *Fragm.* 72, zit. nach: Hermann Diels, *Die Fragmente der Vorsokratiker, Griechisch und deutsch*, Berlin 1903, S. 77.

② Heraklit, *Fragm.* 94，同上，S. 79f.。

③ Heraklit, *Fragm.* 41，同上，S. 73。

发现，每一个语词都局限于它想要指称的对象，并由于这种局限而歪曲了这个对象。通过固定在语词中，内容从它所处的持续的变化之流中被凸显出来了，因而该内容就不是按照其整体，而是按照其某一方面的规定而被描述的。如果我们想要重新获得对事物真正本质的更深刻的知识，唯一的方法就是把这种片面的规定再次扬弃在另一个规定中，因此，也就是把每一个包含着一个特定个别概念的语词与这个概念的对立面相对立。事实上，这表明了，在语言整体中，每一个含义都与其对立面、每一个意义都与其对立面的意义是联系在一起的，而且只有在与其对立面联系在一起时才能成为存在的充分表达。精神性的综合、在语词中完成的结合与宇宙的和谐是一致的，而且表达了这种和谐，因为它本身就是一种“对立冲突的”和谐：“对立的统一，如弓和竖琴。”（*παλίντροπος ἁρμονίη ὅκωςπερ τόξου καὶ λύρης*）[①] 我们在这里同时遭遇到了强化形式的万物的基本法则。因为在存在者中表现为**对立**（Gegensatz）的东西，在语言表达中就变成了**冲突**（Widerspruch）——而且只有在这种设定和消除、正题和反题的交互作用中，存在者的真正法则和内在结构才有可能反映在语言中。因此，从赫拉克利特的整体世界观出发，人们理解了他的**风格**（Stil）的基本形式，这种风格的“晦涩”受到很多赞誉，但它并不是偶然和任意的，而是思想本身的充分而必然的表达。赫拉克利特的语言风格与思想风格是互为条件的：这二者从不同的方面表现了他的哲学相同的基本原理，对立统一（*ἓν διαφερόμενον ἑαυτῷ*）的原理。这二者证明了那种“不可见的和谐”，按照赫拉克利特的说法，它比这种可见的和谐更美好，它们都想要接受“不可见的和谐”的衡量。正如赫拉克利特把个别的客体置于变化的持续之流中，让该客体在其中同时被否定和保存下来，所以，个别的语词与“话语”整体的关系也是同样的。因此，甚至连语词带有的内在模糊性也不是语言的单纯缺点，而是一种存在于其表达力量中的本质性的和积极的要素。因为正是这种模糊

59

---

① Heraklit，*Fragm. 51*，a. a. O.，S. 74.

性表明了，语言的界限像存在者的界限一样不是僵死的，而是流动的。运动的和形态多样的语言语词似乎总是在突破其自身的边界，只有在运动的和形态多样的语言语词中，为世界赋形的（weltgestaltend）大量逻各斯才发现了自己的对应物（Gegenbild）。语言造成的而且必定造成的一切划分必然被它本身视为临时的和相对的，而当它在一种新的观察**观点**（Gesichtspunkt der Betrachtung）之下回顾该对象时，它本身又会再次收回这种划分。"神是昼又是夜，是冬又是夏，是战又是和，是盈又是亏。他流转变化，同火一样，火混合着香料时，就按照各自发出的气味得到不同的**名称**。"① 相似地，"不死者有死，有死者不死：后者死则前者生，前者死则后者生"②。因此，谁要想谈论理智，他就不能被语词的特殊性迷惑，而是必须渗透到它们背后的那种一切东西都共有的东西，抵达智慧和神（*ξυνόν καὶ θεῖον*）。③ 如果以这种方式来理解语词的意义和反义（Gegensinn）并且把它们以这种方式连接起来，那么语词就能够变成知识的向导和准绳。因此，人们也就理解了，赫拉克利特所运用的大多数"词源学"都包含着这两种用法：它们更乐意通过反语法而不是任何一种相似性来把语词和事物（Sache）彼此联系在一起、相互捆绑在一起的。"弓与生同名，它的作用却是死。"（*τῶι οὖν τόζωι ὄνομα βίος, ἔργον δὲ θάνατος*）④ 每一个个别的语言内容总是存在真理的揭示，同时又是其掩藏；是纯粹的意味（bedeutend），同时又是单纯的解释（andeutend）。⑤ 在这种世界观中，语言类似于女巫西比娅，按照赫拉克利特的说法，她用宣告神谕的嘴，说出了单调而朴实无华的话，通过神灵，她的声音响彻千古。⑥ 它包含一个隐藏着的意义，它只能有知觉地在图像和比喻中来揭示该意义。

60

---

① Heraklit，*Fragm*. *67*，a. a. O.，S. 76.

② Heraklit，*Fragm*. *62*，a. a. O.，S. 75.

③ Heraklit，*Fragm*. *114*，a. a. O.，S. 82.

④ Heraklit，*Fragm*. *48*，a. a. O.，S. 73.

⑤ 尤其参见：Heraklit，*Fragm*. *32*，a. a. O.，S. 72。

⑥ Heraklit，*Fragm*. *92*，a. a. O.，S. 79.

但是如果说在对语言的这种见解中表达了一种虽然不确定、未被澄清的但又完全自足的有关存在和精神的整体构思，那么，赫拉克利特的最近的追随者们——他们把他的学说变成了自己的——越来越多地压制了它的这种最初含义。赫拉克利特靠自己深刻的形而上学直观且感受为一种直接一体（eins）的东西——现在在对语言问题的这种推论性的研究和处理中分解为了异质的部分，分解为了彼此对立的个别逻辑命题。赫拉克利特的形而上学曾经不得不同时把这两种题材——语词和存在之间的同一性学说以及语词和存在之间的对立性学说——结合为一个统一体：它们现在独立地向前发展了。如此一来，第一次以真正的概念性的明晰性提出了语言的**问题**——但是，在这些哲学家试图把赫拉克利特的基本思想从符号性解释的形式转变为抽象概念的形式时，似乎同时又把它拆解了，重新铸造成了小的、可流通的硬币。这个东西在赫拉克利特那里是一种被小心隐藏的秘密，他只敢从远处提示它——它现在越来越多地变成了哲学日常言谈和争论的真正对象。对于5世纪的雅典是如何在喝着葡萄酒就着餐时讨论名称的正确性（*ὀρθότης τῶν ὀνομάτων*）这一心爱主题，色诺芬在《回忆苏格拉底》中描绘了一幅直观的图画。① 在语言形式与存在形式之间、在语词本质与事物本质之间存在着一种自然的关联（Zusammenhang），还是只存在着一种间接的习惯性关联？在语词中表达的是存在的内在结构，还是表现出来的只不过是第一位形成语言的人任意在语词上烙印下的那个法则？如果是后者，那么，由于语词与意义、言谈与思维之间一般而言还具有某种关联，语词不可避免地带有的那个任意（Willkür）要素不是必然会让思维及其内容的客观规定性和客观必然性变得可疑吗？因此，智者为了捍卫自己关于一切知识都有相对性的命题，为了证明人是“一切事物的尺度”，他们似乎能

61

① Xenophon，*Memorabilia*（Buch III，Kap. 14，2），hrsg. v. Walther Gilbert，Leipzig 1907，S. 107；关于这个问题更多的历史材料，参见：Heymann Steinthal，*Geschichte der Sprachwissenschaft bei den Griechen und Römern mit besonderer Rücksicht auf die Logik*，2，verm. u. verb. Aufl.，Bd. I，Berlin 1890，S. 76 ff.。

够从语言研究中借来最好的武器。事实上从一开始，他们在语词这个中间王国里就是得心应手的。这个中间王国位于“客观”现实与“主观”现实、人与事物**之间**。他们把自己固定在这个中间王国，以从这里出发发动反对那个有关“纯粹的”、据说普遍有效的思维的主张的斗争。他们用语词的多义性玩出了深思熟虑的游戏，该游戏让事物也听凭他们摆布，并且允许他们把事物的规定性消融在精神的自由运动中。因此，对语言的最早的有意识的反思以及精神所赢得的对语言的最早的有意识的统治同时又导向了**诡辩术**的统治——但是，从这里，从对言谈的内容和原初基础的思考中也产生出了一种反应，这种反应通向对概念的一种新的奠基和一种新的方法学。

因为正如智者派在语词中把握的、突出的是多义性和任意的要素——苏格拉底在语词中把握的是规定性和明确性，这些属性确实在语词中不是作为**事实**（Tatsache）给定的，而是作为潜在的**要求**存在于语词中的。对于苏格拉底而言，语词含义的臆想的统一性变成了他的典型问题的出发点，即那个追问τὶ ἔστι、追问概念的同一的和自我持存的意义（Sinn）的问题的出发点。如果语词没有直接包含这一意义，那么它也是在持续地指向这一意义——苏格拉底的“归纳法”的任务在于，理解这一指向、接受它并逐步把它变成真理。在流动的和不确定的语词形态背后，持续的、统一的概念形态应该被揭示为真正的、为言谈和思维的可能性奠定基础的理念（Eidos）。柏拉图的思想就根植于苏格拉底的这些基本前提，而且他对语词和言谈的立场是被这些基本前提规定的。他年轻时是克拉底鲁的学生，与智者派相对，后者代表的是赫拉克利特思想的积极方面，因为他在语词中看到的是真正的、表达了且抓住了事物本质的知识工具。赫拉克利特主张在语言**整体**与理性**整体**之间存在同一性，克拉底鲁把这种同一性传递到了**个别**语词与其思想内容的关系上。但是，柏拉图的对话录《克拉底鲁篇》以充分的辩证论的和文体学的高超技巧所完成的那种归谬法（reductio ad absurdum）已经完成了这一传递，即把赫拉克利特的逻各斯概念的形而上学内容转变为一种学究的-

62

费解的词源学和语文学。对于每一种存在而言都有一种“自然”正确的指称（ὀνόματος ὀρυότητα εἶναι ἑκάστῳ τῶν ὄντων φύσει πεφυκῦιαν），这一论题现在在柏拉图这部对话深思熟虑的讽刺中被完全摧毁了，该论题的幼稚形式也被彻底撇开了。对于柏拉图而言，这种洞见并没有斩断语词与知识之间的所有**联系**，毋宁说用一种更深刻的间接关系取代了这二者之间直接的和站不住脚的相似性关系。语词在辩证认识的结构和阶梯中，保持了一个自己独有的位置和价值。对于这位辩证法家而言，语词内容的流动的边界以及语词内容每时每刻单纯的相对固定性变成了一种激励，激励他在对立中以及在与对立的斗争中达到纯粹概念之含义内容的绝对固定性要求，达到理念王国的确定性（βεβαιότης）。① 但是，柏拉图晚年的哲学才既在积极的意义上又在消极的意义上充分地发展这种基本观点。也许柏拉图《第七封书信》的真实性的最有力证据是，它在这一点上与《克拉底鲁篇》的结论有直接的联系，它首次使这一结论达到了方法论上的完全明晰性，达到了严格系统性的解释。

63 《第七封书信》区分了知识的四个阶段，只有在它们的整体性中才能引导我们达到对真正存在的直观、对作为认知和真理（γνωστὸν καὶ ἀληθῶς ὄν）的知识对象的直观。最低的阶段是通过名称，通过对象的语言定义，通过其感性反映，亦即通过名称（ὄνομα）、话语（λόγος）和图像（εἴδωλον）而被给予的。举例来说，圆形的本质能够以三种方式被把握住：其一，我们只是说出圆形的**名称**（Namen）；其二，我们通过对圆形所意味的东西**进行解释**（Erklärung）而进一步规定并限定这个名称，亦即我们把圆形“定义为”其边缘的每一个点与中心点都有相同距离的图形；其三，我们可以拿一个感性的形状（Gestalt），可以是在沙子上画的，也可以是用车床完成的，作为圆形的图形和模型展示在我们面前。上述用语词、

① 尤其参见：Platon，*Kratylos* 386 A u. 438 Dff.。

定义和模型来描述圆形都没有达到和把握住圆形的真正本质——因为它们都不属于存在的领域，而属于变化的领域。正如声音是变化的和短暂的，正如声音产生也消失，因此画下的圆形图形也能被再次擦去，用车床做成的模型也能再次被毁灭——所有这些规定都没有以某种方式触及圆形本身（*αὐτὸς ὁ κύκλος*）。正是**通过**这些本身不充分的预备阶段，才达到了第四和第五阶段①，即科学知识与其对象。在这个意义上，名称和图像被最明确地与理性的洞见区分开了——但它们又属于后者的前提，我们借助它才能在持续的进步和阶梯中提升到知识的工具与中介（*δἰ ὧν τὴν ἐπιστήμην ἀνάγκη παραγίγνεσθαι*）。有关对象的知识和这个对象本身既超过又包括、既超出又综合了这个阶段。②

柏拉图在《第七封书信》的这些发展中——在思想史上首次——做出了如下尝试，即在纯粹**方法论**的意义上确定并限定语言的**知识价值**（Erkenntniswert）。语言被承认为知识的一个最初的起点，但也仅仅被承认为一个这样的起点。它的持存甚至比感性表象的持存更加短暂多变；语词的或者从名称（*ὀνοματα*）和动词（*ἑήματα*）中建构起来的语句的声音形态甚至比感性的模型或反映所把握住的**理念**的真正内容还要少。但语词与理念之间的一种确定的**关联**（Zusammenhang）保存下来了：正如感性内容被说成是“努力”追求理念的，在语言的形成物（Gebilden）中有一种这样的提示以及似乎有一种朝向理念的精神趋势也被承认了。柏拉图的体系卓越地准备好了并有能力完成这种相对的承认，因为在这个体系中，构成一切语言本质的一种基本要素第一次就其原则性的规定和完全的含义

64

① 原文如此。——中译者注

② 参见《第七封书信》342A 及以后各页，柏拉图给亲属朋友迪昂斯的信（Brief VII），收录于：Ernst Howald（Hrsg.），*Die Briefe Platons*，Zürich 1923，S. 52－115：S. 90 ff.；关于第七封书信的真实性，参见：Ulrich von Wilamowitzmoellendorff，*Platon*，*Bd. I*：*Leben und Werk*，Berlin 1919，S. 641 ff.，*Bd. II*：*Beilagen und Textkritik*，Berlin 1919，S. 282 ff.。对其哲学地位的深入分析，参见：Julius Stenzel，*Über den Aufbau der Erkenntnis im VII. Platonischen Brief*，in：*Sokrate S. Zeitschrift für das Gymnasialwesen*，*Neue Folge*，9. Jg.，75 (1921)，darin：*Jahresberichte des Philologischen Vereins zu Berlin*，47. Jg.，S. 63－84 und Howald，*Die Briefe Platons*，S. 34。

被识别出来了。所有的语言本身都是“再现”，是通过一种感性的“记号”来表现一个确定的“含义”。只要哲学研究还局限在单纯**定在**的范围内，它就压根儿不能为这种独特的关系找到任何类似物或任何合适的表达。因为在事物本身中——不论我们是按照其存在把它们视为“各环节”的总和，还是跟随它们之间的作用关联（Wirkungszusammenhänge）——所发现的从来都不是与“语词”和“意义”之间的联系（Beziehung）相一致的东西，也不是与“记号”和其中所意味的“含义”之间的关系（Verhältnis）相一致的东西。柏拉图在《斐多篇》中已经完成了对这一问题提法的典型颠倒，他说明了，哲学思维的道路不是从事物（*πράγματα*）到话语（*λόγοι*），而是从话语到事物，因为只有在概念的真理性中才能把握并观察到事物的现实性[①]——对他而言，再现（Repräsentation）概念首次赢得了一种真正核心的体系性含义。因为理念学说的基本问题最终被统摄在了这个概念中，“理念”与“现象”的关系正是通过这个概念被表达出来的。从唯心论的立场上来看，共同世界观的“事物”、感性的具体经验对象本身都变成了“图像”（Bildern），它们的真理性内容并不存在于它们直接所是的东西中，而是存在于它们间接表达的东西中。而且这个图像、“*εἴδωλον*”概念，现在在语言形式与知识形式之间创造了一种新的精神中介。为了清楚地明确指称这二者之间的关系，为了把语词“领域”与纯粹概念“领域”划分开来，同时又与它们保持联结，柏拉图现在只需要动用理念论的核心思想：“分有”的思想。晦暗包围着赫拉克利特关于语词与意义之统一性及其对立的学说，这种晦暗在分有（*μέθεξις*）这一新方法论概念中一下子被照亮了。因为在“分有”中事实上既包含着同一性的要素又包含着非同一性的要素；在“分有”中，既设定了这两个要素的一种必要的关联和统一性，又设定了这二者之间的一种明确的原则性的分离和区分。“相同本身”的纯粹理念保持为一种相对于再现了该理念的相

65

① 参见：Platon，*Phädon* 99 D ff.。

同的石头或木头的他者，一种“ἕτερον”——从有条件的感性世界观的立场上来看，只有在这种表现中才能把握住这种他者。在同样的意义上，语词的物理的-感性的内容对柏拉图而言变成了一种理想性含义的载体，这种含义本身并不能嵌入语言的界限内，而是停留在它的彼岸。语言和语词追求表达纯粹的存在；但是它们从来没有达到它，因为在它们之中，这种纯粹存在的指称总是混杂着对对象的一种不同的、一种偶然的“属性”的指称。因此，对构成了语言真正力量的那种东西的描述总是也在描述其真正的弱点，这一弱点使得它不能够表现最高的、真正的哲学知识内容。[①]

逻辑学的历史和认识论一般的历史确实表明了，柏拉图在这里在逻各斯（λογος）的两种含义之间、在“自在的”概念及其语言再现之间所画下的明确界限有逐步重新消失的危险。甚至对于逻辑学的第一次系统奠基而言也是这种情况——尽管如果有人说亚里士多德从语言中得出了作为其逻辑学说基础的那些本质性的基本区分毫无疑问是一种夸大。但是，“范畴”这个**术语**（Bezeichnung）本身就已经表明，对逻辑形式的分析与对语言形式的区分在他那里有着多么紧密的相互关系。范畴表现的是最一般性的存在关系，这些最一般性的存在关系作为这种关系的含义同时又是**谓述**（Aussage）的最高级的种（*γένη* 或 *σχήματα τῆς κατηγορίας*）。从本体论的立场上来看，范畴是现实东西的基本规定，是存在者的最后“谓词”；但是这些谓词既能从物的方面又能从谓述的一般形式方面来观察，既能从事物中又能从谓述的一般形式中发展出来。因此，**语句**的构形（Gestaltung des Satzes）及其分割为语词单元和语词类别，事实上看起来对亚里士多德而言在很大程度上成了他确立范畴体系的模板。在实体范畴中，我们总是清晰地观察到了“实词”的语法含义；在量和质、“何时”和“何地”中，我们也总是清晰地观察到了形容词、位置副词和时间副词——尤其是这四个最终的范畴，行动（*ποιεῖν*）、受动（*πάσχειν*）、

66

① 尤其参见：Platon，*Brief VII*，342 f.，S. 92。

状态（ἔχειν）和位置（κεῖσθαι），似乎只有当我们联系着希腊语在指称动词和动词性行动上做出确定的根本区分时才变得完全可以看透。[①] 因此，逻辑的和语法的思辨在这里似乎是完全一致的而且是互为条件的——与亚里士多德有联系的中世纪哲学巩固了这种一致性。[②] 但是，当反对亚里士多德逻辑学的斗争后来在现代开始时，当人们争论把它称为精神的“唯一”体系是否正确时，他的逻辑学与语言和一般语法之间的紧密关系确实构成了受到攻击的一个最重要也是最危险的点。由此出发，意大利的**洛伦佐·瓦拉**（Lorenzo Valla）、西班牙的**洛多维科·维韦**（Lodovico Vives）、法国的**彼得吕斯·拉米斯**（Petrus Ramus）试图使经院式的-亚里士多德的哲学声誉扫地。彼得吕斯·拉米斯一开始还把这一斗争限制在语言研究和语言观察的范围内：文艺复兴的“语文学”正是从其对语言更深刻的认识出发提出了一个新的“思维学说”（Denklehre）的要求。经院哲学对语言的理解只看到了语言外在的语法关系，而它们真正的内核对于经院哲学而言依旧是隐藏着的，这一内核不能在语法中而要在**文体学**中才能发现。在这种观点之下，文艺复兴时期伟大的文体学家并不是从逻辑的方面而是从美学的方面攻击三段论及其“野蛮”的形式。但是，修辞学家和文体学家反对单纯的“辩证法家”的这场斗争——像瓦拉的《辩证法的论争》所进行的斗争那样——逐步采取了一种别的形式；因为文艺复兴越远地追溯真正的经典源头，对于他们而言，变得越来越有生命的不是经院哲学对辩证法的见解，而是作为它们起源的柏拉图的概念。在柏拉图的概念的名义之下，从语词退回到“事实”（Sachen）的要求被提了出来——按照逐步被更加确定地树立起来的文艺复兴的基本观点，在各种事实科学中间，数学和数学自然科学取代了前者的地位。如此一来，即使在纯粹语言哲学

67

① 关于这种关联的更多讨论，参见：Friedrich Adolf Trendelenburg，*De Aristotelis Categoriis*，Berlin 1833 和 *Geschichte der Kategorienlehre*（*Historische Beiträge zur Philosophie*，Bd. I），Berlin 1846，S. 23 ff.。

② 例如参见：Johannes Duns Scotus，*Tractatus De Modis significandiseu Grammatica speculativa*，in：*Opera omnia*，hrsg. v. Luca Wadding，Lyon 1639，Bd. I，S. 45–76。

内部，相对于朝向语法的定向而言，一种不同的定向要求被越来越自觉地和决定性地提出来了①：只有联系数学体系并借用数学的标准，对语言真正**系统的**见解（Auffassung）和构形（Gestaltung）似乎才能够达成。

笛卡尔为文艺复兴的新知识观念提供了普遍的哲学基础，在他的学说中，语言理论被置于一种新的光亮中。笛卡尔本人在他系统性的主要论著中并没有把语言作为哲学反思的独立对象，但是在一封给麦尔塞纳（Mersenne）的信中，这是他唯一一处谈论该问题，他立即就给了该问题一个非常典型的而且对后时代有着至高意义的转变。认知统一性的理想即"人的智慧"（sapientia humana）之统一性的理想一直都是同一个理想，不论涉及多少不同的对象，都传递到了语言上。在"普遍数学"（Mathesis universalis）的要求之上又加上了"普遍语言"（Lingua universalis）的要求。正如在真正有资格主张知识之名的一切知识中，反复出现的始终只是知识、人类理性的一种相同的基本形式，因此，构成一切言谈之基础的必定也只是语言的那一种（die eine）一般理性形式，语言的这种一般理性形式虽然被大量不同的词形（Wortformen）掩盖着，但是并不会被它们弄得完全无法认出来。因为，正如在数学的各种观念之间——68 例如在数字之间——存在着一种完全确定的秩序，人类意识的整体连同所有能够进入意识中的一切内容一般而言都构成了一个有严格秩序的总和（Inbegriff）。因此，正如整个算术体系可以从相对少的数字记号中建构起来，如果有限数量的语言记号只是按照确定的普遍有效的规则关联起来，那么思维内容的整体及其结构也能够被这有限数量的语言记号完全指称出来。笛卡尔其实没有**执行**（Ausführung）这一计划：由于创造普遍语言的前提是把意识的一切内容都分析为其最后的环节，分析为简单的构成性"观念"，因此只有在完成了这种分析本身并由此达到了"真正哲学"的目的之后，才能够成功地完成

① 关于这一点的历史证据，参见我讨论知识问题的著作：*Das Erkenntnisproblem in der Philosophie und Wissenschaft der neueren Zeit*，Bd. I［ECW 2］，S. 100–113。

普遍语言。[1] 笛卡尔的直接后继者们很少为这位现代哲学的奠基者在这些语词中所表达的批判的审慎所动摇。现在，最为多样的艺术性的普遍语言体系快速地出现了，这些体系尽管在实行时差别巨大，但是在基本思想和建构原则上彼此是一致的。它们的出发点都是，存在着有限数量的概念，它们彼此之间处于一种完全确定的事实关系（Verhältnis）中，处于匹配、优先、从属的联系（Beziehung）中，一种真正完满的语言的目标必然在于，用一个记号体系充分地表达这种自然的概念等级。从这一前提出发，例如，**达尔伽诺**（Delgarno）在他的《符号艺术》（*Ars Signorum*）中把所有概念都归类在17个最高的类概念下，每一个类概念都用一个独特的字母指称，对于每一个落入相应范畴的单词都用代表这一类别的字母做首字母；相应地，在共同的类中划分出的二级类别也通过一个紧贴着首字母的专门字母或声音来表现。**威尔金斯**（Wilkins）试图补充并完善这一体系，确立了40个主要概念来取代最初的17个主要概念，并且用一个专门的、由一个辅音和一个元音构成的音节来表达它们。[2] 所有这些体系都相对快速地越过了如下困难，即发现这些基本概念的“自然”秩序，并以彻底的和清晰的方式确定它们的相互关系。概念关系的**方法论**问题对于他们而言越来越多地变成了一个纯粹的**技术**问题；他们满足于把任何一种、纯粹约定的概念划分作为基础，通过更进一步的分化使之适合于表达具体的思维内容和表象内容。

莱布尼茨把语言问题重新置于**一般逻辑学**的背景（Zusammen-

---

① 参见：*Descartes' Brief an Mersenne vom 20. November 1829*，in：*Oeuvres*，Bd. I，S. 76－82；S. 80ff.。

② 例如，如果字母P指称的是“量”的一般范畴，那么大小一般、空间和尺度就要由*Pe*、*Pi*、*Po*来表达。参见：George Dalgarno，*Ars signorum*，*vulgo character universalis et lingua philosophica*，London 1661，以及John Wilkins，*An Essay towards a Real Character*，*and a Philosophical Language*，London 1668。关于达尔伽诺和威尔金斯体系的简短概述，参见：Louis Couturat，*La Logique de Leibniz d'apres des documents inedits*（Note III u. IV），Paris 1901，S. 544－552。

hang）中，并把后者作为一切哲学的前提，正是莱布尼茨在一种新的深度上理解和把握住了普遍语言的问题。他完全意识到了笛卡尔已经指出的那个困难；但是他相信自那以来哲学知识和科学知识所取得的进步让他有了克服该困难的全新工具。每一种并不局限于一种任意的记号语言而是想要作为**现实**文字（Characteristica realis）来表现事物真实的基本关系的“文字”（Charakteristik）都要求对思维**内容**进行一种逻辑分析。但是只要人们不是从对整个概念素材的随意的、多少偶然的分节（Gliederungen）出发，而是一贯地追随组合法和数学分析所指明的道路，那么那种“思想字符”的确立似乎就不再是一个无边际和无法解决的任务了。正如代数学的分析教导我们的，每一个数字都是从确定的原初环节中建构起来的，它能够以一种确定的方式分解为“诸主要因素”并能够表现为它们的产物，这一点一般而言也适用于每一种知识内容。分解为主要数字与分解为原始**观念**（Ideen）相一致——莱布尼茨哲学的一个基本思想是，这二者本质上能够而且必须按照相同的原理以及能够而且必须借助同一个无所不包的方法实现。① 对于莱布尼茨而言，如下循环——一种真正普遍的文字形式似乎以那种内容和结构都已经给定的知识为前提，正是这种文字才使知识结构变得能够真正被我们掌握和理解——通过如下方式被消除了，即对他来说这里一般而言并没有两个分离开的、我们能够一个接一个加以解决的任务，相反他是在纯粹的事实性**相互关系**（Korrelation）中思考这两个任务。分析的进步和文字学的进步互为条件，互相需要对方：因为只有当思维完成的每一次逻辑的统一性设定和每一次逻辑的区分都被**固定**在一种确定的记号中时，它们对于思维而言才是以现实的清晰性和明确性**存在**的。莱布尼茨承认笛卡尔的如下观点，知识真正的普遍语言依赖于知识本身，因此依赖于“真正的哲学”，但是他补充道，尽管如此，语言并不需要等待哲学的补充，毋宁说，这两

70

---

① 关于这一点更进一步的讨论，参见我的著作：»*Leibniz' System in seinen wissenschaftlichen Grundlagen*« [ECW1]，S. 105ff. u. 487 ff.。也可参见：Couturat，*La Logique de Leibniz*，bes. Kap. 3－5。

种成就——观念分析与赋予记号（Zeichengebung）——是一同发展的。[①] 这里只表达了那种最一般性的方法论基本信念，同时似乎表达了他在发现对无限者的分析时证实了的那种方法上的基本经验：正如微积分**算术**证明自己不单纯是表现已经发现了的东西的一种舒适的工具，而且是数学研究的一种真正的器官，语言对于思想一般而言也应该起到这一作用——语言不只是追随思维的轨道，而且是它准备了这一轨道并在进步中铺垫这一轨道。

因此，莱布尼茨的**理性主义**在语言研究中才得以最终的证明并完成，而语言纯粹被视为知识的工具（Erkenntnismittel）、逻辑分析的工具（Instrument）——但是同时，这种理性主义相对于笛卡尔的理性主义而言现在在一定程度上赢得了一种具体的形式。因为这里所主张的思维与语言之间的相互关系也把思维与感性之间的关系置于一种新的关系中。如果感性至少需要不断地消融进知性的独特观念中，那么从有限精神的立场上来看，相反的关系也是适用的。即使是我们“最抽象的”思想也总是还包含着一种想象力的添加物，虽然这个添加物对我们而言还可以进一步分解，但是分析从来没有触及其最后的边界，而是毋宁说能够且必须无限前进。[②] 在这里，我们处在莱布尼茨逻辑学的基本思想与其**形而上学**基本思想的交汇点上，它们在这里直接过渡到对方。对这种形而上学而言，存在的等级结构是由知识的等级决定的。作为唯一真正的实体性本质，诸单子的区别仅仅在于它们的表象内容的清晰性和明确性的程度不同。只有最高的和属神的存在才拥有完满的知识，这种知识绝不是再现性的而是纯粹直观的，亦即它不是间接地通过记号观察到它的对象，而是直接在其纯粹的和原初的本质性中直观到它的对象。有限精神的知识能够提升到的最高等级是图形和数字的独特知识，它们看起来只是不充分的知识：因为它

71

---

① 参见莱布尼茨对笛卡尔致麦尔塞纳的书信的评论：*Lettre de Descartes ä Mersenne*，in：*Opuscules et fragments inedits*，hrsg. v. Louis Couturat，Paris 1903，S. 27f. 。

② Leibniz，*Reponse aux reflexions contenues dans la seconde Edition du Dictionnaire Critique de M. Bayle*，*article Rorarius*，*sur le systeme de l'Harmonie preetablie*，in：*Philosophische Schriften*，Bd. IV，2. Abt.，S. 554-571：S. 563.

们不试图理解精神内容本身，而是在很大程度上满足于它们的记号。在每一种较长的数学证明中，我们都被迫接受这种代表。例如，如果我们思考一个规则的千条边的图形，那么我们没有总是记着边的本性、它们的等同性和数字 1000，而是用到这样一些词，它们的意义对我们而言只是晦暗的和并不完全在场的，并没有用到观念本身，因为我们记得我们了解它们的含义，认为更进一步的解释在当前并不必要。因此，我们在这里处理的并不是纯粹直观的知识（Erkenntnis），而是一种“盲目的”或符号性的知识，这种知识像代数和几何那样几乎统治了我们所有其他的认识（Wissen）。① 因此我们看到，当语言在莱布尼茨的一般文字学的构思中试图越来越多地包括整个知识时，语言如何同时恰恰在限制这个整体并把它拉进了自身的局限性（Bedingtheit）之中。但是这种局限性并非只有单纯否定的特征，而且包含着一种彻底的积极要素。正如每一种感性表象不论多么晦暗和含混，都包含着一种真正的理性知识内容，该内容只需要展开和“拓展”，因此每一种感性符号都是一种纯粹精神性含义的载体，该含义无疑只是“虚拟地”和含蓄地被给予到那个符号中。“启蒙”的真正理想就在于，并不是一下子就揭掉这些感性的外壳，不是摒弃这些符号，而是越来越多地把它们理解为它们所是的东西，并由此在精神上控制和渗透它们。

72

但是莱布尼茨在这里赋予语言逻辑的和形而上学的整体观点是如此宽泛和如此普遍，以至于语言本身的特殊内容又面临着消失在这种普遍性中的危险。一般文字学的计划并不局限于某一个个别领域，而是想要囊括一切种类的记号，从简单的声音和语词记号到代数的数字记号以及数学和逻辑分析的各种符号。它既试图包括那些看起来仅仅起源于一种自然的、任意地爆发出来的“本能”的表现形式（Äußerungsformen），又试图包括那些起源于精神的一种自由自觉的创造的表现形式。如此一来，尽管语言——作为声音和语词语言——

① 参见：*Meditationes de cognitione，veritate et ideis*。

的独特性看起来与其说被认证和澄清了，不如说被最终否定了。假如一般文字学的目标达到了，假如每一种简单的观念都是由一个简单的感性记号，同时每一个复杂的表象都是由这些记号的一个相应组合来表达的，那么，个别语言的一切特殊性和偶然性都重新消融在一种唯一的一般性的基本语言中。莱布尼茨并没有把这种基本语言，这种“亚当的语言”（Lingua Adamica）——他用神秘主义者和**雅克布·伯麦**（Jacob Boehme）的一个古老表达来称谓这种语言[①]——安置在人类的一种天堂般的过去，而是把它理解为一种纯粹的理想概念，我们的知识为了达到客观性和普遍有效性的目标必须在进步中趋近于它。按照莱布尼茨的观点，正是在它的这一最后的和最高的形态中，在其最终的形态中，语言才表现为它本质上所是的东西——在这里，语词不再是意义的单纯外壳，而是表现为**理性统一性**的真正见证，而理性的统一性作为必要的假设，构成了对一种特殊的精神性存在的一切哲学理解的基础。

二、语言问题在经验主义体系中的地位（培根，霍布斯，洛克，贝克莱）

哲学**经验主义**似乎开启了语言研究的另一条道路，因为按照它的基本趋势，它试图在语言事实的简单而清醒的事实性（Tatsächlichkeit）中，在其经验起源和经验目的中来理解语言的事实（Faktum），而不是联系着一个逻辑理想来理解语言的事实。不是让语言消失在某一种——不论是逻辑的还是形而上学的——乌托邦中，而应该仅仅在其心理学持存（Bestand）中认识语言，并在其心 *73*

① 对“亚当的语言”观念的评论，参见：a. a. O.，*Scientia Generalis. Characteristica*，in：*Philosophische Schriften*，Bd. VII，S. 1-247：S. 198 u. 204；a. a. O.，*Nouveaux Essais sur Pentendement*，*par l'auteur du systeme de Pharmonie preestablie*，in：*Philosophische Schriften*，Bd. V，2. Abt.，S. 39-509，Buch III，Kap. 2，S. 260 u. ö.。

理学成就中评价语言。即使在这样把握该任务时，经验主义其实还是接受了其对立面理性主义体系的一个核心前提，因为它首先把语言仅仅视为**知识**的一个工具。洛克明确强调，他的知性批判计划最初并不包含一种特殊的语言批判思想：下面这一点只是逐步对他变得清楚了，即追问概念的含义和起源的问题与追问命名起源的问题是不能分割开的。① 但是一旦他认识到这种关联（Zusammenhang），语言现在对他而言就变成了经验主义基本观点之真理性中一个最重要的证据。莱布尼茨曾经说过，自然喜欢在某一个点上公开地展示其最终的秘密，似乎以可见的样品把它们直接展示在我们眼前。洛克把语言视为他关于精神现实性的整体观点的一个这样的样品。他如此开始他对语词的分析：

> 如果我们注意到我们的语词在多大程度上依赖于感性观念，有些语词虽然表达的是完全非感性的过程和概念，可是它们的起源却在这些过程和概念中，而且是由明显的感性观念转移到较抽象的概念的，那么我们就会更深刻地认识到我们概念的起源［……］就如“理解”“体会”“想象”等语词，都是由感性事物的作用转借而来，而后被应用在了我们精神的一些确定操作上。精神的基本含义为呼吸，天使的含义为使者。而且我毫不怀疑，我们如果追溯所有表达的根源，那么就会发现，用感性指称来表达非感性事物在所有语言中都有相同的用法。由此我们能够得出一个结论，充满着语言创立者的精神的那些概念都是什么样的，由哪来的，以及在事物的命名方面，自然亦于无意中给人指示出他们一切知识的起源和原则来［……］我们所拥有的一切观念要么起源于外在于我们的感性对象，要么起源于被我们直接意识到的我们精神的内在活动。②

74

这里说明的是经验主义范围内对语言问题的一切探讨都直接或间

---

① Locke，*Essay*（Buch III，Kap. 9，Abschn. 21），Bd. II，S. 118ff.

② a. a. O.，*Essay*（Buch III，Kap. 1，Abschn. 5），Bd. II，S. 4ff.

接地与其相关的那个系统性的基本论点。语言分析在这里也不是自身的目的，而只是作为工具和准备服务于那个真正的主要问题，即观念分析。因为一切语言命名从来都没有直接服务于表达事物本身，而只是与精神的观念、与言说者自身的表象有关。这一点作为一切语言研究的最一般性的基本命题已经由霍布斯表达出来了，霍布斯相信这样一来就把语言哲学最终抽离出形而上学的范围和控制。因为名称是概念的记号，而不是对象本身的记号，所以，关于名词指称的是事物的质料还是形式或者某种由这二者组合起来的东西（etwas Zusammengesetztes）的一切争论都被作为空洞的形而上学问题放在一边了。[①] 洛克以这一决定为基础，他总是一再返回到这一决定同时又在各个方面进一步发挥了它。在语词统一体中——他也如此强调说——表达的从来不是对象的本性，而始终只是人类精神在把自身的简单的感性观念统摄（Zusammenfassung）起来时运用的那种主观方式（Art）。在做出这种统摄时，精神并没有为某一种实体性的模型、为事物的某一种实在的本质性所束缚。它能够按照自由的任性有时更强烈地强调这一个表象内容，有时更强烈地强调别的表象内容；有时把这一组简单环节，有时把另一组结合为整体联系（Gesamtverbänden）。由此就画下了不同的联结线，设定了不同的分离点，因此，语言概念和含义的不同类别始终只是联结和分离这些主观操作本身的一种反映（Spiegelbild），而不是按照实在的种和类（Arten und Gattungen）、逻辑的形而上学的种和属（Genera und Species）对存在及其结构的客观属性的反映。[②] 可见，该定义学说采取了与理性主义不同的一个新说法。名词定义和实在定义、语词解释和事实解释之间的对立就消失了：因为每一个定义的主张只能是，自己是事物的名称的说明，而不是其本体论持存及其本体论构造（Konstitution）的描述。因为不仅

75

① Thomas Hobbes, *Elementorum philosophiae Sectio prima de corpore* (Teil 1: Computatio, sive Logica, Kap. 2, §5), in: *Opera philosophica, quae latine scripsit, omnia. Ante quidem per partes, nunc autem, post cognitas omnium objectiones, conjunctim et accuratius edita*, 2 Bde., Amsterdam 1668, Bd. II, S. 1-261: S. 9.

② Locke, *Essay*, bes. Buch III, Kap. 2 u. 6, Bd. II, S. 8-13 u. 56-97.

每一种个别本质的本性是我们不知道的，而且我们也不能把任何确定的表象与一个事物自在地应该是什么的一般概念联结起来。我们能够把一个清楚的意义（Sinn）与一个事物关联起来，这个事物的“本性”的唯一概念并没有绝对的含义而只有相对的含义（Bedeutung）；它包含着一种与我们本身的联系、与我们的心灵组织及我们的知识力量的联系。规定一个事物的本性对我们而言只是意味着发展那些包含于其中并且作为诸环节进入其整体表象的简单观念。①

从这一基本观点的**表达**来看，它似乎确实再次返回到了莱布尼茨的分析形式和莱布尼茨对一种一般性“思想字母表”（Gedankenalphabet）的要求——但是在这种表达的统一性背后还隐藏着一个明确的体系性的对立。因为在“观念”这个术语本身中已经完成的那个至关重要的精神性含义转变现在出现在了这两种关于语言和知识的见解之间。一方面，观念是在其客观的-逻辑的意义上被理解的；另一方面，观念是在其主观的-心理学的意义上被理解的。一方面，是其原初的柏拉图的概念；另一方面，是其现代经验论的和感觉论的概念。在前者，把知识的内容消融在其简单观念和这些简单观念的指称中意味着返回到最后的和普遍有效的认识**原理**（Prinzipien des Wissens）；在后者，它意味着从内部和外部意义的直接**给定性**（Gegebenheiten）中、从“感觉”和“反思”的环节中引出一切复杂的精神性形成物（Gebilde）。但是如此一来，语言的**客观性**，像知识一般的客观性一样，也在一种全新意义上变成了问题。对莱布尼茨以及整个理性主义来说，概念的观念性存在和事物的实在性存在是通过一种密不可分的相互关系（Korrelation）连接在一起的：因为“真理”与“现实”在它们的根据和最后根源上是同一的。② 所有经验定在和所有经验事件 *76*

① 尤其参见：Jean le Rond d'Alembert，*Essai sur les elemens de philoso-phie，ou sur les principes des connoissances humaines*（1759）（Kap. 4），in：*Melanges de litterature，d'histoire，et de philosophie*，5 Bde.，neue Aufl.，Amsterdam 1763－1770，Bd. IV，S. 1－300。

② »la verite etant une meme chose avec l'etre«（Rene Descartes，*Meditations metaphysiques*，Nr. 5），in：*Oeuvres de Descartes*，hrsg. v. Victor Cousin，11 Bde.，Paris 1824－1826，Bd. I，S. 312.

(Geschehen) 本身就是按照理智真理的要求被连接和排列在一起的——而且其现实性正在于此，把假象和存在、梦境和实在性彼此区分开来的东西也正在于此。① 对于经验主义而言，观念性东西与实在性东西之间、普遍有效的和必然的真理与特殊的和事实性的存在之间的这种交互联系、这种“预定和谐”被废除了。它越是明确地不是把语言视为事物的表达，而是视为**概念**的表达，下面这个问题——这里承认的那个新精神媒介是否不仅没有指明反而歪曲了存在的最后“现实”环节——也就必然更加坚决和不容置疑地对它提了出来。人们能够持续地追踪这个问题在从培根到霍布斯和洛克那里越来越尖锐的发展，直到最后在贝克莱那里完全清晰地出现在我们面前。对洛克而言，尽管知识**根源于**感官知觉和自我知觉 (Sinnes- und Selbstwahrnehmung) 的特殊材料，它还是有一种朝向“一般性”的趋势，而且语词的一般性与知识朝向一般东西的趋势是一致的。抽象的语词变成了“抽象的一般观念”的表达。除了个别的感受，这种抽象的一般观念在这里也被承认为一种独特种类的且具有独立含义的心理现实。② 但是，感觉主义观点的进一步发展及其后果也必然会超出对“一般东西”的这种相对承认，并且超出对“一般东西”的这种至少间接的忍受。一般的东西在事物领域和观念领域中都很少拥有某种真正的和有根据的持存。但是如此一来，语词和语言一般现在似乎就完全处于虚空之中了。对于它们之中所说出的那种东西，在物理存在和心理存在、物和观念中都找不到任何样板或“模型”。所有的现实——心灵的或物理的现实——就其本质而言都是具体的、个别规定的现实：为了达到对它的直观，我们因此必须首先从语词的错误和欺骗性的、“抽象的”一般性中摆脱出来。这一推论是由贝克莱最为坚决地提出来的。哲学的每一次变革必须首先建筑在对语言的批判上，必须首先

77

① 例如参见：Gottfried Wilhelm Leibniz，*Hauptschriften zur Grundlegung der Philosophie*，übers，v. Artur Buchenau，durchges. u. mit Einl. u. Erl. hrsg. v. Ernst Cassirer，Bd. I，Leipzig 1904，S. 100，287 u. 349，Bd. II，Leipzig 1906，S. 402f. u. s。

② Locke，*Essay* (Buch III，Kap. 3，Abschn. 4–6)，Bd. II，S. 15 ff.

清除人类精神从来都被限制于其中的幻象。

> 我们承认文字是有妙用的，因为古今各国一切好研究的人们的共同劳动所求得的全部知识，可以借它们为一个人所知晓、所占有。不过我们同时必须承认，知识虽是由语言文字所传授的，可是大部分知识却被文字的滥用和寻常的说法所淆乱、所蒙蔽了。[……] 因此，我们希望人人都要尽最大能力来清楚地观察自己所思考的观念，并且要把文字的外表和障碍脱除了，因为各种文字正足以阻碍人的判断，扰乱人的注意。我们虽然上察天象，下探地府，也是白费；虽然攻研学者的著述，追溯古人的冥迹，那也是白费的；只要把文字的屏障揭开，就能看到美丽的知识之树，才知道它的果实原来是甘美的，是可以为人伸手所攀摘的。①

但是，更仔细地观察的话，对语言的这种极端批判其实同时也间接地包含了对语言以之为基础的感觉论**知识理想**的一种批判。从洛克到贝克莱，语言问题的经验主义立场完成了一次真正的转折。如果说洛克在语言中发现他关于知识的基本观点得到了证实和认证——他以此证明了，在知性中的没有不是首先在感觉中的，那么现在很显然语词真正的和本质性的**功能**在感觉论体系中没有任何位置。只有否认和排斥语词的功能，感觉论的体系才能得以维持。现在语言的结构没有被用来解释知识的结构，而是恰恰构成了知识结构的对立面。语言甚至都没有任何有限的和相对的真理内容，毋宁说它是一面魔镜，以特有的方式歪曲和扭曲了存在的真正形式。在经验主义内部本身也完成了一次辩证的发展和转折，如果人们比较一下经验主义语言哲学的两个历史极端，那么这种辩证的发展和转折就会最为清晰和最有说服力地表现出来。当贝克莱试图消除语言的真理内容和知识内容的时候，

78

---

① George Berkeley, *A Treatise concerning the Principles of Human Knowledge* (Introduction, §§21-24), in: *Works*, hrsg. v. Alexander Campbell Fräser, 4 Bde., Oxford 1901, Bd. I, S. 211-347: S. 253ff. [(S. 253 u. 255).]

当他在语言中看到的是人类精神的一切错误和一切自我欺骗的根源的时候，霍布斯把真理，而且是**一切真理**都归于语言。霍布斯的真理概念在如下论断中达到了顶峰："真理并不在事物中，而在语词中。"(veritas in dicto，non in re consistit.)[①] 事物是作为实在的个别性而存在和持存的，我们是在具体的感性个别的感觉中知悉它们的。但是，个别的事物和个别的感觉从来都没有构成**认知**（Wissen）的真正对象：因为只要一种认知当得起认知这一名称，它就都不是对个别东西的单纯历史性了解（Kenntnis），而毋宁是一般东西的哲学性亦即必然性的知识（Erkenntnis）。如果因此感性和记忆被限制在**事实性东西**（Faktischen）中，那么，一切科学指向的都是一般性的联系和推理，指向的都是**演绎性**的连接（deduktive Verknüpfungen）。[②] 但是，它在这里运用的工具和仪器只能是语词。因为我们的精神对那些像事物或感性感觉那样从外部**给予**它的内容不能获得演绎性的洞见，而是只有对由它本身**创造**出来或者由它自由地产生出来的内容才能获得演绎性的洞见。但是它对自然的现实对象并不拥有这种自由，而是只对它们的观念性代表、对指称和命名才拥有这种自由。因此，对每一种认知体系而言，一个名称体系的创造并不只是一种前提，而是一切真正的认知都在于创造名称并把它们连接为语句和判断。因此，真理和谬误并不是事物的属性，而是话语的属性——因此，一种缺少话语的精神也没有控制这种属性的能力，没有控制"正确"与"错误"的整个区分和对立的能力。[③] 因此，对霍布斯而言，只有当语言同时——按照其唯名论的基本观点——是概念性知识一般的条件，因此是一切一般有效性和一切真理的源头时，它才是错误的一个源头。

79

相反，在贝克莱对语言和知识的批判中，这一最后支撑的一般性

---

① Hobbes, *De corpore* (Teil 1, Kap. 3, § 7), S. 20.

② a. a. O., *Leviathan*, *sive de materia*, *forma*, *et potestate civitatis ecclesiasticae et civilis* (Teil 1: De homine, Kap. 5, § 6), in: *Opera philosophica*, Bd. I, S. 1–82: S. 23 ff.

③ 同上 (Kap. 4), S. 16。

现在似乎也被剥夺了，如此一来，在霍布斯那里随处都在发挥作用的理性主义方法似乎最终被驳倒和根除了。但是，当贝克莱试图从最开始拓展他的体系时，他在自己的体系中也完成了一次独特的倒退和反转。他一开始否认并暴力地压制在语言中活着的“逻各斯”的力量，试图把一切语言和思维都加入感觉论的图式中，现在这一力量似乎逐步解放了自己并反抗感觉论图式的强制。从对记号功能的研究和分析以及记号从他那里赢得的新的积极评价出发，贝克莱不自觉地和逐步地被引导到了关于知识的一种新的基本见解。贝克莱本人现在——尤其是在他最后的著作《希利斯》中——完成了决定性的转变：他把“观念”从其感觉论和心理学的一切纠缠中解放出来，并恢复了它在柏拉图那里的基本含义。在其体系的这一最后阶段上，语言现在又重新赢得了一种支配性的、真正中心的地位。如果说语言的价值一开始被贝克莱的心理学和形而上学中所蕴含的一般性根据否认了，那么，我们现在在这一形而上学的最终形态中又看到了引人注目的戏剧，在这里，一切现实——精神性的现实和感性的现实——毋宁说都被**转变**为了语言。因为感性世界观本身现在越来越多地转变为了一种纯粹符号性的世界观。我们指称为知觉之现实性和物体之现实性的东西——更加深刻地来把握和理解的话——只不过是感性的记号语言，一种无所不包的无限精神与我们的有限精神在这种语言中交流。[①] 在形而上 *80* 学与语言之间的斗争中，语言是最终的胜利者——语言一开始被拒在形而上学的门槛之外，最后不仅进入了形而上学的范围内，而且决定性地从本质上决定了这种形而上学的形式。

三、法国启蒙哲学（孔迪拉克，莫佩屠斯，狄德罗）

在经验主义的历史上，贝克莱体系的最后阶段只是一个孤立的

---

① 更详细的讨论和证明，参见我的著作：»*Das Erkenntnisproblem in der Philosophie und Wissenschaft der neueren Zeit*«，Bd. II［ECW3］，S. 262 ff.。

片段。一般的发展朝向的是另一个方向；它试图越来越清晰地用纯粹心理学的视角取代逻辑的和形而上学的视角，到目前为止语言和思维的关系首先是在后一视角之下被认识的。对于具体的语言研究来说，这首先意味着一种直接的、毋庸置疑的获益：因为现在除了研究作为精神**整体形式**（Gesamtform）的语言是什么，越来越多的兴趣放在了**个别**语言的**个性**（Individualität）和精神特性（Eigentümlichkeit）上。如果说逻辑学的基本观点在其方法的强制之下总是一再转向普遍语言的问题，那么心理学的分析走的则是相反的道路。培根在《论科学的价值和发展》中在通常的经验性语言研究之外、在“书面语法”之外还要求一种一般形式的“哲学语法”。但是，这种哲学语法并不致力于指明语词与其指称的对象之间的任何一种必然关联：因为，既然这一计划看起来是如此的诱人，那么考虑到语词的灵活性和每一种纯粹词源学研究的不确定性，它也是极端危险和不可靠的。但是，假如某个人精通很多语言，既精通大众一般的语言也精通高深的语言，了解它们不同的特性并且指出它们每一个的优势和不足之处，那么毋宁说这样才会有最高贵的语法形式。以这种方式不仅有可能通过比较个别语言而创立一种完善语言的理想蓝图，而且从这种研究方式中同时也能产生出对个别民族的精神和习俗最有意义的说明。在培根发展这一观念时，在他简单地刻画希腊语、拉丁语和希伯来语的特征时，他预先提出了一个在威廉·冯·洪堡那里才真正得到实现的要求。[①] 但是，在哲学经验主义内部，只有当人们越来越明确地、清晰地意识到每一种个别语言中的概念的独特特征时，他的倡议才被人们追随。如果语言概念不是简单地作为客观对象和过程（Vorgänge）的记号而存在的，而是作为我们针对客观对象和事件而形成的表象的记号而存在

81

① Francis Bacon, *De dignitate et augmentis scientiarum*, Würzburg 1780, Bd. II, Buch VI, Kap. 1, S. 71: »Innumera sunt ejusmodi, quae justum volumen complere possunt. Non abs re igitur fuerit; *grammaticam philosophantem* a *simplici*, *et literaria* distinguere, *et desideratam* ponere. «

的，那么，与其说它们反映的是事物的属性（die Beschaffenheit der Dinge），不如说它们必然反映的是**理解**事物（Auffassung der Dinge）的个体性（individuell）方式和方向。当问题不在于把简单的感性印象固定在声音中，而是语词作为一个复杂的整体表象起作用的时候，这一点尤其是有效的。因为每一个这种表象以及相应地每一个我们归于这种“复合状态”（洛克把它称为“mixed modes”）的名称最终都追溯到精神的自由活动（Aktivität）。涉及其简单的印象，精神确实是被动的，而且只需要以这些印象从外部给予精神的形态接受它们，但是当它开始把这些简单观念联结在一起的时候，它所表现出来的更多的是它自身的本性而不是外在于它的客体的本性。这种连接的实在原型（Vorbild）是不需要追问的；毋宁说，“复合状态”的种类和我们归于它们的名称是由知性在没有模型（Modelle）、与现实存在的事物没有任何直接联系的情况下创造出来的。在亚当没有按照任何其他的模板而是按照他自己的思想创造出复杂表象的最初命名时，他拥有这种自由——这种自由早就存在而且后来对一切人都是存在的。①

正如人们看到的，我们在这里达到了这个位置，精神的**自发性**此时在经验主义体系中开始得到承认，即使只是有条件地和间接地得到承认。知识**反映论**的这一本质性局限现在必定立即反作用于语言的**整体直观**（Gesamtanschauung）上。如果语言在其复杂的概念语词中不是感性**定在**的反映（Spiegelbild）而是精神**操作**（Operationen）的反映，那么，这种反映能够而且必定要以无限多样的方式发挥作用。如果概念的内容和表达并不依赖个别感性表象的质料，而是依赖它们连接的形式，那么从根本上说每一个新的语言概念所表现的都是一个新的精神性创造。一种语言的任何概念因此都不能“转换”为其他语言的概念。洛克坚持这一推论；他已经强调过，在精确比较不同语言时，在它们中几乎从来不能发现与其他语言完全一致而且意义的整个

82

① 参见：Locke，*Essay*（Buch II，Kap. 22，Abschn. 1 ff. u. Buch III，Kap. 5，Abschn. 1-3；Kap. 6，Abschn. 51 u. s.），Bd. I，S. 381-389 u. Bd. II，S. 43f. u. 96f.。

范围也完全重叠的语词。[①] 但是如此一来，从一个新的方面来看，一种绝对的“一般性”语法的问题也被证实为欺骗。如下要求被越来越明确地提了出来，即不是寻找一种这样的一般性语法而是寻找每一种个别语言的特殊的**文体学**并就其特性理解它们。语言研究的中心如此一来就从逻辑学转移到了心理学和**美学**（Ästhetik）方面。有些思想家与经验主义者完全不同，他们把逻辑分析的明确性和清晰性与对个体性、对审美表达的最精细的深浅程度和细微差别（Nuancierungen）的最鲜活的感觉联结在一起，在这些思想家那里，这一点表现得尤其清晰。狄德罗在《论聋哑者书信集》中发展了洛克的发现——但是，在洛克那里只有一些孤立的摘要的东西，现在被大量来自语言表达尤其是语言艺术表达领域的具体事例证明了，而且描写它们的风格直接就证明了，每一种真正原初性的精神形式如何创造了适合于它们的语言形式。从一个完全确定的个别文体学问题、从语言“反转”问题出发，狄德罗有条理地而且也是在最为自由的思想活动中推进到了语言形式个体性的问题。为了说明诗歌天才无与伦比的独特性，莱辛回忆起了如下名言，即相比于从荷马和莎士比亚那里拿走一种文体，能够更快地从赫拉克勒斯那里拿走他的木棒——狄德罗也从这句名言出发。一位真正的诗人的作品是而且始终是不可翻译的——人们可以复述其思想，人们也可能足够幸运地在这里或那里找到一个等价的表达；但是整体表述、整体的音调和韵律始终是一种唯一微妙和不可翻译的“象形文字”[②]。一种这样的象形文字、一种这样的形式和文体法则不仅在一种特殊的艺术中，在音乐、绘画、雕塑中实现了，而且它也统治着每一种特殊的语言，在其上打下了精神性的印章、打下了思想和感觉的烙印。

83

① 参见：Locke，*Essay*（Buch II，Kap. 22，Abschn. 6 u. Buch III，Kap. 5，Abschn. 8），Bd. I，S. 384 u. Bd. II，S. 48 f.。

② Denis Diderot，*Lettre sur les sourds et muets*，*a l'usage de ceux qui entendent et qui parlent*，*adressee a M****，in：*Oeuvres*，hrsg. v. Jacques-Andre Naigeon，Bd. II，Paris 1798，S. 267－349：S. 322 f.

因此，语言研究在这里直接触及了支配着整个 17 和 18 世纪精神史的核心问题。我们同时在艺术和艺术创造理论中碰到的同一种典型的转变现在也出现在了**主体性**概念中。从对主体性的狭窄的经验论-心理学的把握中越来越清晰地产生出了更深刻、更全面的观点，这种观点把主体性从单纯偶然定在和任意行为的领域中凸显出来，并且承认其特殊的精神“形式”及其特殊的必然性。在 17 和 18 世纪的美学理论中，这整个运动逐步越来越确定和自觉地集中到一个唯一的中心。关于精神性东西的一种新观点突破了经验的-心理学的、单纯反思性研究的界限，对这种观点来说，天才概念变成了语言和思想的载体。在狄德罗的《论聋哑者书信集》中，天才概念尽管没有得到明确的强调，却构成了一切语言理论和艺术理论的个别研究的活的原理，而且构成了这些研究都指向的那个理想的把它们统一起来的点（Einheitspunkt）。这个概念如何在最不相同的各个方面渗透到语言研究中，这只是一个个别的例子。对精神过程的经验的-心理学的描写和解释试图把精神过程分解为个别的、感性的和质料的因素，这种做法在 17 世纪末和 18 世纪的英国就已经不再是唯一处于支配地位的了，还有另一种观点与它平起平坐，这种观点指向的是这些过程的“形式”，并试图在其原初的和不可分割的**整体性**（Ganzheit）中理解这些形式。这种观点在英国柏拉图主义中，在**卡德沃斯**（Cudworth）和剑桥学派的思想家那里，发现了自身体系性的-哲学的中心；在**沙夫茨伯里**（Shaftesbury）那里，这种观点达到了自己完善的文学描述。感性定在的一切外部形态（äußeren Bildung）——沙夫茨伯里与英国柏拉图主义者共同的基本信念——必然以确定的内在尺度（innere Maße/interior numbers）为基础，因为形式从来不能从质料中产生出来，而是作为不生不灭、作为纯粹理性的统一体而存在和持存的，这种理想的统一体把自己烙印在复多性上，这才赋予了它们确定的形态。真正的艺术家在他的作品中所表现的，正是这些内在的精神性的**尺度**，而不是经验**事物**（Dinge）的偶然实存和偶然属性。这样的艺术家事实上是第二位的创造者，是朱庇特之下的真正普罗米

84

修斯。

> 与那个最高的艺术家或能够塑造一切的自然相似，他形成了一个整体，这个整体本身就是自成一体和结构良好的，构成它的各个部分有着正确的［……］从属关系。［……］精神艺术家能够模仿造物主，因此也了解他的共同造物（Mitgeschöpfe）的内在形式和结构，他不会不了解自己本身和那些构成了一个精神之和谐的数和尺度。①

一旦我们考虑到我们自身，考虑到我们意识的统一性，那么，研究每一种自然有机体已经向我们揭示的东西就变得具有不可否认的确定性了：每一种真正的自我持存的存在并不是从其各个部分中获得其形态的，相反，它是作为一个已经形成了的整体先于其所有部分而存在和发挥作用的。我们每一个人都能够在自己的自我中直接地理解一个个体性的形式原理，都能够理解他特有的**"天才"**②，他在特殊和整体中都重新发现天才是始终不同但又自我等同的赋予形式的力量，是"宇宙的天才"。这两种思想是一致的和互为条件的——正确地理解和解释的话，经验主体性必然超出自身并在"一般精神"的概念中达到顶峰。③

这种美学的-形而上学的"内在形式"概念对于语言直观起到了什么作用——在一部直接出自英国新柏拉图主义学派并清晰地反映了它的一般世界观的著作中清楚地体现出来了。如果人们考察其整体计划的话，那么，**哈里斯**（Harris）的《赫耳墨斯或普遍语法的哲学研究》看起来首先还完全在理性主义语言学说的轨道上运动，并遵循着

---

① ［Anthony Ashley Cooper，III. Earl of Shaftesbury，*Soliloquy or Advice to an Author*，in：*Characteristics of Men*，*Manners*，*Opinions*，*Times*，*etc.*，hrsg. v. John Mackinnon Robertson，2 Bde.，London 1900，Bd. I，S. 101－234：S. 136.］

② "Genius"在拉丁语中原义是"守护神"，有时也译为"革尼乌斯"，后衍生出天赋才华、天才之义。在中国古代，有天、地、人三才之说，此天才有天道之义。——中译者注

③ 同上，S. 135f.；尤其参见上述作者：*The Moralists*，in：*Characteristics*，Bd. II，S. 1－153，Teil 2，Abschn. 5。

类似于**波特·罗瓦雅尔**（Port Royal）的《普遍的和理性的语法》的相同理想。哈里斯在这里也试图创造一种这样的语法，它并不关注特殊语言的不同习语，只关注对于一切语言都等同的原理。一种普遍的逻辑学和一种普遍的心理学应该成为语言材料分节（Gliederung）的基础，而且让这种分节看起来是必要的。举例来说，正如灵魂的能力显示出一种原初的二分——分为表象能力和欲望能力，相应地，语言形成的每一个语句必然要么是一个断言句，要么是一个意愿句（*a sentence of assertion*，*or a sentence of volition*）。一般而言在这一基础之上才可能清晰地和从原理上回答如下问题，即为什么那种语言恰恰包含这些词类（Redeteile）而不包含别的词类，为什么这些词类具有这种形态和数字而不具有别的形态和数字？哈里斯试图从对时间表象的逻辑和心理学分析中获得的一般图式来表现动词时态的构成，这一点尤其值得注意且是有趣。[①] 但是他进展得越远，下面这一点也就越清晰，即构成了他对语言形式的研究和分类的基础的心理学是一种纯粹"结构心理学"，这种心理学与感觉论的要素心理学是明确对立的。哈里斯在为他的"普遍观念"辩护并反对其经验主义的批判者的时候直接与剑桥学派联系在了一起。[②] "对我们自己而言，"他评论道，"当我读到感觉和反思的细节，当人们教育我关于我的观念整体上的产生过程的时候，我发现人类灵魂类似于一个熔炉坩埚，真理在这个坩埚中通过一种逻辑化学反应产生出来——真理有可能包含自然材料，但是它像一个药丸或仙丹一样是我们自己的创造物。"[③] 针对这种从"质料"中产生出"形式"的观点，他以柏拉图和亚里士多德为基础提出了他自己的观点，即形式具有彻底的优先性。所有的感性

85

---

① James Harris，*Hermes or a Philosophical Inquiry concerning Universal Grammar* (Buch I，Kap. 6)，3.，verb. und korr. Aufl.，London 1771，S. 97ff.；zum Früheren s. bes. Buch I，Kap. 2，S. 17ff. [Zitat S. 17]；Kap. 3，S. 24ff.

② 同上 (Buch III，Kap. 4)，S. 350ff.。——可对照：Ralph Cudworth，*The True Intellectual System of the Universe*：*The First Part*，London 1678，Buch I，Kap. 4。

③ 同上 (Buch III，Kap. 5)，S. 404，Anm.。

形式必定以纯粹的理智形式为基础，后者是“先于”前者存在的。[①] 哈里斯作为沙夫茨伯里的侄子很早就与后者的观点相接近，他在这种关联上返回到了沙夫茨伯里的核心概念，返回到了“天才”（Genius）概念。每一种民族语言都有自己的语言精神，每一种民族语言都包含一种独特的赋予形式的原理。 *86*

> 我们必须注意的是，各个民族——像单个的人一样——如何拥有自己的特殊观念；因为符号必须与它们的原型一致，这些特殊观念如何变成了他们语言的天赋（Genius）；相应地，那些最有智慧的民族——因为拥有最多最好的观念——如何拥有最完善和最丰富的语言。

正如存在着一种罗马人、希腊人、英国人的本性、一种他们的天赋，所以也存在着一种拉丁语的、希腊语的和英语的天赋。[②] 在这里出现了——或许是第一次如此清晰地出现了——对“语言精神”概念的新理解（Fassung），这种理解主导了此后的整个哲学研究。这个概念是如何进入德意志精神史的，它在这里是如何逐步赢得其精神的和语言的公民权的，这一点在**鲁道夫·希尔德布兰特**（Rudolf Hildebrand）对格林词典的“精神”和“天才”词条的卓越描述中能够一步一步地了解到。[③] 在这里，从沙夫茨伯里和哈里斯直接就过渡到了哈曼和赫尔德。早在1768年，哈曼在里加写信给赫尔德说，他在自己的出版商那里为赫尔德预定了一本《赫耳墨斯或普遍语法的哲学研究》：“在我看来，这部著作对于您计划中讨论现代德语文学片段中的语言研究是不可或缺的”[④]。赫尔德在《批判的丛林》中引用哈里斯的美学理

---

① James Harris，*Hermes*（Buch III，Kap. 4），S. 380ff..

② 同上（Buch III，Kap. 5），S. 409，Anm.。

③ 尤其参见：Jacob Grimm/Wilhelm Grimm，*Deutsches Wörterbuch*，Bd. IV，1. Abt.，2. Teil，bearb. v. Rudolf Hildebrand u. Hermann Wunderlich，Leipzig 1897，Art. »Geist«，Sp. 2623–2741：Sp. 2727f.，Art. »Genie«，Sp. 3396–3450，Sp. 3401f.。

④ Johann Georg Hamann，*Brief an Herder vom 7. September 1768*，in：Schriften，8 Bde. in 9 Bdn.，Bde. I-VII hrsg. v. Friedrich Roth，Berlin 1821–1843，Bd. III，Berlin 1822，S. 385–387：S. 386.

论反对莱辛的《拉奥孔》，也经常提到前者的语言理论。在他为蒙博杜讨论语言起源和发展的著作的德语译本所写的前言中，他明确地说，蒙博杜和哈里斯为语言研究指明了一条新的更加稳固的道路："足够了……路径已经开辟：我们这位作者和他的朋友**哈里斯**的原理在我看来不仅是唯一真实可靠的，而且他们最早开始比较不同文化阶段上的不同民族的多种语言，这一尝试将始终是一位大师的准备。某 87 一天（确实不会太快），将有可能从其最典型的作品即地球上不同语言中发展出一种**人类知性哲学**。"①

让赫尔德对哈里斯的语言研究尤其着迷的也许是，他在评判哈里斯的美学理论时首先强调的那个特征。亚里士多德对作品（*ἔργον*）和活动（*ἐνέργεια*）做的区分被哈里斯的《艺术对话》——赫尔德在《批判的丛林》中最早讨论艺术问题时已经明确引用过《艺术对话》②——重新拉回到艺术理论的中心。从这以后，这一区分也影响了语言理论，通过威廉·冯·洪堡而在语言理论中获得了最确定的描述和严格系统性的理解（Fassung）。语言像艺术一样不能被视为精神的单纯作品（werk），而是必须被思考为一种精神特有的形式和"**活动**"（Energie）。在 17 和 18 世纪的典型发展中，这两种题材（Motive）——"活动"（energetische）语言理论和活动艺术理论——在**天才**概念中再次发现了它们理想的交汇点。因为对于这一发展而言决

① Johann Gottfried Herder, *Vorrede zu Des Lord Monboddo Werk von dem Ursprünge und Fortgange der Sprache*, übers, v. E. A. Schmidt, in: *Sämmtliche Werke*, hrsg. v. Bernhard Suphan, 33 Bde., Berlin 1877–1913, Bd. XV, S. 179–188: S. 183；赫尔德对哈里斯表达了相似的判断：*Herders, Verstand und Erfahrung. Eine Metakritik zur Kritik der reinen Vernunft*, Erster Teil, in: *Werke*, Bd. XXI, S. 1–190: S. 57。赫尔德在 1772 年就表达，希望有一个来自赫耳墨斯的德国专家：*Allgemeinen Deutschen Bibliothek, ausgesprochen: Recensionen. Aus der Allgemeinen Deutschen Bibliothek*, in: *Werke*, Bd. V, S. 271–420: S. 315。

② Herder, Kritische Wälder. *Oder Betrachtungen, die Wissenschaft und Kunst des Schönen betreffend, nach Maasgabe neuerer Schriften* (Abschn. 19) (Werke, Bd. III), S. 159 ff. im Anschlußan James Harris'»Three Treatises. The First Concerning Art. The Second Concerning Music, Painting, and Poetry. The Third Concerning Happiness«, London 1744.

定性的是如下趋势，把一切精神存在都追溯到它根植于其中的那个原初的创造过程，把一切“形成物”（Gebilde）都追溯到“形成”（Bilden）的基本形式和基本方向。① 乍一看，这一趋势在那些经验主义的和理性主义的语言起源理论中似乎已经在起着作用，这些理论不是把语言视为一种属神的、一下子完成的作品，而是把它视为人类理性的自由创造。但是因为在这里理性本身还完全保持了主观的—任意的反思的特征，因此语言“形成”（Bildung）的问题立即又变成了语言“发明”（Erfindung）的问题。人在发明最初的语言记号、在把它们塑形（Ausgestaltung）为语词和语句时运用的是一个有意识的-有目的性的程序（ein bewußt-zweckhaftes Verfahren）。法国启蒙运动的语言理论喜欢直接比较语言的这种缓慢进步与精神在科学尤其是数学中完成的方法论建构，并把它们相对照。对**孔迪拉克**（Condillac）来说，人类精神曾经达到的所有个别科学都只是同一个观念分析过程的延续，这个过程开始于人类语言的形成（Sprachbildung）。在最早的声音记号语言之外出现了一种使用一般性的尤其是算术和几何符号的语言；在语词语言之外出现了“计算语言”。但是，在这两种语言中，表象的分解（Zergliederung）、连接（Verknüpfung）和组织所依据的是同一个原理。正如科学就其整体性而言只不过是秩序分明的语言（Langues bien faites），我们的语词语言和声音语言也只不过是存在者的最初科学，只不过是知识从复杂进到简单、从特殊进到一般的那种原初冲动（Urtriebs）的最初表现。② 在《语言起源的哲学反思》中，**莫佩屠斯**（Maupertuis）试图详细地追踪语言发展的这条道路；他试图表明，从其最初的原始起点开始，当语言只拥有表达复杂感官知觉的少数术语时，语言就通过有意识地比较和区分这些表象的各个部分来逐步增加其命名、词形（Wortformen）和词类（Redeteilen）

88

① 参见我的著作：*Freiheit und Form. Studien zur deutschen Geistesgeschichte* [ECW7]，bes. Kap. 2 u. 4。

② Etienne Bonnot de Condillac，*La langue des calculs*（Oeuvres completes. Revues，corrigees par l'auteur，imprimees sur ses manuscrits autographes，et augmentees de La langue des calculs，ouvrage posthume，23 Bde.，Paris 1798，Bd. XXIII）。

的财富。[①] 这种语言观把语言流放到了抽象知性的领域里，针对这种语言观，赫尔德提出了一种新的“语言理性”观点。精神性基本问题的深刻关联再次极其明确地表现出来了：因为现在发动的斗争与莱辛在艺术领域反对**戈特谢德**（Gottsched）和法国古典主义的斗争是完全一致的。尽管语言的形成物在最高的意义上是“规则的”，但是却不能从一个客观的和概念性的规则中引申出它们，也不能按照这样的规则来衡量它们。由于各个部分与整体都是一致的，它们也是完全合目的地形成的——但是，支配着它们的是那种排除了所有单纯任意和所有单纯主观“意图”的“无目的的合目的性”[②]。因此，与在艺术 89 作品的创造中一样，那些在单纯按照知性进行的反思中互相躲避的要素在语言中也融合成了一个新的统一体——这个统一体首先向我们提出的其实只是一个问题、一个新的**任务**。必须先经历一种更深刻的规定和一种新的原则上的解释，自由与必然、个别与一般、“主观性”与“客观性”、自发性与因果性之间的对立本身才能够作为解释“艺术作品起源”和“语言起源”的哲学范畴来使用。

四、作为情感表达的语言——“语言起源”的问题（詹巴蒂斯塔·维科，哈曼，赫尔德；浪漫派）

在我们到目前为止碰到的各种理解（Fassung）中，尽管经验主义的与理性主义的语言理论、心理学的与逻辑学的语言理论有各种内在的对立，它们在一个基本特征上还是达成了一致。它们本质上都是按照语言的**理论**内容：按照它在知识整体中的地位、按照它对知识建

---

① Pierre Louis Moreau de Maupertuis, *Reflexions philosophiques sur l'origine des langues, et la signification des mots*, in: *Oeuvres*, neue, korr. u. komm. Ausg., 4 Bde., Lyon 1756, Bd. I, S. 253-301: S. 259 ff.

② [Kant, *Kritik der Urteilskraft*, S. 297 (Akad.-Ausg. V, 226).]

构起到的作用来研究语言的。不论语言是被理解为理性的直接作品和不可或缺的工具，还是语词被理解为掩盖了知识的基本内容、精神真正的“原初知觉”的单纯面纱：理论认知及其表达都被视为语言的目标，这一目标规定了语言的积极和消极的价值。语词是**观念**的记号——观念要么被理解为客观、必然的知识内容，要么被理解为主观的“表象”。但是随着现代哲学拓展了“主观性”概念的范围和深刻性，随着这一概念越来越清晰地产生出了对精神的**自发性**真正普遍的见解，精神的自发性表现出与感觉和意志的自发性以及知识的自发性相同的自发性，强调语言成就中的另一个要素现在变得越来越重要了。如果我们尝试着追溯到语言最初的起点，那么它看起来就不单纯是观念的再现性记号，而是情感和感性冲动的情绪记号。古代理论就已经知道从情感、感觉、兴趣和痛苦的激情（*πάθος*）中引出语言。按照伊壁鸠鲁的观点，为了理解语言的起源，我们必须退回到这个对人和动物而言都共同的因而也是真正“自然的”原初根据中。语言不是一个单纯约定、一个任意规章和协议的作品，而是像直接感觉一样必然和自然。正如看和听、乐感和痛感是人从一开始就有的，我们的感性感受和感觉的表达也是人从一开始就有的。正如人的感受是不同的，正如人的感受由于人的物理组织和精神的种族的差异而改变一样，变换的声音必然也在相同的尺度上产生了，这些声音只是为了简化和相互理解的目的逐步聚合成更为一般性的语词类型和语言类型。[①] **卢克莱修**（Lukrez）以相同的方式把语言创造的所谓奇迹追溯到人类本性的一般和特殊法则。语言作为一种特殊领域从一般性的冲动中发展为感性的-模仿的表达，这种表达是人天生的，对人而言，它并不是沉思的作品，而是无意识地、非自愿地存在于人身上的。[②]

90

① 参见：Diogenes Laertios，*De vitis，dogmatibus et apophthegmatibus clarorum philosophorum libri X*（Buch X，Abschn. 24，§75 f.）。

② 参见：Titus Lucretius Carus，*De rerum natura libri sex*，hrsg. v. Albert Forbiger，Leipzig 1828，Buch V，S. 132，Z. 1026 ff.。

像在自然哲学和知识哲学中一样，在语言理论中，现代哲学也返回到了伊壁鸠鲁。在17世纪，古老的“自然声音理论”尤其是在那些首先尝试完成**人文科学**（Geisteswissenschaften）全面而系统的纲要的思想家那里都经历了一种最引人注目、就形式和证明上都同样具有原创性的更新。**詹巴蒂斯塔·维科**（Giambattista Vico）在《关于民族共同性的新科学原理》中把语言问题置于一种一般的精神形而上学的范围内。“诗的形而上学”试图揭示诗和神话思维的起源，维科从这种形而上学开始，从“诗性逻辑”的各部分进入开始追问语言起源问题，“诗性逻辑”是要解释诗性的隐喻和比喻的源头，而对他来说，语言起源的问题与91“文学”起源、科学一般的起源问题有同样的含义。他也放弃了那个把语言的原初语词仅仅追溯到约定的学说，他也要求原初语词与其含义之间的一种“自然的”关联。如果语言发展的当前阶段，如果我们的“俗话”不再能够显示出这种关联，那么其原因只能是，它与其真正的原初源头、与诸神和英雄的语言离得越来越远了。但是，即使在如今模糊化和碎片化的时候，语词与其含义之间原初的连接和亲缘关系还是可以被真正的哲学目光看透。因为几乎所有的语词都起源于事物的自然属性或感性的印象和感觉，因此，一种精神性的“普遍词典”——该词典指明了所有不同的发音清楚的（artikulierten）语言中的语词的含义并把它们全部追溯到一种原初的观念统一体——的观念并非狂妄放肆的。维科自己在这一方向上所做的尝试事实上表现出了一种纯粹思辨“词源学”的完全幼稚的任意，它完全不受批判的或历史的考虑约束。① 所有原初语词都是单音节的词根，它们要么拟声地反映一种客观的自然声音，要么直接表达一种情感的纯粹感觉声音，如疼痛或

① 对“词源学”的意义和任务的这种幼稚的理解在18世纪的语言科学本身之中影响有多么广泛，已经由荷兰语文学学派的赫姆斯特赫斯（Hemsterhuis）和鲁恩肯（Ruhnken）重建原初语言的尝试表明了。关于这一点更详细的讨论，参见：Benfey，*Geschichte der Sprachwissenschaft und orientalischen Philologie in Deutschland*，S. 255 ff.。

快乐、幸福或悲伤、惊奇或恐惧的感叹词。① 例如，维科——像他之后的费希特一样——把**德语**视为一种真正的原初语言（Ursprache）、一种母语（Lingua madre），因为德意志人从来没有被外来的征服者统治，纯粹地保持住了其民族和语言自古以来的特征，维科在德语中发现了他的原初词汇（Urworte）理论的证据，即原初词汇都是简单的单音节感叹词。在他看来，感叹词之后形成了代词和小品词——它们就其基本形态而言同样追溯到单音节的词根，之后名词出现了，之后才发展出了动词，它是语言的最后创造物，正如今天在儿童语言和病理学语言紊乱的情况下还能看到名词在动词之前形成的过程，前者属于一个更早的语言层次。② *92*

如果人们仅仅观察这一理论的个别运用，那么这一理论似乎是非常巴洛克式的和罕见的，然而对于从整体上理解语言，这一理论还是包含着一个重要的、有益的萌芽。声音和含义之间的一种动态的联系在这里取代了那种似乎静态的联系：语言被追溯到了言说的动态过程（Dynamik），言说又被追溯到了感觉和情感的动态过程。18 世纪越是决定性地强调感觉的特殊地位，越多地在感觉中看到精神性东西的真正基础和创造性原初能力（Urpotenz），它也就因此越多地看到了维科的学说在语言起源理论中的复苏。卢梭首先接受这一学说并试图在细节上发展这一学说，这并不是偶然的。③ 但是，维科的观点在

---

① 关于这一点的典型事例，参见：Giambattista Vico，*Scienza nuova*，*Buch II*（*Deila Sapienza poetica*），Neapel 1811，Bd. II，S. 70f.。原文如下：Seguitarono a formarsi le voci umane con *Yinterjezioni*；che sono voci articolate all'empito di passioni violente，che 5n tutte le lingue son *monosillabe*. Onde non e fuori del verisimile，che da' primi fulmini incominciata a destarsi negli uomini la *maraviglia*，nascesse *la prima interjezione* da quella di *Giove*，formate con la voce *pa*，e che poi restö raddoppiata *pape*；interjezione di maraviglia，onde poi nacque a *Giove* il titolo di *padre degli uomini e degli Die*［…］etc.［翻译参见：Principi di scienza Nuova（Opere scelte，Bd. II），hrsg. u. mit Anm. vers. v. Giuseppe Ferrari，Mailand 1836。］

② Giambattista Vico，*Scienza nuova*，*Buch II*（*Deila Sapienza poetica*），Neapel 1811，Bd. II，S. 73f.

③ S. Jean-Jacques Rousseaus，*Essai sur Porigine des langues*（zuerst als posthume Schrift 1782 erschienen）.

另一个更深刻的意义上影响了一个人，在18世纪的所有思想家中，这个人最接近维科的符号性形而上学和符号性历史观，而且像他一样把**诗**看作人类的母语。尽管这位思想家，约翰·格奥尔格·哈曼拒绝对维科基本观点的表达做任何理性形式的解释，尽管他的学说似乎嘲笑任何符合知性的体系：但是，因为他总是把语言的各个部分都关联于那**一个**（das eine）语言基本问题，语言对他而言形成了一个似乎不必要的内在体系。在这里，哈曼的思想——尽管总是面临着一个危险，即沉湎于直接感觉和瞬息印象的特征从而迷失在特殊、偶然和外围的东西中——从一开始就发现了一个确定的中心，与其说他的思想固定了这个中心，不如说持续地绕着这个中心走。“在我这里，”他强调道，“既不讨论物理学，也不讨论神学，只讨论**语言**，理性和启示之母，它们的起点（A）和终点（Ω）。”“即使我像德摩斯蒂尼那样雄辩，我还是要把一个原则重复三遍：理性是语言，*λόγος*。我至死不渝地坚持这一点。① 对我而言，这一深度对我而言依旧是看不透的；我还在等待一位带着这一深渊钥匙的末日天使。”② 对哈曼而言，这里表现出了理性的真正本质的统一性和内在对立性。“德摩斯蒂尼称为**行为**（*actio*）、天使模仿、巴托仿造自然之美的东西，对我而言是**语言**，像扬（Young）所说的，它是理性的**工具**和**标准**。这里有**纯粹理性**，同时也有其**批判**［……］”③。但是，属神的逻各斯看起来恰恰是通过这一存在直接向我们显示出了自身，但又把我们以“理性”之名指称的所有东西都隐藏了起来。对于语言与对于历史一样，它们“像自然一样是一本密封的书，一个隐藏的证据，一个秘密，除非我们用我们理性

93

① 这句话在字面上可翻译为：“我咬着这块带髓的骨头，一直咬到自己去世。”——中译者注

② Johann Georg Hamann, *Brief an Jacobi vom 22. Oktober 1785*, in: Briefwechsel mit Friedrich Heinrich Jacobi (Leben und Schriften, Bd. V), hrsg. von Karl Hermann Gildemeister, Gotha 1868, S. 114-126: S. 122; a. a. O., *Brief an Herder vom 6. August 1784*, in: Schriften, Bd. VII, S. 148-153: S. 151 f.

③ a. a. O., *Brief an Scheffner vom 11. Februar 1785*, a. a. O., S. 212-217: S. 216.

之外的另一头耕牛来犁，否则这个秘密无法解决”①。因为语言并不是推论性概念的推论性的、习俗性的记号汇集，相反，它是随处都包围着我们的可见的-不可见的、隐秘的、公开的那个相同的神性生命的符号及对立面。因此，对哈曼而言——如同对赫拉克利特一样——语言中的一切东西都同时是显现和遮蔽、揭示和掩盖。所有创造——自然和历史——都只不过是造物主通过造物对造物说的话语。

> 上帝的**精神**通过受他驱使的圣人拿**人所用的笔**（Menschengriffel）降低了自己，放弃了自己的高贵，这属于神的启示的**统一性**，正好比上帝的**儿子**通过**仆人形象**屈尊，所有的创造都是**最高的谦卑**的作品。仅仅在自然中单纯地敬佩全知的上帝，这也许是一种侮辱，类似于一个仆人辱骂一个理性的人，按照他的长裙来评判他的价值。哲学家的观点是**自然**的**异文**，神学家的教义是**圣经**的**异文**。**作者**是自己话语最好的解释者；他能够通过**造物**——通过**事件**（Begebenheiten）——通过**血火烟雾**说话，**圣物的语言**就在这里。[……] 创作者的**统一性**甚至反映在他的作品的**方言**里——在他的所有作品里，只有一个**声调**，其高低都是不可估量的！②

94

按照哈曼自己的告白，这些深渊对他而言依旧是晦暗的，赫尔德现在为它投入了新的光亮。赫尔德的获奖作品《论语言的起源》对18世纪的一般精神史之所以变得至关重要，首先是因为到目前为止在理解、解释精神性存在和作用中最尖锐的相互对立在这里发现了一

① a. a. O., *Sokratische Denkwürdigkeiten für die lange Weile des Publicums zusammengetragen von einem Liebhaber der langen Weile*, in: Schriften, Bd. II, Berlin 1821, S. 1-50: S. 19.

② a. a. O., *Kleeblatt hellenistischer Briefe*, in: Schriften, Bd. II, Berlin 1821, S. 201-236: S. 207. a. a. O., *Aesthetica in nuce. Eine Rhapsodie in Kabbalistischer Prose*, in: Schriften, Bd. II, Berlin 1821, S. 255-308: S. 274-276. 关于哈曼的语言理论及其在他的“符号世界观”整体中的地位，参见温格尔（Rudolf Unger）的卓越描述：Rudolf Unger, *Hamanns Sprachtheorie im Zusammenhange seines Denkens. Grundlegung zu einer Würdigung der geistesgeschichtlichen Stellung des Magus in Norden*, München 1905。

种全新的**方法**上的中介。正如赫尔德受到了哈曼的影响，在写作获奖作品之前的那个时期，哈曼是康德的学生，而且通过康德又间接地变成了莱布尼茨的学生。《论人类灵魂的认知和感受》在构思和创作上都与获奖著作接近，在谈到此著作时，海姆说，它充满了莱布尼茨哲学的精神，它只不过是以赫尔德的精神反照出来的莱布尼茨哲学的总和。[①] 但是在理解语言时，如何把这两个最为对立的极端，如何把哈曼和莱布尼茨结合起来？在一种观点看来，语言是分析性思维力量的最高成就，是形成“独特”概念的真正器官；在另一种观点看来，语言的起源脱离了知性的一切反思，而且只能追溯到感觉及其无意识的诗性创造力量的晦暗中。如何把这两种观点关联起来？赫尔德的问题开始于此，他用解决语言问题的新方法解决这一问题。如果说所有的语言都根植于感觉及其直接的本能性的表现中，如果说语言不是起源于交流的需要，而是起源于呼喊、声调、野蛮分节的声音，那么，即便如此，声音的这种总和也从来不能构成语言的本质、语言真正的精神性“形式”。只有当那种从一开始把人与动物区分开的新的“灵魂的基本力量”[②] 发挥作用时，这种形式才产生。在赫尔德描述这种特殊的人类“悟性”（Besonnenheit）的基本力量时，在他说明这种基本力量的作用时，赫尔德明显地是联系着那个把他的心理学同莱布尼茨的逻辑学联结起来的基本概念做出的。按照莱布尼茨的观点，意识的统一性只是由于精神**行为**（Tun）的统一性，只是通过如下连接的统一性才得以可能，精神在这种连接中把自己理解为持续的、同一的单子，当它在不同的时间碰到相同的内容时，它靠着这种连接能够重新认出（wiedererkennt）那是同一个内容。“重新认出”（Wiedererkennens）的这种形式在莱布尼茨那里被称为统觉，在赫尔德那里被称为“反思”（Reflexion），在康德那里被称为“再认知的综合”

95

① Rudolf Haym，*Herder nach seinem Leben und seinen Werken dargestellt*，Bd. I，Berlin 1880，S. 665.

② ［Immanuel Kant，*Die falsche Spitzfindigkeit der vier syllogistischen Figuren*，in：*Werke*，Bd. II，hrsg. v. Artur Buchenau，Berlin 1912，S. 49－65：S. 63（Akad.-Ausg. II，59）.］

(Synthesis der Rekognition)。

> 如果灵魂的力量如此自由地发挥了作用，以至于它能够从经由感官蜂拥而至的大量感觉中分离出，如果可以这样表达的话，一股流向，把它保存起来，将注意力集中到它上面，并且能够意识到自己在这样做，那么，人就证明了他有反思。许许多多飘忽不定的图像从人的感官面前掠过，如果他能够聚拢精神，自觉地停留在其中一幅图像上，清醒冷静地加以观察，并且能够区分出它的一些特征，确定它是这一客体而不是任何其他客体，他就证明了他的反思。人的反思不仅表现在他能清晰明确地认识事物的所有特性，而且表现在他能**承认**（anerkennen）一个或若干个区分特性。这种承认行为第一次发生，就形成了明确的概念，这也就是心灵做出的第一个判断。——承认是怎样发生的呢？它的发生是由于，人必须区分他明确意识到的特征。好啊！让我们向他欢呼一声：'发现了（εὕρηκα）!' **这第一个被意识到的特征就是心灵的语词！与语词一道，人类发明了语言！**①

对赫尔德来说，语言在这种意义上被完全理解为直接感觉的一个产物，同时被完全理解为反思、思考（Besinnung）的一件作品：因为反思并不是后来附加到感觉上的某种外部的东西，而是作为构成性要素进入感觉中的。正是“思考”把流动的感性刺激变成了一种本身就已经确定的东西、有区别的东西，从而才把它变成了一种真正精神性的“内容”。因此，在这里与在莫佩屠斯和孔迪拉克那里不同，知觉并不是一个本身就完成了的、自足的心理存在，概念和概念语词中的表达只是关联着这种存在，相反，把单纯的印象规定为“表象”以及对它们命名是在同一个行动中完成的。一套人为的记号系统与知觉的自然给定性不再是对立的，相反，知觉本身借助于自身的精神 *96*

① Johann Gottfried Herder, *Abhandlung über den Ursprung der Sprache*, welche den von der Königl. Academie der Wissenschaften für das Jahr 1772 gesetzten Preis erhalten hat, in: *Werke*, Bd. V, S. 1-158: S. 34f.

特性就已经包含着一种特殊的形式要素，这种形式要素，如果充分发展的话，就表现为语词和语言的形式。因此，语言——尽管赫尔德继续谈论着语言的“发明”——对他而言从来都不是单纯的**制成品**（Gemachtes），而是一个从内部发展起来的必然**生成品**（Gewordenes）。感性感觉的世界借助于意识才形成一个**直观**的世界，语言是意识本身的综合性结构（Aufbau）中的一个因素，因此，语言不是生产出来的物品（Sache），而是精神创造、形成的一种方式和规定性。

在其之下理解语言的那种一般形式概念因此也经历了一种决定性的转变。赫尔德的获奖著作恰恰就位于从支配着启蒙哲学的那种古老的理性主义“反思形式”概念向浪漫派的“有机形式”概念过渡的边界上。这个新概念通过**弗里德里希·施莱格尔**（Friedrich Schlegel）的著作《论印第安人的语言和智慧》首次被明确地引入语言研究中了。如果人们在把语言称为有机体这种做法中看到的只是一个图像、一个诗意的隐喻，那么人们并没有公正对待这种见解的更深刻的动机。尽管在今天这一做法对我们而言是非常苍白空洞的，但是对弗里德里希·施莱格尔和他的时代来说，这一做法非常富有内容且具体地指明了语言在精神存在整体中的地位。因为有机体概念——正如浪漫派对待它的那样——并不是用来指称一个个别自然**事实**的，也不是用来指称一个特殊的、孤立的对象性现象领域的，语言现象无疑只能非常间接地、不精确地与这些现象比较。在这里，这个概念不是被视为一种特殊种类**现象**的表达，而是被视为一种一般性的思辨**原则**的表达——这种原则表明了浪漫派思辨的最终目标和体系的统一点。有机体问题成了浪漫派总是看到自己一再从不同的问题领域被带回去的那个精神中心。在这里，歌德的形态学、康德的批判哲学以及谢林的自然哲学和“先验唯心论体系”的第一草稿似乎都汇聚到了这一点。在《判断力批判》中，这个问题看起来已经是真正的“中项”，康德体系两个部分之间的二元论对立通过这个“中项”和解了。自然和自由、实然和应然一开始不仅表现为分离开的，而且是彼此对立的，现在通

97

过这个中间环节彼此联系起来了——而且一种新的内容在这种联系中向它们二者展现出来了。① 如果说康德首先在**方法论**上理解这一内容，如果说他在批判的-先验的意义上把这两个极端本质上规定为研究和解释现象世界整体的"视角"（Gesichtspunkte），那么，对谢林来说，有机体这个基本概念就变成了一种全面的思辨的阐释世界的工具。像自然和自由一样，自然和艺术也在有机体观念中结合起来了。看起来把自然的无意识的生成与精神的有意识的创造分离开来的那道鸿沟在这里消失了——在这里有关其自身本性的真正统一性的想法第一次被人感受到了，直观与概念、形式与对象、理想与现实在这种统一性中最初是同一的。"因此，围绕着这个问题的独特光亮是一种仅仅关注**区分**的单纯反思哲学从来不能发展出的光亮，而纯粹直观或者毋宁说创造性的想象力早就发明了符号语言，为了发现下面这一点——我们越少地反思自然，自然向我们说的就越好理解——我们只需要解释这种符号语言。"②

有机体观念对于浪漫派哲学有着系统性的整体含义，只有从这种系统性的整体含义中才能发现，它在何种意义上对于语言研究是富有成果的。语言研究到目前为止总是在围绕着一个巨大的对立打转，这个巨大的对立在这里再一次非常明确地表现出来了，但是在它们之间、在"意识到的东西"与"未意识到的东西"、"主观性"与"客观性"、"个体性"与"一般性"之间现在似乎出现了一个新的中介。对有机生命的解释来说，"个体形式"概念已经被莱布尼茨创造出来了——这个概念通过赫尔德扩展到了精神性定在的整个范围，从自然扩展到历史、从历史扩展到艺术和对艺术种类及艺术风格的具体研究上。在这里总是在寻找一种"一般性的东西"，但是，这种一般性的 *98*

① [Kant, z. B. *Kritik der Urteilskraft*, S. 245 u. 265 (Akad.-Ausg. V, 177 u. 196). Zum Begriff »medius terminus« bzw. »terminus medius« s. ders., z. B. *Die falsche Spitzfindigkeit*, S. 52 (Akad.-Ausg. II, 48).]

② Friedrich Wilhelm Joseph Schelling, *Ideen zu einer Philosophie der Natur als Einleitung in das Studium dieser Wissenschaft* (1797), in: *Sämmtliche Werke*, Stuttgart/Augsburg 1856 ff., Abt. 1, Bd. II, S. 1-343: S. 47.

东西不是被理解为一种自在存在者、一种与个别东西相对立的类的抽象单一性，而是被理解为一种仅仅表现在诸差别的全体性中的单一性。它们所表达出来的这种全体性和法则、这种内在关联，现在表现为真正的普遍者。对语言哲学而言，这种新的普遍性概念，既意味着放弃在个别语言的杂多性和历史偶然性背后发现一种基本的原初的一般语言结构，也意味着不再从特殊中抽象出来，而是在这些差别的**整体性**中寻找语言“本质”的真正普遍性。有机形式观念与整体性观念的这种联结指明了一条道路，威廉·冯·洪堡在这条道路上获得了他的哲学世界观，这种哲学世界观同时包含着语言哲学的一种新奠基。①

五、威廉·冯·洪堡

从很早开始，语言研究就已经成为威廉·冯·洪堡整个精神兴趣和努力的中心。“从根本上说，”他在 1805 年给沃尔夫的信中就已经写道，“我们追求的一切就是［……］语言研究。我相信我已经发现了把语言作为一种工具使用的艺术，用它来探寻整个世界的崇高、深邃和杂多性。”② 洪堡在大量研究语言科学和语言史的专著中运用了这一艺术，直至他在论卡维语的大部头的导论中对该艺术做出了最后的也是最才华横溢的检验。事实上，洪堡并没有在其语言哲学和语言科学著作的各个部分都充分意识到他对这一艺术的天才般的运用。他的著作作为精神的创造物常常超出他本人以明确清晰的概念说出的内容。但是，即使是洪堡的有些经常受到人们批判的概念上的模糊性也

① 下述对洪堡语言哲学的描述部分地建立在我之前论文的基础上，其题目是《洪堡语言哲学中的康德要素》(*Die Kantischen Elemente in Wilhelm von Humboldts Sprachphilosophie*)，该文首次出现在保尔·亨泽尔（Paul Hensel）六十大寿纪念文集（*Festschrift für Paul Hensel*-Erlangen，hrsg. v. Julius Binder，Greiz i. Vogtl. 1923，S. 105–127）中。

② ［Wilhelm von Humboldt，*Brief an F. A. Wolf vom 16. Juni 1804*，in：*Gesammelte Werke*，Bd. V，Berlin 1846，S. 264–267：S. 266f.］

总是包含着一种生产性的内容——这些内容其实大多不能被限制在一个简单的公式、一个抽象的定义中，而是只有在洪堡具体语言观的整体中才证明是有用的和有效果的。

因此，在每一次**描述**洪堡的诸基本思想时都必然要围绕着确定的体系中心对这些思想的整体加以分类——即使他本人并没有指明和强调这个中心本身。洪堡虽然从根本上说是一个彻底的体系思想家，但是他反对每一种单纯外在的体系化技术。因此看起来，在他努力把他的**整个**语言观在他研究的每一个个别的细节中都呈现在我们面前时，他反对对这个整体做任何明确清晰的**划分**（Sonderung）。他的各个概念从来不是逻辑分析之孤立的和纯粹的产物，而它们中总是带有一种审美的情感音调、一种艺术的情绪，这些东西让他的描述活了起来，但是同时也掩盖了他的思想的勾连关系（Artikulation）和结构（Gliederbau）。如果人们试图揭示这一结构，那么人们就会首先看到三个重要的原则性对立，它们决定了洪堡的思维，他希望在语言研究中为这些对立找到一种批判的平衡和一种思辨的和解。

对洪堡来说，在语言的形成中直接表现出来的首先是个体精神与“客观”精神之间的分离以及这种分离的重新扬弃。每一个个体都说着他自己的语言——而且正是在他运用语言的自由中他意识到了一种内在的精神纽带。因此，语言总是一种中间人，它同时而且通过同一个行动使——首先是无限自然与有限自然之间的，然后是一个个体与另一个个体之间的——结合（Vereinigung）得以可能，同时从这个行动中产生出了结合。

> 人们必须完全摆脱如下观念，即它能够与它所指称的东西分离开，例如，就像一个人的名字能够与他的人格分离开一样，它像一个商定的密码一样是反思和同意的产物，或者一般而言是人的（就像人们在经验中对这个概念的理解那样）或者甚至是单个人的作品。作为一个真正的、无法说明的奇迹，它从一个民族的口中喷薄而出，而且作为一个完全值得震惊的、一个尽管每天都在我们中间重复但又被冷漠地忽视的奇迹，从每一个儿童的牙牙

> 学语中产生出来［……］它作为最明显的痕迹和最可靠的证据证明了，人并不拥有一个**自在地**就分离开的个体性，**我**与**你**并不是单纯互相补充的概念，而是——如果人们能够退回到那个分离开的点——真正同一的概念；同时证明了，在这个意义上，从软弱的、需要帮助的和体弱的个体直到人类的远古部落，存在着各种个体性的领域，因为否则的话，一切理解都将是永远不可能的。①

100

因此，在这个意义上，一个**民族**也是人类的一种精神形式，其特征是由一种确定的语言规定的，是联系着理性的总体而被个体化的。

> 个体性（Die Individualität）破碎了，但是是以一种如此神奇的方式破碎的，它恰恰通过分裂唤醒了统一性的感觉，其实它表现为统一性的一种工具，而且至少在观念中产生了这种统一性。［……］因为内心深处在追寻那种单一性和全体性，人（der Mensch）想要超出他的个体性分离开的局限，但是因为——就像巨人只有接触大地母亲才能获得力量一样——他只有在自己的个体性中才拥有力量，他必须在这种更高的努力中提高他的个体性。［……］因此，他在一种本身不可能的努力中完成了持续的进步。在这里，语言以一种真正惊奇的方式帮助了他，语言在个别化，也在联结，在最为个体性的表达的掩盖下包含着一般理解的可能性。［……］单个人（Der Einzelne）不论何时何地如何生活，都是其整个族群撕下的一个断片，语言证明了也维持了这个永恒的、支配着单个人命运和世界历史的关联。②

康德和谢林的某些环节奇怪地混入了洪堡语言哲学的这一最初的

---

① ［a. a. O., *Ankündigung einer Schrift über die Vaskische Sprache und Nation, nebst Angabe des Gesichtspunctes und Inhalts derselben*, in: *Werke*, Bd. III, S. 288–299: S. 296f.］

② a. a. O., *Ueber die Verschiedenheiten des menschlichen Sprachbaues* ［*Vorstudie zur Einleitung zum Kawiwerk*］, in: *Werke*, Bd. VI/1, Berlin 1907, S. 111–303: S. 125f.

形而上学开端之中。在批判分析知识能力的基础上，洪堡试图达到这样一个点，在这里，主观性与客观性、个体性与一般性之间的对立纯粹冷漠地扬弃了自身。但是他在指出这一最后统一性时所采取的方法并不是理智直观的方法，理智直观的方法应该把我们直接提升到“有限的”分析的-推论的概念的一切局限之上。正如康德作为知识批判家一样，洪堡作为语言批判家也处在“经验的肥沃**深渊**（Bathos）”之中。① 他一再强调，语言研究尽管注定会引向人性的最深处，但是为了不至于变成空想的，还是必须要从语言中完全干巴巴的甚至是对其物理方面（Körperlichen）的机械分解（Zergliederung）开始。因为，一切真理知识的可能性都建立在世界与人之间那种原初的一致之上，因此，我们在对特殊对象的一切研究中事实上都必须以那种一致为前提，把它作为一般性的假设，对我们而言，这种一致只能够通过**现象**一点一滴逐步重新获得。在这个意义上，客观的东西并不是给定的，它总是真正要赢得的东西。② 洪堡以这种规定从康德的批判学说中引出了语言哲学的结论。主观性与客观性之间纯粹的、先验的相互关系（Korrelation）取代了它们之间的形而上学的对立（Gegensatz）。正像在康德那里对象作为“现象中的对象”③，不是作为一种外部的、彼岸的东西与知识相对立，而是通过知识自身的范畴才“得以可能”——语言的主观性现在也不再表现为把我们与理解对象性存在分离开的单纯限制，而是表现为赋形（Formung）的工具、把感性印象“客观化”的工具。像知识一样，语言也不是来自作为给定东西的客体，不是仅仅“复制”客体，而是包含着一种精神性的理解方式

101

① [Immanuel Kant, *Prolegomena zu einer jeden künftigen Metaphysik, die als Wissenschaft wird auftreten können*, in: *Werke*, Bd. IV, hrsg. v. Artur Buchenau u. Ernst Cassirer, Berlin 1913, S. 1–139: S. 129, Anm. (Akad.-Ausg. IV, 373, Anm.).]

② Wilhelm von Humboldt, *Ueber das vergleichende Sprachstudium in Beziehung auf die verschiedenen Epochen der Sprachentwicklung*, in: *Werke*, Bd. IV, Berlin 1905, S. 1–34: S. 27f.

③ [Immanuel Kant, *Die Metaphysik der Sitten in zwei Teilen*, in: *Werke*, Bd. VII, hrsg. v. Benzion Kellermann, Berlin 1916, S. 1–309: S. 179 (Akad.-Ausg. VI, 371).]

(Auffassungsweise)，这种理解方式是作为决定性的要素进入我们对客观东西的**表象**中的。因为幼稚的-实在论的观点总是生活在、活动在、行动在客观东西中，它极少关注这种主观性；主观性不是偶然地、变化无常地或任意地而是按照内部的法则来改造客观东西，以至于表面上的客体本身只是变成了主观的理解，而这种理解完全有理由主张普遍的有效性，幼稚的-实在论的观点很难理解这样的主观性。幼稚的-实在论的观点始终指向**物品**（Sachen)，对这种观点而言，语言的多样性只是声音的多样性，声音单纯地被视为接触到物的工具。但是，正是这种事物性的-实在论的观点阻碍了语言知识的扩展，并且使得这种知识事实上死亡且没有成果了。① 语言的真正**理想性**根植于其**主观性**中。因此，如果人们想要用普遍有效的记号——就像数学在线条、数字和代数运算中所拥有的那些记号一样——替换不同语言的语词，那么，这是一个徒劳的尝试，也始终是一个这样的尝试。因为这样所能穷尽的只是大量可以被思维的东西中的很少一部分，只能够指称那些由纯粹理性建构形成的概念。但是，内知觉和内感觉的材料只有通过人的个体表象能力才能被打上概念的标签，人的表象能力与他的语言是不可分割的。"语词把概念变成了思想世界的一个个体，为概念增加了它自身的含义，在定义概念时，语词同时把它限定在特定的界限内。[……] 通过思维与语词的相互依赖性，下面这一点变得很清楚了，语言并不是表现已经得到承认的真理的真正工具，而更多地是发现它并不知道的真理的工具。它们的差别并不是声音和记号的差别，而是世界观本身的差别。"② 对洪堡来说，这里包含着一切语言研究的基础和最终目的。历史地说，这里表现出了一个引人注意的过程，它再一次教导我们，真正富有成果的哲学基本思想持续地证明自己如何也超出了它的最初创立者对它的直接理解（Fassung)。因为在这里，通过康德和赫尔德的中介，洪堡从莱布尼茨的严格逻辑学的语言观退回到了根植于莱布尼茨学说的一般**原理**中的那种更深刻

102

① Humboldt, *Ueber die Verschiedenheiten des menschlichen Sprachbaues*, S. 119.

② [a. a. O., *Ueber das vergleichende Sprachstudium*, S. 23 u. 27.]

的、更全面的、普遍-唯心论的见解中。对莱布尼茨来说，宇宙只有在单子的反映中才是给定的，正如每一个单子都在一个个体性的“观点”之下表现了现象（Phänomene）的整体——恰恰是这些视角性观点的整体以及它们之间的和谐构成了我们称为现象（Erscheinungen）的客观性、现象世界的现实性（wirklichkeit der phänomenalen welt）的东西，因此，在这里每一种个别的语言也变成了这样的单个世界观，只有这种世界观的整体性才构成了我们可以达到的客观性的概念。很显然，语言一方面对可以认识的东西而言是主观的，另一方面对作为经验的-心理学的主体的人而言又是客观的。因为每一种语言都是人的一般天性的一个确认：“**整个**人类的主体性本身又变成了某种客观的东西。”①

103 客观性并不是简单给定的和要被描述的，而是需要通过一个精神性赋形才能**达到**的，这种见解表明了洪堡语言研究的第二个基本要素。每一种语言研究必然是“从起源上”开展的：并不是在其时间性的起源上追溯它，尝试从确定的经验的-心理学的“原因”中解释其转变，而是我们必须把语言完成的结构视为一种派生性的、中介过的东西，只有当我们能够从其因素中把它建构起来并规定这些因素的种类和方向时，才能够理解这种派生性的、中介过的东西。语言分割为语词和规则始终只是科学剖析的一件僵死的拙劣作品（Machwerk Wissenschaftlicher Zergliederung）——因为语言的本质从来不是以抽象和分析所提取出来的那些环节为基础的，而是仅仅以精神的永恒自我重复的工作为基础的，精神的这种工作把发音清楚的（artikuli-erte）声音变成思想的表达。这种工作在每一种特殊的语言中都开始于一个特定的中心点，并从这个中心点向着不同的方向扩展——这些产物的杂多性最后不仅没有结合为一个产物的事实统一性（sachliche

① a. a. O.，*Ueber das vergleichende Sprachstudium*，S. 21 ff. ［Zitat：S. 27］；尤其参见：a. a. O.，*Grundzüge des allgemeinen Sprachtypus*，in：*Werke*，Bd. V，Berlin 1906，S. 364-475：S. 386ff. 以及 *Ueber die Verschiedenheit des menschlichen Sprachbaues und ihren Einfluss*，S. 59 ff.。

Einheit)，反而结合成一个本身就合乎法则的行为的理想统一性。正如只有在活动中才能思考精神的定在而且它只能被思考为活动，这一点也适用于只有通过精神才能得到理解和可能存在的每一种特殊定在。因此，我们称为语言本质和形式的，只不过是持存的、一致的环节，我们不能在一个事物中证实这种持存的、一致的环节，而是只能在精神把发音清楚的声音提升为思想表达的工作中证实它。[①] 即使看起来能够作为语言的真正实体性持存的，即使是从句子的关联中分离出来的简单语词，也不是像一个实体一样传递某种已经产生出来的东西，也不包含一个已经封闭的概念，而是单纯地刺激我们靠着独立的力量以确定的方式形成这个概念。

> 人并不是由于依赖事物的记号，也不是通过规定对方产生出完全相同的概念而理解彼此的，而是因为他们触及了对方的感性表象和内在概念活动链条上的相同环节，击中了他们精神乐器的相同按键才理解彼此的，这个按键在他们那里弹出的是对应的而不是相同的概念。[……] 如果 [……] 感性表象和内在概念活动链条中的一个环节、精神乐器中的一个按键是以这种方式被触动的，那么，整个链条和乐器都被震动了，从灵魂中跳出的概念就与围绕着单个环节或按键周围的一切处于和谐之中，即使它的距离是最远的。[②]

104

因此，在这里赋予客观性稳固的支撑和保证的是语言语词和概念语词的无限多样的产物中的和谐，而非在这种和谐中形成的定在的简单性。因此，从根本上说，语言意义的真正载体从来都不是个别语词，而是语句：因为所有的言说和所有的理解最终都以综合为基础，而**综合**的原初力量在语句中才显现出来。这一总体观点在洪堡的下述著名

---

① a. a. O., *Ueber die Verschiedenheit des menschlichen Sprachbaues und ihren Einfluss*, S. 46f.

② a. a. O., *Ueber die Verschiedenheit des menschlichen Sprachbaues und ihren Einfluss*, S. 169f. (参见：威廉·冯·洪堡特. 论人类语言结构的差异及其对人类精神发展的影响. 姚小平，译. 北京：商务印书馆，1999：201-202。——中译者注)

描述中获得了最简洁明确的表达，语言不是一件作品（Werk / Ergon），而是一种活动（Tätigkeit / Energeia），因此，其真正的定义始终只能是一种起源上的定义。直接地、严格地来看，这确实是每一种言说的定义：但是在真正的、本质性的意义上，人们似乎只能把这种言说的整体视为语言“本身”（»die«Sprache），人们只能把功能及其各方面的、由特定法则支配的应用视为构成其实体性、其观念性持存的东西。①

在**综合**的概念中同时又触及了洪堡在其之下研究语言的第三对重要的对立。这一对立，亦即**质料**与**形式**的区分支配着洪堡的整个观点，也根植于康德的思想范围。对康德而言，形式是一种单纯的关系表达，但正是由于这一点，我们关于现象（Erscheinungen）的所有认知最后都化为时空关系的认知，形式又构成了知识的真正客观化的原理。形式的统一性作为连接（Verknüpfung）的统一性构成了对象统一性的根据。杂多性的**联结**（Verbindung）绝不可能通过感官而进到我们里面，相反它总是一种“表象力的自发性行动”。因此，任何我们没有事先联结起来的东西，都不能表象为在客体中被联结了的，而且在一切表象之中，联结是唯一一个不能通过客体给予而只能由主体自己去完成的表象。② 105 这一联结的形式根植于先验主体及其自发性之中，而又因为是必然的和普遍有效的，所以是严格“客观的”。为了表明这一联结形式的特征，康德本人诉诸判断的统一性，从而也间接地诉诸**语句**（Satz）的统一性。对他来说，判断只不过是把给定的知识带给统觉之客观统一性的方式；但是在语言上，这种统一性表达在判断的**系词**（Kopula）里，表达在把主语和谓词联结起来的关系词“是”里。正是通过这个“是”，判断稳固的、持久的**持存**才被设定，正是通过这个“是”才表达了这里讨论的是诸表象的一种相互

① a. a. O., *Ueber die Verschiedenheit des menschlichen Sprachbaues und ihren Einfluss*, S. 46.

② Kant, *Kritik der reinen Vernunft*; *Transzendentale Deduktion der reinen Verstandesbegriffe* (§ 15), S. 113f. [B 129ff.] [Zitat S. 113 (B 130).]

从属（Zusammengehören），而不是诸表象按照偶然的心理联想的单纯并存（Zusammensein）。[①] 洪堡的形式概念从在这里谈论到的一种个别的语言规定扩展到了语言的整体。在每一种完善的、充分形成的语言中，一种固有的努力和固有的形式规定必然会附加到用确定的物质特征来指称一个概念的活动，即必然会把概念置于一个确定的思维范畴中，例如把它描述为实体、属性或行动。把概念置于一个确定的**思维范畴**中是“语言自我意识的一种新的行动，通过这种行动，个别的情况、单个的语词与语言或话语的整个可能情况联结起来了。以最大的纯粹性和深刻性完成的这一操作是与语言本身稳固地联结在一起的，正是通过这一操作，下面两种行为——一种是独立的、从思维中产生出来的语言行为，一种是从外部印象中得来的纯粹感受性的行为——才彻底地融合和关联起来”[②]。在这里，质料与形式、接受性与自发性——像上面提到的“个体”与“一般”、“主观”与“客观”的对立一样——也不是分裂开的碎块，这样的碎块不能聚合出语言过程，而必然是这一原发性过程本身中相互结合在一起的要素，这些要素只有在我们的分析中才能彼此分隔开来。洪堡与康德一样主张形式先于质料的优先性，他发现这种优先性在变形语言中表现得最纯粹、最明确，这种优先性因此也被他理解为效用的优先性，而不是被理解为经验的-时间性的定在的优先性，因为在每一种语言的**定在**中，也是在所谓的“孤立性”（isolierenden）语言中，这两种规定——形式规定和质料规定——必然是彼此一起被设定的，而不是离开其中一个设定了另一个，也不是先于其中一个设定了另一个。[③] 以上这些所描

106

① Kant, *Kritik der reinen Vernunft*; *Transzendentale Deduktion der reinen Verstandesbegriffe*（§19），S. 120f.［B 141f.］

② Humboldt, *Ueber die Verschiedenheit des menschlichen Sprachbaues und ihren Einfluss*, S. 109.（参见：威廉·冯·洪堡特．论人类语言结构的差异及其对人类精神发展的影响．姚小平，译．北京：商务印书馆，1999：130。——中译者注）

③ 洪堡对汉语的评论，参见：*Lettre à Monsieur Abel-Remusat, sur la nature des formes grammaticales en general, et sur le genie de la langue Chinoise en particulier*, in: *Werke*, Bd. V, Berlin 1906, S. 254-308；洪堡对汉语语法结构的评论，参见：a. a. O.，S. 309-324。

述的只是洪堡语言观的外部轮廓以及似乎是其理智框架。让这种观点变得重要和富有成果的是洪堡在语言研究中填充这一框架的方式，是他持续地从现象过渡到观念再从观念过渡到现象的双重方向。先验方法的基本思想：康德参照数学和数学物理学所表明的那种哲学与科学的普遍联系现在在一个全新的领域中得到了确认。关于语言的新的基本哲学见解要求一种新形态的语言科学，而且使这种新形态得以可能。**波普**（Bopp）在其关于语言的整体观点中总是回溯到洪堡——他1833年的《比较语法》开门见山就以洪堡的“语言有机体”概念为出发点，用这一概念来一般性地规定语言比较这门新科学的任务。[①]

六、奥古斯特·施莱歇尔与朝向“自然科学”语言观的进展

随着从思辨的语言研究领域进入经验研究的范围内，可以感受到“有机体”概念恰恰由于自身的宽泛性而具有了不确定性和歧义性，这有把它变得不适用于具体任务的危险。如果说哲学思辨在这一概念中曾经看到的是彼此对立的两极之间的一种中介，那么它似乎因此就带有了这两个极端的某些本性。如果问题不在于为一种一般的语言**形而上学**奠基而在于为语言的特殊**方法论**奠基，那么这一似乎闪烁着各种色彩的概念就不能继续使用了吗？如果需要决定语言的法则就其方法论的基本特征而言是应该被称为自然科学的法则还是被称为历史的法则，如果要确定物理因素和精神因素在语言形成中的作用大小及其相互关系，如果最后需要确定的是有意识的过程和无意识的过程在语言形成中共同发挥了多大的作用，那么，“语言有机体”

107

① “我在这本书中打算对书名中提到的那些语言有机体进行比较描述，研究它们的物理的、机械的规律，研究指明语法关系的那些形式的起源。”Franz Bopp，*Vergleichende Grammatik des Sanskrit*，*Zend*，*Griechischen*，*Lateinischen*，*Litthauischen*，*Gothischen und Deutschen*. Erste Abtheilung，enthaltend die Laut-Lehre，Wurzelvergleichung und Casus-Bildung，Berlin 1833，S. 1.

的单纯概念对于回答这些问题似乎必然还是不充分的。因为恰恰是它所占据的“自然”与“精神”、无意识的作用与有意识的创造**之间**的中间位置——也可以说是摇摆位置——使得它似乎有可能一会儿被这种视角、一会儿被另一种视角牵引。只需要一次轻轻的移动就能让它远离它所保持的微妙平衡，并且由于移动的方向而赋予它一种改变了的内容和一种改变了的、其实是对立的方法论含义。

19 世纪语言科学的历史事实上具体地展示了这个过程，我们在这里以一般性的、图式化的方式解释了这个过程。语言科学在这里经历了与历史科学和人文科学体系一般在同一时期经历的相同转变。“有机者”概念保持了其中心地位；但是自从与浪漫派哲学的发展概念相对立的现代自然科学的生物学发展概念出现以来，其意义和趋势经历了一次彻底的转折。在研究生命现象时，随着思辨的有机形式概念越来越多地被纯粹自然科学的有机形式概念取代，这一点直接地影响到了对语言现象的研究。这一精神转折过程最明确、最清晰地表现在**奥古斯特·施莱歇尔**（August Schleicher）的科学发展中。因为施莱歇尔在理解语言和语言史的时候不仅一般性地从黑格尔走向达尔文，而且还经历了这两种观点之间所有的中间阶段。因此，在他那里我们不仅能够看到开头和结尾，而且还能够 *108* 看到这个过程的各个阶段，正是借助于这些阶段，思辨的语言研究过渡到了纯粹经验的研究，语言**法则**概念也在这些阶段中逐步获得了完全明确的内容。

在其第一部重要著作《语言比较研究》（1848）中，施莱歇尔的出发点是，语言作为精神生活的声音上环环相扣的（artikuliert）表达，其真正本质要在**含义**（Bedeutung）表达与**联系**（Beziehung）表达彼此之间的关系（Verhältnis）中寻找。通过每一种语言表达含义和联系的方式方法，这种语言的特征被刻画出来了——在这两个要素之外，形成语言本质的任何第三个环节都是不可想象的。以这一前提为基础，语言被分为孤立性（单音节的）语言、黏着性语言和变形语言三大主要类别①。含义是物质性的东西，是词根；联系是形式性的东西，是词根上的变化。这两个要素都必须作为必要的构成性的东西包含在语言中；但是尽管每一个都不能完全缺失，这二者彼此之间的**关系**还是可以有非常大的区别，这种关系可以是一种单纯内在的关系，或是一种或多或少外在的关系。孤立性语言在声音上仅仅表达含义，联系是由声音语词的位置和重音表达的：黏着性语言虽然在含义声音之外还有真正的联系声音，但是这二者只是外在地互相联结起来的，因为联系的指称只是纯粹质料性地、表面地附加到了词根上，词根并没有经历内部的改变。在变形语言（Flexionssprachen）中，这两个基本环节才表现为不仅是互相并存的，而且是真正结合和彼此渗透的。第一种语言的特点在于联系与含义之间有一种无差异的同一性，在于纯粹的联系观点；第二种语言的特点在于联系的声音与含义的声音之间的分化，因此联系在一种分离开的声音定在之中自为地凸显出来了；第三种语言的特点在于那种差异的扬弃，那种差异被结合在一起：返回到了统一性，但是返回到的是一种无限高级的统一性，因为它从差异中生长出来，把这种差异作为自身的前提，并把它作为扬弃了的差异包含在自身之中。如果说到目前为止，施莱歇尔都是严格遵循黑格尔的辩证法图式的——这种图式既支配着作为整体的语言的本质规定，也支配着对语言内部分节（Gliederung）的理解，那么，甚至在《语言比较研究》本身中，这种辩证分类的尝试又直接让 *109*

---

① 孤立性语言（die isolierenden Sprachen）、黏着性语言（die agglutinierenden Sprachen）和变形语言（die flektierenden Sprachen）是语言学术语。在孤立性语言中，语词缺乏形态变化，主要通过复合法构词，词序和虚词是主要的语法手段，汉语经常被视为该类语言，参见本书德文版第 276 页的讨论。黏着性语言的特点是，通过在词根的前中后粘贴不同的词尾来实现语法功能，语法意义主要由加在词根的词缀来表示，词缀分为前缀、中缀、后缀。日语、土耳其语、蒙古语、朝鲜语、匈牙利语属于黏着性语言。变形语言使用语词的形态变化来表示语法关系，在涉及时态（现在时、过去时、完成时等）、情态、性（德语的阳性、阴性、中性）、数（单数、复数）、格（第一、二、三、四格）时会通过在词干上增加或改变前缀、后缀而变化。英语、德语等印度-日耳曼语系都属于这一类。此外，本书中还提到“多词综合”语言（die »polysynthetischen« Sprachen），其特点是把多个词素综合成一个单词。印第安语、爱斯基摩语、切罗基语属于这一类。卡西尔本人反对这种僵化的区分。——中译者注

位于**自然科学**分类（eine naturwissenschaftliche Klassifikation）的尝试。语言研究的体系性部分——施莱歇尔明确强调道——与自然科学有着一种毋庸置疑的相似性。一个语言家族的整个习性，像一个植物家族或一个动物家族的习性一样，可以归结为确定的观点。“正像在植物学中，确定的标志——种芽、花的属性——证明自己相对于其他标志更适合于作为分类的基础（Einteilungsgrund），这恰恰是因为这些标记往往与其他标记是一致的，因此，在一个语言族群例如像闪米特语、印度-日耳曼语中对诸语言分类时，**声音法则**似乎承担起了这种作用。”① 但是，他的研究现在首先采取的其实不是这种经验的道路，而是纯粹思辨的方向。单音节的语言因为语词完全没有分节（Gliederung），类似于简单的晶体，它看起来与作为严格统一体的节节相扣的（gegliederte）更高级的有机体是对立的；黏着性语言被划分为了部分，但是这些部分还没有融合为一个真正的整体，对应于有机体王国里的植物，而在变形语言这里，语词是部分的杂多性之中的统一性，它对应于动物有机体。② 对施莱歇尔而言，这并不是单纯的类比，而是一种有至高含义的客观规定，正如这一规定出自语言本身的本质一样，它也决定了语言科学的**方法论**。如果语言是自然存在物（Naturwesen），那么规定了语言发展的那些法则也必定不是历史的法则，而是自然科学的法则。事实上，历史过程与语言形成过程不论在内容上还是在时间上都是完全不同的。历史与语言形成并不是人类精神的两种相伴而行的能力，而是两种互相分离的能力。因为历史是具有自我意识的意志的作品，而语言是无意识的必然性的作品。如果说在历史中表现的是赋予自身真正现实性的自由，那么语言就属于人的不自由的、自然的方面。“语言无疑也表现了一种**生成**，这种生成在语词的更宽泛的意义上也可以称为历史：诸要素的相继出现，但是

---

① [August Schleicher, *Zur vergleichenden Sprachengeschichte* (Sprachvergleichende Untersuchungen, Bd. I), Bonn 1848, S. 28.]

② 尤其参见 August Schleicher, *Zur vergleichenden Sprachengeschichte* (Sprachvergleichende Untersuchungen, Bd. I), Bonn 1848, S. 7 ff.; a. a. O., *Die Sprachen Europas in systematischer Uebersicht* (Linguistische Untersuchungen, Bd. II), Bonn 1850, S. 5ff.。

这种生成并不是自由的精神领域的典型标志，以至于这种生成恰恰最清晰地出现在自然之中［……］”一旦历史开始，精神就不再制造声音，而是与声音相对，把它作为自己的工具，语言就不能再进一步发展，相反，它在越来越多地打磨自己。因此，语言的形成先于历史，而语言的衰落开始于历史时间之中。[①] *110*

因此，自然对于世界精神意味着什么，语言对于人的精神也意味着什么：意味着其异在存在（Anderssein）的状态。“它与历史的一致性开始于它的精神化，从此以后，它逐步丧失了自己的形体、自己的形式。因此，语言研究的自然科学部分而非历史部分才是系统性的部分。”[②] 如果说**语文学家**——他们只是把语言作为进入人的精神本质和生活的工具——面对的只是历史，那么与此相反，语言学的对象就是语言，语言的特征是单个人的意志无法规定的，就好比，举例来说，夜莺不可能与百灵鸟交换它们的歌曲一样。“相比于人的肉体属性，人的自由意志不能更多地以有机的方式改变的那些部分并不属于自由精神的领域，而是属于自然的领域。相应地，语言学的方法也都与所有人文科学的方法完全不同，而且本质上与其他自然科学的方法类似。［……］像自然科学一样，它的任务也是研究一个领域，在这个领域里发现了人的意志和任性都无能为力、无法改变的自然法则。”[③]

人们看到，从这里出发只需要一步就可以把语言研究完全变成自然研究，把语言法则变成纯粹的自然法则——施莱歇尔25年之后在他的《达尔文理论与语言科学》中已经迈出了这一步。这部著作采取的形式是“致恩斯特·海克尔的一封公开信”，在这部著作中，“自然”与“精神”之间的**对立**被作为过时的而丢弃了，而这一对立到目前为止一直支配着施莱歇尔对语言以及语言在科学体系中的地位的理

① 参见 August Schleicher，*Zur vergleichenden Sprachengeschichte*（Sprachvergleichende Untersuchungen，Bd. I），Bonn 1848，S. 10 ff.［Zitat Anm. S. 11］；尤其参见：a. a. O.，*Zur vergleichenden Sprachengeschichte*，S. 16 ff.。

② ［参见上书，S. 28f.。］

③ a. a. O.，*Die Sprachen Europas*，S. 2f.；尤其参见：S. 21 ff.，以及 a. a. O.，*Zur vergleichenden Sprachengeschichte*，S. 24 ff.。

111　解。施莱歇尔坚信，现代的思维方向“无疑是朝向一元论的”。① 他说，人们现在把二元论理解为精神与自然、内容与形式、本质与现象之间的对立，对自然科学的观点而言，二元论是一个被完全制服了的观点，不存在没有精神的物质，也不存在没有物质的精神：或者毋宁说，不存在通常意义上的精神和物质，而只存在一个同时是这二者的东西。语言科学由此得出了那个简单的结论，即它也必须放弃自身法则的任何特殊立场。达尔文证明进化论适用于各个种类的动物和植物，它也必然同等适用于语言有机体。一个族群的各种语言对应于一个类的各个种，一种语言的方言和土话对应于一个种的亚种，次生土话或共生土话对应于异种或变种，最后，说着某种语言的单个人的说话方式对应于单个的个体。下面这一点在语言领域里同样适用，即各个种是通过逐步的分化产生出来的，更发达的有机体在生存斗争中保存了下来。这似乎证明了达尔文的思想在远超出其最初领域的地方同样正确，而且似乎证明了他的思想是自然科学和人文科学的真正基础。②

如此一来，从方法论上来看，我们位于与施莱歇尔的原初出发点最远的对立面上了。所有先天地建构起来的东西——他现在明确表明——在最好的情况下都是一种巧妙的游戏，但是对科学而言是没有价值的破烂货。一旦人们认识到“观察［……］是当前认知的基础”③，一旦经验论被赋予了不受限制的权利，那么就可以得出如下结论，正像每一种辩证的自然哲学都消失了一样，到目前为止语言哲学也消失了：它属于思维的一个过去了的阶段，我们不仅超出了其解答，也超出了其问题。

---

① ［a. a. O., *Die Darwinsche Theorie und die Sprachwissenschaft. Offenes Sendschreiben an Herrn Dr. Ernst Häckel, a. o. Professor der Zoologie und Director des zoologischen Museums an der Universität Jena*, Weimar² 1873，S. 8.］

② a. a. O., *Die Darwinsche Theorie und die Sprachwissenschaft. Offenes Sendschreiben an Herrn Dr. Ernst Häckel, a. o. Professor der Zoologie und Director des zoologischen Museums an der Universität Jena*, Weimar² 1873，S. 8.

③ ［同上书，S. 10。］

即使在他关于语言问题的最后措辞（Fassung）中，施莱歇尔本人确实也只是在一小部分上达到了他在这里提出的要求——不难发现，他在从黑格尔转向海克尔时只是用一种形式的形而上学代替了另一种形式的形而上学。真正进入实证主义的应许之地留给了新一代的研究者，他们并不试图以对现实的一种一元论或进化论的整体解释为出发点，而是试图理解语言科学的方法论问题的独特性，并试图把这一问题明确清楚地孤立出来（Isolierung）以理解和解决它。 112

七、现代语言科学的创立与“声音法则”问题

然而，这一限制并不意味着语言问题一下子就一方面摆脱了与历史科学的方法论问题的纠缠，另一方面摆脱了与自然科学的方法论问题的纠缠。尽管对实证主义而言，这一问题似乎一劳永逸地解决了，但是这一点之所以是不可能的，是因为实证主义即使在否认形而上学可能性的时候也是哲学。而且作为哲学，它不可能满足于特殊事实的杂多性或适用于事实的特殊法则的单纯多样性，而是必定会为这种多样性寻找一种统一性，而这种统一性只有在法则本身的**概念**中才可能找到。这一概念有一个统一的**含义**、这一含义在认知的不同领域中维持了一致性，这一点首先是被简单地假定的。但是，方法论的自我规定越是详尽，这一前提必然也越多地变成问题。我们谈论语言“法则”、历史“法则”和自然科学“法则”，我们假定它们在特定的逻辑结构上是共同的，但是，从方法论的立场上来看，法则概念在每一个个别领域内所获得的独特烙印和细微差别（Nuancierung）看起来比这种共同性更重要。如果科学的整体应该被视为真正体系性的整体，那么一方面在它们所有之中必然能够发现一种一般性的知识任务，另一方面也将表明，这一任务在每一门科学中都需要在确定的特殊条件下给出特殊的解答。法则概念在现代语言科学中的发展就是由这两种考虑决定的。如果人们从一般科学史和一般知识批判的立场上来追踪

这一概念的转变，那么在这里就以非常明显、典型的方式表明了，认知的个别领域如何在我们即使无法谈论它们互相直接影响的地方也在观念上是互为条件的。对**语言**法则的不同理解几乎无一例外地经历了

113 **自然法则**概念所经历过的那些不同阶段。而且在这里涉及的并不是一种外在的传导，而是一种深刻的共同性：时代的特定基本理智趋势在完全不同的问题域中的影响。

19世纪中叶支配着精密自然科学的原理学说在**赫尔姆霍茨**（Helmholtz）为其著作《论力的守恒》所写的导论中的那些著名语句中得到了最简明扼要的表达。当赫尔姆霍茨表明这一著作的任务是证明在自然中发生的一切都能够被还原为引力和斥力，其强度仅仅依赖于作用于它们之上的点的距离时，赫尔姆霍茨并不想要把这一命题作为单纯的**事实**提出来，而是想要从自然概念本身的形式中引出其有效性和必然性。自然界中的每一次变化都必定有一个充分的原因，在他看来，只有当一切事件（Geschehen）都还原为最终的原因，这一原则才真正满足了。这些最终的原因是按照一个绝对不变的法则起作用的，而且在相同的外部条件下每一次都能产生**相同的**结果。发现这些最终不变的原因在任何情况下都是理论自然科学的真正目的。“现在是否所有的过程（Vorgänge）都能还原为这些原因，自然是否必然是完全可以理解的，自然界中是否存在着一些变化是脱离必然因果性法则而落入自发性、自由的领域的，在这里还不是确定这些问题的地方；任何时候，下面这一点都是清楚的，即科学的目的是理解自然，必然假定自然是可以理解的，而且必然持续地在这一前提下做研究和得出结论，直到不可否认的事实迫使它承认该前提的局限。”[①] 如下假设——只有在覆盖了从“无机”现实领域到**有机**事件领域的机械原理的基础上能够完全解释清楚自然的时候，自然才是可以理解的——以及描述性的自然科学是如何

① Hermann von Helmholtz, *Über die Erhaltung der Kraft, eine physikalische Abhandlung, vorgetragen in der Sitzung der physikalischen Gesellschaft zu Berlin am 23sten Juli 1847*, Berlin 1847, S. 2f.

被它完全支配的，这是广为人知的。“自然知识的边界”现在与机械世界图像的边界重合了。认识无机自然的或有机自然的过程，只不过意味着把它分解为各个部分并最终分解为原子的机械活动：无法被这样分解的东西对人类精神和一切人类知识而言看起来都必然是一种绝对超验的（transzendent）问题。 114

在自然科学的范围内，这一基本观点在**杜·布瓦-雷蒙德**（Du Bois-Reymond）的著名讲座《论自然知识的边界》（1872）中表达得最明确。如果人们把这一基本观点运用到语言上，那么，只有当人们成功地把语言的复杂现象还原为最后环节的简单变化，并为这些变化确立起普遍有效的规则时，才谈得上理解了语言。这一结论与过去对语言有机体思想的思辨构思（Fassung）相去甚远，正是因为有机事件对这种理解而言是位于自然与自由**之间**的，所以有机事件似乎不可能服从任何绝对的必然性，似乎在不同的可能性之间留下了确定的活动空间（Spielraum）。波普有时曾经明确强调，人们在语言中无法发现任何比河流和海洋的边线更抗冲击的法则。① 在这里处于支配地位的是歌德的有机体概念：按照歌德的说法，语言服从于一个稳固永恒的规则，同时这个规则又是有生命的。但是现在，因为在自然科学本身中有机体观念似乎完全融入机械概念之中，又没有空间容纳这种见解了。尽管支配着语言的所有变化的绝对法则在复杂的现象中似乎有可能变得极为模糊，但是它在语言真正的基本过程（Elementarvorgängen）中、在声音变化的现象中必然会明显地突出出来。“如果人们承认任何一种偶然的、无法关联起来的偏差，”有人强调道，“那么从根本上说，人们说的是，研究的客体，即语言，是科学的知识无法接近的。”② 正如人们看到的，正是从理解（Begreif-

① 参见：Berthold Delbrück, *Einleitung in das Sprachstudium. Ein Beitrag zur Geschichte und Methodik der vergleichenden Sprachforschung* (Bibliothek indogermanischer Grammatiken, Bd. IV), Leipzig [2] 1884, S. 21。

② August Leskien, *Die Declination im Slavisch-Litauischen und Germanischen* (Preisschriften gekrönt und herausgegeben von der Fürstlich Jablonowski'schen Gesellschaft zu Leipzig, Bd. XIX), Leipzig 1876, S. XXVIII.

en）和可理解性**一般**（Begreiflichkeit überhaupt）的一般性前提中，正是从一种完全明确的知识理想中，才提出了语言法则的一种明确的构思。这一关于基本法则绝对性的假设在**布鲁格曼**（Brugmann）和**奥斯特霍夫**（Osthoff）的《形态学研究》中获得了最明确的构思。“只要一个声音是机械地发出的，那么它就无一例外地是服从规律的，亦即，一个语言共同体的所有语种的声音变化的方向［……］都是相同的，语词中的声音变化造成了音节，只要音节是在相同的关系之下发出的，那么，所有语词都无一例外地会被变化影响。”①

115

即使“新语法方向”的这种观点现在被越来越牢固地确立起来了，即使它在19世纪后半叶在所有科学语言研究中都打上了其独特的烙印，但是正如我们在同一时期对**一般**自然法则概念的理解中所发现的那样，声音法则概念也在逐步地发生相同的转变。纯粹实证理想在科学中获得了越来越严格的影响，从机械活动的一般法则中**解释**（erklären）自然事件的要求也就越来越多地被遏制住了：取代这一要求的是一个更加谦虚的任务，即在这样的法则中**描述**（beschreiben）自然事件。机械力学本身——按照**基尔霍夫**（Kirchhoff）著名的定义——只不过是完全清楚地描述在自然中发生的运动过程。② 它所提供的并不是事件最后的绝对**原因**，而只是事件发生的**形式**。相应地，如果有人主张语言科学与自然科学之间的类似，那么人们对于语言法则所期待和要求的也只不过是对于经验观察到的各种规范的一种全面表达。如果我们严格停留在给定事实的领域内，我们就不应该试图去揭示语言形成的最后**力量**，而只是通过观察和比较确立起确定的**形式相似性**（Gleichförmigkeiten）。但是如此一来，假定的声音法则的“自然必然性”就获得了一种不同的特征。奥斯特霍夫在1878年还这样来描述声音法则的绝对性原理：

---

① Hermann Osthoff und Karl Brugmann，*Morphologische Untersuchungen auf dem Gebiete der indogermanischen Sprachen*，Bd. I，Leipzig 1878，S. XIII.

② Gustav Kirchhoff，*Vorlesungen über mathematische Physik*. Mechanik，Leipzig 1876，S. 1.

“我们从当今时代在方法论上变得越来越严格的研究中所学习到的一切都使下面这一点变得越来越明显了，即语言的声音法则盲目地、以一种盲目的自然必然性起到了如下作用：它们以外不存在任何例外，也没有任何东西能逃离它们。”① 然而，像**赫尔曼·保罗**（Hermann Paul）这样的研究者对声音法则的有效性采取了一种本质上更加冷静、批判的态度。“声音法则，”他强调说，“所表达的并不是在确定的一般条件下什么必然会一再重复出现，而只是建构起了在一类特定历史现象中的相似性。”② 这种见解只是把规律视为语言史上的特定**事实**的表达，而不是把规律视为一切语言形成的最后因素的表达，它随时把观察到的一致性划分为完全不同的力量。除了声音产生的这种物理基本过程，说话的复杂心理条件现在再一次得到了承认。现在一般而言，声音变化持续的一致性被归为物理的因素，而这一持续的规则明显的破坏被归为心理的因素。与严格地、无例外地贯彻支配着声音变化的生理学规律相反，这里关注的是语言**仿效构词**（Analogiebildungen）的冲动，这一冲动把**形式**上相似的语词**在声音上**也归为一类，并把它们互相同化。一开始，对语言形成的心理的、“精神的”因素的承认其实还处在一个相对狭窄的界限内。因为精神概念在这里的含义与在洪堡和唯心论哲学那里的含义并不相同。它带有一种毋庸置疑的自然主义的烙印：它受到了机械论概念的影响而且是由这一概念规定的。现在，支配着“表象的机械运动”的心理学法则表现为精神的基本法则。在这里，从纯粹原理的立场上来看，人们是在冯特心理学的意义上，还是像赫尔曼·保罗所做的那样在赫尔巴特心理学的意义上表述这些法则，都是无关紧要的。在这两种情况下，最终的目的都是把语言法则还原

116

① Hermann Osthoff, *Das verbum in der nominalkomposition im deutschen, griechischen, slavischen und romanischen*, Jena 1878, S. 326.

② Hermann Paul, *Prinzipien der Sprachgeschichte*, Halle [3] 1898, S. 61. 在贝特霍尔德·德尔布吕克（Berthold Delhrück）那里，我们发现了相同思想的悖论性描述，亦即“声音法则本身”无一例外地都不是“经验的声音法则”（Berthold Delhrück, *Das Wesen der Lautgesetze*, in: Annalen der Naturphilosophie 1 (1902), S. 277–308: S. 294)。

117 为"联想法则"并试图从中理解语言法则。① 但是如此一来，语言形成的这两个内容上不同的因素在方法上就处在相同方向上，而且似乎也属于相同的研究维度。通过声音产生的不同生理学机械运动与联想的心理学机械运动的交互作用，语言在个体的心灵里建构起来了——它变成了一个整体，但是我们只有通过把它分解为物理的和心理的基本过程（Elementarprozesse）才能理解这个整体。②

如此一来，语言在这里就被归入了自然事件（Naturgeschehen）的范围，但是，一个更宽泛的自然概念、人的"心理物理"自然取代了机械运动的自然概念。从现代心理学立场对语言现象进行的最全面和最连贯的描述中，这一转变被明确地突出出来了。如果人们不是把声音法则（Lautgesetze）和仿效构词理解为不同类的、彼此对立的力量，而是把它们理解为最终以某种方式根植于人的同样的心理-物理组织之中的条件，那么，声音法则与仿效构词之间持续的相互作用——冯特强调说——将变得更加容易理解。

> 如此一来，一方面，由于声音法则形式在记忆中的再生产，我们为了解释仿效构词，必然预设了联想的共同作用；另一方面，联想——像所有的心理过程一样——通过重复过渡为自动联结，那些一开始被置于心理要素方面的现象立即就出现在物理要素方面。我们基于特定的明确特征把一个东西称为物理的东西（ein Physisches），但是它并不是以这种方式单纯地一个接一个地变成一种心理的东西（ein Psychisches），反过来说也一样，这两种东西从一开始就是如此紧密地交织在一起的，以至于它们是不能被分离开的，因为随着这种东西的每一个要素的消失，另一种东西的每一个要素也会消失。③

---

① 关于联想概念和联想法则的支配地位，在冯特的著作之外例如还可参见：Paul, *Prinzipien der Sprachgeschichte*, S. 23 f., 96 ff. u. ö.。

② 例如参见：Hermann Osthoff, *Das physiologische und psychologische Moment in der sprachlichen Formenbildung*, Berlin 1879。

③ Wilhelm Wundt, *Völkerpsychologie. Eine Untersuchung der Entwicklungsgesetze von Sprache, Mythus und Sitte*, Bd. I/1, 2, umgearb. Aufl., Leipzig 1904, S. 369.

在这里，唯心主义的“整体性”要求——语言是不可能从孤立的环节中组合出来的，而是必须始终被视为“整个”人、人的精神-自然存在的表达——似乎以新的形式重新提了出来，但是下面这一点立即也变得很清楚了，即在这里所谓人的“心理物理本性”统一体中所发现的只是一个空洞的说辞和一个无法充分满足的要求。如果人们现在回过头来看一看从洪堡到“新语法学家”、从施莱歇尔到冯特的语言哲学的整个发展过程，那么就会看到，从纯粹方法论的观点来看，它日益扩展的专门认识和知识构成了一个圆圈。为了在语言科学中发现与自然科学中同样的可靠性，为了获得精确的牢不可破的法则的相同内容，语言科学应该与自然科学联系起来，应该参照自然科学的结构。但是人们试图把自然概念作为基础，而自然概念越来越多地被证明只是一个单纯表面的统一性。越是严格地分析这一概念，下面这一点就变得越明显，即自然本身还包含着具有完全不同含义和来源的各种要素。只要这些要素的关系还没有被看透，还没有被清晰地规定，那么具有不同自然主义色彩的语言概念就面临着辩证地转变到其对立面的危险。在声音法则概念那里也能跟踪到这一转变——因为如果说它一开始的规定是，这一概念指称了支配着所有语言变化的严格的、无例外的**必然性**，那么最后它越来越多地远离了这一规定。声音变化和转折不再被视为“盲目”必然性的表达，而是回溯到了单纯的“统计学的偶然规则”。在这种见解中，假定的自然法则变成了那些由某一种个体性的任意行动所创造、被习惯固定并被模仿传播的模式的单纯法则。① 因此，那个本应为语言科学提供固定的、真正的基础的概念还总是包含着直接的对立，这些对立对语言哲学研究提出了新的任务。 118

如此一来，实证主义的语言研究图式不仅被逐步松动了，而且最终还被完全破坏了：这一点在**卡尔·沃斯勒**（Karl Vossler）的著作 119

---

① 从根本上说，这是德尔布吕克所代表的那种声音法则观点：Delbrück，*Das Wesen der Lautgesetze*，S. 277 ff.；bes. S. 297 ff.。把声音法则表述为“模式的法则”，也可参见：Friedrich Müller，*Sind die Lautgesetze Naturgesetze*? in：*Internationale Zeitschrift für allgemeine Sprachwissenschaft* 1（1884），S. 211-214。

中表现得最清晰。沃斯勒在他的《语言科学中的实证主义与唯心主义》(1904)、《语言作为创造和发展》(1905) 两部著作中的观点与黑格尔关系密切；但是把他与威廉·冯·洪堡联结起来的线索同他与黑格尔之间的关联一样清晰。洪堡的思想——语言从来不能被理解为单纯的作品（Werk / Ergon)，而是要被理解为活动（Tätigkeit / Energeia)；只有当我们追溯到语言起源的精神“本原行动”(Tathandlungen）才能完全理解语言的“事实”(Tatsache）——在这里，在改变了的历史条件下被革新了。即使在洪堡那里，这一原理所指称的与其说是语言的心理学“起源”，不如说是其持续的形式，这一**形式**在语言精神建构的各个阶段**都在发挥着作用**（hindurchwirkende Form)。这一建构与一个给定的自然萌芽的单纯展开并不相同，而是充满了精神自发性的特征，这种自发性在每一个新的阶段上都是以新的方式表现出来的。沃斯勒也在相同的意义上把作为**创造**的语言概念与语言“发展”这一本身就模糊的概念对立起来。如果哪种东西被视为一个确定状态的给定的规律（Gesetzlichkeit)，那么它就是一种单纯的化石，但是现在在这种单纯的生成了的东西（Gewordenen）背后的是生成（Werden）的真正构成性行动（Akte)，即持续自我更新的精神性生产行动（Zeugungsakte)。这些行动在本质上构成了语言**整体**的基础，现在应该在这些行动中寻找个别语言现象的真正解释。实证主义的语言研究方向试图从其各个环节进展到整体，从声音进展到语词和语句并由此进展到语言的独特“意义”，现在采取的是相反的方向。我们必须从“意义”的优先性、从意义结构的普遍性出发才能理解语言发展和语言史的个别现象。在人类话语中活着的精神建构了语句、句子成分、语词和声音。如果真正严肃地对待这一“唯心主义的因果性原理”，那么，就必须在最高的学科即在文体学中寻找那些由像声音学、变形学、构词法和句法学等低级学科所描述的全部现象的最后的、真正的解释。每一种语言的语法规则、形式形成和句法中的“法则”“例外”要从支配着语言建构的“文体”中得到解释。语言用法，就其是约定、是已经僵死的规则而言，是由句法表现的，就其是活生

120

生的创造和形成而言，是文体学研究的；因此研究方向必须是从后者走向前者，而不是从前者走向后者，因为在所有的精神性东西中，正是生成（Werden）的形式才使得我们最终能够理解生成了的东西（Gewordenen）的形式。①

由于问题在于单纯地探究语言史的事实，认识给定的东西，因此，实证主义其实还能够被接受为研究的原理，即“方法论的实证主义”。需要反对的只是那种实证主义的形而上学，它相信探究事实也能够完成从精神上解释它们的任务。取而代之的是一种唯心主义的形而上学，**美学**是这种形而上学的中心。“如果唯心主义的定义——语言=精神表达——是正确的，”沃斯勒的结论是，“那么语言发展的历史就只能是精神表达形式的历史，因而也是最宽泛地理解的**艺术史**。”② 这一结论把沃斯勒与贝纳德托·克罗齐密切联系起来了，对语言研究来说，这一结论其实包含着一个新的问题和新的危险。语言研究再次被纳入哲学体系的整体之中——但是把语言研究纳入其中的条件是，语言与这一体系的其中一个部分是等同的。正如在普遍的理性的语法思想中，语言的独特性最终消失在普遍逻辑学之中，因此它现在有消失在美学——作为表达的一般科学——之中的危险。但是，美学真的像沃斯勒和克罗齐所认为的那样是表达的**唯一**（die）科学吗？或者说，它只是意味着表达的**一门**（eine）科学——一种与其他“符号形式”具有同等地位的“符号形式”？在语言形式与那些通过自身的图像世界（Bildwelt）建构了自己本身的精神性含义世界（Bedeutungswelt）的其他形式——如神话——之间不也存在着与语言形式和艺术形式之间类似的关系吗？借由这一问题（Frage），我们再次面对那个曾经构成了我们出发点的系统性基本问题（Grundproblem）。语言位于精神存在的焦点上，有着完全不同起源的线条交汇 *121*

① 尤其参见：Karl Vossler，*Positivismus und Idealismus in der Sprachwissenschaft. Eine sprachphilosophische Untersuchung*，Heidelberg 1904，S. 8 ff. [Zitat S. 10]。

② Karl Vossler，*Positivismus und Idealismus in der Sprachwissenschaft. Eine sprachphilosophische Untersuchung*，Heidelberg 1904，S. 10f.；尤其参见：S. 24ff. u. ö.。

于这一点，并从这一点发散到精神的各个领域。只有当人们首先使美学摆脱艺术表达的一切**独特**联系——只有当人们，换句话说，如此一般性地来理解美学的任务以至于这一任务已经拓展成了我们在本书中试图规定为普遍的“符号形式哲学”的任务时，才能得出如下结论，即语言哲学才能被视为美学的一个部门。如果语言应该被证明为精神的一种真正独立的、原初的活动（Energie），那么它在这些形式构成的整体中必定有一席之地，而与任何一种别的形式又不是完全一致的——除了它与逻辑学和美学产生的各种系统**结合**（Verknüpfung）之外，我们必须在这个整体中分配给它一个**独特**的位置，并维护它的“独立性”。

第二章 感性表达阶段上的语言

一、语言作为表达活动——手势语言与语词语言[①]

为了定义任何一种精神形式的独特性，用它自身的标准来衡量它 122 都是首要的。我们用来判断它、评价它的成就的标准，不应该从外部施加到它身上，而是必须从其本身形成（Formung）的基本法则中得出来。任何固定的“形而上学”范畴、任何从别处得到的存在的规定和分类，不论它们看起来多么可靠稳固，都不能免除我们需要这样一个纯粹内在起点的必要性。只有当我们不是把这些范畴作为一个固定的素材**置于**典型的形式原理（Formprinzip）之前，只有当我们从这个原理本身出发来**引出**这些范畴并这样来理解这些范畴时，运用这些范畴的权利才是可靠的。在这个意义上，每一种新的形式都表现了世界的一种新“建构”，这种建构是按照特定的、只对它有效的标准完

① 在本书 1923 年第一版中，第二章中的两节标题只有“一”“二”，省略了标题的详细内容，译者参照目录补足了这些标题。——中译者注

成的。独断论的研究从世界的存在是一个给定的、固定的统一点（Einheitspunkt）出发，它无疑倾向于把精神**自发性**的所有这些内部区别都归入某一种关于世界“本质”的一般概念，并由此让这些区别消失。它创造了对存在的固定分解：它把存在划分为“内部的”与“外部的”现实、“心理的”与“物理的”现实，划分为“事物的”世界与“表象的”世界——而且在这些个别的以这种方式分离开的区域内，它们也在重复着同样的划分。意识连同心灵的存在重新分裂为一系列分割开的、彼此独立的“能力”。对知识的不断进展的批判才教会我们，不要把这些划分和分割视为完全存在于事物本身之中的，不要把它们视为绝对的规定，而是要把它们理解为通过知识本身而被**中介了的**。它表明，尤其是“主体”与“客体”、“自我”与“世界”之间的对立对知识而言不是必须简单接受的，而是必须奠基在知识的前提之上，同时必须在知识的含义中才能被规定。这一点不仅在认知世界的建构中是适用的，而且在某种意义上对一切真正的、独立的精神基本功能而言也都是适用的。如果不是埋头于个别的表达形式和表达规律本身，而是从一开始就把独断论对待“原本”与“摹本”、“现实”与“假象”、“内部的”世界与“外部的”世界之间关系的态度作为自己的出发点，那么对艺术表达的研究以及对神话表达或语言表达的研究都有错失自己目标的危险。毋宁说问题必然在于，所有这些划分是不是**通过**艺术、语言、神话才被规定的，这些形式中的每一种是不是必须按照不同的观点设定差别的，是不是必须按照不同的观点画下不同的边界的。以这种方式就可以越来越多地击退“内部的”世界与“外部的”世界之间有一种僵硬的实体性分离的观点以及关于它们的一种鲜明的二元论观点。精神只有通过把在自身之内存在的特定区别了解为在现象（Phänomene）上**观察到的**区别（Unterschiede der Betrachtung），并且似乎把它置于现象之中才能把握住自己本身以及自己与“客观”世界的对立。

对于世界被分割为两个明显分离开来的领域，分割为“外部的”

存在与“内部的”存在，语言首先不仅仅一般性地坚持一种显著的漠不关心——而这种漠不关心看起来似乎恰恰必然属于它的本质。看起来心灵的**内容**与其感性的表达在这里是以这种方式被设定为一体的，即它们彼此在对方面前并不是作为一种独立的、自足的东西存在的，毋宁说它们只有在对方之中并与对方一起才能完善自己。二者——内容与表达——只有在彼此渗透时才变成它们所是的东西：它们在与对方的联系中获得的含义并不是单纯外在地附加到它们的存在上的，而正是这种含义才建构起了它们的存在。在这里不存在任何中介过的结果；而是有一个基础性的综合，语言作为一个整体从中产生，语言的所有部分——从最基础的感性表达到最高级的精神表达——又被它聚集在了一起。不仅已经形成的发音清楚的（artikulierte）声音语言，而且内部事件最简单的**模仿**表达也已经表现出了这种分不开的交织关系，表明内部事件本身并没有形成一个已经完成的、封闭的领域。意识似乎只是偶然地为了与其他人交流的惯常目的才从这个领域中产生出来。而恰恰是语言这种表面上的外化构成了它自身形成（Bildung）和构形（Gestaltung）的本质性因素。就此而言，现代语言心理学把语言问题归类为一般**表达活动心理学**（Psychologie der Ausdrucksbewegungen）的问题是正确的。① 从纯粹方法论的立场来看，这里存在着一个重要的征兆，即以活动和活动的感觉为出发点的概念工具（Begriffsmittel）的范围已经从根本上超出了传统的**感觉论**心理学。从感觉论的立场来看，意识的固定的、坚硬的状态是首先给定的（das Erstgegebene），事实上在一定意义上也是唯一给定的（das Alleingegebene）：由于一般而言意识的这些**过程**都是在它们的特性中得到承认和赞赏的，这些过程又被还原为各种状态的单纯总合和“结合”（Verbindung）。与此相反，如果活动和活动感觉被视为意识本

124

① 恩格尔（Johann Jakob Engel）在他的《模仿的观念》（*Ideen zur Mimik*）（Schriften, Bd. VII u. VIII，Berlin 1801）中就已经尝试着在18世纪心理学和美学研究的基础上建立一个完善的表达活动体系。把语言解释为表达活动，参见：Wundt，*Völkerpsychologie*，Bd. 1/1，S. 37ff.。

身建构中的一个要素和一个基础性的因素[1]，那么这样一来就承认了，在这里不是动态的东西以静止的东西为基础，而是静止的东西以动态的东西为基础——心理的东西之一切“现实性”都存在于过程和变化之中，而状态的固定只表现为抽象和分析的一件后续作品。因此，模仿活动也是“内部”与“外部”、“精神”与“肉身”的一种直接统一体，因为恰恰在它们直接地、感性地所是的东西里，意味着并“说出了”一种与它们不同但又是它们之中直接呈现出来的东西。在这里，从模仿记号到该记号所表现的情绪没有发生任何单纯的“转 125 变”，没有任何任意的添加物，而是二者——情绪与其表现、内部的紧张与其爆发——是在时间上不可分的同一个行动中给出的。借助于一种可以用纯粹心理学的术语描述和解释的关联，内在的每一种刺激都原初地表现为一种肉身的运动——更进一步的发展只在于，这种关系开始越来越明确地分化，**特定的**活动与**特定的**刺激以一种越来越精确的搭配（Zuordnung）连接在一起。其实，这种表达形式一开始看起来只不过是把内部的东西单纯“复印”到外部。一个外部刺激从感官蔓延到运动器官（Motorische），但是后者似乎依旧停留在单纯机械反射的领域内，在其中暂时没有预示一种更高的精神“自发性”。然而，这个反射就已经是主动性的第一个征兆，在这种主动性中，具体的自我意识和具体的对象意识的一种新形式开始建构起来。**达尔文**在他研究“心灵活动的表达”的著作中把表达活动解释为原初目的行动（Zweckhandlungen）的残留物，并试图以此创造一种生物学的表达活动理论。按照达尔文的观点，特定情绪的表达只是之前的具体目的行动的弱化，例如愤怒的表达只是之前的攻击活动的弱化的、含糊的图像，恐惧的表达只是防御活动的图像，等等。可以对这种见解做一种超出达尔文生物学问题提法的狭小范围并把问题置于一个更加一般性的背景中的解释。由于每一个基本的表达活动都还完全处于感性

---

① “活动优先性”的思想在赫尔曼·柯亨的心理学中尤其明确地、充满力量地提出来；尤其参见：Cohen，*Ästhetik des reinen Gefühls*，(*System der Philosophie*，3. Teil)，2 Bde.，Berlin 1912，Bd. I，S. 143-146。

生命的直接性之中，并且又已经超出了这种直接性，所以，它们事实上构成了精神发展的第一步。它们意味着，感性冲动不是直接地指向它的对象，不是在这个对象中获得满足并迷失自己，而是经历着一种阻碍和折返，在这个过程中，对这种冲动的一种新的**意识**觉醒了。在这个意义上，表达活动中所包含的反作用（Reaktion）恰恰已经准备好了向行动（Aktion）的一个更高精神阶段的发展。当行动从直接的活动形式折回时，它由此为自己赢得了一种新的回旋余地和新的自由；因此，它已经处在从单纯的“实效性东西”（Pragmatischen）向“理论性东西”（Theoretischen）、从物理行为（Tun）向观念行为的过渡中。

126 在关于**手势语言**的心理学理论中，人们习惯于区分手势的两种主要形式。一种是**指示性的**手势，另一种是**模仿性的**手势，这两种既可以按照内容也可以按照心理起源被清晰地划分开来。从起源和发展史上来看，指示性的手势是从抓取活动中产生出来的。“胳膊与手，”**冯特**写道，

> 从人类最早期的发展开始，就是作为人类借以抓住并控制住对象的器官活动的。在使用抓取器官上，人类与和他相近的动物的类似行为只有程度上的而没有本质上的优势，从对抓取器官的这种明显的原初性的使用中引出了其中一个持续的改变，这种改变一开始是倒退性的，而在其效果中却形成了进步发展的重要组成部分，这种改变成为用手势表示的（pantomimisch）活动的**最初的**、最原始的形式……从起源上来看，它只是**减弱为暗示（Andeutung）的抓取活动**。在儿童从最原初的形式向后来的形式的一切可能的转变过程中，我们都遇见过这种活动。儿童也朝着那些由于距离太远而无法够到的东西抓去。但是，这样一来，抓取活动就直接地变成了指向活动（Deutebewegung）。在反复努力抓到对象之后，这种指向活动才独立为指向活动本身。①

① Wundt，*Völkerpsychologie*，Bd. I/1，S. 129f.

这一迈向独立化的步骤看起来如此简单，现在成了动物发展为人的一个最重要的阶段。因为没有动物从抓取活动明显地发展出指向手势。即使在最高等的动物那里，“抓远处的东西”（Greifen in die Ferne）——人们就是这样称呼用手指向的——也没有超出最初的、不完善的起点。这一发展史的事实已经证明了，在这“抓远处的东西”的行为中，已经潜藏着一个典型的和一般说来是精神性的含义因素。感受性的、有欲求的自我只有摆脱表象和欲求的内容才能把该内容塑造为“对象”、塑造为“客观的”内容，在这过程中，“抓远处的东西”的行为是其中一个最初的步骤。在情绪和冲动的原始阶段上，对对象的所有“把握”（Erfassen）只是对它的直接的、感性的抓住（Ergreifen）和占有（In-Besitz-Nehmen）。陌生的存在应该被纳进我自己的力量之内——就纯粹物质及其质料来看，应该被纳入自我的范围内。尽管感性**知识**最初的起点还完全处于这种指示（Zeichen）之中，感性知识还是相信，按照柏拉图的意义丰富的、典型的语言，恰恰能够用双手抓住对象（*ἀπρίζ ταῖν χερσῖν*）。① 概念和纯粹“理论”的所有进步都在于超过这种最初的感性直接性。知识的客体和对象越来越多地退入远处，如此一来，对批判性认知反思而言，它最终表现为一个“无限远的点”、认知的无限任务；但是同时，在这种明显的疏远中，它才获得了真正理想的规定性。在逻辑概念中，在判断和推理中，构成“理性”的真正特征的那种间接的把握（Erfassen）发展起来了。因此从起源（genetisch）和事实上（sachlich）看，“抓取”（Greifen）似乎都在不停地向“理解”（Begreifen）过渡。感性的-物理的抓取变成了感性的指向（Deuten），但是在感性的指向中已经包含着趋向更高含义功能（像在语言和思维中所表现出来的含义功能）的最初征兆。为了说明这一发展的最大范围，人们可以说，它涵盖了从单纯的“指点”（Weisen）这个感性极端到“证明”（Beweisen）这个逻辑极端的整个范围。这条道路从单纯的指点（Aufweisen）——

127

① 参见：Platon，*Theatet*，155 E。

它指明的是完全个别的东西（亚里士多德意义上的一个 τόδε τι）——引向了越来越一般性的规定：最初的单纯指示（deiktisch）功能变成了“证明”（Apodeixis）功能。语言本身似乎由于把言谈（Sprechen）和说（Sagen）的表达与指示（Zeigen）和指点（Weisen）的表达连接起来而保存了这种关联。在印度-日耳曼语中，“说”的动词在很大程度上以这种方式来自指示：“Dicere”的根源包含在希腊语 δείκνυμι（哥特语的“teihan、ga-teihan”，古高地德语的“zeigôn”）中，正如希腊语 φημί 来自 φα（梵文的“bhâ”）这个词根一样，这个词根最初描述的是发光（Leuchten）和发亮（Scheinen），类似于“使-显现”（Erscheinen-Machen）（可参考：φαέϑω，φώς，φαίνω，拉丁语的“*fari*，*fateri*”，等等）。①

如果我们不是从研究指示性的手势而是从第二种基本类别和主要类别，即从**模仿性的手势**开始，那么对手势语言的判断事实上似乎会有所不同。因为模仿本身就已经构成了任何自由精神活动形式的对立面。在模仿时，自我依旧被局限在外部印象及其属性之中；自我越是精确地重复这个印象并排除自身的一切自发性，模仿就越是充分地实现自己的目的。恰恰是内容上最丰富、最多样的手势语言，即原始人（Naturvölker）的手势语言，最强烈地显示出了这种联系。在直接的-感性的和模仿性的记号之外，文明人的手势语言还习惯于使用大量所谓“符号性手势”，这些手势不是直接地反映（abbilden）应该被表达的对象或活动，而只是间接地指称它。但是在它们中间——例如在西妥教团僧侣的语言中或者在由**乔里奥**（Jorio）所深入描述的那不勒斯手势语言②中——涉及的明显不是原始的形式，而是非常复 *128*

---

① 相关内容参见：Friedrich Kluge，*Etymologisches Wörterbuch der deutschen Sprache*，5，verb. Aufl.，Straßburg 1894，S. 415（s. v. »zeigen«）；Georg Curtius，*Grundzüge der griech Etymologie*，5，unt. Mitw. v. Ernst Windisch umgearb. Aufl.，Leipzig 1878，S. 115，134 u. 296。

② Andrea de Jorio，*La mimica degli antichi investigata nel gestire napolitano*，Napoli 1832；关于西妥教团僧侣的语言，参见：Wundt，*Völkerpsychologie*，Bd. I/1，S. 151-154。

杂的、已经受到声音语言形式持久确定影响的形成物。与此相反，人们越多地返回到手势语言的真正的、独立的内容，所有单纯的“概念记号”（Begriffszeichen）看起来就越多地消失，并越多地被简单的“事物记号”（Dingzeichen）取代了。因此，在这里似乎达到了纯粹“自然”语言的理念，在这种语言中排除了所有习惯性的任意。例如，关于北美印第安人的手势语言有这样的报道，只有很少的手势从起源上看是“习惯性的”；除此之外的大多数手势语言都是明显的自然现象的简单重复。[①] 如果人们强调的只是给定感性知觉客体的用手势表示的（pantomimischen）模仿，那么看起来，那个过程还没有通向作为精神的一种自由原初行动的**语言**。在这里必须重视的是，“模仿”（Nachahmung）与“指示”（Hinweisung）——“模仿”（mimische）功能与“指示”（deiktische）功能——表现的都不是意识的绝对简单和到处一致的作用，而是具有不同的精神出处和含义的要素在某种功能中互相渗透。在亚里士多德那里，语言的语词也被称为“模仿”，而且他说人类声音是最适合模仿且是为了模仿而形成的器官。[②] 但是对他而言，语词的这种模仿特征与纯粹符号特征并不是对立的；相反，他同样坚决地强调了语词的纯粹符号特征，他指出，只有当发音不清楚的（unartikuliert）感受声音——例如在动物世界中已经发现的各种声音——被作为符号使用的时候才变成了**语言声音**。[③] 这两种规定

129

① 参见：Garrick Mallery，*Sign Languages among North American Indians Compared with that among other Peoples and Deafmutes*，in：*First Annual Report of the Bureau of Ethnology to the Secretary of the Smithsonian Institution 1879－80*，hrsg. v. John Wesley Powell，Washington 1881，S. 263－552：S. 334。

② 参见：Aristoteles，*De arte rhetorica*（Buch III，Abschn. 1），1404 A，Z. 20ff.。[Cassirer zitiert Aristoteles unter Angabe der Bekker-Paginierung. *Die Verifizierung erfolgt nach*：*Aristoteles*，*Opera*，*durchges. v. Immanuel Bekker*，hrsg. v. der Preußischen Akademie der Wissenschaften，5 Bde.，Berlin 1831－1870.]

③ 参见：a. a. O.，*περὶ ἑρμηνείας* [*De interpretatione*]（Abschn. 2），16 A，Z. 27ff.。阿蒙尼奥斯（Ammonios）在评论亚里士多德的《解释篇》（*De interpretatione*）时，在“模仿”与“符号”之间做出了确定的区分：Ammonios，*Kommentar zu Aristoteles*，*De interpretatione*，fol. 15 B（Scholia in Aristotelem，zusammengestellt v. Christian August Brandis，hrsg. v. der Preußischen Akademie der Wissenschaften，Berlin 1836，S. 93－139：S. 100）。

彼此融合起来了，因为在这里“模仿”是在那个更宽泛的意义上和更深刻的含义上使用的，对亚里士多德而言，按照这种含义，模仿似乎不只是语言的起源，似乎也是艺术活动的起源。以这种方式理解的模仿（*μίμησις*）本身已经属于制作（*ποίησις*），即创造活动和赋形活动的范围。在这里涉及的不再是对外在给定东西的单纯重复，而是一个自由的精神设计：表面上的“复制”（Nachbilden）事实上以一种内在的“预制”（Vorbilden）为前提。而且事实上，更仔细的观察表明，这个在艺术形态的形式中纯粹地、独立地表现出来的要素，一直延伸到了每一种表面上看来纯粹消极的模仿的最基础的开端。因为这种模仿从来都不在于一板一眼地单纯临摹一个确定的现实性内容，而在于从那个内容中挑选出一个富有意义的要素，并由此为其形态赢得一种典型的“纲要”。但是如此一来，模仿本身就已经处在了通向**表现**（Darstellung）的路上，在表现一个客体时，客体不再是简单地以其完成的形态被接受的。相反，在表现一个客体时，它是由意识按照自己的构成性基本特征而建构起来的。在这个意义上，模仿一个对象意味着，不是单纯地从其个别的感性特征中组装出这个对象，而是按照其结构关系把握住这个对象。而只有在意识构成性地制造出这些关系的时候，这些关系才真正被我们理解。手势语言已经提供了朝向这种更高形式的模仿发展的开端，因为手势语言——在其发达的形态中——到处都表现出了从单纯的模仿性手势向**描述性**手势（darstellende Gebärde）的过渡，按照冯特的说法，描述性手势的特征在于，130 在其中，“一个对象的图像是更加自由地［形成的］，就好比造型（bildende）艺术在一种近似的意义上也比单纯模仿的机械运动更加自由一样”①。

但是，由于描述功能不是把手势而是把**声音**作为工具和感性的基础，这种功能现在表现出了一种全新的自由和深度，表现出了一种新的精神现实性。在语言的历史发展中，这种代替过程并不是突然完成

① Wundt，*Völkerpsychologie*，Bd. I/1，S. 156.

的。在原始人的语言中，今天还能够清晰地辨认出，其中手势语言不只是与声音语言并存，而且对声音语言的形成（Formung）有着决定性的影响。在这里我们随处都能发现那种典型的相互渗透，正是由于这种相互渗透，只有当人们把这种语言的“语词概念”同时理解为模仿性的概念和“人工概念”（Handbegriffe/manual concepts）时才能完全把握和理解它。手势与语词、手与理智之间被这样连接在了一起，即前者似乎真的成了后者的一部分。① 在儿童语言的发展中，声音也只是渐进地才与整个模仿活动分离开的：即使在这一发展的相对高的阶段上，它还是完全嵌入了这个模仿的整体中。② 但是一旦这一分离完成了，语言从此以后就在新的要素中活动了，具备新要素的语言也获得了其建构的新基本原理。在声音的物理媒介中，语言的真正精神性的自发性才发展起来。二者现在互相以对方为条件：声音的分节（Gliederung）变成了思想分节的工具，正如思想的分节在声音的形成和赋形中为自己创造了一个越来越分化和敏感的器官一样。与所有其他模仿性的表达工具相比，声音的优势在于，它比其他工具更适合“勾连关系”（Artikulation）。它的流动性把它与手势的感性-直观的规定性明显区别开来，正是它的流动性赋予了它一种全新的构形能力（Gestaltungsfähigkeit），使得它不仅能够表达表象内容的坚硬规定性，而且能够表达表象**过程**（Vorstellungsprozess）最精致的浮动和流动。如果说手势由于其形象化的、模仿性的特点而似乎比无形体的声音要素看起来更适合于“事物”的特征，那么，恰恰由于在声音

131

---

① 关于祖尼印第安人的“人工概念”的讨论，参见：Frank Hamilton Cushing, *Manual Concepts: A Study of the Influence of Hand-Usage on Culturegrowth*, in: *The American Anthropologist* 5 (1892), S. 289-317: S. 291 f.。关于原始人的手势语言与语词语言的关联，参见列维-布留尔的丰富材料：Lucien Levy-bruhl, *Les fonctions mentales dans les societés inférieures*, Paris 1910 (Deutsche Ausg.: Das Denken der Naturvölker, übers., hrsg. u. eingel. v. Wilhelm Jerusalem, Wien/Leipzig 1921, S. 133 ff.)。

② 参见：Clara Stern und William Stern, *Die Kindersprache. Eine psychologische und sprachtheoretische Untersuchung* (Monographien über die seelische Entwicklung des Kindes, H. 1), 2, um ein Nachw. u. eine Beobachtungsanleitung erw. Aufl., Leipzig 1920, S. 144 ff.。

中这种联系被打破了，恰恰由于声音作为单纯的生成不能直接地复现客体的存在，声音才赢得了内在的自由。从客观方面来看，声音现在不仅能够成为内容性的质的表达，而且首先能够成为联系（Beziehungen）和形式上的关系规定（Verhältnisbestimmungen）的表达；从主观方面来看，情感的机动性（Dynamik）和思维的机动性表现在了声音中。手势语言纯粹停留在空间的媒介里，并因此只能通过在个别的离散空间形态中划分运动来描述运动。它没有充分的器官来描述这种动态关系。然而在声音语言中，这种个别的离散环节现在与声音产物的整体形成了一种全新的关系。该环节之所以存在，只是由于它总是重新产生出来：其内容变为了其产生的行动。但是，声音产生的这种行动本身现在把自己越来越明确地分节为各种特殊的、有差别的规定。尤其是动态的渐变（Abstufung）通过音调和韵律的渐变附加到了声音质的分离、渐变上。人们曾经试图证明，在这种节律性的分节（Gliederung）中——尤其是像在原始的劳动歌唱中所表现出来的节律性的分节中——存在着艺术发展以及语言发展的一种本质性要素。[①] 声音在这里还是直接根植于纯粹感性领域的；但是，由于它所起源的东西以及它所要表达的东西都不是单纯的受动性的感觉，而是一种简单的感性行为，所以，它又已经在概念上超出了这一领域。单纯的感叹词，个别的、由一种占优势的瞬息印象所产生出来的情感声音和刺激声音，现在过渡为了一种自成体系的、有秩序的声音序列，这种声音序列反映出了行为的关联和秩序。**雅克布·格林**（Jakob Grimm）在他讨论语言起源的论文中写道："有序地展开的声音要求我们分节（gliedern）、勾连（articulieren），人类的语言表现为一种节节相连的（gegliederte）语言，荷马表达人的词——*οἱ μέροπες, μέροπες ἄνθρωποι* 或 *βροτοί*——来自

① 参见：Karl Bücher，*Arbeit und Rhythmus*，4，neubearb. Aufl.，Leipzig/Berlin 1909；关于劳动和"劳动节律"对语言生成的影响，参见：Ludwig Noirées，*Der Ursprung der Sprache*，Mainz 1877；a. a. O.，Logos-Ursprung und Wesen der Begriffe，Leipzig 1885。

132 μείρομαι 或 μερίζω，它们说的是划分、分节自己声音的人。”①

只有现在获得的语言材料才有一种新的形式能够烙印在它上面。当感性的情绪状态被转换进模仿表达中时，它似乎也沉没到了模仿表达中；它发泄进模仿性的表达中，并在这里找到了自己的目的。只有当这种直接性在进一步的发展中受到阻止时，这时内容才稳定下来并获得形态。在它能够在节节相连的声音媒介中更加确定、更加清晰地显现出来以前，意识首先需要达到一个更高的阶段，需要对其内在区别有更明确的理解。由于阻止了直接爆发出的手势和分节不清楚的刺激声音，一种内在的尺度产生了，一种位于感性欲求和表象之中的运动产生了。这条路越来越确定地从单纯的反映（Reflex）向上引导到“反思”（Reflexion）的各种不同阶段。在节节相连的声音的开端，在歌德所说的“声响环绕成音节”② 的事实（Tatsache）中，一个最为一般性的现象向我们表现出来了，我们在精神的各个不同领域里遭遇到了这个现象的各种不同形式。通过语言功能的特殊性透射出来的是普遍的**符号**功能，这一功能也按照内在规律在艺术、神话-宗教意识、语言和知识中展现出来。

二、模仿表达、类似表达与符号表达

与艺术理论和知识理论相似，语言理论其实也只是逐步从模仿概念和反映论的束缚中摆脱出来。追问名称之权威（κυριότης τῶν ὀνομάτων）的问题是古代语言哲学的中心。语言是必须被视为一种自然（φύσει）还是一种规范存在（νόμῳὄν）的问题，首

① Jacob Grimm，*Über den Ursprung der Sprache*（1851），in：Kleinere Schriften，Bd. I：Reden und Abhandlungen，Berlin 1864，S. 255−298：S. 266. 格林在这里所提出的词源学关联无疑是成问题的和有争议的，更多讨论参见：Curtius，*Grundzüge der griechischen Etymologie*，S. 110 u. 330。

② ［Johann Wolfgang von Goethe，aus：Dreistigkeit，in：Westöstlicher Divan（*Werke*，Bd. VI），Weimar 1888，S. 23.］

先关注的并不是语言的**起源**（Sprachentstehung），而是其真理的和现实的内容。[①] 语言和语词是被完全封闭在主观表象和意见的范围内的吗？名称王国与现实存在的王国之间是否存在着一种更深刻的关联？是否存在着一种命名的内在“主观”真理性和正确性？智者派否认语词的客观有效性，斯多亚派则主张语词的客观有效性；但是，在否定的裁决中与在肯定的裁决中一样，**问题的提法本身**在形式上依旧是相同的。知识的任务是，反映（widerzuspiegeln）和模仿（nachzubilden）事物的本质性；语言的任务是，反映和模仿知识的本质性：这才是在维护和争论它们的价值时作为一般出发点的基本设想。智者派试图说明，这两个任务都是无法解决的：“即使有物存在，也无法认识。”——**高尔吉亚**（Gorgias）说道——“即使认识了，也无法告诉别人。”正如视觉和听觉器官就其本性而言都被局限于一个特定的质的领域——正如其中一个只能够知觉到亮度和颜色，另一个只能够知觉到音调，因此，话语（die Rede）也不可能超越自身，把握与它相对立的“他者”、“存在”和真理。[②] 斯多亚派学者徒劳地尝试着以如下方式来避免上述结论，即他们断定，正如在存在与知识之间存在着一种自然的相似性，语词与意义之间也存在着一种自然的关联，存在一种一致性、对应性（*κατὰ μίμησιν*）。语词完全或者部分地复现了存在，语词构成了存在的真正的残留（*ἔτυμον*），这种观点由于在进一步的发展中反转为自己的对立面而使自己走向了荒谬。在“近似性”的关系之外，现在其对立面也被承认为词源学解释的基础：不仅相似性（*ἀναλογία*）和近似性（*ὁμοιότης*）被视为语言形成的（sprachbildendes）原则，而且反对（*ἐναντίωσις*）和对立（*ἀντίφρασις*）也被视为语言形成的原则。“相似”（similitudo）变成了相反（cont-

133

---

① 自然（*φύσει*）与规范（νόμῳ）之间的对立在亚历山大时代被自然与安排（θέσει）之间的对立取代了，关于前者所具有的原初意义，参见：Steinthal，*Geschichte der Sprachwissenschaft bei den Griechen und Römern*，Bd. I，S. 76 ff.，114 ff. u. 319 ff.。

② 参见：Gorgias，*Sextus Empiricus*，*Adversus mathematicos VII*，83 ff.，zit. nach：Diels，*Die Fragmente der Vorsokratiker*，76 B，554，S. 530。

rarium)；“类似”（Analogie）变成了“反常”（Anomalie）。这种声名狼藉的“通过对立面来做解释”的做法在词源学的后续发展中有着何种灾难性影响，是广为人知的①。但是，总体上说，这种做法也最为确定地说出了，对语言的每一种以近似性假设为基础的解释最终都必然变成自己的对立面，并因此而扬弃（aufheben）自己。

134

即使在语词不是被理解为对物的模仿，而是被理解为对主观感情状态的模仿，即使在——像在伊壁鸠鲁那里——语言应该复现的与其说是对象的属性不如说是说话人自己的感受（ἴδια πάθη）的时候②，语言研究——即使规范不同——本质上还是采用相同的原理。如果还坚持要求反映本身，那么被反映的东西是“内部的”还是“外部的”，是物的复合体还是感觉和表象的复合体最终都是一样的。事实上，正是在后一条件之下，针对语言的怀疑论不仅反复出现，而且必然是以最尖锐的形式出现的。因为语言能声称自己把握住了**生命**的直接性（die Unmittelbarkeit des Lebens），而远不能声称自己把握住了**事物**的直接性（die Unmittelbarkeit der Dinge）。表达事物的直接性的每一次单纯尝试都立即消灭了语言：“**灵魂**一张嘴，哎呀，就不说话了。”③ 因此，语言就其纯粹形式而言又构成了感性的感觉、情感世界的丰富性和具体性的对立面。如果我们用“主观”现实性取代“客观”现实性，那么，高尔吉亚的反对意见——“是言说者在说话，而不是颜色或物在说话”④ ——在更高的程度上也是适用的。在主观的现实性中起支配作用的总是个体性和最高的规定性；而在语词的世界

---

① 有关典型事例，参见：Curtius，*Grundzüge der griechischen Etymologie*，S. 5 f.；Steinthal，*Geschichte der Sprachwissenschaft bei den Griechen und Römern*，Bd. I，S. 353ff.；Laurenz Lersch，*Die Sprachphilosophie der Alten*，*dargestellt an der Geschichte ihrer Etymologie*（Die Sprachphilosophie der Alten，3. Teil），Bonn 1841，S. 47ff.。

② 参见本书上文：S. 90。（此处页码指本书的边页码。下文同此，不一一注明。——中译者注）

③ [Friedrich Schiller，aus：*Sprache*，in：*Sämtliche Werke*. Säkular-Ausgabe in 16 Bdn.，in Verb，mit Richard Fester u. a. hrsg. v. Eduard von der Hellen，Stuttgart/Berlin 1904 f.，Bd. I，Gedichte I，S. 149.]

④ *Aristoteles*，*De Melisso*，*Xenophane et Gorgia*，(*Abschn*. 6) 980 A，Z. 20 ff.

里居支配地位的是一般性，亦即单纯图式化的记号的无规定性和多义性。因为语词的“一般性的含义”把作为现实物理事件之特征的一切差异都模糊了，所以看起来，语言的道路并没有把我们向上引领到精神性的一般性东西中，反而引领我们下降到了寻常东西中。因为只有寻常的东西，只有不是个体性的直观和感觉所独有而是它与别的东西所共有的，才是语言可以触及的。因此，语言依旧只是一种虚值——只是一种游戏规则，越多的人屈服于这种规则之下，它就越有强迫性，但是一旦批判性地理解这一规则，就必须放弃一切描述或者甚至是认识和理解某种现实东西（不论它是属于“内部的”世界还是属于“外部的”世界）的主张。①

135

但是，从根本上说，在知识批判以及在语言批判中，怀疑论的这种最激进的措辞（Fassung）中已经包含着这种怀疑论的克服。怀疑论试图揭露知识和语言的虚无——但是，它最终所证明的，毋宁说是它在这里评判知识和语言的那个**标准**的虚无。在怀疑论的发展中，“反映论”由于其自身基本前提的内部瓦解和自我解体而被有条理地、符合逻辑地推翻了。因此，对这一点的否定越彻底，一种新的肯定洞见就越清晰确定地产生出来。现实与符号之间具有任何间接或直接**同一性**的最终假象都必须被消除——现实与符号之间的**紧张关系**必须被最大限度地放大，因为正是在这种紧张关系中，符号表达的真正成就以及每一种个别符号形式的内容才会变得清晰可见。因为只要我们坚持这样的信念，即我们在一切精神赋形之前就已经拥有了“现实”，“现实”是一种给定的和自足的存在、是一个整体（要么是物的整体，要么是简单感觉的整体），符号形式的内容事实上就是无法揭示出来的。假如这个前提是对的，那么，形式本身除了单纯再现（Reproduktion）之外其实就没有别的任务了，而再现必然次于原本（Original）。但是事实上，在每一种形式所表达的东西中是无法发现它们的意义的，而只有在这种表达本身的方式、方法、模式和内在规律性中才能发现

---

① 参见：Fritz Mauthner，*Beiträge zu einer Kritik der Sprache*，bes. Bd. I：*Sprache und Psychologie*，Stuttgart 1901，S. 25ff.，70，175，193 u. ö.。

它们的意义。语言构形（Gestaltung）的价值和特性以及艺术构形的价值和特性就包含在形成（Bildung）的这种规律性中，因此也就不包含在与直接给定的东西临近的东西中，而是包含在与直接给定的东西不断**疏远**的东西中。它与直接定在和直接体验的这种**距离**是其可见性的条件，是它在精神上可以被意识到的条件。只有在与感性印象和感性情绪的直接关系**终止**的地方，语言才**开始**。只要发声的意图还是纯粹重复，只要特定的含义要素还缺少表达“含义”的意愿，声音就还不是语言声音。重复的目标在于同一性——语言指称的目标在于差异。在语言中完成的综合只能是对**有差别东西**的综合（Synthesis des Verschiedenen），而不能是从任何视角看来相同或类似东西的综合。声音越是与它想要表达的东西保持相同，它就还越多地“是”这个他物，而较少地能够“意味”（bedeuten）这个他物。在这里，界限不仅是按照精神性的内容，而且也是从生物学和起源上明确划出来的。即使在低等动物那里，我们也已经碰到了大量最初的情感声音和感受声音，这些声音随后在向着更高种类的进展中越来越分化，它们展开为环环相扣而又界限分明的“语言表现”，如恐惧和警告的呼叫、引雏或召唤配偶的呼叫等。但是，在这种呼叫声音与人类语言的指称声音和含义声音之间始终有一道“鸿沟”、一条“缝隙”。最近，现代动物心理学更加清晰的观察方法恰恰证实了这一点。[①] 正如亚里士多德首次指出的，只有当纯粹含义的声音赢得了优先于情绪声音和刺激声音的决定性权利之后，迈向人类语言的步骤才开始：这种优先地位在语言史上表现为，发达语言的很多语词第一眼看来似乎是单纯的感叹词，但是更加仔细的分析表明它们是源于更加复杂的语言形成物

136

① 关于最高级的黑猩猩的“语言”，参见：Wolfgang Köhler，*Zur Psychologie des Schimpansen*，in：*Psychologische Forschung*. Zeitschrift für Psychologie und ihre Grenzwissenschaften 1 (1921)，S. 2-46：S. 27：“详细地描述动物如何让它们自己得到理解，这并不容易。绝对可以确定的是，它们的声音变化都无一例外地表达了‘主观的’状态和期望，它们都是所谓情绪声音，目的从来不在于描述或指称客观的东西。然而，在灵长类动物的声音中出现了如此多的人类语言的‘声音环节’以至于可以确定它们还没有形成我们意义上的语言。这一点同样适用于动物的面部表情和肢体活动：它们都没有指称任何客观的东西，也没有完成任何‘表现功能’[……]”

(Gebilden)、源于具有确定概念性含义的语词和句子的逆向构词(Rückbildungen)。[①]

一般而言，语言在朝着它自身的形式、它的内在自由发育成熟的过程中经历了三个阶段。如果我们把这些阶段称为模仿（mimisch）表达阶段、类似（analogisch）表达阶段和真正符号（symbolisch）表达阶段，那么这种三分（Dreiteilung）包含的首先只是一种抽象的图式——但是，这种图式要用具体的内容来填充，因为正如已经说明的，这种图式不仅能够作为对给定的语言现象进行分类的原则，而且在这种图式中也表现了语言**建构**的一种功能性规律，这种规律与其他领域里——例如艺术或知识里——的规律有着明确的差别。我们越是靠近声音语言的真正开端，我们似乎就越多地处在模仿性描述和指称的范围内，这里是手势语言的根基。声音所追求的，是直接地接近感性印象，并尽最大可能地忠实复现这个印象的多样性。这一追求不仅在长时间内支配着儿童语言的发展，而且也总是最强烈地出现在“原始人”的语言中。语言在这里还如此紧密地依赖具体的个别过程(Einzelvorgang）及其感性图像（sinnliches Bild)，以至于它试图用声音穷尽该过程，它并不满足于一种一般性的关系，而且用一种特殊的、专门为这种情况而确定的声音细微差别（Lautnuance）来伴随该过程（Vorgang）的每一个特殊的细微差别。例如在埃维人和其他相近的语言中，有这样一些副词，它们只能描述**一种**活动、**一种**状态或**一种**属性，以及相应地只能修饰**一个**动词。很多动词拥有大量在定性上只属于它的副词，这些副词很多是感性印象的声音图像（Lautbilder)、声音上的复制品。**维斯特曼**（Westermann）在他的《埃维语语法》中列出了不少于 33 个这样的声音图像，它们是专门用来表述“走”这一个动词的，其中每一个都描述了走的一种特殊的方式和

137

① 相关事例参见：Archibald Henry Sayce，*Introduction to the Science of Language*，2 Bde.，London 1880，Bd. I，S. 109f.；有关印度-日耳曼语的事例，尤其参见：Karl Brugmann，*Verschiedenheiten der Satzgestaltung nach Maßgabe der seelischen Grundfunktionen in den indogermanischen Sprachen*（Berichte über die Verhandlungen der Sächsischen Gesellschaft der Wissenschaften zu Leipzig，Philologischhistorische Klasse 70［1918］)，S. 1-93：S. 24ff.。

特性，例如颤巍巍地走、溜达着走、跛脚走、拖着衣服走、蹒跚地走、摇摆着走、有力地充满能量地走、懒散地摇晃着走。但是正如他所补充的，这些并没有穷尽描述“走”的一系列副词；因为大多数这些副词能够根据主语是大还是小而以叠加形式、通常形式和缩小形式出现。[①] 尽管这类直接的声音绘画（Lautmalerei）在语言发展的更高阶段消退了，但是没有哪一种高度发达的文化语言（Kultursprache）是没有保存着多个这类例子的。特定的拟声词表达以突出的一致性扩展到了地球上的所有语言中。它们的力量不仅表现在，它们一旦形成就抵抗通过语音演变和在别的情况下普遍有效的声音法则而产生的变化，而且表现在，它们作为新的创造物也在语言的历史中不断地产生出来。[②] 考虑到这些事实，下面这一点也就是可以理解的了，即正是经验论的语言研究者往往倾向于接受拟声学原理，并且至少尝试着在一定条件下维护这一原理的声誉，而这一原理在语言哲学中经常受到非常严厉的责难。[③] 16 和 17 世纪的语言哲学往往还相信，在拟声性构词（Bildungen）中直接就有人类基本语言和原初语言的钥匙，有“亚当的语言”的钥匙。今天，批判语言科学研究的进步确实已经越来越多地驱散了关于这种原初语言的迷梦；但是，我们总是还能遇到各种偶然的尝试，即证明含义类别（Bedeutungsklassen）和声音类别（Lautklassen）在语言形成的最早时期彼此是如何对应的，原初语词（Urworte）如何被划分为确定的组，每一组都与确定的声音材

138

---

① Diedrich Westermann，*Grammatik der Ewe-Sprache*，Berlin 1907，S. 83 f. u. 130. 在美洲原住民的语言中发现了完全类似的现象，例如参见：博厄斯在奇努克语中发现了纯粹拟声词到一般动词和副词表达的过渡，参见：Franz Boas，*Chinook*，in：*Handbook of American Indian Languages*，hrsg. v. Franz Boas，Bd. I（Smithsonian Institution，Bureau of American Ethnology，Bulletin 40），Washington 1911，S. 559－677：S. 575 u. 655 f.。

② 德语中拟声词的形成是相对晚的，例如参见：Hermann Paul，*Prinzipien der Sprachgeschichte*，S. 160f.；有关罗曼语中的事例，例如参见：Wilhelm Meyer-Lübke，*Einführung in das Studium der romanischen Sprachwissenschaft*（Sammlung romanischer Elementar- und Handbücher，hrsg. v. Wilhelm Meyer-Lübke，1. Reihe：Grammatiken，Bd. I），2，neubearb. Aufl.，Heidelberg 1909，S. 91 ff.。

③ 例如参见：Wilhelm Scherer，*Zur Geschichte der deutschen Sprache*，Berlin 1868，S. 38。

料相连并从这种材料中建构起来。[1] 即使在人们不再希望以这种方式完成对原始语言的现实重建（Rekonstruktion）的地方，人们还是习惯于承认拟声学原理是最有可能获得有关语言形成的相对最古老层次的一种间接表象的工具。例如，关于印度-日耳曼诸语言，**格奥尔格·库尔修斯**（Georg Curtius）发现，

139

> 尽管有各种各样的变化，但是在这些语言中还是能够发现一种固执的冲动。从恒河到大西洋我们族群的所有人都用“sta”这个同样的声音组来指称“站”这个表象，在所有这些人那里，“流动”这个表象都是与声音组“plu”联系在一起的，而只有一些非本质性的变化。这不可能是偶然的。可以肯定的是，这些表象与这些声音之所以经历了几千年依旧是联系在一起的，是因为对这些人的感觉而言，二者之间存在着一种内在的纽带，也就是说，对他们而言，有一种用这些声音来表达这种表象的冲动。人们经常嘲笑讥讽这种主张，即最古老的语词预设了声音与它们所指称的表象之间有某种联系。然而，离开了这种设想，是很难说明语言的起源的。在任何一种情况下，表象都像一个灵魂一样居住在更发达时期的语词中。[2]

试图去把握个别声音和声音类别的这种“灵魂”，这一点总是反复引诱着语言哲学家和语言研究者。不仅斯多亚派走上了这条道路，莱布尼茨也试图详细地追踪个别声音和声音组的这种原初意义（Urs-inn）。[3] 在他之后，恰恰是最精致的、最深刻的语言行家相信不仅在个别概念的质料性表达中，而且在某些语法**联系**的形式性表述中都能

① 参见：Carl Täuber，*Die Ursprache und ihre Entwicklung*，in：Globus，*Illustrierte Zeitschrift für Länder-und Völkerkunde 97*（*1910*），S. 277–282。托伊伯在该书中区分出了 6 个主要的类：液态食物、固态食物、气态的流体、树木和森林、饮食和饮水的地方、动物世界，而且试图说明，在世界上差异最大的语言中，例如在梵语和希伯来语中，它们最初都是由相同种类的声音指称的（m＋元音，p一音＋元音，n＋元音，t一音＋元音，l 或 r，k一音＋元音）。

② Curtius，*Grundzüge der griechischen Etymologie*，S. 96.

③ Leibniz，*Nouveaux Essais*（Buch III，Kap. 3）.

够清晰地指明特定声音的符号价值。因此，洪堡发现不仅在选择特定声音作为特定情感值（Gefühlswerte）的表达中证实了这种关联——例如，声音组“st”经常指称的是持久的、稳固的东西的印象，声音“l”经常指称的是融化的、流动的东西的印象，声音“w”经常指称的是一种波动的、不稳定的运动——，他还相信，在语言形式形成（Formbildung）的工具中也有这种联系，而且他把自己的专门注意力都转向了“语法声音中的符号性东西”。[1] 雅克布·格林也试图说明，例如在印度-日耳曼语言中用来形成回答词汇和问题词汇的那些声音与回答和问题的精神性**含义**有着最精确的关联。[2] 特定的元音差异（Vokaldifferenzen）和元音渐变（Vokalabstufungen）作为特定的客观等级渐变（Gradabstufungen）的表达，尤其是指称一个对象与说话者的**距离**是远还是近，这一现象在最为不同的语言区中同样反复出现。“a”“o”“u”几乎总是描述更远的距离，“e”和“i”则描述更近的距离。[3] 时间距离的差异（Verschiedenheit）也是以这种方式由元音的差异或元音音高的差异表明的。[4] 特定的辅音和辅音组以同

140

① 参见：Humboldt，*Ueber die Verschiedenheit des menschlichen Sprachbaues und ihren Einfluss*，S. 76ff.，以及这部著作本身：*Über die Kawi-Sprache auf der Insel Java, nebst einer Einleitung über die Verschiedenheit des menschlichen Sprachbaues und ihren Einfluß auf die geistige Entwickelung des Menschengeschlechts*，Bd. II：*Fortsetzung der Kawisprache；Malayischer Sprachstamm im Allgemeinen und dessen westlicher Zweig*（Abhandlungen der Königlichen Akademie der Wissenschaften zu Berlin. Aus dem Jahre 1832，3. Teil），Berlin 1838，S. lll [Zitat]，153 u. ö.。

② 参见：Jacob Grimm，*Deutsche Grammatik*，4 Bde.，Göttingen 1819 ff.，Bd. III，S. 1。“人类发出的所有声音都不能表达那个在语词的开端处就被感受到的问题的本质。K是嗓子能够发出的最完满的辅音。一个单纯的元音听起来是不确定的，嘴唇不像嗓子那样强。虽然能够以与发K音时相同的力量发出T来，但是T并不是喷出的而是说出的，而且拥有某种更稳固的东西，因此它适合于表达安静的、持续的、指示性的答案。K研究、探究、呼喊，T指示、解释、回复。”

③ 有关不同语群中的证据，参见：Friedrich Müller，*Grundriß der Sprachwissenschaft*，Bd. 1/2，Wien 1877，S. 94f.，a. a. O.，*Grundriss der Sprachwissenschaft*，Bd. III/1，Wien 1884，S. 194 u. ö.；Wilhelm von Humboldt，*Über die Kawisprache auf der Insel Java*，S. 153；s. übrigens weiter unten，Kap. III。

④ 例如参见：F. Müller，*Grundriss*，Bd. 1/2，S. 94；Heymann Steinthal，*Die Mande-Negersprachen. Psychologisch und phonetisch betrachtet*，Berlin 1867，S. 117。

样的方式被用作“自然的声音隐喻”，它们每一个在几乎所有的语言领域中都有一个相同或相近的含义功能——例如，唇音共鸣的声音往往指称的是朝向说话者的方向，而爆破性的舌音则指称远离说话者的方向，如此一来，前一个是作为“我”的自然表达、后一个是作为“你”的自然表达出现的。①

但是尽管后面的这些现象似乎自在地还带有直接感性表达的色彩，但是它们从根本上说已经超出了单纯模仿和模拟的语言工具的范围。因为现在涉及的不再是在一个模仿的声音中抓住一个个别的感性对象或一个个别的感性印象，而是用对声音的整个序列做质的渐变来表达一种纯粹的联系。在这种联系（Beziehung）的形式和特性与表现出这种联系的声音之间不再存在任何直接的物质相似性关系（Verhältnis），正如一般而言声音的单纯物质不能够复现纯粹的关系规定一样。关联（Zusammenhang）之所以被传递出来了，是因为不仅在声音的关系中而且在被指称的内容中都把握住了一种**形式**的类似（eine Analogie der Form），而这些内容上完全不同的序列借助于这种形式上的类似（Analogie）形成了一种明确的**搭配**（Zuordnung）。如此一来就达到了第二个阶段，与单纯的模仿表达相对，我们把这个阶段称为**类似**（analogisch）**表达**阶段。在那些用音乐性音节音调（Silbenton）来区分语词含义或者来表达形式的-语法的规定的语言中，从前者向后者的过渡也许表现得最清晰。由于纯粹的含义功能依旧完全依附于感性的声调而且无法摆脱它，所以我们看起来依旧完全接近于模仿的领域。针对印度支那语言，洪堡说，在这种语言中，话语由于单个音节音高的分化和重音的差异而变成了一种歌唱或宣叙调，例如，暹罗语的音调层次完全能够与一种音乐音节做比较。② 尤其在苏

---

① 乌拉尔-阿尔泰语在这一方面与印度-日耳曼语惊人地一致，音素 ma、mi、mo 或 ta、to、ti 都是人称代词的基本要素。参见：Heinrich Winkler，*Das Uralaltaische und seine Gruppen*，Berlin 1885，S. 26；关于其他语群，参见：Wundt，*Völkerpsychologie*，Bd. I/1，S. 345，该书的基础材料出自弗里德里希·米勒（Friedrich Müller）的《语言学大纲》（*Grundriss der Sprachwissenschaft*）。

② Humboldt，*Ueber die Verschiedenheit des menschlichen Sprachbaues und ihren Einfluss*，S. 300.

丹语中，通过音节的不同音调，高音、中音或低音，或者通过组合的音调细微差别（Tonschattierungen），例如低音高音的升调或者高音低音的降调，能够表达最为多样的含义细微差别（Bedeutungsnuancen）。这种方式既可以表明词源区别，亦即相同的音节按照它们的音调可以描述完全不同的物或过程，也可以表达特定的空间的和质的区别，例如，高音节词语被用来表达远距离，低音节词语被用来表达近距离，前者用来表达快速，后者用来表达缓慢等。① 此外，纯粹形式的规定和对立也能以同样的方式加以表达。例如，动词的肯定形式仅仅通过音调上的变化就能过渡为否定的形式②——或者，这一原则也可以决定一个语词的语法范畴，例如发音相同的音节可以通过发音方式而被标记为名词或动词。③ 我们又更进一步地被带进**元音和谐**的现象（die Erscheinung der Vokalharmonie）中了。这些现象，正如人们所熟知的，在特定语言和语言群——首先是乌拉尔-阿尔泰语——的整个建构中都起着支配作用。在这里，所有元音分为两种明确划分开的类别，一类是硬元音，一类是软元音。普遍的规则是，通过后缀增强一个词根时，根音节的元音与后缀中的元音必须属于同一类。④ 同时，一个单词的个别部分在发音上趋同，亦即一种纯粹感性的手段，起到了把这些部

142

---

① 更多讨论，参见：Diedrich Westermann，*Die Sudansprachen. Eine sprachvergleichende Studie*（*Abhandlungen des Hamburgischen Kolonialinstituts*，Bd. III），Hamburg 1911，S. 76ff.；a. a. O.，*Die Golasprache in Liberia. Grammatik*，*Texte und Wörterbuch*（Abhandlungen aus dem Gebiet der Auslandskunde，Bd. VI［Reihe B，Bd. IV］），Hamburg 1921，S. 19 ff.。

② Westermann，*Die Golasprache in Liberia*，S. 66f.

③ 例如，在埃塞俄比亚语中，动词和名词只是由元音发音区分开的。被动特征的不及物动词也是通过同样的方式与主动意义的动词区分开的。参见：August Dillmann，*Grammatik der äthiopischen Sprache*，Leipzig 1857，S. 115 f.。

④ 有关乌拉尔-阿尔泰语中元音和谐原理的更多讨论，参见：Otto Böhtlingk，*Über die Sprache der Jakuten*，*Bd. I*（*Reise in den äusserten Norden und Osten Sibiriens*，hrsg. v. Alexander Theodor von Middendorf，Bd. III），St. Petersburg 1851，S. XXVI u. 103；另可参见：Winkler，*Das Uralaltaische und seine Gruppen*，S. 77ff.。约瑟夫·格伦泽尔（Joseph Grunzel）强调：元音和谐的趋势在所有语言中都有，尽管这一趋势只有在乌拉尔-阿尔泰语中才发展成规律性的。在这里，元音和谐在一定意义上也引起了辅音和谐。更多讨论参见：Joseph Grunzel，*Entwurf einer vergleichenden Grammatik der altaischen Sprachen nebst einem vergleichenden Wörterbuch*，Leipzig 1895，S. 20f. u. 28 f.。其他语群中也有元音和谐现象，有关美洲语言的讨论，参见：Boas，*Handbook*，S. 569（Chinook）；有关非洲语言的讨论，参见：Carl Meinhof，*Lehrbuch der Namasprache*（*Lehrbücher des Seminars für Orientalische Sprachen zu Berlin*，Bd. XXIII），Berlin 1909，S. 114f.。

分在形式上联系在一起的作用，而且使这些部分能够从相对松散的“黏着状态”发展为一个语言整体，发展为一个自成一体的语词或语句**形成物**（Wort-oder Satzgebilde）。在语词或词句借助元音和谐的原则把自身建构为声音统一体的时候，语词或语句在这个过程中也首次获得了其真正的意义统一性：获得了一种关联，这种关联一开始只适用于单个声音的质及其生理上的产物，现在变成了一种把这些单个的声音连接为一个精神整体统一体、“含义”统一体的手段。

143 在语言形成的某些广泛使用的、典型的基本手段的功能中，例如在**叠音**（Reduplikation）这种声音手段对于构词和构形以及对于句法所起到的作用中，声音与含义之间的这种“类似的”对应性表现得还要更加清晰、更加突出。乍一看，叠音似乎还完全被模仿原理支配着：把声音或音节说两遍看起来仅仅是为了尽可能忠实地复现被指称的事物（Ding）或过程（Vorgang）的特定客观属性。一个声音的重复直接与在感性定在或印象中给定的东西相一致。在一个事物多次把相同的属性提供给感官的地方，在一个时间性的过程以具有相同或类似阶段的序列出现的地方，最适合使用声音的重复。但是在这种基础之上，令人震惊的杂多性和最精致的含义细微差别（Bedeutungsschattierungen）的体系建构起来了。“多数本身”（Mehrheit schlechthin）的感性印象首先在概念上分解成了“集合的”和“分散的”多数表达。有些语言缺少我们意义上的复数指称，这些语言由于没有最谨慎地区分开一种特定的行动（Akt）是把自身表现为一个不可分割的整体还是分割为多个个别行动（Einzelhandlungen），所以也没有把分散的多数观念发展到最高的明确性和确定性。如果是后者，要么有不同的主体同时参与到了这个行动中，要么它是由同一个主体在不同的时间段、在各个个别的“阶段”上做出的，那么叠加声音（Lautverdoppelung）表达的就是这种分散的分离。在描述克拉马斯人的语言时，**加切特**（Gatschet）指出了，这种基本区分在这里如何恰恰变成了语言的支配性范畴，这些范畴渗透在它的各个部分中，并决定了这个语言的整个“形式”。① 在其他语言圈里，也可以发现在语言史的开端重复一个单词只是量的指称的简单手段，后来逐渐地变成了这些量的直观表达，这些量不是作为封闭的整体存在的，而是被分割成了个别的组或个体。② 但是如此一来，这种语言工具的思想成就远没有被穷尽。正如叠音可以用来表现多数和重复一样，叠音也可以用来表现多种其他关系，尤其可以用来表现空间关系和大小关系。**舍雷尔**（Scherer）把它称为语法的原初形式，它本质上服务于三种基本直观的表达：对力、空间和时间的直观。③ 重复性含义经过一次现成的过渡发展成为纯粹的强化含义，正如强化含义在形容词中表现为比较级，在动词中表现为强化形式，强化形式又经常变为使役动词形式。④ 一个行动（Handlung）或一个过程（Vorgang）的非常精细的**情态**差别也能用声音重复这一简单的手段表明。例如，在不同的美洲原住民语言中，都用动词的叠词形式来指称动作的一种“非现实性”，来表达这个动作只存在于意图或“表象”之中，而没有真正地成功完成（reale Vollendung）。⑤ 在所有这些情况下，叠音都远远超出了单纯感性地描述或指向一个对象性存在的阶段。有一个因素让这一点变得非常显眼，就是一种独特的**两极对立**（Polarität）的用法，它不仅能表达和承载不同的含义样态，而且能用来表达相对立的

144

---

① Albert Samuel Gatschet, *The Klamath Indians of Southwestern Oregon*, Washington 1890 (Contributions to North American Ethnology, Bd. II/1), S. 259 ff. Zur Bedeutung der »idea of *severalty* or *distibutrition*«, S. 262, wie Gatschet sie nennt, s. auch weiter unten, Kap. III.

② 闪米特语中的相关事例，参见：Carl Brockelmann, *Grundriss der vergleichenden Grammatik der semitischen Sprachen*, 2 Bde., Berlin 1908/1913, Bd. II, S. 457ff.。

③ Scherer, *Zur Geschichte der deutschen Sprache*, S. 354f.

④ 相关证据，首先参见：August Friedrich Pott, *Doppelung (Reduplikation, Gemination) als eines der wichtigsten Bildungsmittel der Sprache, beleuchtet aus Sprachen aller Welttheile*, Lemgo/Detmold 1862；相关丰富素材，也可参见：Renward Brandstetter, *Die Reduplikation in den indianischen, indonesischen und indogermanischen Sprachen*, Luzern 1917。

⑤ “叠词也被用来表达名词的减弱，即嬉戏表演一个行为或努力表演一个行为。我们在所有这些形式中似乎都带有这样的观念，即我们是在表达还没有实现的概念。”(Franz Boas, Kwakiutl, in: Franz Boas, *Handbook*, S. 423–557: S. 444f.，尤其参见：526 f.)

含义情态。除了强化含义，它有时也会表现出正好颠倒的即弱化含义，因此它被用来构成副词的缩小形式和动词的限制形式。[1] 在规定 *145* 一个行动的时间阶段时，它既能用来表达现在或未来，也能用来表达过去。[2] 这就最清楚地表明了，与其说它是一个固定的、受限制的表象内容的复现，不如说在其中铸造了一种特定的理解和观察的**方向**（Richtung der Auffassung und Betrachtung），也可以说是铸造了一种确定的表象活动。当叠词从定量表达领域进入纯粹关系规定（der reinen Relationsbestimmung）的范围内时，叠词的纯粹形式性的成就就更明显了。也就是说，与其说它规定了单词的内容性含义，不如说规定了它的一般性的语法范畴。在有些通过单纯的词形已经无法辨认出其语法范畴的语言中，一个语词经常会由于声音或音节的叠加（Laut-oder Silbenverdoppelung）而从一个语法类别进入另一个语法类别中，例如从一个名词变成一个副词。[3] 我们很容易找到与这些现象类似的其他现象，所有这些现象都很清楚地表明了，即使语言是从纯粹模仿的或"类似的"表达开始的，它也会尽力持续扩展这些表达的边界并最终冲出这个范围。它把声音记号多义性（Vieldeutigkeit）的不利变成了有利。因为恰恰是这种多义性不会容忍记号保持为单纯个体性记号；恰恰是它强迫精神迈出决定性的一步，从具体的"指示"（Bezeichnens）功能发展到一般性的、普遍有效的"含义"（Bedeutung）功能。在这种含义功能中，语言似乎从它一直以来表现出来的感性外壳中走出来了：模仿的或类似的表达让位于纯粹符号性的表达，纯粹符号性的表达恰恰在其不同（Andersheit）中并借助于这种不同变成了一个新的更深刻的精神内容的承担者。

---

① 南海语言的相关证据，参见：Robert Henry Codrington，*The Melanesian Languages*，Oxford 1885，S. 147；Sidney Herbert Ray，*Reports of the Cambridge Anthropological Expedition to Torres Straits*，Bd. III：Linguistics，Cambridge 1907，S. 356 u. 446；有关美洲原住民语言，参见：z. B. Boas，*Kwakiutl*，S. 526 u. ö. 。

② 例如塔加路语中动词的时态构成，参见：Humboldt，*Über die Kawisprache auf der Insel Java*，S. 125 ff. 。

③ 有关爪哇语的事例，同上，S. 86f. 。

第三章　直观表达阶段上的语言

一、空间的和空间联系的表达

146　与在认识论中一样，在语言研究中也无法以这种方式在感性东西与理智东西这两个领域之间画一条分明的界线，即好像这两个彼此分离的领域都有自己本身自足的“现实性”种类一样。知识批判表明，单纯的感受（Empfindung）——设定其中仅仅有一种感性的质的规定而不考虑任何**秩序**形式（Form der Ordnung）——绝对不是直接经验的“事实”，而毋宁仅仅是抽象的结果。感觉的质料（Materie）从来都不是纯粹自在地、“先于”一切赋形（Formung）而给予的，而是在最初设定它们时，它们就已经包含着一种空间-时间-形式的联系。但是在知识持续的进展中，这种最初的、单纯无规定的提示（Hinweis）获得了越来越明确的规定：单纯的“并存的可能性”和“相继的可能性”展开为空间整体和时间整体，即一种既具体又一般的位置秩序。人们也许会期待，语言作为精神的反映（Spiegelbild）

也以某种方式反映了这个根本的过程。而且事实上，康德的话——概念无直观则空——不仅适用于概念的逻辑规定，而且同样也适用于概念的语言指称。即使那些最抽象的语言形态也清晰地表现出了与它们一开始就根植于其中的首要直观基础的关联。在这里，“意义”的领域与“感官”的领域绝对不是分离的，而是依旧最紧密地交织在一起的。因此，从感受（Empfindung）的世界迈向“纯粹直观”的世界——知识批判指出，这一步是知识建构中的必要要素，是纯粹自我概念的条件和纯粹对象概念的条件——这一步在语言中有自己的精确副本。正是在“直观形式”——在语言中处于支配地位的精神综合的种类和方向首先表现出来的直观形式中——而且只有通过这些直观形式的媒介（Medium），只有通过**空间**、**时间**、**数**的直观的中介（Vermittlung），语言才完成了其本质性的逻辑成就：把印象构形（Gestaltung）为表象。

正是**空间**直观首先最充分地表现出了语言的感性表达与精神表达的这种相互渗透。正是在语言为了指称精神过程而创造的这些最一般性的表达中，空间表象至关重要的作用最清楚地表现了出来。即使在最发达的语言中，我们也碰到过用空间表象“隐喻式地”复现精神规定的做法。在德语中，这种关联表现在表象（Vorstellen）、理解（Verstehen）、把握（Begreifen）、解释（Begründen）、探讨（Erörtern）等表达之中①，同时，这种关联不仅以几乎同样的方式出现在相近的印度-日耳曼语言圈中，而且也出现在完全独立的、距离遥远的语言之中。尤其是原始人的语言由于其精确性而总是显得很突出，它们精确地直接描绘、模仿着表达各种过程和活动的一切空间规定与区别。例

① “把握理解（Begreifen）［……］像简单的抓取（greifen）一样，最初是指用手、脚、手指、脚趾触摸。”参见：Grimm，*Deutsches Wörterbuch*，Bd. I，Leipzig 1854，Art. »Begreifen«，Sp. 1307－1310：Sp. 1307。关于“erörtern”的空间含义，参见：Gottfried Wilhelm Leibniz，*Unvorgreifliche Gedanken*，*betreffend die Ausübung und Verbesserung der teutschen Sprache*，in：Deutsche Schriften，hrsg. v. Gottschalk Eduard Guhrauer，Bd. I，Berlin 1838，S. 440－486：S. 468；也可参见：Nouveaux Essais，Buch III，Kap. 1。

如，美洲原住民的诸语言对于“走”几乎没有任何一种一般性的描述，而对于“向上走”和“向下走”以及“走”这种活动的其他各种细微差别都有专门的表达——同样在表达静止状态时，如站立的各种状态——站在某一个特定区域之上、之下、之内和之外，挨着某个东西站着，站在水里、草地上等——都被精确地区分开和划分开了。尽管这些语言完全没有指称我们用动词表达的大量区别，或者只赋予了这些区别非常低的重要性，但是它们却用具有原初性位置（lokal）含义的小品词最为小心地指明了所有的地点、位置和距离规定。这些语言所坚持的严格性和精确性经常被视为其根本原则及其真正典型的基本特征。① 关于马来-波利尼西亚诸语言，**克劳福德**（Crawfurd）说，人类身体的不同姿势在这些语言中被如此明确地区分开来了，以至于一位解剖学家、画家或雕塑家能够从中直接获益——例如，在爪哇语中，10 个不同种类的“站”和 20 个不同种类的“坐”分别都有一个专门的词来复现它们。② 像我们语言中的“这个男人病了”这个句子在美洲的不同语言中只能这样来表达，即在说这个男人的同时要说明，这句话里涉及的这个主体距离说话的人或听着的人是远还是近，对于他们来说是可以看到的还是看不到的；同样，这个病人的地点、位置和姿势往往也是由词句的形式表明的。③ 所有其他的规定都退居到空间特征的这种清晰性的背后了，或者，这些规定只有通过地点规定的中介才能被间接地描述出来。这一点同样适用于**时间的、质的或情态的**差别。例如，对具体的直观来说，一个行动的目的总是与

148

① 例如，博厄斯在谈到夸扣特尔语时说：“不论是在名词还是动词中，坚持表达相对于说话人的位置，是语言的一个基本特征。”（Boas，*Kwakiutl*，S. 445）加切特表达了相同的判断，参见：Gatschet，*The Klamath Indians*，s. bes. S. 396 ff.，433 f. u. 460。

② John Crawfurd，*History of the Indian Archipelago. Containing an Account of the Manners，Arts，Languages，Religions，Institutions and Commerce of its Inhabitants*，3 Bde.，Edinburgh 1820，Bd. II，S. 9，参见：Codrington，*The Melanesian Languages*，S. 164 f.：“谈论的每一件事物、每一个人都被视为来的或去的，或者处于欧洲人完全不熟悉的位置关系中。”［Zitat S. 165］

③ 参见：hierzu Boas，*Introduction*，收录于 a. a. O.，*Handbook*，S. 1 – 83：S. 43ff.；a. a. O.，*Kwakiutl*，S. 446。

该动作设定的空间**目标**以及它追求该目标时所走的方向有最紧密的联系，因此，动词的“目标形式”（Finalis）或“意向形式”（Intentionalis）是由添加上一个真正用来描述位置的小品词而形成的。①

在所有这些情况中都表现出了语言思维的一个共同特征，这个特征对知识批判也极端重要。为了有可能把纯粹知性概念应用到感性直观上，康德要求一个第三者，一个居间的东西，二者在这个居间的东西中尽管自在地说来完全不同但又必定相一致——他在“先验图式”中发现了这种中介，它一方面是理智的，另一方面又是感性的。按照康德的观点，图式从这个角度把自己与单纯的图像区分开了：“图像是生产性想象力的经验能力的一种产物，感性概念的（作为在空间中的图形的）图式是先天的纯粹想象力的一种产物，类似地，也是一种草图，图像正是通过这种产物或草图并按照这种产物或草图才得以可能，但是图像始终必定只是借助于它所指称的那个图式才与概念连接起来，而且自在地说来与这个图式又不是完全一致的。”② 为了能够把所有的理智表象都变得在感性上是可以理解的和可以表现出来的，语言在为空间内容和关系命名时都拥有一个这样的“图式”。只有当语言把各种思想性的、观念性的关系都投射到空间上并在空间中类似地“反映”（abbildet）出来，对于语言意识而言，这些思想性的、观念性的联系（Beziehungen）才是可以理解的。在集合、并存和分离等关系（Verhältnisse）中，它才获得了表现最为不同种类的质的关联、依赖性和对立的手段。 *149*

这种关系在语言所了解的最为原初性的空间语词的形成中已经能够辨认出来并被阐明了。这些语词还完全根植于直接的感性印象的范围内，但是它们又包含着生长出纯粹联系表达（Beziehungsausdrücke）的最初萌芽。它们既指向“感性的东西”，又指向“理智的东西”。因为尽管它们最开始还是完全物质的，但是正是它们才真正地解开了语

---

① 相关事例参见：Westermann，*Die Sudansprachen*，S. 72；a. a. O.，*Die Gola-Sprache*，S. 62 u. a.。

② Kant，*Kritik der reinen Vernunft*，S. 142 u. 144 [B177 u. 181].

言独特的形式世界。第一个要素在空间语词的声音形态中就已经显明了。除了单纯的感叹词——它们什么也没有“说”，本身还不包含任何客观的含义内容——几乎没有任何一类语词比指称这里和那里、远和近的语词表现出了更强烈的“自然声音”的特征。在大多数语言中，几乎所有用于指称这种区别的指示性小品词都可以被视为直接“声音隐喻”的回响。正如在不同种类的指向和指示中，声音只起到了强化手势的作用，因此，就其整个属性而言，它在这里还完全停留在声乐**姿态**（die vokale Geste）的领域里。因此我们发现，在最为不同的语言中，特定的位置规定几乎都是用相同的声音指称的。具有不同质和音调的元音被用来表达不同的空间距离，除此之外，首先正是在确定的辅音和辅音组中包含着完全确定的感性趋势。在儿童语言最初的牙牙学语中，那些本质上说来带有“向心”趋势的声音组就已经与那些具有“离心”趋势的声音组明确区别开来了。“m”和“n”明显带有朝内的方向，而向外爆发的爆破音“p”“b”“t”“d”则表现出相反的趋向。在前一种情况下，声音指示的是返回到主体的一种努力；在后一种情况下，声音包含着一种与“外部世界”的联系、指示远方、指示前方、拒绝入内。如果说在前一种情况下，声音与抓取、拥抱、拉向自身等意愿的手势相一致，那么在后一种情况下，声音就与指和推远的手势相一致。从这种原初的区别中可以解释全世界儿童语言的最初“词汇”所表现出的一致性。① 如果人们研究不同语言的指示性小品词、副词的源头和最初声音形态，那么在本质上相同或类似的功能中能够发现相同的声音组。布鲁格曼针对印度-日耳曼语的开端区分了三重指示形式。“我的指示语”（Ich-deixis）在内容和语言上都与“你的指示语”（Du-deixis）相对立，而后者又融入了“那的指示语”（Der-deixis）的一般形式之中。在这里，“你”这个指示语是由该指示语的方向以及与这个方向一致的典型声音指明的，这个声音在原始印度-日耳曼语的指示词根中表现为“ * to”，而对近或远

150

① 更多内容参见：Wundt，*Völkerpsychologie*，Bd. I/1，S. 333 ff. 以及Clara，Stern William Stern，*Die Kindersprache*，S. 300 ff. 。

的考虑在该指示语中一开始不起任何作用。在该指示语中，所确立起来的只是自我的“对立面”，只是与作为对象的客体的一般性联系；自身身体之外的范围第一次被突出出来，被划分出来。进一步的发展是，在这整体范围之内更加清晰地把诸个别区域突出出来。[①] 这整体范围又分割为这个与那个、这里与那里、近与远。由此一来，对空间直观世界的一种分节（Gliederung）就由可以想得到的最简单的语言工具完成了，而空间直观世界对于人类文化的发展有着无法估量的重要性。最初的框架创造出来了，所有更进一步的区分才能被引入其中。为了理解一组单纯的“自然声音”为什么会起到这样的效果，人们必须记住的是，在这些声音中固定下来的指示行动本身不仅拥有感性的方面，还拥有纯粹精神性的方面——人们必须记住，一种新的独立意识能量（Energie）已经被烙印在了这个声音中，这种能量已经超出了动物也能得到的单纯感受领域。[②]

151

指示代词恰恰源于语言的那些原初性的“基础思想”，这些“基础思想”在最为不同的语言领域内以很类似的形态反复出现。在一切地方，被指向的那个客体在位置或距离上的确定区别都是用元音或辅音的简单变化表达的。在大多数情况下，浊元音表达的是聆听人的地点、“那里”，而说话的人的地点则是由清元音指称的。[③] 关于辅音音素所形成的指示词，“d”和“t”、“k”和“g”、“b”和“p”这几组

---

① 参见：Karl Brugmann，*Die Demonstrativpronomina der indogermanischen Sprachen. Eine bedeutungsgeschichtliche Untersuchung*（*Abhandlungen der Königlich Sächsischen Gesellschaft der Wissenschaften*，Bd. L/*Abhandlungen der philologischhistorischen Klasse der Königlich Sächsischen Gesellschaft der Wissenschaften*，Bd. XXII），Leipzig 1904，S. 1－151；也可参见：*Vergleichende Laut-*，*Stammbildungs-und Flexionslehre. Nebst Lehre vom Gebrauch der Wortformen der indogermanischen Sprachen*（*Grundriss der vergleichenden Grammatik der indogermanischen Sprachen*，Bd. II/2），2. Bearb.，Straßburg 1911，S. 302 ff.。

② 参见本书上文，S. 127。

③ 关于塔希提语的情况，参见：Humboldt，*Über die Kawisprache auf der Insel Java*，S. 153；关于非洲语言例如纳马语和曼德黑种人语言的情况，参见：Meinhof，*Lehrbuch der Nama-Sprache*，S. 61；Steinthal，*Die Mande-Negersprachen*，S. 82；关于美洲原住民语言的情况，参见克拉马斯语：Gatschet，*The Klamath Indians*，S. 538。

发音，其作用在各个地方几乎都是指向远方。印度-日耳曼语、闪米特语和乌拉尔-阿尔泰语在这种用法上都表现出了一种显而易见的一致性。[①] 在个别语言中，一个指示词用来指称处于说话者的知觉范围内的东西，另一个指示词则用来指称位于聆听者的知觉范围内的东西；或者说，第一种形式是用来指称距离言说者近的客体，第二种形式是用来指称距离言说者和聆听者同样远的客体，第三种形式是用来指称一个不在场的客体。[②]

152

因此，对语言来说，空间**位置**和空间**距离**的精确区分也构成了最初的出发点，语言从这个出发点开始建构客观的现实性并规定对象。地点的分化为内容的分化奠定了基础——一方面为我、你和他的分化奠定了基础，另一方面为物理客体领域奠定了基础。一般性的**知识批判**的教导是，空间设定和空间划分的行动对于客观化一般（Objektivierung überhaupt）的行动而言，对于“把表象联系于对象”[③] 而言，是不可或缺的前提条件。这是康德由以完成“拒绝唯心论”[④] 即作为经验-心理学的唯心论的核心思想。空间直观的单纯形式本身就包含着必然指向一个客观**定在**，指向一个“在”空间“中”的现实东

① 如果人们比较布鲁格曼（参见本书上文布鲁格曼的著作）对印度-日耳曼语的说明与布洛克曼（Brockelmann）和迪尔曼（Dillmann）（参见 Carl Brockelmann，*Grundriss*，Bd. I，S. 316ff. und Dillmann，*Grammatik der äthiopischen Sprache*，S. 94 ff.）对闪米特语的说明，这种一致性表现得尤其清晰。有关乌拉尔-阿尔泰语，参见：Winkler，*Das Uralaltaische und seine Gruppen*，S. 26 ff.。

② 可见客体与不可见客体之间的区别在很多美洲原住民语言中表现得尤其明显，参见博厄斯对夸扣特尔语、庞卡语和因纽特语的说明：Boas，*Introduction*，S. 40f.；a. a. O.，*Kwakiutl*，S. 445f.；Franz Boas，John R. Swanton，*Siouan. Dakota* [Teton and Santee Dialects]。对庞卡语（Ponca）和温纳贝格语（Winnebago）的评论收录于：Boas，*Handbook*，S. 875-965：S. 945f. 和 Gatschet，*The Klamath Indians*，S. 538。班图语拥有三种形式的指示词：第一种说明的是，指示对象在说话人旁边；第二种说明的是，指示对象是已知的，因此是进入了说话人的视野和思想中的；第三种说明的是，与说话人距离很远或者压根儿看不见的。参见：Carl Meinhof，*Grundzüge einer vergleichenden Grammatik der Bantusprachen*，Berlin 1906，S. 39f.。有关南海语言的讨论，参见：Wilhelm von Humboldts *Angaben über das Tagalische* (*Ueber die Verwandtschaft der Ortsadverbien mit dem Pronomen in einigen Sprachen*，in：*Werke*，Bd. VI/1，Berlin 1907，S. 304-330：S. 312 f.)。

③ [Kant，*Kritik der reinen Vernunft*，S. 73 (B 63).]

④ [同上书，S. 200 (B 274)。]

西。经验自我的表象以“内”与“外”的对立为基础，只有在设定经验自我的同时也设定一个感性的对象，“内”与“外”的对立本身才是可能的。因为自我只有把自身状态的变化关联于一个持存的东西、关联于空间和空间中的一个持久的东西，自我才能意识到自身状态的变化。

> 我们不但只有通过关系到空间中的持存之物（例如关系到太阳对于地球上的对象的运动）的外部关系中的变更（通过运动），才能着手一切时间规定，同样，只要除开**物质**，我们就甚至根本不拥有我们也许可以作为直观置于一个实体概念之下的任何持存之物［……］在我这个表象中对我自己的意识根本不是什么直观，而是对一个思维主体的自动性的某种单纯**理智**的表象。因此，这个“我”也不具有那种可作为**持存性**而用作内感官中时间规定之相关物的最起码的直观谓词［……］①

153

康德的这个证明的基本原理在于，他在这里指明了空间的特殊功能是实体的一般功能及其感性的-对象性的应用的必要中介和工具。只有从这两种功能的相互渗透中我们才获得了对“自然”、对各种客体的一个独立总和的直观。只有当一个内容在空间中获得了规定，当它以固定的边界从无区别的空间整体中突出出来的时候，它才赢得了自身的存在形态：“凸显”和分离的行动、**外显**（ex-sistere）的行动才赋予了它独立“实存”（Existenz）的形式。这种逻辑事实在语言的建构中表现为，具体的地点指称和空间指称的作用也是界定“对象”范畴的工具。在语言发展的不同方向上都能追踪到这个过程。在印度-日耳曼诸语言的阳性和中性词那里，主格的词尾是从特定的指示小品词中产生出来的，如果这种看法是对的②，那么，在这里，地点指称的作用就是，把主格的典型功能、主格的地位表达为“主语的格”。

---

① ［Kant, *Kritik der reinen Vernunft*, S. 202［B 277f.］］

② 参见：Brugmann, *Vergleichende Laut-*, *Stammbildungs- und Flexionslehre*, Bd. II/2, S. 475，按照本书观点，第一格-s与指示代词 * so（古印度语的 *sá*）是等同的，中性名词-m可能也可以追溯到远距离的指示小品词。

只有当一个确定的地点标志、一个空间规定被附加到主格上，主格才能成为行动的“承担者”。但是，在一种独特的语言形成物上表现出了这两个要素之间的这种渗透，表现出了空间范畴与实体范畴之间的这种精神性的交互作用（Wechselwirkung），这种形成物看起来正是从它们的交互规定（Wechselbestimmung）中生长出来的。在所有形成了**定冠词**的语言中，定冠词的目标总是更加确定地形成实体的表象，尽管其**起源**显然属于空间表象的范围。因为定冠词是一个相对晚的语言形成物，因此其功能的转变在很多情况下都是显而易见的。在印度-日耳曼语中，能够从历史上详细地追踪到冠词的起源和传播。不仅在古印度语、古伊朗语和古拉丁语中而且在古希腊语尤其是荷马的语言中都缺少冠词：只有在雅典散文诗中才经常用到冠词。在日耳曼语系中，定冠词在中古高地德语中才作为规则确定下来。斯拉夫语从来没有发展出具有完全连贯用法的抽象冠词。[①] 相似的关系也出现在闪米特语中，在这里虽然普遍使用了冠词，但是有个别语言——诸如埃塞俄比亚语——还没有使用冠词，就此而言它们还处在发展的早期阶段。[②] 在定冠词使用比较普遍的地方，它都可以被视为指示代词的一个简单的分支。从“那的指示语”（Der-deixis）中产生出了定冠词——它所指向的对象被它标识为存在于“外部”和“那里”的东西，与“我”和“这里”在地点上分离开的东西。[③]

154

冠词的这一起源使下面这一点变得可以理解，即它并不是直接地就发挥出了其最一般的语言功能，即表达实体表象的功能的，而是只有通过一系列的中介才能做到这一点。它所拥有的“实体化”力量只是逐步才形成的。在原始人的语言中，就有一些确定的指示代词完全

---

① 参见格林《德语语法》中的“论冠词”，Jacob Grimms，*Deutscher Grammatik*，Bd. I，S. 366-383；关于斯拉夫语，参见：Franz Miklosich，*Vergleichende Syntax der slavischen Sprachen*（*Vergleichende Grammatik der slavischen Sprachen*，Bd. IV），Wien 1868ff.，S. 125。

② S. Dillmann，*Grammatik der äthiopischen Sprache*，S. 333 ff.；Brockelmann，Grundriß，Bd. I，S. 466.

③ 参见：Brugmann，*Vergleichende Laut-*，*Stammbildungs-und Flexionslehre*，Bd. II/2，S. 315。

是在定冠词的意义上使用的；但是这种用法还没有明确地与“实”词联系起来。在**埃维语**中，冠词被置于它所指示的词的后面，不仅位于实词的后面，而且位于绝对代词、副词和连词的后面。① 即使在事物指称的范围内，即使在它停留在“对象性”表象的范围内的时候，还是能够清楚地得出，它所包含的“对象化”的一般表达也只是逐步从特殊的含义中发展出来的。我们越向前追溯冠词的用法，它的用法看起来就越“具体”：我们在这里发现的不是冠词的普遍形式而是冠词的不同种类，随着客体和客体范围的特殊质的变化，冠词也在变化。它在语言和思想上所起到的一般**功能**在这里还没能摆脱它所修饰的那个**内容**的特殊性。除了物性（sachlich）冠词，印度尼西亚诸语言还有一种人称（persönlich）冠词，主要用在个体或族群的名字之前，有时也用在亲缘关系名称之前，不是为了以某种方式对它们定性，而只是为了把它们标识为人名或自己的名字。② 庞卡印第安语把“冠词”明确地区分为用于无生命对象的冠词和用于有生命对象的冠词：前一类，例如平的对象和圆的对象、散乱的客体和集合的客体，每一种都有一个专门的冠词；而当冠词被用到一个有生命的存在物上时，这个存在物是坐着、站着还是运动着都有精确的区分。③ 但是，索马里语的特定现象以尤其值得注意和富有启发的方式表明，冠词原初就具有具体的-直观的基本含义。索马里语有三种冠词形式，这些冠词由最后的元音（－a，－i，－o［或－u］）区分开来。决定着使用某一种形式的那个因素是，被谈论的人（Person）或物品（Sache）与说话主体之间的空间关系。以－a结尾的冠词指称的人或物品与主体处于直接的近距离上，对这个主体而言是可以看得到的而且事实上也被他看到了；以－o结尾的冠词涉及的是与主体或多或少有些距离的人或物品，但是在大多数情况下还在他的目力所及的范围内；而以－i

155

① 更多内容参见：Westermann，*Grammatik der Ewe-Sprache*，S. 61。

② S. Codrington，*The Melanesian Languages*，S. 108 ff.；尤其参见：Renward Brandstetter，*Der Artikel des Indonesischen verglichen mit dem des Indogermanischen*（Monographien zur Indonesischen Sprachforschung，Bd. X），Luzern 1913。

③ Boas，Swanton，*Siouan*，S. 939 ff.

结尾的冠词指称的内容是主体以某种方式知道的，但又是他现在看不到的。[①] 在这里，我们似乎可以用手触摸到，冠词中所表达的“实体化”以及构形为“物”的一般形式（die allgemeine Form der »Substantiierung«，der Gestaltung zum»Ding«）是如何起源于空间指示功能的，一开始是如何被局限在这种功能之中的——它一开始如何依附于不同的指示方式，直到最后在一个相对晚的阶段上，纯粹实体范畴从空间直观的特殊形式中摆脱出来了。

156

如果人们尝试着更进一步地追溯语言从最初明确构成的地点区分发展到一般性的空间规定和空间指称的整个道路，那么就会发现，这一过程的方向是从内向外的。“空间中的区域区分”[②] 以说话者自己所处的那个点作为起点，从这里出发以同心圆的形式向外扩展到客观整体的分节（Gliederung），扩展到对位置规定的系统和总和（Inbegriff）的分节。地点的区别一开始与特定的物质区别有着最紧密的联系，而自己身体四肢的区别尤其是一切更进一步的地点规定的起点。一旦人明确地形成了自己身体的图像，一旦人把自己的身体把握为一种自足的、节节相连的（gegliedert）有机体，身体对人而言就起到了类似于模型的作用，人按照这个模型建构起了整个世界。在这里，人拥有一个原初性的坐标系，他在更进一步的进展中总是反复退回到这个坐标系并关联上它。因此，他也从这个坐标系中提取出了一些用来从语言上指称这个进展的名称。

空间**关系**表达（der Ausdruck räumlicher Beziehungen）与特定的具体**名词**（Stoffworte）有着最紧密的联系，其实这是一个几乎随处可见的事实，而在这些具体名词中，指称人的身体的个别部分的单词是最重要的。内与外、前与后、上与下都是通过与人的

① 更多内容参见：Maria von Tiling，*Die Vokale des bestimmten Artikels im Somali*，in：Zeitschrift für Kolonialsprachen 9（1918 f.），S. 132-166。

② ［参见：Immanuel Kant，*Von dem ersten Grunde des Unterschiedes der Gegenden im Räume*，in：*Werke*，Bd. II，S. 391-400（Akad.-Ausg. II，375-383）.］

整体身体中特定的感性基础联系起来而获得了自己的指称的。更发达的语言习惯于用介词或后置词来表达空间**关系**（Ausdruck räumlicher Verhältnisse），而原始人的语言中几乎总是使用名词，这些名词要么本身就是身体的各个部分，要么很清楚地可以追溯到身体的部分。按照斯坦因塔尔的观点，曼德黑种人语言“非常物质性地” *157* 表达了我们的介词概念，它用一个含义为背部或臀部的词来表达“后面”，用一个含义为眼睛的词来表达“前面”，用一个描述颈部的词来表达“上面”，用一个描述胃部等部位的词来表达“内部”。[①] 在其他的非洲语言以及南海语言中，像脸部和背部、头部和口部、腰部和髋部之类的词起到了相同的功能。[②] 如果它们乍一看也许像一种特殊的“原始”指称方式，那么很显然，在语言形成更加发达的阶段上，这种指称方式也有自己精确的类似物和反映。[③] 语言其实并没有停留于仅仅用人类身体的部分或器官来指称这种“空间实词”，而是在它坚持这种指称的原则时，它又前进到了该原则的一种一般性应用。不是用像“背部”这样的词，而是能够用像“足迹”这样的词来表达对“后”的指称，用一个像“地面”或“土地”这样的词来表达对“下”

---

① Steinthal, *Die Mande-Negersprachen*, S. 245 ff. [Zitat S. 245.]

② 参见：Westermann, *Die Sudansprachen*, S. 53 ff.; a. a. O., *Die Gola-Sprache*, S. 36 f.; Leo Reinisch, *Die Nuba-Sprache*. Erster Theil: Grammatik und Texte (Sprachen von Nord-Ost-Afrika, Bd. II), Wien 1879, S. 123 ff.。关于南海语言，参见：Hans Conon von der Gabelentz, *Die melanesischen Sprachen nach ihrem grammatischen Bau und ihrer Verwandtschaft unter sich und mit den malaiisch-polynesischen Sprachen* (Abhandlungen der Königlich Sächsischen Gesellschaft der Wissenschaften, Bd. VIII/Abhandlungen der Philologischhistorischen Classe der Königlich Sächsischen Gesellschaft der Wissenschaften, Bd. III), Leipzig 1861, S. 1-266: S. 158 u. 230ff., Sidney Herbert Ray, *The Melanesian Possessives and a Study in Method*, in: *American Anthropologist* 21 (1919), pp. 347-360: pp. 352 ff.。

③ 埃及语发展出了真正的介词，这些介词原初的名词特征清楚地表现为，它们是与所有格后缀联系在一起的；对这些“介词”的分析常常可以追溯到身体部分的名称。参见：Adolf Erman, *Ägyptische Grammatik mit Schrifttafel, Literatur, Lesestücken und* Wörterverzeichnis (Porta Linguarum Orientalium, Bd. XV), 3, völlig umgest. Aufl., Berlin 1911, S. 231 u. 238 f.; Georg Steindorff, *Koptische Grammatik mit Chrestomathie, Wörterverzeichnis und Literatur* (Porta Linguarum Orientalium, Bd. XIV), 2, gänzl. umgearb. Aufl., Berlin 1904, S. 173 ff.。关于闪米特语介词的原初名词特征，参见：Brockelmann, *Grundriss*, Bd. I, S. 494 ff.。

的指称，用像“空气”这样的词来表达对“上”的指称。① 因此，这些指称现在不再仅仅取自自身身体的范围了；但是，语言在其表现地点关系时所遵循的程序依然是一样的。一个具体空间对象的表象支配着空间关系的表达。在大多数乌拉尔-阿尔泰语言中，空间关系语词所经历的构形尤其清晰地表明了这一点。例如，在这里，像上部或顶点、下部、足迹、中部、四周等名词表达总是被用来指称“上”“下”“前”“后”“周围”等。②

158

即使语言在表达纯粹思想联系时已经达到了很大的自由和抽象的清晰性，在大多数情况下还是可以非常清晰地看到这些指称的最初起源的古老空间基本含义以及间接地看来感性的-物质性的基本含义。在印度-日耳曼诸语言中，“介词”一开始是独立的语词，这一点已经被如下事实证明了，即在它们与动词词根的组合中，这种联系看起来还是非常松散的，举例来说，增音（Augment）或叠词（Reduplikation）出现在了介词与动词形式**之间**。③ 个别印度-日耳曼语，例如斯拉夫语的发展也表明，新的“伪”副词为何在这里还能够不断地产生出来，这些“伪”副词的质料性含义要么在语言意识中还有生命力，要么直接被语言史的研究证明了。④ 一般而言可以发现的是，印度-日耳曼语的**格的形式**（Kasusformen）一开始就是用来表现外部的地点-时间规定或其他直观规定的，而后才逐步获得了它们后来的“抽象”意义。因此，工具格（Instrumentalis）最初是与格（Mi-

① 埃维语发展出了大量的这种部分特殊又部分普遍的“位置实词”，参见：Westermann，*Grammatik der Ewe-Sprache*，S. 52—55。

② 雅库特语的相关事例，参见：Böhtlingk，*Über die Sprache der Jakuten*，S. 391。日语中的例子，参见：Johann Joseph Hoffmann，*Japanische Sprachlehre*，Leiden 1877，S. 188 ff. u. 197f.；也可参见：Heinrich Winkler，*Der Uralaltaische Sprachstamm*，*das Finnische und das Japanische*，Berlin 1909，S. 147ff.。

③ 参见：Georg Curtius，*Das Verbum der griechischen Sprache seinem Baue nach dargestellt*，2 Bde.，Leipzig[2] 1877/1880，Bd. I，S. 136。

④ 更多讨论参见：Miklosich，*Vergleichende Syntax*，S. 196。在其他变形语言中，例如在闪米特语中，这种新的构词法是很常见的；例如在闪米特语中，“新介词”是从身体部分的名称发展而来的，参见：Brockelmann，Grundriss，Bd. II，S. 421 ff.。

tkasus)，当对空间**伴随物**的直观过渡到对伴随的或改变的情境的直观时，工具格又变成了对一个行动的手段或根据的说明。格中的“通过什么”是从空间性的“从何而来”发展而来的，目标和目的的一般性思想是从“去往何处”发展而来的。① 人们确实不仅出于语言史的原因，而且出于一般**认识论的**（allgemein-erkenntnistheoretischen）考量而频繁地驳斥**位置主义的格理论**（die lokalistische Kasustheorie），正如人们同样频繁地通过这类考量而试图解释它和支持它一样。如果说在位置主义见解的意义上能够证明，语言的一切发展——与思维一般的发展一样——必定是从直观的东西、从“具体的-充满生命的东西”走向概念性的东西，由此在一定意义上也就先天地证明了，一切格的规定都具有原初性的地点特征②，那么，与这种论证相反，也能够说，在这里直观概念被毫无道理地束缚在了一个确定的个别领域，被束缚在了空间直观的领域。不仅空间中的运动，而且各种其他的动态关系，像胜利与失败、原因与结果，都是被直接地、直观地给定的——是某种被眼睛看到的东西。③ 但是，这种由**贝特霍尔德·德尔布吕克**（Berthold Delbrück）提出的反对意见——至少在他此处提出的那种形式中——事实上是站不住脚的。因为自从休谟的因果概念分析以来，并不存在有关我们称为“原因”事件（Vorgang des »Wirkens«）的那种东西的任何感性印象和直接直观，这已经是没有任何疑问的了。原因和结果之间的关系所给予我们的一切都被还原为了对特定的地点和时间关系的确认，都被还原为了并存或相继的关系。**冯特**反对位置主义的观点，他认为，空间性东西绝不可能穷尽对象的一切感性-直观的属性，但是，他又直接承认，空间属性有一个

159

① 更多相关讨论，参见：Brugmann，*Vergleichende Laut-*，*Stammbildungs- und Flexionslehre*，Bd. II/2，S. 464ff.，473，518 usw.，参见：Berthold Delbrück，*Vergleichende Syntax der indogermanischen Sprachen*，Bd. I（*Grundriss der vergleichenden Grammatik der indogermanischen Sprachen*，Bd. III），Straßburg 1893，S. 188。

② 参见：William Dwight Whitney，*General Considerations on the Indo-European Case-System*，in：*Transactions of the American Philological Association* 13（1882），S. 88–100。

③ Berthold Delbrück，*Grundfragen der Sprachforschung. Mit Rücksicht auf W. Wundts Sprachpsychologie erörtert*，Straßburg 1901，S. 130ff.

优先于所有其他属性的独特优势：因为所有其他的关系同时都是空间性的，而只有空间关系才能仅仅自为地形成一个直观的内容，这一点又折损了他反对意见的锋芒。[①] 如此一来，下面这一点似乎从一开始就变得可信了，即只有当语言把纯粹“理智”关系的表达从它与空间关系的连接中抽取出来，只有当语言看起来从这种连接中“分离出来”时，语言才能进展到纯粹“理智”关系的表达。在我们变形语言的最终结构（Gliederbau）里，每一种主要的格形式都表现出了一种明确的逻辑-语法功能。第一格指称的是行动的承担者，第四格或第 160 二格指称该行动的客体，这个客体是完全或部分地被该行为所涉及的——即使是在更严格的意义上，地点格也能纳入这一图式中，因为在这个格中，除了它所独有的位置意义外，同时还表达了实词与动词的一种一般关系。[②] 但是由此看来，如果逻辑的-语法的意义而非空间的-直观的意义，能够更轻易地表现为第一位的（*πρότερον πρὸς ἡμᾶς*），那么，知识批判的或语言史的考量必然能够得出如下结论，空间的-直观的意义才是真正第一位的。人们越多地关注那些在“格形式”的形成中展现出大量成果的语言，那么，空间含义相对于语法-逻辑含义的优势地位事实上就表现得越有效。除了美洲原住民语言[③]，乌拉尔-阿尔泰语言圈在这一点上比其他语言更明显。但是，恰恰是它们没有形成三种“真正的-语法的”格，在印度-日耳曼语中通过第一格、第二格和第四格所表达的东西在这些语言中只是通过语境（Zusammenhang）来说明的。缺少作为主格的第一格，第二格要么

---

① Wilhelm Wundt，*Völkerpsychologie. Eine Untersuchung der Entwicklungsgesetze von Sprache*，*Mythus und Sitte*，Bd. 1/2，2，umgearb. Aufl.，Leipzig 1904，S. 79 ff.

② 有关印度-日耳曼语的格学说，参见：Delbrück，*Vergleichende Syntax*，Bd. I，S. 181 ff.。

③ 有关美洲语言“格的形成”，参见威廉·塔尔比泽（William Thalbitzer）的爱斯基摩语汇编，收录于：Boas，*Handbook*，S. 967-1069：S. 1017ff.。在本书中区分开了向格（Allativ）、区位格（Lokativ）、离格（Ablativ）、预格（Prosekutiv）。加切特的《克拉马斯语语法》区分开了内格（Inessiv）、位置格（Adessiv）、方向格（Direktiv）和预格（Prosekutiv）以及大量其他由专门的位置格词尾表达的格。参见：Gatschet，*The Klamath Indians*，S. 479 ff. u. 489。

压根儿还没有找到形式化的表达，要么是被一种纯粹的“位置格形式”代替了，这种“位置格形式”指称的仅仅是位置上的在场。但表达纯粹空间规定的术语在这里又极其丰富。可以发现极其多样的、精确的指称位置本身的词，以及专门指称一个物的位置或一个运动方向的词。这里有向格和位置格、内格和入格、演变格、出格和上下格，它们被用来表现在一个对象内部的静止、在一个对象旁边存在、渗入一个对象内部、从该对象中产生出来等。① 弗里德里希·米勒写道：“这些语言并没有简单地停留在客体周围，而是可以说，深入到了客体内部，并使内与外、上与下处于一种形式对立之中［……］通过这三种关系（静止、向着一个对象运动、远离一个对象运动）与内、外以及在某些语言中也与上这个范畴的组合，产生了大量的格的形式，我们的语言对这些格的形式压根儿就没有任何感觉，相应地我们也不能充分地复现它们。”② 考虑到格关系（Kasusverhältnisse）的这种纯粹**直观的**表达与单纯**感性的**表达之间的距离是如此之近，值得注意的是，尽管空间**关系**的分化非常精细，它们还是完全用**名词**表述出来的。

161

不论在语言中**方向**的表达和方向区别的表达有着多么感性的形式，它们其实都与存在的单纯表达不同，也与某一个固定位置的单纯表达不同，而总是包含着一种新的精神性要素。在很多语言中，与空间实词相似，空间动词也起到了用来指称我们习惯于通过介词来描述那些关系的作用。洪堡用爪哇语中的例子解释了空间动词的这种用法，并且评论道，这种用法看起来表明了一种比空间实词的用法更精致的语言意义，因为比起用一个单纯的事物语词（Dingwort）来指称一个行动，用一个动词来指称一个行动已经让这个行动的表达更多

---

①　关于这一点的丰富材料，参见：Winkler，*Das Uralaltaische und seine Gruppen*（bes. S. 10 ff.）。《乌拉尔-阿尔泰的人民和语言》中的“印度-日耳曼语和乌拉尔-阿尔泰语的格”，参见：*Uralaltaische Völker und Sprachen*，Berlin 1884，S. 171－184；也可参见：Grunzel，*Entwurf einer vergleichenden Grammatik der altaischen Sprachen*，S. 49 ff.。

②　Friedrich Müller，*Grundriss der Sprachwissenschaft*，Bd. II/2，Wien 1882，S. 204.

地摆脱了一切物质的杂质。[1] 而且事实上与实词表达相反——实词表达总是带有某种坚硬的东西——空间关系在这里似乎开始变成流动性的了。纯粹行动的表达尽管还是完全直观的，但是已经为将来在思想上表达纯粹关系准备了道路。在这里，规定在大多数情况下再一次与自身的身体联系在了一起，但是现在不再是与其个别的部分，而是与其运动联系在了一起，或者在一定意义上说，构成语言的基础的，不再是身体的单纯物质存在，而是它的活动。语言史也说明了，有些语言除了空间实词还有空间动词，在这些语言中，空间实词代表了更早的形态（Bildung），空间动词代表了相对更晚的形态。[2] 运动的“意义”区别、从一个地点出发的运动与朝向这个地点的运动之间的区别最初是通过选择不同动词来复现的，是通过动词的内容性含义来复现的。后来，这些动词在标识出该运动的种类和方向的各种后缀中表现出了弱化形式。美洲原住民的语言通过这种后缀表达出了运动是在特定的空间之内还是之外，尤其是在房子之内还是之外发生的；运动是在海的远处还是在一片固定的陆地远处，是通过空气还是通过水，是从内陆向海岸还是从海岸向内陆，是从着火点向着房屋还是从房屋向着着火点发生的。[3] 在所有这些由运动的起点和目标、其发生的方式和途径而表现出来的区别中，**一种**明确的对立首先突出出来了，它越来越多地进入了指称的中心。对于运动的一切表现而言，自然的、在一定意义上也是“绝对的”坐标系在语言中都是由说话者的位置和聆听者的位置指明的。语言经常非常精确地、明确地区分开了，一个特定的运动是从说话者向着聆听者还是从聆听者向着说话者，或者最终是从说话者向着第三者而不是谈到的人（Person）或物品（Sache）

162

---

① Humboldt，*Über die Kawisprache auf der Insel Java*，S. 164 ff.，341 u. ö.

② 有关美拉尼西亚语，参见：Codrington，*The Melanesian Languages*，S. 158。

③ 参见戈达尔德（Goddard）给出的阿萨帕斯卡语（Athapascan）的事例，斯旺顿（Swanton）给出的海达语（Haida）的事例，博厄斯给出的钦西安语（Tsimshian）的事例。参见：Pliny Earle Goddard，*Athapascan*（*Hupa*），in：Boas，*Handbook*，S. 85－158：S. 112 ff.；John Reed Swanton，*Haida*，in：Boas，*Handbook*，S. 205－282：S. 244 ff.；Boas，*Tsimshian*，in：a. a. O.，*Handbook*，S. 283－422：S. 300 ff.。

发生的。[1] 在这些通过与某一个感性事物结合在一起或者通过与“我”和“你”结合在一起而给予的具体区分的基础上，语言进一步发展出了更加一般性的、“更加抽象的”指称。它创造出了特定类别和图式的方向后缀，这些后缀按照空间中确定的主要点尤其是按照方位把所有可能的运动划分开来。[2] 以何种方式区分静止表达与方向表达，不同的语言可能会有非常不同的方法，这一点看起来是很普遍的。各种各样的强调方式可以分为两类：纯粹“对象性的”语言类型或具有明显名词形式的语言类型赋予地点术语优先于方向术语、静态表达优先于运动表达的优先性，而一般说来在动词的语言类型中是相反的关系处于支配地位。还有一些语言处于二者之间，它们虽然坚持静止表达具有优先于方向表达的首要性，但是它们不仅用名词形式而且用动词形式来表达静止的状态。举例来说，苏丹语只使用空间实词来表达空间关系，如上与下、内与外，但是这些实词本身还包含着一个指称某一固定地点的动词。这个“位置动词”总是被用来表达一种发生在一个确定位置上的活动(Tätigkeit)。[3] 很显然，对**活动**本身的直观不能脱离对单纯位置**定在**的直观，在一定意义上依旧被束缚在这个位置上[4]，但是，某个位置

---

① 相关事例参见洪堡的著作，他在著作中最早指出了这一区别。参见：Humboldt, *Ueber die Verwandtschaft der Ortsadverbien mit dem Pronomen*, S. 311 ff.；也可参见：Friedrich Müller, *Reise der österreichischen Fregatte Novara um die Erde in den Jahren 1857, 1858, 1859 unter den Befehlen des Commodore B. von Wüllerstorf-Urbair*. Linguistischer Theil, Wien 1867, S. 312。

② 例如，尼克巴语中有一系列这样的后缀，参见：Wilhelm Schmidt, *Die Mon-Khmer-Völker. Ein Bindeglied zwischen Völkern Zentralasiens und Austronesiens*, Braunschweig 1906, S. 57。

③ 因此，在这些语言中，像“他在田野上劳动”(er arbeitet auf dem Felde) 是通过表达“存在于某一个位置”(Sein an einem Ort) 的“位置动词和静态动词”的说法而获得了如下形式：“他劳动在田野的内部”(er arbeitet ist des Feldes Innerem)；“孩子在街上玩耍”(die Kinder spielen auf der Straße) 字面上的翻译是“孩子玩耍在街道的表面上”(die Kinder spielen sind der Straße Fläche)。参见：Westermann, *Die Sudansprachen*, S. 51 ff.。

④ 在苏丹语、班图语和绝大部分哈姆族语中，朝向目标和结果的运动被描述为朝向开端和位置上的起点，相关事例参见：Carl Meinhof, *Die Sprachen der Hamiten*, *nebst einer Beigabe*: *Hamitische Typen*, *von Felix von Luschan* (*Abhandlungen des Hamburgischen Kolonialinstituts*, Bd. IX), Hamburg 1912, S. 20, Anm. 2。关于南海语言中的相似现象，参见：Codrington, *The Melanesian Languages*, S. 159 f.。

上的这种定在（Dasein）、这种单纯实存（Existenz）看起来好像还是位于这个位置上的那个主体的一种能动性行为。这也表明了，语言最初的直观如何深刻地停留在空间的“给定材料”（Gegebenheit）中，一旦它开始表现运动和纯粹活动，它就如何必然要超出空间的“给定材料”。对运动和纯粹活动的观察越是深入，越是明确地按照它的特性来理解它，空间的纯粹对象性的、实体性的统一性就必然越多地转变为动态的-功能性的统一性（dynamisch-funktionalen Einheit），空间本身似乎就必然越多地被建构为诸行为方向的整体（das Ganze der Aktionsrichtungen）、运动路线和力线（kraftlinien）的整体。到目前为止，我们本质上都是从客观的方面研究表象世界的建构，而在这里，一种新的因素进入表象世界的建构中。语言形成（Sprachbildung）这个个别领域确证了每一种精神形式的一般法则是，其内容和成就不在于简单地模仿一个对象性的现成东西，而在于创造一种新的联系（Beziehung），即在“自我”与“现实”、“主观”领域与“客观”领域之间创造出一种独特的相互关系（Korrelation）。借助于这种交互联系，在语言中“向外的路”同时也是“向内的路”。因为只有随着外直观获得越来越大的确定性，内直观才能真正展开：对语言来说，恰恰是空间语词的形成（Gestaltung）变成了自我的指称以及自我与其他主体之间边界的指称的媒介（Medium）。

164

即使是空间指称的最古老层次也已经表明了这种关联（Zusammenhang）。在几乎所有的语言中，**空间指示词**都构成了**人称代词**的起点。这两类语词的结合在纯粹语言史上是如此密切，以至于很难决定，我们必须把它们中的哪一类视为更早的，把哪一类视为更晚的，把哪一类视为根本的，把哪一类视为派生的。洪堡在他的奠基性论著《论某些语言中地点副词与代词之间的关系》中试图证明，人称代词一般而言都可以追溯到具有地点意义和起源的语词，现代的语言研究则倾向于颠倒这种关系，把很多语言中存在的指示代词的典型三分（Dreiteilung）都追溯到人称即“我”“你”“他”的原初性的、自然的三分。但是，不论这个发生学的问题最终如何解决，在任何情况下这都表明了，人称代词与指示代词、原初性的人称指称（Personen-）与原初性的空间指称（Raumbezeichnungen）之间——就其整个结构而言——有最密切的联系，它们似乎属于语言思维的同一层次。这里（Hier）、那（Da）、那里（Dort）之间的对立与我、你、他之间的对立一样，产生于同一种半模仿性半语言性的指示行动，产生于“指示语”（Deixis）的同一种基本形式。**格奥尔格·冯·德·伽布伦茨**（Georg von der Gabelentz）发现，“在一切地方，‘这里’都是我所处的位置，我把这里的东西称作这个，把那（da）的东西、那里（dort）的东西称为那个（dem）、那一个（jenem）。这解释了拉丁语关于‘*hic*，*iste*，*ille* = *meus*，*tuus*，*ejus*’的用法。而且，这也解释了，在汉语中，第二人称代词与表示位置和时间上相近以及表示相似性的连词之间的关联”①。洪堡在上面提到的那部著作中指出，在马来语、日本语、亚美尼亚语中也有相同的关系。在印度-日耳曼诸语言的整个发展中，第三人称代词与对应的指示代词就形式而言有着密切的联系。像法语中的“il”可以追溯到拉丁语的“ille”，哥特语的“is”（新高地德语的“er”）可以追溯到拉丁语的“is”——而且，印度-日耳曼诸语言的我-你-代词在很多时候也清晰地表现出了与指示代词之间词源学上的关联（Zusammenhang）。② 在闪米特语和阿尔泰语③以及在北美和澳洲原住民语言中也都发现了精确的对应关系。④ 北美和澳洲原住民语言表现出了最为突出的特征。在澳大利亚南部的个别原

165

---

① Hans Georg Conon von der Gabelentz，*Die Sprachwissenschaft*，*ihre Aufgaben*，*Methoden und bisherigen Ergebnisse*，Leipzig 1891，S. 230 f.

② 更多讨论参见：Brugmann，*Die Demonstrativpronomina der indogermanischen Sprachen*，S. 30ff.，71 f. u. 129f. und a. a. O.，*Vergleichende Laut-*，*Stammbildungs- und Flexionslehre*，Bd. II/2，S. 307ff. u. 381 ff.。

③ 关于闪米特语的讨论，参见：Brockelmann，*Grundriß*，Bd. I，S. 296 ff. sowie a. a. O.，*Kurzgefasste vergleichende Grammatik der semitischen Sprachen. Elemente der Laut- und Formenlehre*（Porta Linguarum Orientalium，Bd. XXI），Berlin 1908，S. 142 ff.；Dillmann，*Grammatik der äthiopischen Sprache*，S. 98。有关阿尔泰语，例如参见：Grunzel，*Entwurf einer vergleichenden Grammatik der altaischen Sprachen*，S. 55 ff.。

④ 参见：Gatschet，*The Klamath Indians*，S. 536 f.；Robert Hamilton Mathews，*Languages of Some Native Tribes of Queensland*，*New South Wales and Victoria*，in：*Journal and Proceedings of the Royal Society of New South Wales* 36（1902），S. 135-190：S. 151。

住民语言中，据说在它以第三人称说出任意一个行动时，它都给这个行动的主词和谓词添加上一个空间性质的标志。如果要说这句话："一个人用一个矛刺杀了一条狗"，那么，这个句子必须这样说："'前面的'那个人用这一个或那一个武器刺杀了'后面的'那条狗。"① 换句话说，在这里还没有"他"或"这里"这种一般性的抽象指称，而且这里用的词还与特定的指示性声音手势混合在一起，不能与它脱离开。某些语言有多种表达来指称言谈中的个体处于某个完全确定的位置上：坐着、躺着、站着、离去或走来，而缺少一个统一的第三人称代词，对这些语言而言，这种关系同样适用。在切罗基族人的语言中这样的区分尤其明显，它拥有九个而非一个第三人称代词。② 还有一些语言区分了第一人称、第二人称、第三人称是可见的还是不可见的，并且针对每一种情况有一个专门的代词。③ 在位置和距离这些空间区分之外，时间上的现在或非现在也是由代词的专门形式表达的；还有一些其他的特点也可以用位置和时间的特征来表达。④ 在所有这些情况下，正如人们看到的，为了表达三种人称的纯粹"精神"区别而使用的那些表达首先还有一种直接的-感性的色调，尤其是有一种空间的色调。按照霍夫曼的观点，日本语从一个其真正的含义是"中心"的地点副词中创造了"自我"这个词，从另一个含义为"那"或"那里"的词中创造了"他"这个词。⑤ 这类现象直接表明了，语言是如何像一个围绕着说话者旋转的感性的-精神性的圆圈，如何把这个圆圈的中心归于"我"，把外围归于"你"和"他"的。我们一开始在客观世界的建构中所遵循的独特空间图式机制（Schematismus）在这里在相反的方向上发挥着作用——而且在语言整体中，空间表象本身只有在这种双重的（doppelte）功能中才完全

166

① S. a. a. O., *Language of the Bungandity Tribe*, *South Australia*, in: *Journal and Proceedings of the Royal Society of New South Wales* 37 (1903), S. 59-74: 61.

② 参见：Wilhelm von Humboldt, *Ueber den Dualis*, in: *Werke*, Bd. VI/1, S. 4-30; Friedrich Müller, *Grundriss der Sprachwissenschaft*, Bd. II/1, Wien 1882, S. 224f.。

③ Boas, *Kwakiutl*, S. 527 ff.

④ Goddard, *Athapascan (Hupa)*, S. 117; Boas, *Chinook*, S. 574 u. 617ff.

⑤ 参见：J. J. Hoffmann, *Japanische Sprachlehre*, S. 85 ff.。

建构起来。

二、时间表象

相比于在形成空间规定和空间指称时所遇到的任务，为了完成时间关系的精确划分和指称，语言必须完成一个本质上更加困难、更加复杂的任务。人们在知识理论研究中经常试图把空间形式与时间形式简单并列（Koordination），但是从语言方面来看，找不到任何证据证明这种并列。毋宁说，在这里清楚地表明了，思维一般（das Denken überhaupt）特别是语言思维（das sprachliche Denken im besonderen）在建构时间表象时，在区别时间方向和时间阶段时，完成的是一种不同种类而且似乎也是更高维度的规定。因为相比于时间的个别要素——相比于现在、过去和未来——“这里”与“那里”能够以一种更直接的方式被综合为一个直观统一体（Einheit）。标志着某些要素为**时间**要素（Zeitmomente）的恰恰是，它们从来都没有像客观直观的事物（Dingen der objektiven Anschauung）那样同时“一下子”给予意识。在空间直观中看起来像是依靠自己就**联结**（verbinden）为一个整体的那些单元（Einheiten）和部分在这里毋宁说是互相排斥的：一个规定的存在意味着别的规定的不存在，反之亦然。因此，时间直观的内容从来没有包含于直接的直观之中；相反，结合的（verknüpfend）和分割的（trennend）思维、分析的和综合的思维在这里比在空间表象中发挥了更大的作用。因为时间的各个要素之所以是这样的，只是因为意识穿过了它们，而且在穿过它们的时候把它们彼此区分开，这种穿过（Durchlaufen）的行动，这种“过程”（discursus）由此进入了时间概念的典型形式之中。如此一来，“存在”——我们把该存在称为相继的存在、时间的存在——看起来就被提升到了一个与单纯由位置规定的定在完全不同的阶段上。语言不能直接就达到这一阶段，而是也服从那个相同的内在法则，该法则支配

167

了它的整个形成活动和整个进步。语言并没有为向它敞开的每一种新的含义领域都创造一种新的表达工具，而是它的力量恰恰在于以不同的方式为一个确定的、给定的材料塑形（gestalten），在于它不需要首先从内容上改变这个材料就可以用这个材料完成一个不同的任务从而为它打上新的精神形式。

对语言在形成最初的空间语词时的那些做法所做的研究已经表明，语言在这时是如何一律使用最简单的手段的。把感性的东西变为观念性的东西在这里是如此缓慢，以至于在一开始几乎无法感知到这一变化（Umsetzung），无法感知到它是精神整体姿态（Gesamthal-168 tung）的一种决定性转变（Wendung）。从一种非常有局限的感性物质中，从元音色彩（Färbung）的区分中，从个别辅音和辅音组的特殊声音属性、情感属性中，形成了指称地点差别和空间中方向差别的语词。如果我们研究语言达到其最初的**时间小品词**的方式，那么同样的过程也从一个新的方面表现在了语言的发展中。正如感性的自然声音和情感声音与最简单的空间语词之间的界限看起来是完全流动的，在包含地点规定的语言领域与包含时间规定的语言领域之间也表现出了同样持续的、无法觉察到的过渡。即使在我们现代的文明语言中，这两个领域也在很多方面形成了一个无法分割的统一体：同一个词既用来表达空间关系，也用来表达时间关系，在这里也是一个非常常见的现象。原始人的语言为这种关联提供了更加丰富的证明，这种语言在很多情况下一般说来看起来并没有别的表达时间表象的构词工具（Bildungsmittel）。简单的位置副词也被无区分地在时间意义上使用，如此一来，举例来说，表达“这里”的词与表达“现在”的词、表达“那里”的词与表达“从前”或“之后”的词融合在了一起。① 人们试图以此来说明，空间或时间上的远近客观上是互为条件的；空间上发生在远处的事件在被说起的时候一般而言在时间上

① 关于这一点可参见加切特提供的克拉马斯语的事例：Gatschet，*The Klamath Indians*，S. 582 f.；也可参见科林顿提供的美拉尼西亚语的事例：Codrington，*The Melanesian Languages*，S. 164 f.。

也是过去了的、离得较久的。但是很显然，这里涉及更多的是纯粹观念性的关联，而不是实在的、事实的关联——涉及的是**意识**的还相对未分化、还没有感受到空间形式与时间形式本身的明确区别的阶段。在原始人的语言中，即使相对复杂的时间关系——发达的文明语言已经创造出了这些关系的独特表达——常常也是用最原始的表达空间的手段来指称的。①

169 只要这种物质的联系现在还存在，**时间形式**本身（Zeitform als solche）的特点在语言中就不能纯粹地表现出来。时间的结构关系现在不由自主地变成了空间的结构关系。空间中的“这里”和“那里”代表的只是一种朴素的距离关系；空间中两个点的分离只是简单地分开，一般而言，在从一个点过渡到另一个点时并没有更受偏爱的方向。作为空间中的要素，这两个点拥有“并存的可能性”②，而且彼此似乎是等价的；通过一次简单的运动，“那里”就能变成“这里”，“这里”——在它不再是一个这样的东西以后——通过一次相反的运动，又能够转到其从前的形式中。但是，时间的诸个别要素不仅是分开的、互相有距离的，而且还在其流逝的过程中表现出了一种独一无二的、无法逆转的“意义”。从过去到未来与从未来到过去这两个方向是不易混淆的独特东西。但是意识一开始还局限于空间直观的范围内，它还只能通过空间类比来理解时间规定——时间方向的这一特性一开始必然还是隐藏在暗处的。与在空间中一样，这里的一切东西都被追溯到远与近之间的简单区别。被理解了的和被清楚地表达出来的唯一本质性的差异，是“现在”与“非现在”之间的差异——是直接的当下点（Gegenwartspunkt）与这个点“以外”的东西之间

---

① 一般而言，为了表达一个主体被一个行为占据的情况，苏丹语要通过一个词组搭配来表达，这个词组搭配真正说的是主体位于这个行为的内部。但是因为这个“内部”往往是通过完全物质的方式表达的，所以下述说法“我在走的里面（Gehens Innerem）”“**我是走的肚子**（Gehens Bauch）”表达的是“我处在走的过程中”。参见：Westermann，*Die Sudansprachen*，S. 65；a. a. O.，*Die Gola-Sprache*，S. 37，43 u. 61。

② ［Kant，*Kritik der reinen Vernunft*，S. 649（A 374）.］

的区别。在这里，这个点确实不能被思考为严格简单的数学点，而是有确定的范围。现在本身还不是数学的抽象，而是心理的现在，它包含了所有能够被视为直接时间统一体的内容，包含了所有能够被压缩为一个基础性的经验统一体的内容。它并不是把从前与以后划分开来的单纯的思维界限，而是本身就拥有一种确定的持存，延伸到与直接记忆、具体思维一样长。对于这种形式的 *170* 首要时间直观而言，意识的整体及其内容似乎分解为了两个领域：一个是明亮的领域，被“现在”的光照亮了，另一个是昏暗的领域；但是在这两个基本阶段之间还缺少一切中介和过渡，还缺少任何差别和区分。

充分发展的意识——尤其是科学**知识**的意识——的特点在于，它并没有停留于“现在”与“非现在”的这种简单对立之中，而是最丰富地、逻辑地展开了这一对立。它产生出了大量的时间阶段，把它们整个地都包含进了一种统一的**秩序**，每一个要素在这种秩序中都有其完全确定的位置。知识批判的分析表明，这种秩序既不是由感受“给予的”，也不能从直接的直观中创造出来。毋宁说，它首先是知性的一件作品，尤其是因果推理的一件作品。正是因果范畴把单纯的相继直观塑造成了事件的一种统一时间秩序的思想。在时间观念能够自我发展、自我巩固以前，在直接的时间感觉转变为知识的一个条件和内容的系统性时间概念以前，诸个别时间点的简单区别必须首先被转变为它们之间的一种相互的动态依赖性概念，作为纯粹直观形式的时间必须被因果判断的功能渗透。从前者到后者的路有多远，以及这条路要经过何种困难和难题，现代物理学的发展已经最清楚地告诉我们了。康德在“经验的类比”① 中，在实体性、因果性和交互性这三种综合原理中看到了设定三种不同的时间关系的理智条件和基础，即建构起持久性、连续性和共时性的理智条件和基础。物理学朝着一般相对论的发展以及时间概念在历史上所经历的转变都表明，这种相对简

① ［Kant，*Kritik der reinen Vernunft*，S. 166 (B 218).］

单的图式——它是从牛顿机械力学的基本形式中模仿而来的——在知识批判上也必须被更加复杂的规定取代。① 一般而言，在从时间感觉向时间概念的进步中可以区分出三个不同的阶段，这三个阶段对于时间意识在语言中的反映也具有至关重要的含义。在第一个阶段上，意识只是被“现在”与“非现在”之间的对立支配，这个对立在其自身中还没有经历更进一步的分化。在第二个阶段上，特定的时间“形式”——完善的行动与不完善的行动、持续的行动与短暂的行动——开始区分开，如此一来，时间性**行为方式**（Aktionsarten）之间的一种确定区别就形成了。最后才出现了作为抽象**秩序概念**（Ordnungsbegriff）的纯粹时间关系概念（Relationsbegriff），同时，不同的时间**阶段**（Zeitstufen）在彼此对立和互为条件中清晰地产生出来了。

171

下面这一点不仅适用于空间关系，而且更多地适用于时间关系，即它们都不是立即就作为联系（Beziehungen）而被意识到的，相反，它们的纯粹联系特征始终只是在与其他各种规定——尤其是与物的特征和属性特征——的混合和掩映中才产生出来的。尽管地点规定拥有把它们与其他感性的质（事物凭借这些感性的质彼此区分开来）区别开的确定的标志性特征，但它们作为质还与其他的质处于相同的层次上。“这里”（Hier）和“那里”（Dort），与任何一种其他的“这”（Dies）和“那”（Das）一样，关于对象所说出的东西都是一样的。因此，空间**形式**的一切指称都以特定的物质关系为起点。当这种见解从空间扩展到时间时，时间的含义区别首先表现为纯粹的属性区别。非常典型的是，这些区别从来没有仅仅以动词出现，而且还以名词出现。对于那种渗透在我们发达的文明语言中的思考方式来说，时间规定本质上是与那些表达了一个过程或活动（Vorgangs oder Tätigkeitsausdruck）的词类（Redeteile）连在一起的。时间的意义以及时间中所包含的各种关系的多样性，只有在变化（Veränderung）的现象中才能得到理解和固定下来。因此，

① 更多讨论参见我的著作《论爱因斯坦的相对论》（*Zur Einstein'schen Relativitätstheorie*）[ECW 10]。

动词——作为变化由之开始的那种特定状态的表达，或者作为过渡本身这一行动的指称——看起来似乎是时间规定的真正的、唯一的承担者：动词看起来就是“时间词”（Zeitwort / κατ᾽ ἐξοχήν）。**洪堡**一方面试图从时间表象的本性和特性中证明这种关联（Zusammenhang），另一方面试图证明动词表象是必然的。按照他的观点，动词是充满能量的（energisch）定语（而非单纯质的定语）与存在的结合。充满能量的定语中包含着行动的阶段，存在中包含着时间的阶段。[①] 但是除了这种一般性的研究，《卡维语导论》其实还说明了，并非所有的语言都同样清晰地表达出了这种关系。尽管我们习惯于仅仅联系着动词及其变位来思考时间关系，但是，举例来说，马来语还发展出了一种用法，它把时间关系与名词连接在一起。[②] 这种用法在那些直接运用为了区分位置关系而形成的手段来区分时间性规定的语言中表现得更清楚。索马里人不仅使用上面提到的特定冠词的元音分化来描述空间姿态和位置的区别，而且也用来描述时间性的区别。在这里，时间表象的发展和指称与位置表象的发展和指称是完全一致的。在我们的观念里不包含丝毫时间规定的纯粹**名词**，例如“人”“战争”这两个词，借助于三个冠词元音（Artikelvokale）能够提供确定的时间性指示。元音“- a”服务于指称时间上的现在，元音“- o”指称的是时间上的不在场，它在未来和不久的过去之间并没有做出区分。在这一划分的基础之上，**行动**的表达（Ausdruck der Handlung）才间接地明确区分为完成的或未完成的，转瞬即逝的或持续了或长或短时间的。[③] 以这种方式把纯粹的时间特征烙印在名词上能够轻易地被理解为一种尤其明确、精致的时间观念的证据，即使还不能明显地看出时间观念（Zeitsinn）与位置观念（Ortssinn）在这里

172

① Humboldt，*Ueber die Verschiedenheit des menschlichen Sprachbaues und ihren Einfluss*，S. 223.

② a. a. O.，*Über die Kawisprache auf der Insel Java*，S. 286.

③ 更多讨论参见：Tiling，*Die Vokale des bestimmten Artikels im Somali*，S. 145 f.。美洲原住民语言中常常也可以发现这种时间指示，参见：Boas，*Introduction*，S. 39；Goddard，*Athapascan* (*Hupa*)，S. 110 u. s.。

是完全融合在一起的，因为对时间**方向**独特性的意识还完全没有发展起来。与这里和那里的**内容**一样，现在和非现在的**内容**也是清楚地分离开的，但是过去和未来的对立明显落后于这种区分，因此，那个对意识到纯粹时间形式及其特性至关重要的要素还没有发展起来。 *173*

一方面，**儿童语言**的发展表明时间副词的形成从根本上说是晚于空间副词的形成的；另一方面，像“今天”、“昨天”和“明天”这些表达一开始也不拥有任何明确界定的时间意义。“今天”一般而言是当前的表达，“明天”和“昨天”一般而言是未来和过去的表达。因此，虽然特定的时间性的质被区分开了，但是还没有达到一种量的尺度、一种时间间距的尺度。[①] 在有些语言中，过去与未来之间的质的区别经常完全消失不见，对这些语言的研究似乎引导我们退回到了更远的地方。在埃维语中，同一个副词既用来指称“昨天”，又用来指称“明天”。[②] 在桑巴拉语中，相同的词既用来指向远古时代，也用来指向遥远的未来。该语言的一位研究者非常贴切地指出：

> 对我们而言，这个现象非常引人注目，它在如下事实中发现了自己自然的解释，恩图斯黑种人把时间视为一个物，因此对他们而言，只有今天和非今天；另一天是昨天还是明天，对这些人而言是完全一样的，他们并不反思这一点，因为这不仅属于直观，而且属于思维和有关时间本质的概念性表象……对桑巴拉人来说，“时间”的概念是陌生的，他们只知道时间的直观。从我们的时间概念中解放出来并理解桑巴拉人的时间直观，这对于我们的传教士多么困难，从下面这个事实就可以看出，我们多年以来都在寻找一种只指称未来的形式；我们经常对已经找到了这种

---

① 更多说明参见：Stern/Stern，*Die Kindersprache*，S. 231 ff.。

② Westermann，*Grammatik der Ewesprache*，S. 81。很多美洲语言中的相同现象，参见：Karl von den Steinen，*Die Bakairisprache. Wörterverzeichnis*，*Sätze*，*Sagen*，*Grammatik. Mit Beiträgen zu einer Lautlehre der karai'bischen Grundsprache*，Leipzig 1892，S. 355。在特里吉特语中，同一个前缀 gu－或 ga－被用来指称未来和过去，参见：John Reed Swanton，*Tlingit*，in：Boas，*Handbook*，S. 159－204：S. 176；就像拉丁语 olim（von ille）指称的是久远的过去或遥远的未来。参见：*das deutsche einst*。

形式感到非常高兴，但是随后，有时是几个月之后，又认识到高兴得太早了，因为每一次我们找到的那种形式也能用来指称过去。①

174

此外，把时间直观为一个**物**也表现在，时间关系是由最初具有空间含义的**名词**所复现的。② 正如从根本上说被把握住的始终只是时间整体的那个当时在意识中在场的时间**片段**（Zeitstück），而且这个在场的时间片段与其他不在场的部分是对立的，在理解行动（Handlung）和活动（Tätigkeit）时同样也是从物性上（dinglich）把它们分为片段（Zerstückung）。行动的统一体（Einheit）真的（buchstäblich）“分裂为”（zerfällt）了物性的个别片段（Einzelstücke）。在我们现在所处的这个阶段上，只有当语言把一个行动分解为它的各种个别部分，同时孤立地描述每一个部分，才能够描述这个行动。这种分解并不是一种思想上的**分析**——因为分析与综合是一起进行的，而且分析构成了综合的一个密切相关的要素，而是，可以说行动在物性上分解为其组成部分，每一个组成部分现在都可以被视为一个自为存在的客观定在。例如，大量的非洲语言都有一个共同特点，即它们把每一个过程（Vorgang）和每一个活动都分解为部分，每一个部分都用一个独立的句子来表达。行为是在其所有的个别部分中被描述的，而且每一个这样的个别行为都是由一个专门的动词表达的。例如，我们用一个句子“他淹死了”来指称一个事件（Vorgang），在这里必须用多个句子“他喝了水，他死了”来复现；我们用“剪断”来指称一个活动，在这里需要用“剪开，掉落”来复现；“带来”这个活动需要用“拿起，从那里走来”来复现。③ 斯坦因塔尔用曼德黑种人语言中的例子证明了这个现象，他试图从心理学上解释这个现象，把这个现象

---

① Karl Roehl, *Versuch einer systematischen Grammatik der Schambalasprache* (*Abhandlungen des Hamburgischen Kolonialinstituts*, *Bd. II*), Hamburg 1911, S. 108 f.

② 参见：Codrington, *The Melanesian Languages*, S. 164 f.。

③ 埃维语和其他苏丹语中的事例，参见：Westermann, *Grammatik der Ewesprache*, S. 95 以及 Westermann, *Die Sudansprachen*, S. 48 ff.；奴巴语中的事例，参见：Reinisch, *Die Nubasprache*, S. 52。

还原为“表象的一种不充分的浓缩”。① 但是，恰恰是这种“不充分的浓缩”清楚地指明了那些语言的时间表象的一个基本特点。因为在这里只有现在与非现在的简单划分，所以对于意识而言只有意识的一个相对小的片段，即直接被现在的光照亮的那个片段，才是在真正的意义上存在的。因此，除非意识真的（buchstäblich）把一个行动整体的所有个别阶段都“变成当下”（vergegenwärtigt），否则这个行动整体既不能从思想上也不能从语言上被统觉到和被把握住。一个小马赛克色块被安置到其他小马赛克色块旁边：但是其结果并不是一种统一性，而只是一个斑驳的图片。因为每一个个别的部分都被视为一个个别的部分，只是在一瞬间被确定的：从这些完全简单的当前时间点的这种汇集中是不能生长出真正的时间性连续体的表象的。

对于这些语言表达运动和行动的那种形式而言，芝诺悖论事实上是成立的：飞矢从根本上来说在这里是静止的，因为它在其运动的每一个时刻都只占有**一个**固定的位置。当发达的时间意识创造出全新的工具来把握时间性的“整体性”时，发达的时间意识就把自己从这种困难和悖论中解放出来了。这种意识不再把时间整体视为由个别的瞬间组合起来的实体性整体，而是把它理解为一个功能性的、动态的整体：理解为一种关系统一体和一种作用统一体。对行动之时间统一性的直观一方面是从行动的主体出发的，另一方面是从行动指向的目标出发的。这两个要素处在完全不同的平面上；但是时间概念的综合力量恰恰表现在，它把它们的对立性转变为一种交互性关联。现在，行为的过程不再能够分解为完全个别的阶段，因为从一开始在这个行为的背后就站着行动着的主体的统一活动（Energie），在这个行为的前面站立着这个行为的统一目标。当行动的诸要素以这种方式把自己综合为一个因果性的目的论的**整体序列**、一个动态连接的统一体和一个目的论的含义时，才间接地生长出了时间表象的统一性。在充分发展的语言意识中，这种新的整体观点表现为，为了标记一个过程或一个

---

① 参见：Steinthal，*Die Mande-Negersprache*，S. 222。

行为的整体（das Ganze eines Vorgangs oder eines Tuns），语言不再需要直观该**过程**的所有个别部分（Anschauung aller Einzelheiten seines Verlaufs），而是满足于把行为的起点和终点、行为的主体和客观目标固定下来。现在，语言的力量表现为，它能够在一个唯一的目光里囊括这个对立的整个范围并以此消除这个对立——这两个极端之间的紧张关系变强了，但是同时精神的闪光现在似乎又跳过了对立面的间隙并且完成了它们之间的和解。

176

有关纯粹时间概念的相对复杂和中介过的特征的这种看法乍一看来似乎确实与在“原始”语言关于“动词的时间形式（Zeitform）”的语法中得到的解释是对立的。人们经常赞美“原始”语言在“时态形式”（Tempusformen）上有令人震惊的、对我们而言几乎无法理解的财富。在索托语中，**恩德曼**（Endemann）列举出了 38 种肯定的时态形式，此外还有 22 种潜在形式、4 种祈愿形式或者更准确地说表示目的的形式、大量的分词、40 种条件形式，以及其他一些形式；按照**罗尔**（Roehl）的语法教科书，在桑巴拉语中，单单主动直陈式就区分出了大约 1 000 种动词形式。[①] 如果人们考虑到，按照那些语法家自身的说明，这些区别所表现的压根儿就不是真正的时间性细微差别的规定，那么，这里表面上包含的困难就消失了。上文已经指出，在桑巴拉语中过去与未来之间的对立这一时间上的基本细微差别（Grundnuance）压根儿没有得到发展——有人已经清楚地指出了，班图语中所谓的动词“时态”还没有被视为严格的时间形式，因为它只关注到了早与晚的问题。照此看来，丰富的动词形式所表达的，并不是行动的纯粹时间特征，而是对那个行动做出的确定的质的、情态的区分。针对印度语的动词，**瑟勒**（Seler）强调说：“时间差异是通过不同的小品词或通过与其他动词的结合而表现出来的，但是它在语言中远没有起到人们根据不同的教会语法（geistlichen Grammatiken）完成的变位图式而推测出来的作用。而且因为时态差异是非本质

---

① S. Roehl, *Grammatik der Schambalasprache*, S. 111 ff.，以及 Meinhof, *Grundzüge einer vergleichenden Grammatik der Bantusprachen*, S. 68 u. 75。

性的、附属性的差异，我们恰恰在时态形式中发现了最密切相关的语言之间有最大的差别。”① 但是，即使在语言开始更加清晰地表达时 *177* 间规定的地方，它也不是通过建构起一个清晰的、合乎逻辑的相对（relative）时间阶段体系而做到这一点的。它所做出的最初区分并不是那种相对的区分，而在一定意义上是一种绝对的区分。从心理学上说，首先被把握住的是一个过程（Vorgang）或一个行动（Handlung）的确定的时间上的“形态质”（Gestaltqualitäten）。一个行动是“突然”开始的还是逐步发展的是一回事，它是跳跃式地完成的还是连续地结束的是另一回事，它是构成了一个单一的不可分割的整体还是分节为了同类的、有节奏地重复着的诸阶段又是一回事。但是对语言此时遵循的那种具体的理解而言，所有这些区别（Unterschiede）与其说是概念性差异（Differenzen），不如说是直观差异，与其说是定量的差异，不如说是质的差异。在语言能够明确区分开（Unterscheidung）作为时间关系真正表达的“时态”以前，语言通过确定地表现“行为方式”的差别（Verschiedenheit）来表达“时态”。在这里，时间还没有被理解为一种包含了一切事件的一般性联系形式或秩序形式，还没有被理解为彼此之间具有确定的、明确的“前”与“后”、“更早”与“更晚”的关系的各种位置的总和。相反，在这里每一个通过确定行为方式（Aktionsart）表现出来的个别过程似乎都有自己的时间——有一种“属于自身的时间”（Zeit für sich），而且强调的是这种时间的特定形式特性（Formeigentümlichkeiten）、其构形（Gestaltung）和完成的特定方式。是强调相对时间阶段的区别，还是强调纯粹行为方式的区别，个别语言之间有着巨大的分歧。闪米特语的出发点并不是过去、现在、未来的三分，而是完成的行动

① Eduard Seler, *Das Konjugationssystem der Maya-Sprachen*. Diss., Berlin 1887, S. 24. 相似地，卡尔·冯·登·施泰恩（Karl von den Steinen, *Die Bakairi-Sprache*, S. 371 f.）说道，巴凯里语并没有我们意义上的时态，但是使用情态表达来表达动词的变化，而动词变化的确切价值是不能从现存的材料中被确定的，而且是一个欧洲人无法理解的。人们可以从罗特尔（Roethl, *Grammatik der Schambalasprache*, S. 111 ff.）对桑巴拉语的动词形式的观点中获得关于大量这类情态区分的清晰认识。

和未完成的行动之间的一种简单的二分。因此，完成行动的时态——178“完成时”——能够被用来表达过去和现在，也就是说，它可以指称一个在过去开始但是持续到现在的行动；“未完成时”指称的是未完成还在进行中的行动，它能够用来表达任何一种时间阶段上的行动，即未来、现在或过去的行动。[①] 在有些语言中，纯粹的时间关系概念和对行动的纯粹时间区别的表达已经达到了相对而言最高的完善程度，但是即使是这些语言领域在达到这种完满时也没有离开各种各样的中介或中间阶段。印度-日耳曼诸语言的发展表明，在这里行为方式（Aktionsarten）的区别也是先于真正的“时态”的区别。在印度-日耳曼的史前时期——**斯特莱特贝格**（Streitberg）强调说——一般而言并不存在任何“时态”，亦即不存在任何其原初功能是用来指称相对时间阶段的形式性范畴。

> 我们习惯于称为“时态”的那种形式分类自在地说来与相对时间阶段没有丝毫关系。现在时、过去时、完成时的所有情态都是非时间的（zeitlos），它们只是通过它们所指称的行动的种类（art der handlung）才彼此区别开。与这些用来区分行为方式（actionsarten）的形式不同，印度-日耳曼语用来指称时间阶段的那些手段看起来是最朴素的，亦即贫乏的。并没有一个专门的指称表达现在，在这里，无时间的行为完全足够了。用一个加到动词形式上的时态副词——增音（augment）——来表达过去。[……] 最后，在印度-日耳曼语的史前时期，看起来并不是以一种统一的方式表达未来的。表达它的一种方式，或许也是[……] 最早的方式，是一种可能具有**自愿**含义的**情态**形式。[②]

在**个别**印度-日耳曼语的发展中，对行为方式的指称优先于对时

---

① 关于闪米特语中“时态”的用法，参见：Brockelmann, *Grundriss*, Bd. II, S. 144 ff.。针对乌拉尔-阿尔泰语，温克勒强调说，“动名词”中包含的大量限定性规定和情态规定盖过了“原初真正的动词领域”，盖过了时态的形成，以至于它们看起来是第二位的、几乎次要的。参见：Winkler, *Das Uralaltaische und seine Gruppen*, S. 159。

② Wilhelm Streitberg, *Perfective und imperfective actionsart im germanischen*, in: *Beiträge zur Geschichte der deutschen Sprache und Literatur* 15 (1891), S. 70-177: S. 117f.

间阶段的指称还是很清楚的，尽管优先的程度有差别。① 其中的多种语言都形成了一种独特的声音工具来区分瞬息行动和持续行动，表达瞬息行动用的是带有简单根元音的动词词干，表达持续行动用的是带有强化根元音的动词词干。② 自从格奥尔格·库尔修斯以来，在印度-日耳曼诸语言的语法中，人们普遍习惯于把“断续的”（punktuelle）行动与“连续的”（kursive）行动区分开，后来才出现了完成时的行动、反复的行动、强化的行动、终止的行动等更进一步的差异。③ 在多大清晰度上表现这些差异以及在多大程度上形成纯粹的时间规定，印度-日耳曼语群的个别语言之间有着显著的差别④，但是，有一点始终是清楚的，即精确地指称相对时间阶段是一个相对晚的产物，而指称一个过程或行动的一般性“时间形态”（Zeitgestalt）似乎

---

① 关于希腊语参见：Karl Brugmann，*Griechische Grammatik*（*Lautlehre*，*Stammbildungs- und Flexionslehre und Syntax*）（*Handbuch der klassischen Altertums-Wissenschaft in systematischer Darstellung mit besonderer Rücksicht auf Geschichte und Methodik der einzelnen Disziplinen*，hrsg. v. Iwan von Müller，Bd. II/1），München[3] 1900，S. 469：“自远古希腊时代以来，每一个动词概念都必须与行为方式发生某种关系，而不是与时间范畴发生某种关系。自从原始印度-日耳曼时期以来，就有很多无时态的动词形式，而没有无行为方式的动词形式。”对荷马语言和古阿提卡语言的比较表明，通过动词来表达清楚的时间关系，只是逐步地才变成了一个规则。（ebd.）

② 在希腊语中，词根 λαβ、πιϑ、φυγ 在第一种功能下使用，词根 λαμβ、πειϑ、φευγ 在第二种功能下使用。参见：Georg Curtius，*Zur Chronologie der indogermanischen Sprachforschung*，Leipzig 1867（in：*Abhandlungen der Königlich Sächsischen Gesellschaft der Wissenschaften*，Bd. XII/*Abhandlungen der Philologischhistorischen Classe der Königlich Sächsischen Gesellschaft der Wissenschaften*，Bd. V），Leipzig 1870，S. 185－261：S. 229 ff.。

③ 参见 Georg Curtius，*Die Bildung der Tempora und Modi im Griechischen und Lateinischen sprachvergleichend dargestellt*（*Sprachvergleichende Beiträge zur griechischen und lateinischen Grammatik*，1. *Teil*），Berlin 1846，S. 150 ff.。

④ 尽管行为方式的区分现在在很多语言的个别现象中还清晰可见（例如参见：Hermann Paul，*Die Umschreibung des Perfektums im Deutschen mit haben und sein*，in：*Abhandlungen der königlich bayerischen Akademie der Wissenschaft*，*l*. *Classe*，Bd. XXII/1，München 1902，S. 161－210），但是在德语变化体系中，它的重要性很早就降低了。相反，它们在波罗的海-斯拉夫语言中还起着重要作用，这些语言保存了“完成时”和“未完成时”动作的区分，并且相应地把所有动词都划分为这两类。更多讨论参见：August Leskien，*Grammatik der altbulgarischen*（*altkirchenslavischen*）*Sprache*（*Sammlung slavischer Lehr- und Handbücher*，hrsg. v. August Leskien u. Erich Berneker，1. Reihe：Grammatiken，Bd. I），Heidelberg 1909，S. 215 ff.。

属于思想或语言的一个早期层次。

那些已经预设了一种时间**度量**（Zeitmessung）形式，因此又把时间理解为一种明确规定的**大小值**（Größenwert）的语言表达距离时间直观的原始阶段最远。严格说来，我们在这里面对的任务其实已经超出了语言范围，只有在从自觉的反思中产生出来的“人工”记号体系中——像科学形成了的那些记号体系中——才能找到自己的答案。而语言为这一新的成就提供了一个至关重要的准备：因为数的记号体系构成了一切精密的数学度量和天文度量的基础，它的发展是与提前形成数**词**（Zahlworte）紧密联系在一起的。在三个不同的但又紧密连在一起并且互相关联的阶段中，语言发展出了空间、时间和数这三种基本直观，并由此为从理智上掌控现象的一切努力创造了条件，也为把这些现象综合为一个“世界概念”的统一体创造了条件。

180

三、数的概念在语言中的发展

当人们从空间表象前进到时间表象，再从它们前进到**数**的表象时，似乎才走完直观的领域——但是同时人们也看到，自己每向前再走一步也就越多地超出了直观领域。因为在这个进步过程中，可以把握到的和触摸到的形式世界倒退得越来越远——取而代之的是，一个新的世界：理智**原理**的世界逐步建立起来了。在这个意义上，数的“存在”是由真正的哲学和科学发现者毕达哥拉斯学派规定的。普罗克勒斯赞美毕达哥拉斯，说他最早把几何学提升为自由的科学，因为他演绎地（ἄνωθεν）研究出了它的原理并且无质料地（stofflos）、纯粹思想性地（ἀύλως καὶ νοερῶς）表述了它的定理。① 其第一位奠基者为科学数学所烙印上的一般趋势此后越来越被强化和深化。这一趋势经过柏拉图、笛卡尔和莱布尼茨的中介而分享给了现代数学。在试图

① Proklos，*Prodi Diadochi in primum Euclidis elementorum librum commentarii*，hrsg. v. Gottfried Friedlein，Leipzig 1873，S. 64，Z. 18（zit. nach：Diels，*Die Fragmente der Vorsokratiker*，S. 279）.

从**一个**原理出发建构几何学和分析的时候，现代的见解发现自己需要比古代数学还要更多地退回到数的概念作为自己真正的中心。数学思想奠基的一切工作现在越来越确定地转向这个中心点。19 世纪的数学越来越普遍地追求达到一种逻辑上自主的数的概念形态。戴德金、罗素、弗雷格和希尔伯特在不同的道路上追求这一目标。罗素试图把数及以之为基础的一切基本要素都还原为纯粹的“逻辑常量”。**弗雷格**把数视为一种“属性”，但是正如数本身是非感性的，这种属性也是关联于一种非感性的内容的，与其说它是一个“事物”的属性，不如说是一个纯粹**概念**的属性。戴德金在为数的概念奠基和推荐出数的概念时同样清晰明确地避免与直观关系有任何关联，避免混合进任何可以度量的大小。数的王国不应该建立在空间和时间直观的基础上，相反，数的概念作为“纯粹思维法则的直接外流”才使我们能够获得关于空间性东西和时间性东西的真正清楚精确的概念。只有当精神离开任何有关可以度量的大小的表象，通过简单思维步骤的有限体系创造出纯粹连续的数的王国时，精神才有可能清晰地形成连续空间的表象。① 这些追求都根植于精密科学本身之中，批判逻辑只是它们的集大成者，因为它们的出发点是，理解数的第一个前提是达到如下洞见，即人们靠着数所处理的并不是任何给定的物，而是思维的纯粹规律性。“从物中引导出数，”批判逻辑强调，“如果引导被理解为解释，那么这明显是在兜圈子。因为物的概念是复杂概念，数是作为一个必不可少的构成部分进入这个复杂概念的。［……］对思维而言，没有任何东西能够比它本身，比思维——亦即关系的设定——更加原初。不论人们把别的什么东西断定为数的基础，这种东西恰恰都包含着关系的设定，而且它之所以能够表现为数的基

181

① 参见：Richard Dedekind，*Was sind und was wollen die Zahlen? Braunschweig* 1887，S. VII。参见：Gottlob Frege，*Die Grundlagen der Arithmetik. Eine logisch mathematische Untersuchung über den Begriff der Zahl*，*Breslau 1884*；Bertrand Russell，*The Principles of Mathematics*，Bd. I，Cambridge 1903。

础，只是因为它包含着作为前提的真正基础，即包含着关系的设定。”①

182　但是，不论“纯粹”思维、科学思维多么坚定地孤立自己，多么自觉地拒绝感性感受或直观的一切支持和帮助，它似乎都与语言和语言概念有着紧密联系。言说与思维的相互关联再一次表现在了**数的概念**的逻辑发展和语言发展上，而且数的概念似乎最清晰、最典型地表现出了这种关联。只有通过把数构形为**语词记号**，理解其纯粹概念本性的道路才被打开。因此，语言所创造的数字记号一方面表现了这些形成物——纯粹数学把这些形成物规定为“数”——的不可或缺的**前提**；另一方面，在语言符号与纯粹理智符号之间确实存在着一个无法回避的紧张和一个从来没有完全消除的**对立**。尽管语言为纯粹的理智符号准备了道路，但是它自身还不能走完这条路。那种“关系性思维”形式使得有可能设定纯粹的数的概念，它构成了语言的最终目标，语言在自己的发展中逐步地接近这个目标，但是它在自己的领域内不能完全达到这一目标。② 因为数学思维对数的概念所要求的那决定性的一步，即真正与直观和直观性的物的表象这一基础相脱离并从中解放出来，是语言无法完成的。它与具体对象（Gegenstände）和具体过程（Vorgänge）的指称是黏着在一起的，即使当它试图间接地形成纯粹关系的表达时，它也还是被束缚在具体对象和具体过程的指称上。但是在这里，进步的相同辩证原理再一次得到了确认：语言在其展开的过程中看起来越多地沉陷于感性东西的表达，它就越多地成为从感性东西中解放出来的精神过程的工具。正是在可数东西的物质上——不论这些物质一开始是多么感性、多么具体和多么有局限——数中包含的新形式和新思想力量发展起来了。

但是在这里，这种形式并不是立即就表现为一种自足的整体，而是它必须从其个别要素中才逐步地建构起自己。研究数的概念在语言

① Paul Natorp，*Die logischen Grundlagen der exakten Wissenschaften* (*Wissenschaft und Hypothese*，*Bd*. *XII*)，Leipzig/Berlin 1910，S. 98 f.

② 参见下文：Kap. V。

中的起源和形成对逻辑分析之所以有帮助，原因正在于此。就其逻辑内容和源头而言，数起源于完全不同的思维方法和思维要求的相互交织渗透。在这里，复多性（Vielheit）的要素转变为统一性（Einheit）的要素，分离的要素转变为连接的要素，彻底的区别转变为纯粹的相同。所有这些对立必须被置于彼此之间的一种纯粹的精神性平衡之中，只有这样，数的“精密”概念才能形成。这种数还是语言无法达到的；但是尽管如此，还是能够清晰地追踪到那些最终交织成数这充满艺术感的织物的丝线如何逐条地互相编织在一起，以及在它们交织成一个逻辑整体以前是如何逐条地形成的。在这个形成过程中，不同语言的经历是不同的。语言在不同时间选择了数字形成和多数形成（Zahl- und Mehrheitsbildung）的不同因素，赋予不同的因素更大的含义，但是语言从数的概念中获得的所有这些个别的而且在一定意义上片面的观点的总和最终构成了一个总体和一个相对的统一体。数的概念处于一个精神性的-理智的圆周之中，虽然语言从其自身出发无法完全穿透和填满这个圆周，但是，它能够沿着其周长围着它走，并由此间接地为规定它的内容和边界做好准备。 183

我们在这里再一次碰到了在语言把握最简单的空间关系时已经出现的那种相同的关联（Zusammenhang）。像空间关系的区分一样，数的关系的区分也开始于人的身体和四肢。人的肉身在各个地方都形成了最初的原始计数的基本典范：“计数”首先只不过意味着以如下方式指称外部客体的特定区别，即这些区别似乎被转移到了计数者的身体上，并因此而变得可见。由此看来，所有数的概念在变成语词概念之前，都是纯粹模仿性的手部概念或其他身体概念。数的手势并不是作为其他独立数词的单纯伴随起作用的，而是似乎融合进了数词的含义和实体之中。例如，埃维人用张开的手指数数；从左手的小手指开始，用右手的食指折起每一个数过的手指：在数完左手以后以相同的方式依次数右手；之后他们要么是重头再开始一遍，要么是 184

坐在地上数脚指头。① 在奴巴人那里，与数数几乎总是相伴的手势是，人们用右手扳着左手的小指开始数“一”，接下来是无名指、中指、食指，最后是拇指，把它握成拳头，之后用左手以同样的姿势数右手。在数到 20 时两个拳头水平地紧贴在了一起。② 针对巴凯里语，卡尔·冯·登·施泰恩报道说，如果被数的客体，例如一把谷物，没有直接用手摸到，那么巴凯里人连最简单的数数也会失败。“右手**摸着**，左手**数**。如果不用右手的手指，只是看着谷物用左手数，**连 3 粒谷子他们也数不过来**。”③ 正如人们所看到的，以任一方式把单个的被数客体与身体部分**关联起来**，在这里都是不够的，相反这些客体似乎必须被直接地**移植到**身体部分里或身体感觉里，这样一来，“数”它们的行动（Akt）才能进行。因此，数词指称的与其说是对象的某一种客观规定或关系，不如说，它们包含了数数这一身体运动的确定指示。它们表达或指明了手部或手指当时的姿态，这种姿态经常包含在动词的命令形式之中。因此，例如，在索托语中，表示 5 的那个词的真正含义是“完成了一个手”，表示 6 的那个词的含义是“跳”，即“跳到另一个手上”。④ 有些语言的数字表达指明了分类和安放数数对象的方式方法，所谓的“数词”的这种积极特征在这些语言中表现得尤其清晰。例如，克拉马斯语有大量由坐、躺、放置这些动词形成的指称，这些指称每一个都按照被数客体的特殊性表达了一种特殊的“排列”（Reihung）方式。一组对象必须被铺在地面上才能数出来，另一组对象必须叠放为一层一层的或分成一群一群的或排成一队一队的才能数出来——对对象的每一类“摆放”，就其不同的动词性数词

185

---

① Westermann，*Grammatik der Ewesprache*，S. 80.

② Reinisch，*Die Nubasprache*，S. 36f.

③ Karl von den Steinen，*Unter den Naturvölkern Zentralbrasiliens. Reiseschilderung und Ergebnisse der Zweiten Schingü-Expedition 1887–1888*，Berlin 2 1897，S. 84 ff. [Zitat S. 86].

④ 参见：Meinhof，*Grundzüge einer vergleichenden Grammatik der Bantusprachen*，S. 58；巴布亚土语也有相似事例，参见：Ray，*Torres Straits. Linguistics*，S. 373 u. ö.。在爱斯基摩语中，数字 20 是用一句话“一个人完成了”（ein Mann ist vollendet，意为他的所有手指、脚指头都数过了）来表达的。参见：Thalbitzer，*Eskimo*，S. 1047。

的特性而言，都对应于一种不同的“数词分类词”。[1] 借助于这种方法，把对象的分类活动与确定的身体活动保持了一致，这些身体活动被认为是按照一种给定的序列进行的。这些活动不必限定于手或脚、手指或脚趾，而是也能够囊括人体所有其他的部分。在英属新几内亚，数数的顺序是从左手手指到手腕、手肘、肩膀、左脖子、左胸、腹部、右胸、右脖子等；在其他地区，则会用到肩膀、锁骨凹陷、肚脐、脖子或鼻子、眼睛和耳朵。[2]

人们经常极大地忽视这种原始数数方法的精神价值。例如，斯坦因塔尔在描述曼德黑种人的数数方法时说道：

> 黑种人精神上的罪过在于，他数到十都没有离开感性的支撑，没有自由地、创造性地自己拓展十，把这个短的序列拓展为长的序列，而是局限于自己的肉身，从双手——一切工具的尊贵工具、精神的仆人——沉降到了陷于泥土中的双脚，肉身的奴隶。因此，数一般而言还是与肉身连在一起的，还没有变成抽象的数的表象。黑种人没有数，而只有手指的数量、手指和脚趾的数量；在追求无限的驱动下，总是超出每一个特定的数量，并从其自身给它加上一，这不是他的精神；相反，实存着的个别东西和自然物引导着他从一到一，从小指到拇指、从左手到右手、从手到脚、从一个人到另一个人；他从来没有在自由塑形中理解，而是在自然周围爬行。［……］这不是我们的精神在数数时做出的行动。[3]

186

---

① John Wesley Powell, *On the Evolution of Language, as Exhibited in the Specialization of the Grammatic Processes, the Differentiation of the Parts of Speech, and the Integration of the Sentence; from a Study of Indian Languages*, in: *First Annual Report of the Bureau of Ethnology to the Secretary of the Smithsonian Institution 1879–80*, hrsg. v. John Wesley Powell, Washington 1881, S. 1–16: S. 16; Gatschet, *The Klamath Indians*, S. 532 ff.

② S. Ray, *Torres Straits. Linguistics*, S. 364；尤其参见列维-布留尔的丰富材料：Levybruhl, *Das Denken der Naturvölker*, S. 159 ff.。

③ Steinthal, *Die Mandenegersprachen*, S. 75 f.

但是，这些一连串的责骂中半是诗意的挽歌，半是神学的哀怨，它忘记了，在这里更正确和更富有成效的，不是用我们充分发展的数字概念来衡量这种原始的方法，而是去发现和承认其中所隐藏的理智内容，不论这些理智内容是多么微弱。当然在这里确实还不能谈论数的概念的任何体系，也不能谈论这些数的概念的任何一般性的关联。但是，它还是达到了下面这一点，即在通过一个杂多性的东西时——尽管就其内容而言它还是被纯粹感性地规定的——从一个部分向其他部分过渡时是遵守一个完全确定的秩序和顺序的。在数数的行动（Akt）中，从身体的一个部分向另一个部分进行并不是任意的，右手在左手之后，脚在手之后，颈、胸、肩在手和脚之后，这是在遵循一个前后相继的图式，这个图式虽然是习俗选定的，但又在坚守着这种选择。建立这样的图式，尽管远没有穷尽发达思维在“数”之下所理解到的内容，仍然形成了该内容不可或缺的前提。因为即使是纯粹数学的数最终也融入了位置体系的概念之中，融入了“顺序次序”的概念之中——或者像**威廉·汉密尔顿**（William Hamilton）所称呼的“进展顺序”（Ordnung in der Folge / Order in Progression）的概念之中。现在看来，原始的数数方法的根本缺陷确实在于，它不是按照精神原则自由地创造这一次序的，而只是从给定的物中尤其是数数者自身肉体的给定分节（Gliederung）中提取出了这一次序。但是即使是在这种方法的毋庸置疑的受动性中还是有一种真正的自发性在涌动，尽管这种自发性在这里还只是以萌芽的状态表现出来。当精神不是仅仅按照感性客体个别地直接地**是**（sind）什么，而是按照它们是如何**组织起来**（ordnen）的来理解感性客体时，精神才开始从对象的规定性进步到行动的规定性——通过这些行动，通过精神表现出来的这些结合和分离的行动，数形成的真正的、新的“理智”原理才在精神那里散发开来。

但是在从一个客体过渡到其他客体时遵守某种过渡顺序的能力首先依旧是一个孤立的要素，这个要素还没有与其他对形成纯粹数的概念必不可少的要素连接起来，还没有达到协调一致。在被数的客体与

187

发挥着数的表达功能的人的身体之间虽然有一种确定的搭配（Zuordnung），但是在这两个被比较的系列内在地分节（in sich selbst zu gliedern）并划分为明确规定的“诸单元”（Einheiten）以前，这种搭配都还只有完全空洞的特征，都还只是一种整批次的（in Bausch und Bogen）对应关系。形成一种这样的单元的根本前提是，被数的这些要素要被视为严格**一致的**（gleichartig）——如此一来，每一个要素都只是被它们在数数时所占据的**位置**而不是被任何其他的感性的-物性的特性或属性区分开来的。但是，此时我们距离一种“同质性”的抽象还很远。不仅被数的物必须以它们所有可以被触及的规定性而在场，只有这样才能直接地触摸到和感受到它们，而且这些数数的单元本身所表现出的也完全是具体的-感性的区别，也只是被这些区别而分离开的。在这里还没有纯粹思想构思的和一致的**设定**单元（gleichförmige Setzungseinheiten），而只有与人体的自然分节（Gliederung）一致的自然的**事物**单元（Dingeinheiten）。原始的“算术”只把这种自然组视为自己的环节。它的各个体系按照物性标准而彼此区分开。从把一只手作为数数模型的用法中产生了五进制，从把两只手作为数数模型的用法中产生了十进制，从手脚并用中产生了二十进制。[①] 此外，还有一些比这些最简单的组和系统形成意图更落后的其他数数方法。但是在“数数”上的这些局限并不能被解释为无法分辨具体的复多性（Vielheiten）及其区别。即使在真实的数数还没有超出最初的贫瘠开端的地方，对这些复多性的区分也可以是高度发达的。因为这种区分所需要的只是给每一类复多性贴上一个定性的整体标记（Gesamtmerkmal），而不需要每一类复多性都内在地划分好（in sich gegliedert）并以此而在量上被规定为“诸单元（Einheiten）的数量”。阿比蓬人的“数数”能力很不发达，但是据说，他们区分 *188*

① 关于这一点的大量事例，参见：August Friedrich Pott，*Die quinare und vigesimale Zählmethode bei Völkern aller Welttheile. Nebst ausführlicheren Bemerkungen über die Zahlwörter Indogermanischen Stammes und einem Anhange über Fingernamen*，Halle a. d. S. 1874。

具体总体的能力极为发达。如果他们带去狩猎的一大群狗中有一只走失了，他们立即就能认出来。相似地，在把 400～500 头牛赶回家的时候，它们的所有者很远就能分辨出是不是少了一些牛，哪些牛少了。[①] 在这里，单个的复多性是按照一种专门的单个标志被辨识出来和区分开来的——在人们谈论“数”的时候，它不是以确定的、测量过的**数的大小**（Zahlgröße）的形式出现的，而是作为一种具体的**“数的形态”**（Zahlgestalt），作为一种直观的质出现的，这种质还依附于数量（Menge）的完全没有分节的整体印象。[②]

有些语言最初不了解任何能够应用于每一种数数对象的**一般性**数字表达（Zahlausdrücke），而是针对每一种特殊种类的客体都使用了一种专门的与之相对应的数字指称。这种基本见解最清楚地反映在这种语言中。只要数还仅仅被视为事物数（Dingzahl），那么从根本上说就必然有不同的数和数字组（Zahlgruppen），它们与事物的不同种类同样多。如果定量的对象的数仅仅被思考为一种质的属性，这种属性以与确定的空间形态或感性属性完全一样的方式归属于物，那么，语言就压根儿不可能把数从其他的属性中分离出来，也不可能为数创造一种一般性的表达形式。在语言形成的原始阶段上其实随处都表明了，数字指称与物的指称或属性的指称是直接混合在一起的。在这里，数字指称不仅是内容性指称，而且同时也起到了表达对象的特性及其数的规定和数的特征的作用。存在着这样一些语词，它们同时表达了一种特殊种类的客体，也表达了这些客体的一种特殊的组属性。*189* 例如，在斐济岛的语言中，按照指称的是一组 2 个、10 个、100 个、1 000 个椰子，还是指称一组 10 只独木舟或一组 10 条鱼等使用的都

---

① Martin Dobrizhoffer, *Historia de Abiponibus equestri, belli cosaque Paraquariae natione*, Bd. I, Wien 1847；参见：Pott, *Die quinare und vigesimale Zählmethode*, S. 5, 17 usw.。

② 有关原始“数字”和数数的这种质的特征，参见韦特海默所做的卓越的、丰富的事例材料：Max Wertheimers, *Über das Denken der Naturvölker*, in: *Zeitschrift für Psychologie* 60 [1912], S. 321-378。

是不同语词。[①] 即使在数的指称变得独立于物和属性的指称之后，它还是尽可能地联系于物和属性的杂多性（Mannigfaltigkeit）和差异性。并不是每一个数都可以应用于每一种物：因为在这里数的意义还不在于表达抽象的复多性，而在于表达这种复多性的模式及其种类和形式。因此，举例来说，在印第安语中，数人（Personen）或物品（Sachen）、活着的或死去的物（Dinge）用的是不同的数词系列。如果要数的是鱼或兽皮，或者数数的过程应用到了站立的、躺着的或坐着的对象上，也有可能出现一种专门的数字表达系列。摩奴岛语言分别用一到十不同的数来数椰子或人，有灵魂的东西、动物，植物，独木舟、乡村或房屋、棍子，种植园。[②] 在不列颠-哥伦比亚的辛香语中，为了数平的对象和动物、圆的客体和时间间隔、人、船、长的对象和尺度，各自会用到一种专门的数字系列[③]——在其他相近的语言中，不同数字系列（Zahlreihen）的分化（Differenzierung）甚至更多，以至于实际上几乎是无止境的。[④] 正如人们看到的，数数在这里绝不是朝着“同质性”努力。毋宁说，语言的趋势是使量的差别服从于类别划分（Klasseneinteilungen）中所表现出来的起源差别，并按照起源差别来改变量的差别。有些语言虽然进步到使用一般性的数字表达，但是每一个数还紧跟着一个确定的**限定词**来标识该集合所统摄

190

---

① H. C. v. d. Gabelentz, *Die melanesischen Sprachen*, S. 23；参见：Codrington, *The Melanesian Languages*, S. 241。在新几内亚的美拉尼西亚语中也能发现相似的集合词汇，例如用一个本身无法分割的词汇指称 4 个香蕉或 4 个可可果、10 头猪或 10 个长物体等。参见：Ray, *Torres Straits. Linguistics*, S. 475。

② 参见：Josef Meyer, *Berichtigungen zu Dr. Schnee's Mitteilungen über die Sprache der Moänus* (*Admiralitäts-Inseln*), in: *Anthropos. Internationale Zeitschrift für Völker-und Sprachenkunde 1* (*1906*), S. 210－228 u. 472－482: S. 228 (zit. v. Wertheimer, *Über das Denken der Naturvölker*, S. 342)。

③ 参见：John Wesley Powell, *Introduction to the Study of Indian Languages with Words, Phrases and Sentences to be Collected*, Washington, D. C. 1880, S. 25。不同种类的数字（有关平对象、圆对象、长对象、人、尺度的数字）汇编，参见：Boas, *Tsimshian*, S. 396 f.。

④ 参见列维-布留尔从语言科学和人类学文献中搜集的事例：Levy-Bruhl, *Das Denken der Naturvölker*, S. 169 ff.。

的特殊种类，在这些语言里，这种趋势也表现得很清晰。直观地和具体地来看，把人联合为一“组”或把石头堆成一“堆”，把静止的对象排成一“排”或把运动的对象汇成一“群”，很显然是完全不同的。语言在选择集合语词时以及在把这些集合语词与真正的数字表达联结起来所依据的规则中，试图把握住所有这类区分（Besonderungen）和细微差别（Nuancierungen）。因此，举例来说，在马来-波利尼西亚人的诸语言中，数字表达并不是直接与实词组合在一起的，而是必须与似乎表达了“分类”方式的特定限定语组合在一起。“5 匹马”字面上被表达为“马，5 条尾巴”，“四块石头”字面上被表达为“石头，四个圆形物体”等。① 在墨西哥人的诸语言中，数字表达和被数的对象都还跟着一个表明了排列或归类方式和形式的指称，例如，在谈论圆形与柱形的对象如蛋或豆，或者谈论排成一长队的人或物如墙和沟时，这些指称是不同的。② 日文和中文也把按照被数的对象而彼此区分开来的“数字”的使用发展到了尤其精致的程度。这些语言缺少单数与复数的一般性语法区别，它们更为严格地关注，把集合归类本身按照其独特的方向和特性明确地区分开来。尽管在抽象的数数程序中各个单元的内容必须被清空才能够彼此连接起来，但是在这里这些内容还是决定了归类（Zusammenfassung）为集合性的组合（kollektiven Verbänden）、归类为数量（Mengen）和复多性（Vielheiten）的特殊方式。在这里，语言的-思维的规定更多地关注的是区分出和明确地划分开确定的组的形成（Gruppenformen），而不是把这些组分解为单元（Einheiten）和个别（Einzelheiten）：它们按照其直观的整个内容把握住了该复多性（Vielheit）的特征并把它与其他复多性区分开来，而不是从其个别构成性环节中逻辑地和数学地建构起该复多性。

191

---

① 更多讨论参见：E Müller，*Reise der österreichischen Fregatte Novara*，S. 275 u. 303；Codrington，*The Melanesian Languages*，S. 148；H. C. v. d. Gabelentz，*Die melanesischen Sprachen*，S. 23 u. 255。

② 更多讨论参见：Johann Carl Eduard Buschmann in seinen Noten zu Wilhelm von Humboldts »Über die Kawisprache auf der Insel Java«，S. 269 ff. ［Anm. 1，S. 271］。

如果我们观察的不是语言在形成数词时遵循的程序，而是语言完成“单数”与“复数”的形式性和一般性区分的方法，那么我们又碰到了相同的基本见解。如果我们认为复数的观念中包含着逻辑的和数学的“多数”（Mehrheit）范畴，即一种由清楚地分离开的、相同的诸单元构成的复多性范畴，那么，就会发现，很多语言都缺少这种意义上的复数。很多语言都让单数与复数的对立处于完全未指明的状态。在这里，实词就其基本形式而言既能够被用来指称包含着不确定复多性样本的类，也能够用来表达类的一个别的样本。它还处于单数含义与复数含义之间，似乎还没有在这二者之间做出决定。只有在个别的情况下，即在这种区别看起来至关重要的情况下，才用特殊的语言工具指明这种区别，而且经历过这种特殊区别的经常也是单数含义而非复数含义。因此，举例来说，按照弗里德里希·米勒的说法，马来-波利尼西亚人的诸语言“从来没有提升到把数的概念理解为一种包含于活生生的统一体中的多数范畴”，因此，它们的实词既不是真正具体的，也不是真正抽象的，而是二者之间的一种中间物（Mitteldint）。“对马来人而言，‘人’既不意味着一个具体的人，也不是等同于抽象‘人类’的‘人’，而是指称人们已经看见过和认识了的人。然而，（ôran）这个词对应更多的是我们语言中的复数而不是单数，单数必须由含义为‘一’的词来指明。”① 因此，在这里讨论的并不是随后通过一种语言形式（Formans）转换而带有多数含义（Mehrheitsbedeutung）的单纯个别性（Einzelheit），而是一方面能够通过给未分化的复多性（Vielheit）加上带有一般性-集合性意义的特定名词而发展出复数含义（Pluralbedeutung），另一方面能够通过使用特定的个体化的小品词而发展出单数含义。② 关于单一性和复多性之间关系的相同观点也构成了很多阿尔泰语的基础，在这些语言中，192

① 参见：F. Müller，*Reise der österreichischen Fregatte Novara*，S. 274 f.。关于澳大利亚语参见：S. 246f.；也可参见：a. a. O.，*Grundriss*，Bd. II/2，S. 114 f.。

② 更多讨论参见：Codrington，*The Melanesian Languages*，S. 148 f.；H. C. v. d. Gabelentz，*Die melanesischen Sprachen*，S. 23 u. 255。

同一个词在语法上不做进一步的区分就能用来同时表达单一性和复多性。因此，这种通称名词一方面能够指称单个的个体和整个类，另一方面能够指称不确定数量的个体。[①] 即使在那些已经在形式上清楚地形成了单数与复数区别的语言中，有些现象还是清楚地表明了，这种严格的划分以一个相对漠视划分的阶段为前提。一个带有外在复数标志的语词在语法上经常会在单数意义上使用，从而与动词的单数形式联系在一起，因为就其基本含义而言，它并没有被感受为离散的多数，而是被感受为集合性的整体性，从而被感受为集合性的简单性。[②] 在雅利安语和希腊语中，中性复数是与动词的单数一起使用的，因为这些词尾为-ă的中性词最初并没有复数的意义，而是退回到单数阴性词尾-a，它是用来指称集合抽象名词的。因此，-a的各种形式一开始既不是复数也不是单数，而是十足的集合名词，这种集合名词可以按照需要以任一方式来解释。[③]

193

另外，语言——与我们在数数过程中所观察到的东西类似——并没有突然把抽象的单一性范畴与抽象的多数范畴并列起来，而是在二者之间存在着各式各样的渐变和过渡，这也是很明显的。它最初区分出来的复多性并不是完全的复多性，而是独特的复多性，这种复多性

---

① 参见：Boethtlingk，*Über die Sprache der Jakuten*，S. 340 f.；Winkler，*Der Uralaltaische Sprachstamm*，S. 137；关于阿尔泰语中“复数形成”也可参见：Grunzel，*Entwurf einer vergleichenden Grammatik der altaischen Sprachen*，S. 47 ff.。

② 按照埃尔曼（Erman，*Ägyptische Grammatik*，S. 108 f.）的观点，在埃及语中，很多就意义而言是纯粹复数的概念是用单数形式的集合抽象名词表述的，相应地，谓语动词也发生了变化。相似地，按照布洛克曼（*Grundriss*，Bd. I，S. 437ff.，*Grundriss*，Bd. II，S. 77ff.）的观点，在南闪米特语言中，单数、集合、复数的边界还是流动的，以至于轻微的声音变化就能把集合词变成单数词，并形成一个新的复数。关于印度-日耳曼语群，参见迈耶-吕布克（Wilhelm Meyer-Lübke，*Romanische Formenlehre*［*Grammatik der Romanischen Sprachen*，*Bd. II*：*Formenlehre*］，Leipzig 1894，S. 69ff.；*Romanische Syntax*［*Grammatik der Romanischen Sprachen*，*Bd. III*：*Syntax*］，Leipzig 1899，S. 26ff.）从罗曼语中给出的事例。

③ 从原始印度-日耳曼时期以来，按照布鲁格曼的观点，如果名词的内容是统一的而且不考虑与统一体的勾连关系，那么名词就被定为单数；只有当一类或几个孤立事件行为被区分为不同数字的时候，或者当一个概念在特征上被视为复数时，用的是复数。参见：Karl Brugmann，*Kurze vergleichende Grammatik der indogermanischen Sprachen*，Straßburg 1904，S. 413f.；a. a. O.，*Griechische Grammatik*，S. 369 f.。

本身就承载着一种特殊的和突出的质的特征。除了运用**双数**（Dual）和**三数**（Trial），很多语言还区分了双重的复数：相对狭窄的复数用来指称两个或几个对象，不过始终是相对少的对象；相对宽泛的复数用来指称多个对象。**多布里茨霍费尔**（Dobrizhoffer）报道了阿比蓬人的语言中有这种用法①，在闪米特语例如阿拉伯语中也有与这种用法极其相似的用法。② 洪堡在描述阿拉伯语的多数形式时发现了，阿拉伯语除了双数，还有指称3～9个对象的有限复数以及指称10和更多的或不确定数量的对象的复多性复数（Vielheits-Plural），这里的基础观念是，类概念在一定程度上是被视为外在于数的范畴的，因此单数与复数都通过变格而与它区分开来，这一点必须被“无可否认地称为非常哲学的”。③ 事实上，在这里似乎并不是按照其起源规定性来理解类概念的，也没有借助于这种规定性把它**提升到**数的区分（Unterscheidung des Numerus）**之上**，相反，类概念似乎还没有进入这种区分形式之中。语言通过单数和复数所表达的那种区别并没有被扬弃（aufheben）在类中，相反，在类上还没有完全明确地做出这种区分；单一性和复多性之间的量的对立并不能被一种囊括这二者的质的统一性克服，因为这种量的对立首先还压根儿没有被明确地设定。类的单一性意味着一种独特的**一**，与其种的同样独特的复多性不同——这里说的种具有一种不确定的集合含义，很多语言中的单数含义和复数含义正是从这种不确定的集合含义中才脱壳而出的，而决定性的要素恰恰是非独特性（Indistinktheit）。复多性被视为单纯的群、量或群体，亦即一种感性的而非逻辑的整体。其一般性是一种印象的一般性，还没有分解为个别的环节和部分，而不是更高一级的概念的一般性，概念的一般性把特殊的东西作为一种分离开的东西和“区别开的东西”包含于自身之内。

194

---

① Dobrizhoffer, *Historia de Abiponibus*, Bd. II, S. 166 ff. （zit. bei Humboldt, *Üeber den Dualis*, S. 19 f.）.

② 更多讨论参见：Brockelmann, *Grundriß*, Bd. I, S. 436f.。

③ Humboldt, *Üeber den Dualis*, S. 20.

但是，恰恰是借助于**分离**（Sonderung）这个基本要素，**数**的严格概念才从量或复多性的单纯概念中产生出来。到目前为止的研究让我们了解了语言接近这个概念——按照语言自身的特性来说，其实它只能在感性的面纱下来理解这个概念——的两条路径或方向。一方面，即使在那些最原始的、指向人体某些部分的数数方法中，语言思维也坚持着“顺序次序”的要素。如果这些数数方法要产生任何结果的话，那么它们就不能任意地从人体的一个部分过渡到另一个部分，而是必须遵守某些顺序次序规则。另一方面，语言正是通过多样性（Vielfachheit）本身的印象，通过对那个以某种方式分割为“部分”的一开始还不确定的整体的意识，才形成了自身的一般性集合指称。在这两种情况下，数的思维及其语言表达看起来与直观的基本形式、与对空间和时间存在的理解都是联系在一起的。知识批判的分析表明了，这两种形式何以必须一起活动才能产生出数的概念的本质性内容。如果为了理解集合性的“并存”，数把自身建立在空间直观的基础上，那么为了形成这一规定的典型的相反要素（Gegenmoment），195 即为了形成**分散的统一性和个别性**的概念，数需要时间直观。因为数必须解决的思想任务是，它不仅要分别满足这两个要求，而且要把这两个要求理解为一个。每一种真正可数的复多性同时也被思考和理解为单一性，每一种单一性也被思考和理解为复多性。现在在意识的每一种精神性基本活动中都能够发现对立要素的这种相互联系的协定。进入意识综合活动中的那些环节不能保持为简单并存的，而是要被理解为同一个基本行动的表达和结果——结合看起来像是分离，分离看起来像是结合。但是，这种双重规定是如此必要，以至于这两个要素中的某一个总是能够按照问题的特殊性而主张自身在整体分析中的优先性。如果说结合和分离这两个功能在精密数学数的概念中似乎达到了纯粹的平衡，如果说在这里统一地归纳出一个整体的命令和各环节之间绝对分散性的命令都以理想的严格性被满足了，那么在空间和时间意识中，这两个功能中的某一个总是占上风，而且会主张相对于另一个的优先性。因为在空间中占优势的要素是各环节的并存存在和交织存在，在时间中占优势的是各环节的相继存在和互斥存在。如果不同时把空间思考为“其中”包含着诸个别空间形态的**整体**，那么就不能直观到和思考任何**个别的**空间形态：在这里，空间形态的特殊性总是只有作为无所不包的“唯一”空间的限制才是可能的。同时，虽然时间性的瞬间之所以是时间性的瞬间，似乎只是因为它是作为一个序列中的要素表现出来的，作为连续中的部分表现出来的，但是，只有当每一个个别的要素都把自身与所有其他要素排斥开，只有当一个简单的不可分的“现在”、一个纯粹的当下点被设定为与一切过去和一切未来都完全区别开的，这个序列才能够被建构起来。正如在语言中所表现的，数的具体思维利用了这两个成就：空间意识的成就和时间意识的成就——利用它们形成了数的两个不同要素。通过对空间客体的区分，语言达到了集合性的复多性的概念和表达；通过对时间性行动的区分，它达到了特殊化和个别化的表达。对多数（Mehrheit）的 *196* 这两种精神性理解清楚地表现于复数形态的形式中。多数形式（Mehrheitsform）的形成，在一种情况下受对物性复合体的直观支配，在另一种情况下受特定时间性过程（Prozess）中诸阶段节律性-阶段性的重复支配。在前一种情况下，它主要指向由多个部分构成的对象性的整体性；在后一种情况下，它主要指向连接为一个持续序列的那些事件（Ereignissen）和活动（Tätigkeiten）的重复。

有些语言的整个结构都是**动词**结构占主导地位，事实上，这些语言也发展出了对多数的一种独特的、纯粹“分散性”的理解，这种理解与集合性的理解有明确区别。在这里，明确突出各种动词性的行动并强调它们的特征变成了理解多数的真正工具。例如，克拉马斯印第安人的语言没有形成任何特有的工具来区分**单个**对象和**多数**对象。但是与此相反，它以更大的精确性和更强的逻辑性注意到并把握住了一个由时间上的一次性行动（Akt）构成的行为（Tun）与一个包含着时间上不同但内容相似的诸阶段的行动之间的差别。**加切特**说：“对于克拉马斯印第安人的精神而言，不同时间重复完成不同事情，或者由不同的人多次完成相同事情，这些事实比我们语言中的纯粹**多数**观念更加富有意义。各自有别（Gesonderheit）这个范畴对他们的精神的影响是如此深刻，以至于他们的语言总是要通过**分散性地叠加**首音节这一专门的符号-声音手段来表达它。”因此，在克拉马斯人的语言中，我们意义上的所有“复数”表达都可以被证实是最近才起源的，而把一个行动分割为多个类似过程的想法总是用叠词清晰明确地指明的。叠词的用法渗透了他们的整个语言，甚至深入到了该语言的后置和特定副词中。[①] 胡帕语——阿萨巴斯卡语群的一种语言——在我们期待看到复数的很多情况下，亦即，在多个个体参与到一个行动中而这个行动本身又表现为一个统一体的时候，使用的是单数。与此相反，在这里分散的关系也可以通过选择一个专门的前缀而最为精确地指称出来。[②] 在美洲原住民语言以外的语种里，叠词也表现出了相同的功能。[③] 在这里一种自在的抽象概念在语言中发现了自身直接的-感性的表达。声音的简单重复是指称一个行动尤其是一个人类活动（Tätigkeit）的节律性重复和分节的最原始同时也是最有效的方法。如果我们在某一个地方能够获得对语言形成最初动机的某种洞见以及获得对语言和艺术之间关联方式的某种洞见，那也许就是这里。人们已经尝试着在那些最初的原始**劳动歌唱**（Arbeitsgesängen）中追溯诗歌的源头，在这种歌唱中自身身体感受到的运动节律似乎第一次被外化了。**比彻尔**（Bücher）研究劳动和节律的广泛著作后表明，这些劳动歌唱在今天如何扩展到了全世界，它们在基本形式上是何其的相似。体力劳动的每一种形式，尤其是集体完成的形式，以一种合目的的运动协作为前提，这种运动协作又直接引导到个别劳动阶段节律性的集中（Zusammenfassung）和停顿。这种节律以两种方式向意

197

① 参见：Gatschet, *The Klamath Indians*, S. 419, 464 u. 611。

② 参见：Goddard, *Athapascan* (*Hupa*), S. 104; Boas, *Kwakiutl*, S. 444：“复数观念并没有清楚地发展起来。重复一个名词表达更多地是一个客体在这里或那里发生，或者是不同种类的特殊客体，而不是复数。因此，它是一种分配性复数而不是真正的复数。看起来这种形式逐步具有了纯粹复数的意义。”

③ 有关哈姆语中用重复来指称“分散”复数，参见：Meinhof, *Die Sprachen der Hamiten*, S. 25 u. 171。

识表现出来，一方面以纯粹运动感的方式，以肌肉紧张和放松的变换表现出来；另一方面以客观的形式，以听觉，以伴随着劳动的语音和声响的平衡表现出来。**行为**的意识及其分化（Differenzierung）与这种感性差异（Differenz）结合在一起：磨和研、推和拉、压和踩的区别（unterscheidet）在于，它们不仅有自己特殊的目的，而且也有自身的节拍和音色。在劳动歌曲的杂多性中——在纺纱和织布歌唱中，在打谷者和划桨者之歌中，在磨坊和烘焙之歌中——人们似乎还能直接从中听出，一种由特殊劳动方式决定的独特节律感只有同时在声音中被客观化的时候才能存在并转移进作品中。① 动词中的一些叠词形式，作为包含着多个节律性重复阶段的行动的表达，也许起源于一种发端于人类自身行为的发声。在任何一种情况下，语言都是只有与特定的内容、与确定的节律性基本经验结合在一起，才能赢得对纯粹时间形式和纯粹数字形式的意识，这两种形式在这些内容和经验中就像是以直接的具体性给出的，而且是直接融合在一起给出的。在很多语言中，事实上不仅在存在多数行为人的地方，而且在一个**单个的**（einzeln）主体把同一个行为指向不同客体的地方也都会使用动词的复数表达，这似乎证明了，行动的分化而非物的分化产生了分离和“分散”，亦即数数的基本要素。② 事实上，当对多数的直观（eine

198

199

① 更多讨论参见：Bücher，*Arbeit und Rhythmus*。

② 这与我们刚刚（S. 200）在胡帕语中观察到的颠倒现象是严格一致的。在胡帕语中，如果一个行为本身（例如跳舞）被视为一个不可分割的统一体，那么即使主语是复数，也要使用动词单数。在大多数美洲原住民语言中，如果一个及物动词的直接客体是复数，亦即如果行为指向几个客体因而被视为分裂的，那么这个及物动词就是以复数出现的。在其他语言中，动词复数的用法更多地依赖于客体而不是主体，或者同时依赖于主体和客体。雷（Ray）列举了基瓦语，这种几内亚语中的事例，参见：Ray，*Torres Straits. Linguistics*，S. 311 f.；在非洲语言中，奴巴语按照行为的客体是单数还是复数区分开了动词形式，参见：Reinisch，*Die Nuba-Sprache*，S. 56f. u. 69f.。洪堡在卡维语著作中详细地描写了塔加路语，为了指明主体的复数，同时为了指明行为是由不同部分构成的或者是重复的，它经常给动词加一个确定的复数前缀。在这种情况下，复数概念有时指的是行为者，有时指的是行为或其经常性的表现。因此举例来说，magsulat（来自“sulat”——“书写”）既有“很多人写”这一通常的复数含义，也有“他写了很多”这一常见的意义，还可以表达“习惯情态”（“写是他的职业”）。参见：Humboldt，*Über die Kawisprache auf der Insel Java*，S. 317 u. 376 ff.。

Anschauung der Mehrheit）本质上指向的是行动的纯粹形式时，是只有一个个体还是有多个个体参与到这个行为（Tat）中只具有次要的含义，而这个行动是否划分为个别的行动阶段则尤其重要。

到现在为止当我们把纯粹直观的基本形式、把空间和时间形式视为数与多数形成（Zahl- und Mehrheitsbildung）的起点时，我们也许还没有触及数数行动最原初的、最深刻的根源。因为在这里研究不能仅仅以客观东西，以客观的、空间-时间领域内部的区别为出发点，而是必须返回到从纯粹主体性中产生出来的那个基本对立。大量的迹象表明语言是从这一领域得出其最初的数字划分的，表明关于数的意识最初起源于“我”与“你”的分离，而非起源于对对象或事件的物性的结合和分离。这个领域表现出了比单纯物品表象（Sachvorstellungen）领域对“一”与“多”之间的对立更为精细的区分和更为强烈的感受。很多没有发展出名词的真正复数形式的语言仍然形成了复数的人称代词[①]；其他语言有两种不同的复数记号（Pluralzeichen），其中一种只是针对代词才使用。[②] 只有理性的、有生命的存在物才用名词复数来表达，而无生命的对象则不用名词复数。[③] 在雅库特语中，尽管有两个或多个身体部分以及两件或多件衣服，但是只要它们

200

① 关于美洲语言，参见罗兰德（Roland B. Dixon，in Boas' *Handbook*，S. 679－734：S. 708）有关迈杜语（Maidu）的描写：“在迈杜语中，数的观念并不是同等发展的。在名词中，数的精确表达似乎被感受为一种较小的需要；而在代词形式中，数是被清晰而精确地表达的。”在美拉尼西亚语、波利尼西亚语和印度尼西亚语中，在代词上，数有明确的区分；参见 Codrington，*The Melanesian Languages*，S. 110，同时参见：H. G. C. v. d. Gabelentz，*Die melanesischen Sprachen*，S. 37。巴凯里人并不了解单数和复数之间的任何区别，对于复数也没有任何一般的指称，而在代词的第一人称和第二人称使用复数形式，参见：Steinen，*Die Bakairisprache*，S. 324 u. 349 f。

② 例如，西藏语就是这种情况，参见：Isaak Jakob Schmidt，*Grammatik der tibetischen Sprache*，St. Petersburg/Leipzig 1839，S. 63f。

③ 有关这种用法的各种事例，参见：F. Müller，*Grundriß*，Bd. II/1，S. 261 u. 314f.；*Grundriss*，Bd. III/2，S. 50。有关美拉尼西亚语，参见：H. C. v. d. Gabelentz，*Die melanesischen Sprachen*，S. 87。在胡帕语中，只有少数名词，即那些指称一个人的年龄、地位和亲属关系的名词，有复数形式（Goddard，*Athapascan*［*Hupa*］，S. 104）。在阿留申群岛语中，复数有两种不同的表达，一种用来表达有生命的存在物，另一种用来表达无生命的存在物；参见：Victor Henry，*Esquisse d'une grammaire raisonnée de la langue aléoute. D'apres la grammaire et le vocabulaire de Ivan Veniaminov*，Paris 1879，S. 13。

出现在一个个体身上，经常使用的就是单数；而与此相反，如果它们属于多个人，那么习惯使用的就是复数[①]；因此在这里，对个体的直观比对物品的单纯直观（Sachanschauung）做的数的区分更加清晰。

现在，我们在起源于这种人称领域的数字指称中也碰到了一般说来只存在于数与被数的东西之间的那种交互联系。我们已经看到，最初的数字指称是由完全确定的具体数数行为造成的，而且似乎还带有它的色彩（Farbe）。在数字指称起源于对人的而不是对物的区分的地方，可以最清晰地辨认出这种独特的着色过程（Färbung）。因为在这里，数首先不是作为一种普遍有效的思想原则，不是作为一种不断前进的程序出现的，相反，它一开始就局限在一个特定的范围内，这个范围的边界与其说是由客观的直观不如说是由感觉的纯粹主观性清楚明确地规定的。借助于后者，“我”与“你”、“你”与“他”被划分开来；但是一开始既没有任何理由也没有任何必要超出在“三个人称”的区别中给予的明确规定的三（Dreiheit）而前进到对更多复多性（Vielheit）的直观。尽管这种复多性被构思出来并在语言上被指称出来了，但是它还不具有人称领域的相互区分所表现出来的那种相同的“独特性”特征。毋宁说，在“三”以外开始的可以说是不确定的多数性（Mehrheit）王国——是本身还没有进一步分节的单纯集合性王国。事实上，我们看到，在语言的发展中，最初的数字形成到处都受制于那种限制。很多原始民族的语言都表明，从“我”与“你”之间的对立中发展出来的那种区分活动（Tätigkeit）从“一”前进到“二”——有时也完成了到“三”这个更有意义的一步，但是超出这个范围，构成数字形成之基础的区分力量和“分散”力量似乎就瘫痪了。——在布须曼人那里，数字表达真正说来只达到了“二”：表达“三”的词说的只不过是“多”，而且直到十的所有数字都是结合着手语来使用的。[②] 维克多利亚的原住民没有发展出 2 以上的数词。在新几内亚的彼南德勒语中只有 1、2、3 三个数字，而 3 以上的数字都必 *201*

---

① 参见：Boethtlingk，*Über die Sprache der Jakuten*，S. 340。

② 参见：F. Müller，*Grundriss*，Bd. I/2，S. 26f.。

须通过拐弯抹角的说法才能形成。① 还有很多其他类似的例子，它们都清楚地表明了②，数数行为最初与对我、你和他的直观有着多么密切的联系，以及它是如何非常缓慢地摆脱与这种直观的联系的。这似乎就是“三”这个数（Dreizahl）在所有民族的语言和思维中③都起着特殊作用的最后证明。当人们谈及原始人的数字观时，会一般性地说每一个数都有其专门的外形，它们有一种神秘的存在和一种神秘的特殊性，这一点首先适用于 2 和 3。这两个数是特殊种类的形成物，它们似乎拥有一种独特的精神音调，这使它们从一致性的、同质化的数字序列中分离出来了。即使在那些拥有发达的、“同质性的”数字体系的语言中，1 和 2，有时是 1、2、3 或 1、2、3、4 的特殊地位还是清晰地反映在特定的形式规定中。在闪米特语中，表达 1 和 2 的数词是形容词，其他数词是抽象名词，与被数东西的第二格复数一起用，并因此具有与被数东西相反的性。④ 在印度-日耳曼的原始语言中——按照印度-伊朗语、波罗的海-斯拉夫语和希腊语提供的一致证据来看——数词 1—4 变形，而 5—19 这些数词则是由不变形的形容词形成的，19 以上的数词则是由实词和被数东西的第二格形成的。⑤ **双数**这种语法形式与人称代词联系在一起的时间比与其他词类

202

---

① 参见：Sayce，*Introduction to the Science of Language*，Bd. I，S. 412。

② 这样的例子尤其是巴布亚语中的例子，参见：Ray，*Torres Straits. Linguistics*，S. 46，288，331，345 u. 373；也可参见：Friedrich Müller，*Die Papuasprachen*，in：Globus. *Illustrierte Zeitschrift für Länder-und Völkerkunde 72 (1897)*，S. 140f.：S. 140。在基瓦语中，指称审判的同一个词（“potoro”）也能指称 4，因此它的含义可能是“少”，而 3 以上的每一个数都是用“sirio”（“多”）表达的（Ray，*Torres Straits. Linguistics*，S. 306）。关于美拉尼西亚语参见：H. G. C. v. d. Gabelentz，*Die melanesischen Sprachen*，S. 258。按照施泰恩的观点，有清晰的证据表明在巴凯里语中，2 是“旧算术的边界”，多数的表达；他把表达 2 的词汇追溯到两个字面含义为“与你一起”的词语的组合（*Die Bakairisprache*，S. 352 f. [Zitat S. 353]）。

③ 相关材料参见：Hermann Usener，*Dreiheit*，in：*Rheinisches Museum für Philologie. Neue Folge 58 (1903)*，S. 1-47，161-208 u. 321-362。

④ 参见：Brockelmann，*Grundriss*，Bd. I，S. 484ff.；*Grundriss*，Bd. II，S. 273ff.。

⑤ 参见：Antoine Meillet，*Einführung in die vergleichende Grammatik der indogermanischen Sprachen*，v. Verf. genehmigte u. durchges. Übers，v. Wilhelm Printz，Leipzig/Berlin 1909，S. 252 ff.；Brugmann，*Kurze vergleichende Grammatik*，S. 369 ff.。

联系在一起的时间更长久。双数在整个变格中都消失了，却在德语的第一和第二人称代词中一直保存到很晚近的时代[①]；相似地，在斯拉夫语的发展中“客观”双数比“主观”双数更早失传。[②] 在很多语言中，最早一批数词的词源学起源还与那些为了区分三个人称而形成的基础词汇有关联：尤其对印度-日耳曼语而言，“你”的表达与“2”的表达似乎表现出了共同的词源学起源。[③] 在谈到这种关联时，舍雷尔（Scherer）从中得出了如下结论，我们在这里与心理学、语法学和数学处于一个共同的语言起点上；双数的根源把我们带回到了构成言谈和思维的一切可能性之基础的原初二元论。[④] 因为按照洪堡的观点，言谈以说话和回复为条件，因此也以我与你之间的紧张和分裂为基础，这种紧张和分裂随后在那个言谈行动中又被中和了，如此一来，这个行动才表现为“思维力量与思维力量之间的”真正“中介”。[⑤]

203 以对语言的这种思辨的基本见解为基础，威廉·冯·洪堡在讨论**双数**的著作中首次从内部阐明了这种形式的用法。而到那时为止，很多语法学家往往把这种形式视为单纯的累赘，视为语言的一种没有用处的精细化。他指明，双数一方面具有主观的起源，另一方面具有客观的起源，因此部分地具有感性的原初含义（Urbedeutung），部分地具有精神性的原初含义。按照洪堡的观点，任何时候当双数被主要

---

① 威斯特伐利亚和巴伐利亚-奥地利方言还保留了这种双数用法的残余；更多内容参见：J. Grimm，*Deutsche Grammatik*，Bd. I，S. 339 ff.。

② Miklosich，*Vergleichende Syntax*，S. 40；关于乌戈尔语中完全类似的现象，参见：Josef Szinnyei，*Finnisch-ugrische Sprachwissenschaft*（*Bibliothek zur Sprachwissenschaft aus der Sammlung Göschen*，Bd. 463），Leipzig 1910，S. 60。

③ 关于这一问题，参见：Theodor Benfey，*Das Indogermanische Thema des Zahlworts »Zwei« ist du*（*Abhandlungen der Historisch-Philologischen Classe der Königlichen Gesellschaft der Wissenschaften zu Göttingen 21*［*1876*］），S. 1-46；原始印度-日耳曼语的“duwo”“最终要追溯到人称直观”。参见：Brugmann，*Vergleichende Laut-*，*Stammbildungs-und Flexionslehre*，Bd. II/2，S. 8 ff.。

④ Scherer，*Zur Geschichte der deutschen Sprache*，S. 308 ff. u. 355.

⑤ ［S. Humboldt，*Ueber die Verschiedenheiten des menschlichen Sprachbaues*，S. 160 以及 *Ueber den Dualis*，S. 26。］

用作纯粹的事物直观（Sachanschauung）的表达时，语言走的都是第一个方向，即把双数视为一种在自然中给予的、感性上可以把握住的事实（Tatsache）。这种用法几乎扩展到了所有的语言领域中。对语言感觉而言，成双存在的物代表了一种特殊的、发生学上联系在一起的整体性。例如，在班图语中，这种成双存在的物，例如眼睛和鼻子、肩膀和胸脯、膝盖和脚掌，形成了一种由专门的名词前缀标明的特殊类别。① 在这种自然的成双东西（Zweiheiten）之外还出现了人为的成双东西：正如身体部分成对（Paarigkeit）一样，语言也尤其强调成对的特定器械和工具。但是，在纯粹名词概念的范围内双数的这种用法在很多语言的发展中持续地衰退。在闪米特语中，它属于基础语言，但是在个别语言中开始逐渐消失。② 在希腊语中，双数在个别方言中在史前时代就已经消失了，在荷马时代也已经开始解体。只有在阿提卡方言中才存在得久一些，但在公元前 4 世纪也在逐步消失。③ 这种关系并不仅限于某一个特殊领域和某些特殊的条件④，它清楚地表现了一种一般性的语言逻辑关联（Zusammenhang）。双数的衰落与单个的、具体的数向系列数（Reihenzahl）逐步的和持续进步的过渡是一致的。越是强烈地贯彻数的系列（Zahlenreihe）是一个 204 按照一种严格统一的原理建构起来的整体的思想，每一个个别的数就越多地不是再现一种特殊的内容，而是越多地变成一个与其他位置等值的单纯位置。异质性开始让位于纯粹的同质性。但是，可以理解的是，这种新的观点在人格性领域中比在单纯的事物领域中贯彻得更加缓慢：前者就其起源和本质而言就是建立在异质性的形式上的。“你”

---

① 参见：Meinhof，*Grundzüge einer vergleichenden Grammatik der Bantusprachen*，S. 8 f.。

② 参见：Brockelmann，*Kurzgefasste vergleichende Grammatik*，S. 222。

③ Brugmann，*Griechische Grammatik*，S. 371；Meillet，*Vergleichende Grammatik der indogermanischen Sprachen*，S. 6。也可参见：Friedrich Müller，*Der Dual im indogermanischen und semitischen Sprachgebiet*，in：*Sitzungsberichte der Philosophischhistorischen Classe der Kaiserlichen Akademie der Wissenschaften 35*（*1860*），Wien 1861，S. 51－67。

④ 在埃及古语中，双数在更大的范围内被使用，而在科普特语（埃及古语）中则只有很少的残余。参见：Erman，*Ägyptische Grammatik*，S. 106；Steindorff，*Koptische Grammatik*，S. 69 u. 73。

与“我”并不是相同的，相反，“你”是作为“我”的对立面，作为“非我”出现的。因此，“二”在这里并不是起源于单一性（Einheit）的简单重复，而是与单一性有着质上的“差别”。虽然“我”和“你”也能够一起融入“我们”，但是联合为“我们”的形式与事物的汇集（Zusammenfassung）完全不同。雅克布·格林已经偶然强调了语言中物性复数概念与人格性复数概念之间的区别；他已经指出了，尽管人们可以把一个物性复数视为诸相同环节的总和，例如人们能够界定为人和人，但是“我们”绝对不能被描述为这样的集合，因为“我们”不能被理解为“我和我”，而是必须被理解为“我和你”或“我和他”。[①] 因此，相比于那种以时间直观和时间性事件为起点的数数形式，数字形成的纯粹“分散性”题材（rein “distributive” Motive）、诸统一体的纯粹**分离**（Sonderung）因素在这里表现得还要更加明确。[②]

这种把“我们”的统一性中所包含的那些环节的特殊性和独特规定性保存下来而不让其简单消失的努力也表现在语言使用**三数**以及使用**包含性**（inklusiv）复数和**排他性**（exklusiv）复数的用法中。二者是密切相关的现象。在美拉尼西亚语中，双数和三数的用法尤其严格，它尤其关注使用对应的数来谈论两个人或三个人——按照说话者是包含在“我们”之中还是排除在“我们”之外，代词的第一人称形式在这里也有不同的形态。[③] 澳大利亚原住民的诸语言也习惯于在单数与复数之间插入双数和三数形式，双数和三数有一种形式包含了说

---

① 参见：Jacob Grimm，*Ueber den Personenwechsel in der rede*，in：*Kleinere Schriften*，*Bd. III*：*Abhandlungen zur Litteratur und Grammatik*，Berlin 1866，S. 236-311：S. 239 ff.。

② 参见：F. Müller，*Grundriss*，Bd. II/1，S. 76f。也可参见伽布伦茨（*Die Sprachwissenschaft*，S. 297）的评论：“从语法上说，家庭生活包含了所有人称代词，单数、双数、复数；家庭或家族感受到自身是一个持续的统一体，与其他统一体相对立。‘我们’与‘你们’、‘他们’相对立。我相信这不是在玩弄字眼。哪里还能比持续的家庭生活习惯更适合人称代词扎根吗？有时候，语言中似乎包含着女性表象和你的表象之间关联的记忆。汉语用一个词指称二者……相似地，泰语 me 这个音节包含着‘你’和‘母亲’的含义。”

③ 参见：Codrington，*The Melanesian Languages*，S. 111 f.；Ray，*Torres Straits. Linguistics*，S. 428 u. ö.。

话的对象，另一种形式不包含说话的对象。"我们两个人"的含义有时可能是"你和我"，有时可能是"他和我"；"我们三个人"有时可能是"我你他"，有时可能是"我他他"。[1] 在有些语言中，这种区别已经以复数形式表达出来了——例如，按照洪堡的观点，德拉瓦尔语中包含性复数是由表示"我"和"你"这两个代词的组合形成的，而排他性复数是由"我"的代词的重复形成的。[2] 同质的数的系列以及同质的数的观点的形成最终给这种严格的个体化见解设定了确定的边界。独特的个体让位于包含了所有类似个体的类，各环节的质的区分让位于程序和规则的一致性，这些环节按照该程序和规则被归纳为一个量的整体。

如果我们回过头来看一下语言形成数字表象和数字语词的整个过程，那么这个过程的个别要素恰恰能以反语法（per antiphrasin）的方式从在纯粹数学中盛行的精密数字形成方法中引申出来。在这里尤其清晰地表明了的是，在逻辑学-数学的数的**概念**成为这样的概念以前它本身一开始是如何从其对立面和相反的东西中形成的。人们把数学的数字系列的必然性和普遍有效性、唯一性、无限延展性及其个别成员的完全等值性、等价性描述为其本质的逻辑属性。[3] 但是，这些特征都不适用于在语言中最早表现和反映出来的数字形成程序。在这里，并不存在任何一种必然的、普遍有效的原则能够**一下子**就把握住所有数字规定，能够用一种统一性的规则掌握所有的数字规定。在这

206

---

① 参见：Robert Hamilton Mathews，*The Aboriginal Languages of Victoria*，in：*Journal and Proceedings of the Royal Society of New South Wales 36*（*1902*），S. 71-106：S. 72。另参见：a. a. O.，*Languages of Some Native Tribes*，S. 155 f. u. 162。在蒙达语和尼克巴群岛语中，人称代词也有不止一种形式。参见：W. Schmidt，*Die Monhmer-Völker*，S. 50f.。关于美洲原住民语言，博厄斯书中"包容性的"和"专享的"用法的不同事例，参见：Boas'*Handbook*（Chinook，S. 573 f.），William Jones，*Algonquian*（*Fox*），durchges. v. Truman Michelson，in：Boas，*Handbook*，S. 735-873：S. 761 f.，815 u. ö. 以及Steinen，*Die Bakainsprache*，S. 349f.。

② 参见：Humboldt，*Über die Kawisprache auf der Insel Java*，S. 39。

③ 参见：Gottlob Friedrich Lipps，*Untersuchungen über die Grundlagen der Mathematik*，in：*Philosophische Studien 9*（*1894*），S. 358-383，10（1894），S. 169-202，11（1895），S. 254-306，14（1898），S. 157-241。

里也不存在唯一“一个”数字序列，而是正如我们已经看到的，每一种新的可数的客体类别从根本上都要求一种新的计数工具。在这里也还不能谈论数的无限性：除了把对象按照特定的直观特征分组以外，既不需要也不可能对对象的直观的和按照表象的结合做任何更进一步的处理。[①] 同样，被数的东西并不是作为一种不再具有任何质的属性的东西、作为没有规定性的统一体进入数数行为中的，而是保留了自己特殊的事物特征或属性特征（Ding- oder Eigenschaftscharakter）。就属性概念而言，这一点表现为，表明了质的概念发展程度的各种形式只是完全逐步发展起来的。如果人们观察一下形容词的**比较级**形式，即我们的文明语言已经形成的原级、比较级和最高级的形式，那么，它们都包含一个在比较级中只有大小变化的一般性概念和确定的起源特征。但是在大多数文明语言中，与这种纯粹大小规定的区别相对的还有另外一种方法，它把大小区别本身（Größenunterschied selbst）视为一种内容上的种类区别（Artunterschied）。闪米特语和印度-日耳曼语中形容词最高级现象就证明了这种见解。举例来说，如果在印度-日耳曼语群中特定的属性概念——例如好和坏、恶劣的和糟糕的、大和多、小和少——不是由唯一的基础词干而是由完全不同的词干形成的［例如就像我们语言中的“好”（gut）和“更好”（besser），拉丁语中的好、更好、最好，希腊语中的好、更好、最好一样］，那么人们经常这样来解释它们：在这里，更古老的“个别化的”（individualisierend）见解还没有被后来的“合成组的”（gruppierend）看法完全照亮——原初的“质的语言形式”在反抗越来越强的朝向“量的语言形式”的趋势。[②] 属性概念是被统一地构思出来和统一地指明的，它只有度的等级（Gradabstufung）的区别。我们

207

① 参见韦特海默的相关评论：Max Wertheimer，*Über das Denken der Naturvölker*，bes. S. 365 ff.。

② 参见：Hermann Osthoff，*Vom Suppletivwesen der indogermanischen Sprachen. Akademische Rede zur Feier des Geburtsfestes des höchstseligen Grossherzogs Karl Friedrich am 22. November 1899 bei dem Vortrag des Jahresberichts und der Verkündung der akademischen Preise gehalten*，Heidelberg 1899，S. 49 ff.。

在这里碰到的不是属性概念这个抽象，而是一种基本直观，在这种基本直观中，一种属性的每一种“度”都保留了其自身特有的、不可混淆的存在，这种基本直观并不认为一种属性的各种“度”（Grad）是单纯的“多”和“少”，而是把它们每一种都视为一种特殊的东西和“相异的东西”。在那些一般而言还没有发展出真正的形容词比较级形式的语言中，这一点表现得更加清晰。很多语言还完全缺少我们习惯于称作“比较级”和“最高级”的东西。在这里，度的区分关系总是只能间接地由其他说法来复现，要么使用“超过”“多于”“超出”之类的动词表达①，要么把需要做比较的两个规定简单地并列在一起。②有些副词小品词表达的是一个物与一个他物相比较或者“相对”一个他物而言是大的或美的，它们能够在这个意义上使用。③ 很多这样的小品词最初都带有一种空间意义，如此一来，质的等级渐变（Gradabstufung）似乎就是以高和低、上和下的空间关系为基础，并且似乎是由空间关系产生的。④ 语言思维在这里再一次利用了空间直观，在空间直观中，抽象的逻辑思维似乎要求一种纯粹的关系概念。如此一来，我们的研究又走了一个圆圈。下面这一点再次变得很明显，空间、时间和数的概念构成了客观直观的真正基本框架，就像这些概念在语言中所建构起来的一样。但是，它们之所以能够完成这一任务，

208

---

① 尤其是非洲语言中的事例，参见：Meinhof，*Grundzüge einer vergleichenden Grammatik der Bantusprachen*，S. 84；Westermann，*Grammatik der Ewesprache*，S. 102；a. a. O.，*Die Golasprache*，S. 39 u. 47；Roehl，*Grammatik der Schambalasprache*，S. 25。

② 相关事例参见：Roehl，ebd.；Codrington，*The Melanesian Languages*，S. 274；Gatschet，*The Klamath Indians*，S. 520 f.。

③ 参见：Frederick William Hugh Migeod，*The Mende Language*，*Containing Useful Phrases*，*Elementary Grammar*，*Short Vocabularies*，*Reading Materials*，London 1908，S. 65 u. s.。按照布洛克曼（*Grundriss*，Bd. I，S. 372；*Grundriss*，Bd. II，S. 210 ff.）的观点，在闪米特语中，只有阿拉伯语发展出了形容词比较级的专门形式，一种所谓的“从格”；这是一种非常新的特殊的阿拉伯语形态。

④ 在奴巴语（参见：Reinisch，*Die Nuba-Sprache*，S. 31）中比较级是用一个字面含义为“超过”的介词表达的；在斐济语中，含义为“向上”的副词扮演了相同的功能（参见：H. C. v. d. Gabelentz，*Die melanesischen Sprachen*，S. 60f.）。按照布鲁格曼（*Kurze vergleichende Grammatik*，S. 321 ff.）的观点，印度-日耳曼语的比较级后缀“-ero-”“tero-”都是从具有位置含义的副词引申出来的。

只是因为就其整体结构而言它们处于一种真正观念性的中间地带——只是因为恰恰由于它们坚守感性表达形式，它们才用精神性的内容充实了感性的东西本身，并把感性的东西赋形为精神性东西的符号。

四、语言与“内直观”领域。——自我概念的诸阶段

1.“主观性”在语言表达中的构成[①]

到目前为止，对语言的分析本质上指向的是语言借以建构客观直观世界的那些范畴。但是很显然，这一方法论的边界事实上并没有真正严格地被遵守。毋宁说，我们在描述那些“客观”范畴时已经看到了自己总是被带回到主观领域；我们总是可以发现，对象世界在语言的范围内所得到的每一种新规定也会反作用于自我世界的规定。因为事实上在这里涉及的是两个相互关联的直观领域，它们互相决定了对方的边界。客观东西的每一种新形态——不论是对它的空间、时间的把握和划分还是对它的数的把握和划分——同时都产生出了主观现实的一幅新图像，并且也揭示了这个纯粹“内在”世界的新特征。

但是此外，语言也有自身独立的工具，纯粹用来揭示和塑造这个新的、“主观”的定在——相比于语言在其中把握和表现物的世界的那些形式，语言在这些工具中扎的根同样牢固深远。即使在今天还经常碰到这样的观点，语言用来复现人格性存在及其中的各种关系的那些表达只是从那些属于物品（Sach-）和事物规定（Sach- und Dingbestimmung）的表达中派生出的，相对于后者只具有次要的含义。209 在对不同语词类别（Wortklassen）做逻辑性-系统性分类的各种尝试中，经常可以发现贯穿着如下观点：**代词**不是一种具有自身精神内容的独立语词类别，而只是事物语词（Dingwort）、实词的一种简单的

① 在本书 1923 年第一版中，本节中的三个目级标题只有“1”“2”“3”，没有标题的详细内容，译者参照该版目录补足了标题。——中译者注

声音代表；因此，它并不包含语言形成的真正自主的观念，而仅仅是其他东西的代替者。[①] 但是针对这种"狭隘语法见解"，洪堡已经提出了具有决定性根据的反对意见。他强调，把代词视为语言中最晚近的词类（Redeteil）是一种完全不正确的表象，因为语言行动（Akte）中最初的部分就是言说者本人的人格，言说者与自然有着持续的、直接的接触，而且在语言中不可能不表达言说者的自我与自然的对立。"在自我之内，你也自动地是给定的，而且通过一种新的对立，第三人称产生了，但是因为离开了感受者和言说者的圈子，第三人称也扩展到了死的物品（Sache）上。"[②] 以这种思辨的基本观点为基础，经验论的语言研究也经常试图证明人称代词似乎是"语言创造的基石"，是一切语言的最古老、最晦暗，但也最稳固、最持久的部分。[③] 尽管洪堡在这种语境（Zusammenhang）中强调了，最原初的感觉、自我不可能是一个发明的概念，不可能是一般性的、推论性的概念，但是我们也要考虑到，这种原初的感觉并不是只能在对我这个第一人称代词的明确**指称**中才能发现。如果语言哲学想要仅仅依据这种指称的发展来衡量**自我意识**（Ichbewußtsein）的形式和形态，那么可以说它就还停留在自己与之斗争的那种狭隘的逻辑语法的观点中。在对儿童语言的心理学分析和评判中，人们经常犯如下错误，把我这个音（Ichlaut）的最初出现视为自我感觉（Ichgefühl）的最初的、最早的阶段。但是在这里忽视了，内在的心灵-精神内容与其语言表达形式从

210

---

① 把代词理解为一种单纯的"代替观念"的做法的代表人物是拉乌尔·德·拉·格拉塞里（Raoul de la Grasserie），*Du verbe comme generateur des autres parties du discours (Du phenomene au noumene). Notamment dans les langues indoeuropeennes, les semitiques et les ouraloaltäiques*, Paris 1914；参见：S. 14 u. ö.。古代语法学家创造了"代词"或ἀντωνυμία的名称，这一名称可以追溯到这一观念，参见：Apollonius Dyscolos, *De Syntaxi (Buch II, Abschn. 5)*, in: *Apollonii Dyscoli quae süpersunt*, hrsg. v. Richard Schneider u. Gustav Uhlig (*Grammatici Graeci*, Teil 2, Bde. II u. III), Bd. II, Leipzig 1910。

② Humboldt, *Ueber die Verschiedenheit des menschlichen Sprachbaues und ihren Einfluss*, S. 103 f. [Zitat S. 104]；尤其参见：*die Abhandlungen*, *Ueber den Dualis*, S. 26 ff.，以及 *Ueber die Verwandtschaft der Ortsadverbien mit dem Pronomen*, S. 304 ff.。

③ J. Grimm, *Deutsche Grammatik*, Bd. I, S. 335ff.；Scherer, *Zur Geschichte der deutschen Sprache*, S. 215 [Zitat].

来都不是完全一致的，尤其是这种内容**统一体**（Einheit）绝对不需要反映在表达的**简单性**（Einfachheit）之中。毋宁说，语言运用了大量不同种类的表达工具来传达和描述一种确定的基本直观，我们只有从这些表达工具的整体和共同作用中才能发现它们指的方向。因此，自我概念的构形（Gestaltung）并不是只与代词有联系，而是同样也经过了其他语言领域，例如经历了名词和动词等的媒介。自我感觉的最精细的区分和细微的差别在动词中尤其表现了出来，因为不仅在动词中，客观的过程观点被主观的行为（Tun）观点最典型地充满了，而且在这个意义上动词——按照汉语语法的表达——作为真正“有生命的词语”是与名词典型地区分开的，后者是“死的词语”。①

自我和自身的表达一开始确实似乎需要名词领域的支持，需要实体性-对象性观点领域的支持，而且很难摆脱它们。在最不相同的语言中，我们都碰到了起源于对象性指称的自我指称。语言尤其表明了，具体的自我感觉在一开始是如何与对自身身体及其个别部分的具体直观完全联系在一起的。我们在这里碰到了与空间的、时间的和数的规定的表达中相同的朝向物理定在尤其是朝向人的身体的持续定向。在阿尔泰语系中，自我指称的这套系统表现得尤其清晰。这一语言家族的所有分支都表现出一种倾向，即对于我们用人称代词表达的东西，它们都用带有格词尾或所有格后缀的名词来指称。因此，“我”（ich）或“我”（mich）的表达被含义为“我的存在”“我的本质”，或者“以粗俗物质的方式”表达了“我的身体”“我的胸”的其他术语代替了。一个纯粹空间表达——例如一个就其基本含义可以解释为“中心”的词——也能够在这个意义上使用。② 相似地，例如，在希伯来语中反身代词不仅可以用“心灵”或“人”这样的词，而且也可

211

① 参见：Hans Georg Conon von der Gabelentz，*Chinesische Grammatik mit Ausschluss des niederen Stiles und der heutigen Umgangssprache*，Leipzig 1881，S. 112f. [Zitat S. 112]。

② 参见：Winkler，*Der Uralaltaische Sprachstamm*，S. 59 ff. u. 160f. [Zitat Anm. S. 62]，bei J. J. Hoffmann，*Japanische Sprachlehre*，S. 91ff.，以及 Isaak Jakob Schmidt，*Grammatik der mongolischen Sprache*，St. Petersburg 1831，S. 44f.。

以用“面部”、“肉体”或“心”这类词来表述。[①] 拉丁语“人格”的最初含义是演员的面部或面具，在德语中这个词很长时间都被用来指称一个个体的外观、形体和身材。[②] 人们在科普特语中用加上所有格后缀的名词“肉身”来表达“自我”。[③] 在印度尼西亚的习语中，反身客体是用含义为“人”、“精神”或“肉身”的词指称的。[④] 这种用法最终甚至扩展到了印度-日耳曼诸语言中，例如，在吠陀梵语和古典梵语中，自身和自我有时是用表示“心灵”（ātmán）、有时是用表示“身体”（tanu）的词表述的。[⑤] 所有这些都表明了，当自身、心灵、个人的直观在语言中开始出现的时候，它们首先还是与身体联系在一起的——正如在神话直观中，人的心灵和自身一开始也被思考为肉身的单纯重复、“孪生物”。在很多语言中，名词和代词在很长时间里在形式上都是未加区分的，因为它们是按照相同的模式变格的，而且在数、性和格上都是相互趋同的。[⑥]

---

① 有关闪米特语表达反身代词的一般方法，参见：Brockelmann，*Grundriß*，Bd. II，S. 228 u. 327；在大多数情况下，反身代词是由表达“心灵”的词或心灵的同义词（“人”“头”“本质”）等来表达的。

② 更多内容参见：Grimm，*Deutschem Wörterbuch*，Bd. VII，bearb. v. Matthias von Lexer，Leipzig 1889，Art. *Person*，Sp. 1561-1565：Sp. 1561 f.。

③ Steindorff，*Koptische Grammatik*（§88），S. 42 f.；埃及语中也是类似的，参见：Erman，*Ägyptische Grammatik*，S. 85。

④ 参见：Renward Brandstetter，*Indonesisch und Indogermanisch im Satzbau*（*Monographien zur Indonesischen Sprachforschung*，*Bd. XI*），Luzern 1914，S. 18。

⑤ William Dwight Whitney，*Indische Grammatik*，*umfassend die klassische Sprache und die älteren Dialecte*（*Bibliothek indogermanischer Grammatiken*，*Bd. II*），aus dem Englischen übers，v. Heinrich Zimmer，Leipzig 1879，S. 190；Delbrück，Vergleichende Syntax，Bd. I，S. 477.

⑥ 参见：Wundt，*Völkerpsychologie*，Bd. 1/2，S. 47f. 以及从米勒的《大纲》（*Grundriß*）中引述的事例。——人称代词的前提是对礼仪或仪式的关注，人称代词的实词或形容词的迂回说法与这里讨论的各种现象并不处于同一层次上。按照洪堡（*Ueber die Verwandtschaft der Ortsadverbien mit dem Pronomen*，S. 307 f. und *Über die Kawi-Sprache auf der Insel Java*，S. 335）的观点，人称代词属于一种“文明状态”[*Ueber die Verwandtschaft der Ortsadverbien mit dem Pronomen*，S. 308]。尊崇（例如“统治者”“崇高”）的表达被用于第二人称。日语在这一方向上走得最远。在这里，人称代词完全被这种礼貌说法淹没了，按照说话人和听话人的等级，这些礼貌用语被精准地分为不同等级。霍夫曼（J. J. Hoffmann，*Japanische Sprachlehre*，S. 75）说道：“这三个语法人称（我、你、他）之间的区分是日语比较陌生的。所有人称，说话的人和说话的对象都被理解为表象的内容，按照我们的习语，都被理解为了第三人称。礼节决定了哪个人称用哪个词。礼节区分开了我与非我，降低一个抬升另一个。”

实际上，如果人们不追问语言用何种形式表达自我表象，而是追问这一表象本身的精神内容，那么，我们就会发现，其精神内容在纯粹名词表达或动词表达的范围内也能被清晰地指称出来，也能被明确地规定。在所有把名词区分为确定类别的语言中几乎都区分开了人称名词（Personen-）与物品名词（Sachenklasse）。在这里涉及的并不是有生命东西与无生命东西之间的一种简单的、似乎是生物学的划界，有生命东西与无生命东西的划界还完全属于对**自然**的直观，而是在理解和细致区分人格性定在（persönlichen Dasein）时令人惊奇的精细性。在班图语中，一种由专门的前缀突出出来的特殊词语类别把人指称为独立行动的人格，另一种词语类别则包括了有生命但没有人格的存在物。如果一个人不是作为独立的行动者，而是作为另一个人的工具和代表，例如作为他的信差、使节或代理人出现的，那么他就会被归为后一类。因此在这里，语言总是按照人格性发挥出来的功能、表现出来的意志是否具有独立的**意志**形式和方向来划分人格性（Persönlichkeit）的种类与程度。[①] 有一些语言通过在人格存在物的名称（die Benennung persönlicher Wesen）前面加上专门的"人称冠词"来把它与单纯的物品指称（Sachbezeichnungen）区分开，人们在这些语言中也能发现这种基本观点的萌芽。在美拉尼西亚人的各种语言中，这样的冠词经常被规律性地用在个体和族群名字的前面；如果像树木、小船、船只、武器等无生命的物不是被视为其种类的单纯代表，而是被视为个体并被配备了确定的专名，那么，这样的冠词也会用在它们前面。个别语言针对不同种类的有生命存在物形成了两种不同的人称冠词，其依据是人格性概念（Persönlichkeitsbegriff）本身内部的一种价值分级（Wertabstufung）。[②] 澳大利亚原住民的有些语言针对一种存

212 213

① 参见：Meinhof，*Grundzüge einer vergleichenden Grammatik der Bantusprachen*，S. 6 f.。

② 参见：Codrington，*The Melanesian Languages*，S. 108 ff.，以及 Brandstetter，*Der Artikel des Indonesischen*，S. 6，36 u. 46.。在美洲原住民语言中胡帕语用一个专门的第三人称代词来指称部落里的成年男性，另一个用来指称孩子、老人、其他部落的人或动物，参见：Goddard，*Athapascan*（*Hupa*），S. 117。

在物是简单地**定在着的**（daseiend），还是**活动的**（tätig）、独立行动的（selbständig handelnd），选择不同形式的名词表达和主语表达，这些语言也表现出了对这种属于纯粹主观性范围内的区别的感觉。①语言在动词上也做出了类似的区别，举例来说，一个专门的前缀能够表明这个动词表达的那个过程是简单的"自然"事件，是一个**活动着的主体**参与的，还是**多个**这类主体的共同行动（Aktion）。② 这些区分并不是外在的**代词**区分，相反很明显的是，我们在这里清楚地把握住了人格性存在和活动的纯粹**概念**（der reine Begriff des persönlichen Seins und Wirkens），并且在多种精神层次（Abstufungen）中发展了这一概念。

214

在语言用来区分动词的所谓"语态区别"的各种可能性中，这些层次的丰富性表现得尤其明显。从对行为（Tun）的纯粹逻辑分析的立场上来看，第一眼就能够把握住的似乎只有唯一一种清晰表现出来的区别：独立的行为与单纯的受动、主动形式与被动形式的区别。亚里士多德的范畴表已经试图把我们习惯于通过"主动"与"被动"的对立来表达的那种语法区别提升到一般逻辑和形而上学的含义上。但是如果人们主张，当亚里士多德以这种方式把主动和受动、"ποιεῖν"和"πάσχειν"之间的基本对立置于中心时，他只是在遵循希腊语的形式和特点直接给予他的而且是在一定意义上强加于他的趋势，那么

① 仅仅用来指称一个人或对象的简单主格与"能动主格"是有区别的，在及物动词与主语一起使用时才用到后者。"举例来说，如果一个人看到远处的一个人并且问道：那是谁？——答案会是 kore（一个人）；但是如果一个人想说，那个人被袋鼠杀死了，这个人就要用另一种形式：主体性主格，如果名词被表现为能动的，就必须用到主体性主格。"参见：F. Müller，*Reise der österreichischen Fregatte Novara*，S. 247；尤其参见：Mathews，*The Aboriginal Languages of Victoria*，S. 78，86 u. 94。

② 参见：Codrington，*The Melanesian Languages*，S. 183 ff.。——布吉内斯语是一种印度尼西亚土语，它的动词有两种不同的"被动前缀"，其中一种有"无意"的含义，因此用来指称一个没有活动主体干预而"自己"发生的事件。参见：Renward Brandstetter，*Sprachvergleichendes Charakterbild eines Indonesischen Idiomes*（*Monographien zur Indonesischen Sprachforschung*，*Bd. VII*），Luzern 1911，S. 37f.。按照雷尼什（*Die Nubassprache*，S. 63 f.）的观点，奴巴语明确区分开了动词的被动形式和起始形式，如果一个事件是由主体的积极干预造成的，就用前者；如果一个事件是由单纯的自然状况引起并按照事件的通常轨迹发生的，就用后者。

这绝对是错误的。语言就其自身而言本来已经指出了一条不同的道路：因为在希腊语中，“被动态”在形态和意义上都还没有与动词其他的“性”区别开来。在这里，被动态部分是从主动态中、部分是从中间态中于功能上逐步发展起来的。[1] 如果人们全面地观察其他语言，那么下面这一点就会很清晰，即行动和受动之间的简单对立在动词表达的形成过程中从来都不是唯一决定性的或者唯一起决定作用的，相反，这一对立总是与大量其他的对立交织在一起。即使在语言清楚地发展出这一对立的地方，即使在语言明确地区分开“主动”形式与“被动”形式的地方，这个区别也只是很多区别中的一个：它属于对动词表达所做的**整个**概念性阶段划分（Gesamtheit begrifflicher Stufenfolgen），而且是被它中介的。在其他语言中，这一对立有可能还是完全缺失的，因此至少在形式上就还没有动词的专门被动用法。我们习惯于用被动态来表达的那些规定在这里使用的是动词的主动形式，尤其是用主动动词的第三人称复数来转述或代替的。[2] 按照洪堡的观点，在马来人的各种语言中，所谓的“被动态”实际上被改写成了名词形式：并不存在真正的被动态，因为动词本身并没有被思考为主动态，而是更多地具有名词特征。在这里，对一个事件的指称一开始与行动者和受动者都是无关的：动词只是简单地关注事件本身，而没有明确地把它与主体的活动（Energie）联系起来，与事件所涉及的那个客体的关系在动词形式本身之中也是无法

215

---

① 参见：Brugmann，*Griechische Grammatik*，S. 458 ff.。

② 有关美拉尼西亚语中的事例，参见：Codrington，*The Melanesian Languages*，S. 191 f.；非洲语言中的事例，参见：Westermann，*Die Sudansprachen*，S. 70；Migeod，*The Mende Language*，S. 82。为了代替缺少的被动态常常使用的是非人格的惯用语或者是包含着被动含义的主动形式。例如“他被击打了”可以表达为“他受到了或遭受了击打”，或者用一个非常物质化的表达“他吃了一击”（例子来自：F. Müller，*Reise der österreichischen Fregatte Novara*，S. 98）。借助于基本含义为“获得、得到”的助动词，日语形成了指示一个来自外部的行为的动词，并在这个意义上可以称之为被动动词（J. J. Hoffmann，*Japanische Sprachlehre*，S. 242）。汉语也是用“看、发现、受到”等助动词形成被动态（例如，“看到了仇恨”表示“被仇恨”）。参见：H. G. C. v. d. Gabelentz，*Chinesische Grammatik*，S. 113，134 u. 428 f.。

识别的。①

但是，行动与受动之间的抽象对立的这种有缺陷的发展，其原因也许并不在于，在这里还缺少对行为本身及其细微差别的具体直观，而恰恰是，在那些没有在主动和被动之间做出形式区分的语言中经常以令人吃惊的多样性形成了这种直观。不仅动词的“语态”在这里经常是最明确地被规定了的，而且这些“语态”也能够以最多样的方式彼此叠加，并结合形成越来越复杂的表达。首先是那些指称行动的某一个**时间特征**的形式，但是，这里涉及的与其说是这个行动的相对**时间阶段**的表达，不如说是行为方式的表达。“完成时的”和“未完成时的”、“瞬间的”和“延续的”、一次性的和重复性的**行为方式**（Aktionsart）被明确地区分开了：一个行动（Handlung）在说话的那个时刻是完成和结束了的还是在发展的过程中，是局限在一个确定的瞬间还是延伸到了更长的时间范围，是完成于一次唯一的行动（Akt）还是完成于多次重复的行动，这些都被区别开了。为了指称这些规定②——除了前面提到的那些表达“行为方式”的工具，还能够使用动词特有的语态形式（Genusform）。为了指称简单的状态，可以使用“状态动词”；为了表达渐进的变化，可以使用“表始动词”；为了表达一个行动的结束，可以使用“表止动词”或“结束性动词”。如果一个行动被标识为持续的和规则的，被标识为一种习惯或持续的惯例，那么就会使用“习惯”形式。③ 还有一些语言形成了尤其丰富的瞬间动词或反复动词。④ 除了这些区别（它们本质上涉及

216

---

① Humboldt，*Über die Kawisprache auf der Insel Java*，S. 80 u. 85；澳大利亚语中的相似情况，参见：F. Müller，*Reise der österreichischen Fregatte Novara*，S. 254f. 。也可参见：Codrington，*The Melanesian Languages*，S. 192。

② 参见本书上文：S. 177 ff. 。

③ 有关“静止”“起始”“习惯”的用法，参见雷尼什的事例：Reinisch，*Die Nuba-Sprache*，S. 53f. u. 58ff. ，以及 Adolphe Hanoteau，*Essai de grammaire kabyle*，Paris o. J. [1858]，S. 122ff. 。

④ 乌戈尔语尤其是这样，参见：Szinnyei，*Finnisch-ugrische Sprachwissenschaft*，S. 120 ff. 。匈牙利语有 8 个不同的反复后缀，参见：Siegmund Simonyi，*Die ungarische Sprache. Geschichte und Charakteristik*，Straßburg 1907，S. 284 ff. 。

的是一个行动的客观特征），在动词的形式中首先还表达了自我对于行动所采取的特殊内在立场。在这里，这种立场本身可以是纯粹理论性的，也可以是实践性的，有可能起源于纯粹的意志领域，也有可能起源于判断领域。在前一种立场上，这个行动可以是被期望、被请求或被要求的；在后一种立场上，这个行动可以是肯定的或者是有疑问的。正是在这个方向上，真正的"情态"区别——像之前的行为方式区别一样——现在形成了。"虚拟式"和"命令式"发展起来了。"虚拟式"同时具有"意愿"、"慎重"和"预期"的含义；"命令式"有时是在意愿的意义上，有时又是作为命令或简单可能性的表达来使用的。[①] 请求形式能够表达从简单的意愿到命令之间的更多层次（Abstufungen），它们本身反映了简单的"恳求"和"命令"情态的区别。[②] 除了祈使、含蓄、需要、义务这些表达一个行动应该如何完成的情态之外，很多印第安语还有纯粹的理论情态，这些情态被语法学家称为"怀疑的"或"引证的"，它们表达的是行动是有疑问的或者只是以另一个人的证据为基础报道该行动。[③] 给动词加上一个特定的后缀往往也能够表明，主语是否看见了或听见了这个动词所报道的事件（Vorgang），或者主语不是从直接的感性知觉中而只是通过猜测或推论才了解到这个事件；有些时候，人们是通过梦还是在清醒的状态下了解到一个事件也能够这样区分开来。[④]

217

如果在这里自我面对客观现实表现出了意愿、要求、怀疑或疑问的立场，那么当谈论自我对对象的作用以及这种作用的不同可能形式

---

① 在印度-日耳曼语中就是这样，参见：Brugmann，*Kurze vergleichende Grammatik*，S. 578 ff.。

② 例如在蒙古语中就有这样的区分，参见：I. J. Schmidt，*Grammatik der mongolischen Sprache*，S. 74。关于梵语的"恳求态"，参见：Albert Thumb，*Handbuch des Sanskrit mit Texten und Glossar. Eine Einführung in das sprachwissenschaftliche Studium des Altindischen*，*l. Teil*：*Grammatik*（*Sammlung indogermanischer Lehrbücher*，hrsg. v. Herman Hirt，1. Reihe：Grammatiken，Bd. I/1），Heidelberg 1905，S. 385f.。

③ 参见：Powell，*On the Evolution of Language*，S. 12。

④ 事例参见：Goddard，*Athapascan*（*Hupa*），S. 105 u. 124。参见：Swanton，*Haida*，S. 247ff.。也参见：Boas，*Kwakiutl*，S. 443。

时，这种立场表现得最明确。很多对主动和被动相对漠不关心的语言最精确地区分开了这种作用及其各种等级的中间状态。举例来说，就像闪米特语中叠加使用第二根音（das mittlere Radikal）那样，能够通过一种简单的声音工具从动词的基本词干中引申出第二个词干，这个词干首先拥有强化的含义，也拥有一般使役含义；除此之外还能引申出第三个词干，但它只有后一种功能。从一级使役动词可以形成二级和三级使役动词，通过这两级使役动词，一种最初不及物的动词词干被改造为一种双倍或三倍的及物含义。[1] 显而易见的是，这类语言现象反映了有关人格活动（Wirken）的直观正在变得越来越复杂：行为（Tun）的主体与客体、施动者与受动者不是简单地分离开的，而总是有越来越多的中间环节插入进来，即使这些中间环节本身具有人格性的本性，它们的作用似乎还是要把行动（Handlung）从其最初的起源引导到（weiterzuleiten）一个意愿的我，并把它带进（hinüberzuführen）客观存在领域。[2] 对共同参与一个行动的诸主体的这种直观，可以依据只是简单地指称参与**事实**还是反映参与**形式**的区别而有不同的表达。在前一种观点下，语言使用的是动词的“协同形式”，或者语言形成了一种特殊的“参与（Mitwirkungs-）或合伙词干（Socialstamm）”，这种词干表达的是，一个人以某一种方式参与到另一个人的活动（Tätigkeit）或状态中。[3] 有些语言使用专门的

218

---

① 例如参见：August Müller (unter Mitw. v. Hermann Gies)，*Türkische Grammatik. Mit Paradigmen*，*Litteratur*，*Chrestomathie und Glossar*（*Porta Linguarum Orientalium*，*Bd. XI*），Berlin 1889，S. 71 ff.；关于闪米特语参见：Brockelmann，*Grundriß*，Bd. I，S. 504ff.。按照迪尔曼（*Grammatik der äthiopischen Sprache*，S. 116 ff.）的观点，埃塞俄比亚语在“强化词根”和“作用词根”之外还有一种基本词根；诱因词根能够通过增加相同的变形环节而不改变它们的特性并从所有这三者中引申出来。

② 因此，举例来说，塔加路语在形成诱因动词时就使用了两个不同的前缀：其中一个表达的是一个事物的单纯生产，主体的简单行为；另一个说明的是其他主体被引发了行动，如此一来，我们就有了两个活动的主体。参见：Humboldt，*Über die Kawisprache auf der Insel Java*，S. 143。

③ 关于贝多耶语中的事例，参见：Leo Reinisch，*Die Bedauye-Sprache in Nordost-Afrika*，*Bd. III*，Wien 1894，S. 130 ff. ［Zitat S. 130］。雅库特语中也有动词的协同形式，参见：Böhtlingk，*Über die Sprache der Jakuten*，S. 364 ff.。

集合-中缀，借以说明某一个行动不是由一个单个的人做的而是多个人共同做的。[①] 在关注多个个体共同参与的形式时，至关重要的是，这种共同参与是朝外还是向内的，也就是说，多个主体所面对的只是一个简单的物性客体，还是说这些单个的人在他们的行为中是互为主客体的。从后一种直观中产生出了语言用来表达**交互**行动（die reziproke Handlung）的表达形式。原始语言有时也明确地区分开了，主体的活动是指向一个外部物品（Sache）还是指向另一个主体的。[②] 在这里明显已经准备好了迈出下一步，这一步影响很大。在交互行动中，施动者与受动者在一定意义上是融为一体的：在这里二者属于人格性范围，我们希望把他们视为行为的主体还是视为客体仅仅依赖于观察的方向。如果一个唯一的主体取代了多个主体，如果如此一来行 *219* 动的出发点和终点在被分离之后再次在内容上结合为**一个**点，那么这种关系又深化了。这就是反身行为的特征，在反身行为中，我并不是作用于另一个物或另一个人，而是作用于自己——在反身行为中，我的行为转向自身。在很多语言中，这种反身形式替代了还缺少的被动式。[③] 这种指向自身和返回自身的行动（Handlung）以及对这一行动中表现出来的主体性的充满能量的意识，最纯粹地表现在希腊语对动词**中间**形式（mediale Verbalformen）的用法中。人们把拥有中间式、使用中间式视为希腊语的一个本质性的突出特征，并不是错误的，这种特征给它贴上了真正“哲学”语言的标签。[④] 印度语法学家创造了

---

① 陶瑞匹语（Toaripi）也有这样的情况，参见：Ray，*Torres Straits. Linguistics*，S. 340。

② 南澳大利亚的比甘地特语（Bungandity-Sprache）也有这种情况，参见：Mathews，*Language of the Bungandity Tribe*，*beschrieben worden ist*，s. dort，S. 69。

③ 在闪米特语群中也有这种情况，有关埃塞俄比亚语的情况，参见：Dillmann，*Grammatik der äthiopischen Sprache*，S. 115 u. 123；有关叙利亚语的情况，参见：Theodor Nöldeke，*Kurzgefasste syrische Grammatik*，Leipzig 1880，S. 95 ff.。按照米勒的观点，在土耳其语中，反身词也经常被用作被动态，参见：A. Müller，*Türkische Grammatik*，S. 76。

④ 参见：Julius Stenzel，*Über den Einfluß der griechischen Sprache auf die philosophische Begriffsbildung*，in：*Neue Jahrbücher für das klassische Altertum*，*Geschichte und deutsche Literatur und für Pädagogik*，Bd. 47，24. Jg.（1921），S. 152-164。

一种独特的表达来表述主动动词形式和中间动词形式的差别，他们把前者称为“为了他者的词”，把后者称为“为了自身的词”。[①] 事实上，中间式的基本含义是，它把事件（Vorgang）视为位于主体自身范围内的，并且强调主体对它的内在参与。雅克布·格林说：

> 在每一个简单动词中处于支配地位的是不及物概念还是及物概念，这本身依旧是有疑问的，例如，“我看见”有以下两种意思：我用自己的眼睛看见，或者，我看见某一个东西；κλαίω也有两种意思，要么是内心流泪，要么是为另一个人流泪。中间式消除了这种怀疑，把其含义清楚地指向句子的主语，例如，κλαίομαι（我因自己、为自己流泪）。……真正的中间式一般说来是用来指称说话人的心灵或身体里的那个有生命的东西的，因此所有语言都以非常神奇的一致性把这些概念——高兴、悲伤、惊奇、害怕、希望、沉思、说话、穿衣、洗脸等归为中间式。[②]

220　如果人们现在通览动词的语态区分（Genusunterscheidungen）的多样性，同时如果人们考虑到，这些“语态”大多数都可以结合为新的复杂统一体，例如，被动和使役动词结合为使役动词-被动态，使役动词和反身动词结合为反身-使役动词，或者进一步结合为交互使役动词等[③]，那么人们就会认识到，语言在这些形式中所证明的力量就在于，语言并没有把主观存在与客观存在的对立理解为两个互相排斥领域之间抽象的、僵化的对立，而是认为该对立是以最多样的方式被动态地中介了的。语言表现的并不是两个自在的领域，而是它们的交

---

① 帕尼尼（Pânini）把中间式（das Medium）称为阿特曼帕坦（Âtmanepadam），参见：Pânini，*Grammatik*（Buch I，Kap. 3，72－74），hrsg.，übers.，erl. u. mit versch. Indices vers. v. Otto Böhtlingk，Leipzig 1887，S. 29。第一位把中间式称为一种特殊的动词类别的欧洲语言学家是特拉克斯（Dionysius Thrax），参见：Benfey，*Geschichte der Sprachwissenschaft und orientalischen Philologie in Deutschland*，S. 73 u. 144。

② J. Grimm，*Deutsche Grammatik*，Bd. I，S. 598 f.

③ 相关证据不仅可以在闪米特语中找到，也可以在雅库特语（Böhtlingk，*Über die Sprache der Jakuten*，S. 291）、土耳其语（A. Müller，*Türkische Grammatik*，S. 71 ff.）、努巴语（Reinisch，*Die Nubasprache*，S. 62ff.）等语言中找到。

织和交互规定——它似乎创造了一个中间王国，定在的各种形式通过这个中间王国与行为的各种形式关联起来，行为的各种形式与定在的各种形式关联起来，同时二者融合为一个精神性的表达统一体。

2. 人称表达与所有格表达

如果我们从自我表象在名词和动词表达中经历的内在形态转向关注外在的语言形态，转向关注真正代词的渐近发展，那么就会发现，正如洪堡已经指出的，虽然自我感觉必须被视为一切语言形式的原初的和不可还原的组成部分，但是代词进入真正的语言还是有着很大的困难。因为，如洪堡所言，自我的本质在于它是主体，同时在思维和言说中，每一个概念在真正思维着的主体面前都必然变成客体。[①] 只有当我们最初在名词表达和动词表达中观察到的相同关系在一个更高的层次上重现，这种对立才能被调和和消除。只有自我的指称既与客观东西的指称相对立同时又贯通了客观东西的指称，代词表达才能达到对自我的明确指称。即使在语言已经确定地表现出了自我的思想时，它还是首先必须赋予该思想一种对象性的措辞和形式（Formung）——它似乎还是必须通过客观东西的指称才能发现自我的指称。 *221*

如果人们注意到语言没有直接用真正的人称代词（Fürwörter）而是用**所有格**代词（Pronomina）来表达人称关系，那么这就证明了洪堡的这一假设。事实上，所有格代词所表现的**拥有**观点占据了客观东西与主观东西之间特殊的中间位置。被拥有的东西是一个事物（Ding）或一个对象（Gegenstand）：是一个这样的东西，这个东西已经由于自身变成了占有的内容而被视为一个单纯的物品（Sache）。但是在这个物品被解释为财产（Eigentum）时，它本身获得了一种新的特性（Eigenheit），它从单纯自然定在的领域进入了人格性-精神性定在（persönlich-geistigen Dasein）的领域。这种定在

① 参见：Humboldt，*Ueber die Verwandtschaft der Ortsadverbien mit dem Pronomen*，S. 306f.。

似乎第一次被赋予了生命，它在这个过程中表明了自己从存在的形式（Seinsform）变成了自我的形式（Ichform）。但在这里，自我（das Selbst）还不是在自主性的（Selbsttätigkeit）即精神和意愿自发性（Spontaneität）之自由的原初行动中理解自身的，而是在对象的图像中直观自身的，它把该对象作为“它的”而占有。从心理学的方面看，儿童语言的发展表现了“所有格”表达对纯粹“人称”表达的这种中介，在这里，通过所有格代词来指称自身的自我似乎远早于通过人称代词指称自身的自我。但是，那些观察并不是完全可靠的，而且可以有不同的解释。[①] 一般语言史的特定现象更加确凿。这些现象表明，在语言中真正明确形成自我概念一般都晚于一种**漠不关心**（Indifferenz）的状态，在这种状态中，“我”与“我的”、“你”与“你的”的表达等还没有分离开。二者之间的区别——洪堡说道——无疑被感受到了，但是还没有达到转变为声音指称所要求的那种形式上的明确性和确定性。[②] 像大多数美洲原住民语言一样，乌拉尔-阿尔泰地区的语言通过给不确定的不定式形式加上所有格词缀形成了动词的变位——如此一来，举例来说，“我走”这个表达的字面含义就是“我的走”，或者，“我建造、你建造、他建造”这些表达与“我的房子、你的房子、他的房子”的表达表现出了完全一样的结构。[③] 毫无疑问，对“自我”与“现实”之间关系的一种特殊直观构成了这种表达的特殊性的基础。关于及物动词概念领域中还留存着名词形式的情况，冯特发现其心理原因在于，在及物动词中，行动（Handlung）所关联的那个客体在意识中总是直接给予的，因此要求在其他一切东

222

---

① 参见：Clara and William Stern，*Die Kindersprache*，S. 41 u. 245 ff.。

② Humboldt，*Ueber die Verschiedenheit des menschlichen Sprachbaues und ihren Einfluss*，S. 231. 施泰恩也强调说，在巴凯里语中，“所有格代词与人称代词还是同一的”。同一个词（ura）的含义不仅是“我”，也是“我的”“那是我的”“那属于我”；另外一个单词的含义是“你”“你的”；还有一个单词含义是“他”“他的”（*Die Bakairi-Sprache*，S. 348f. u. 380［Zitat S. 380］）。

③ 参见：Winkler，*Der Uralaltaische Sprachstamm*，S. 76f. u. 171。其他语群中的事例，参见：F. Müller，*Grundriß*，z. B. Bd. I/2，S. 12，116f.，142 u. 153；Bd. II/1，S. 188；Bd. III/2，S. 278 u. ö.。

西之前被指称出来，如此一来，名词概念在这里就能够代表那个表达了这个行动的整个句子。[1] 但是这样的话，这里所处理的那个事实并没有得到心理学上的解释，而只是在心理学上被转述了一遍。在把行为（Tun）指称为纯粹行动（Akt/actus purus）时表达出来的观点，与在指称行为的客观目标和客观结果时表达出来的观点，是看待行为的两种不同观点。在前一种情况下，行为的表达退回到了作为行为源头和起源的主观性的内部；在后一种情况下，行为的表达关注的是行为的收益，它通过一个表示占有的代词似乎把这个收益收回到了自我的范围内。自我与对象性内容的联系在这两种情况下都存在，但是可以说表现出了完全不同的趋势：在一种情况下运动的方向是从中心走向边缘，在另一种情况下是从边缘走向中心。

如果非我不是“外部世界”的一个任意对象，而是似乎属于“外部”和“内部”互相接触且直接地相互转化的地带，那么所有格代词中所表达的以及通过占有观念所传递的自我与非我的联系就是极其密切的。甚至思辨哲学已经把**人的肉身**描述为这样的现实，在这里，这种转化对我们而言格外清晰。因此，按照叔本华的观点，自我与肉身并不是通过因果性纽带联系在一起的两个被客观地视为不同的状态，它们的关系并不是因果关系；而是说它们是同一个东西，只不过是以两种完全不同的方式被给予的。肉身的行动（Aktion）只不过是意志的被客观化的行动，亦即进入直观中的行动（Akt）——肉身只不过是**意志本身的客观性**。[2] 如此一来，下面这一点也就是可以理解的了，即在语言为了描述人的肉身和个别部分而创造出来的语词中，客观表达与主观表达本来就应该是直接相互渗透的——人称关系表达在这里应该经常与纯粹对象性的命名融合为一个不可分割的整体。这一特征往往在原始人的语言中表现得尤其明显。在大多数印第安语中，

223

① Wundt, *Völkerpsychologie*, Bd. 1/2, S. 143.

② Arthur Schopenhauer, *Die Welt als Wille und Vorstellung*, Bd. I u. II (*Sämmtliche Werke* in sechs Bänden, hrsg. v. Eduard Grisebach, 2, mehrfach berichtigter Abdruck, Leipzig o. J., Bd. I u. II), Bd. I, S. 151 f., Bd. II, S. 289f.

身体的一个部分从来不能用一个一般性的表达来指称，而是必须始终由一个指示占有的代词更明确地加以规定，因此并不存在表达胳膊或手的抽象的、孤立的表达，只有表达属于一个确定人的手或胳膊的表达。[①] 施泰恩说，我们需要关注巴凯里语确定身体个别部分的名字时，追问其名字的那个身体部分是属于发问的人、被问的人还是属于第三者，因为在这三种情况下答案是不同的。例如，表达“舌头”的那个词只可能以“我的舌头、你的舌头、他的舌头”或“这里我们所有人的舌头”这些形式来表述。[②] 洪堡告诉我们，在墨西哥语、雅库特语系中的**博伊林克语**中也有相同的现象。[③] 在美拉尼西亚语中，指称身体部分的一般性名称和指称属于某个特定个体的身体部分的名称，会用不同的表达：在前一种情况下，必须给具有个体化含义的习惯表达——含义为“我的手、你的手”等的表达——加上一个一般化的后缀。[④] 名词表达与所有格代词的这种融合不仅限于指称人体的部分，而且扩展到了其他内容上，只要这些内容被思考为尤其紧密地属于我的，或者似乎是我的精神性-自然性存在的一个部分。尤其是亲缘关系的表达，如父亲和母亲等的表达，往往只有在与所有格代词的固定结合中才出现。[⑤] 在这里表现出来的是我们之前在动词表达的形态中曾经碰到的那种相同关系：语言并没有把客观现实视为一种唯一的同质性的物质，简单地作为一个整体与自我世界相对存在，相反，

224

① 参见：Johann Carl Eduard Buschmann，*Der athapaskische Sprachstamm*（Berlin 1856），in：a. a. O.，*Die Spuren der aztekischen Sprache im nördlichen Mexico und höheren amerikanischen Norden. Zugleich eine Musterung der Völker und Sprachen des nördlichen Mexico's und der Westseite Nordamerika's von Guadalaxara bis zum Eismeer*，Berlin 1859，S. 147－320：S. 165 u. 231；Powell，*Introduction to the Study of Indian Languages*，p. 18；Goddard，*Athapascan*（*Hupa*），S. 103。

② Steinen，*Unter den Naturvölkern Zentral-Brasiliens*，S. 82.

③ 参见：Boehtlingk，*Über die Sprache der Jakuten*，S. 347。匈牙利语参见：Simónyi，*Die ungarische Sprache*，S. 260，亲属关系的名称和身体部分的名称很少脱离开所有格人称后缀使用。

④ Codrington，*The Melanesian Languages*，S. 140 f.

⑤ 参见：Reinisch，*Die Nuba-Sprache*，S. 45 f.；美洲语言参见：Boas' *Handbook*，z. B. Goddard，*Athapascan*（*Hupa*），S. 103。

这里存在着不同层次的现实性，不是只有一种一般性的抽象主客关系，而是根据客观东西与自我的“远近”距离可以清楚地区分出不同程度等级（Stufengrade）的客观性。

在这里主客关系是具体地表现出来的。从主客关系的这种具体化中现在又引出了进一步的后果。纯粹自我的基本特征在于，它是绝对的**统一性**，与所有的客观东西和具有物性的东西相对立。被理解为意识的纯粹**形式**的自我不再包含有丝毫内在差别的可能性：因为这种差别只属于内容的世界。因此凡是在严格意义上把自我视为非物性东西的表达时，自我就必定被理解为“**与自己本身的**……纯粹同一性”。在《论作为哲学原理的自我》一文中，谢林最明确地得出了这一推论。他强调，如果自我不是自我等同的，不是该同一性形式的原初形式，那么，那条把它与一切内容性-对象性的现实分离开来并同时把它变成某种无可置疑的独立东西和特殊东西的严格界限就立即消失了。因此，要么只有在纯粹同一性的这种原初形式中思考自我，要么压根儿不能思考自我。① 但是**语言**不能直接过渡到这种纯粹“先验”自我及其统一性的观点。因为正如对语言而言人称领域最初只是逐步地从所有格领域中成长起来的一样，正如语言把对个人的直观与对客观占有物的直观关联在一起一样，因此，单纯的占有关系中的杂多性必定也会反作用于自我关系的表达。事实上，我的胳膊与我的肉身整体是有机地结合在一起的，与我的武器或我的工具属于我不同，我的胳膊是以一种完全不同的方式属于我的——相比于我的马、我的狗与我的联系，我的父母、我的子女是以一种完全不同的、更加自然、更加直接的方式与我联系在一起的，甚至在单纯物品占有（Sachbesitz）的领域，个体的动产和不动产（der beweglichen und der unbeweglichen Habe）之间也存在着可以清楚地感觉到的区别。相比于我穿的外套，我居住的房子是在一种完全不同的、更加确定

225

① 参见：Friedrich Wilhelm Josef Schelling，*Vom Ich als Princip der Philosophie oder über das Unbedingte im menschlichen Wissen*（§ 7），in：*Sämmtliche Werke*，Abt. 1，Bd. I，S. 149-244：S. 177 [Zitat S. 216]。

的意义上属于我的。语言一开始顺从所有这些差异：它试图发展的不是一种统一的和一般的占有关系表达，而是有多少种**具体的**归属关系（Zugehörigkeit），它就试图发展出同样多的占有关系表达。在这里表现出来的现象与我们在**数词**（Zahlworte）的产生和逐步形成中发现的现象是一样的。正如不同的客体和客体组最初有不同的“数”一样，它们也有不同的“我的和你的”。有些语言在数不同的对象时用到的不同“数字实词”与不同的“所有格实词”之间有一种对应关系。在美拉尼西亚诸语言和很多波利尼西亚语中，为了表述占有关系，就把一个所有格后缀加到描述占有对象的词上，这个所有格后缀随着该对象所属的类别而变化。占有关系的所有这些多种多样的表达一开始都是名词，这一点——介词可以在它们前面使用——在形式上清楚地表明了它们是名词。这些名词有层次的区别，可以区分拥有、占有和归属等不同种类。例如，其中某一种所有格名词被用到亲属关系名称、人体部分、物的部分上，另一种所有格名词被用到人们占有的物或者使用的工具上——一种用于所有吃的东西，另一种用于所有喝的东西。[1] 针对一个由外部得来的占有和一个其定在得益于占有者的人格性活动（persönliche Tätigkeit）的客体，人们经常会使用不同的表达。[2] 大多数印第安语都以相似的方式区分开了两种主要的占有方式：自然的且不可转让的占有与人造的且可以转让的占有。[3] 占有关系表达（Ausdruck des Besitzverhältnisses）的多样性也有可能取决于纯粹的数的规定（rein zahlenmäßige Bestimmungen），因为在选择所有格代词（Possessivpronomen）时，有一个、两个还是多个占有人，或者被占有的对象是唯一的，或是两个还是多个的，会造成

226

① 参见：Ray，*The Melanesian Possessives*，S. 349 ff.。

② 参见：Codrington，*The Melanesian Languages*，S. 129f.。

③ 在海达语（Haida）、钦西安语、苏族印第安人的语言中也能发现表示固定资产和不固定资产的所有格后缀上的这种区分，在钦西安语中，在有生命的造物（我的狗）不固定资产与无生命的事物（我的房子）之间还做出了更进一步的区分。参见：Boas' *Handbook*：Swanton，*Haida*，S. 258，Boas，*Tsimshian*，S. 393，Boas/Swanton，*Siouan*，S. 946 f.。

选择上的区别。例如，在阿留申群岛的语言中，从所有这些情形及其组合中产生出了九种不同的所有格代词表达。① 我们从所有这些事例中可以看到，与同质性的数字表达一样，同质性的占有表达也只是语言形成的一种相对晚的产物，它必须首先摆脱异质东西的直观。正如数字通过把自身日益从物的表达转变为纯粹关系表达才获得了“一致性”（Gleichartigkeit）的特征，自我关系的简单性和等同性（Einerleiheit）也只是逐步才获得了相对于进入这一关系中的那些内容之多样性的优先性。只要语言不是用所有格代词而是用属格代词来表达占有，那么它就似乎还处在通向占有关系纯粹形式指称的过程中，如此一来也处在达到对自我形式统一性的间接直观的过程中。因为尽管属格根植于具体的直观尤其是根植于空间直观，它还是越来越多地成为一种纯粹的“语法”格，表达的是“一般的归属”（Zugehörigkeit überhaupt），而不局限于占有的某一种特殊形式。我们也许可以发现这两种直观之间的中介和过渡，因为在语言中属格表达本身有时似乎就还带有特殊的所有格特征，为了完成属格关系需要特殊的所有格后缀。② *227*

如果语言不是用一个活动（Tätigkeit）的客观目标和结果来刻画这个活动，而是返回到行为的源头、行动着的主体，那么语言就是在从另一条路上达到自我纯粹形式统一性的表达。有些语言把动词视为纯粹的动作语词（Tatwort）并且用人称代词来指称和规定人，所有这些语言走的都是这条道路。相比于我的、你的、他的，我、你、他更加明确地摆脱了客观东西的领域。行为的主体不再表现为单纯的物，相反，它是有生命的力量中心，行动（Handlung）从这个中心开始，并从这个中心感受到自身的方向。人们曾经试图按照语言形式

① 参见：Henry，*Esquisse d'une grammaire raisonnee de la langue aleoute*，S. 22；相似的情况也适用于爱斯基摩语，参见：Thalbitzer，*Eskimo*，S. 1021 ff.。斯琴耶针对乌戈尔语评论道：在这里最初有两种带有所有格后缀的模式：一种是表示单数的，一种是表示复数的，但是在大多数语言中，这一区别是不清楚的，而在乌戈尔语中则最好地保持下来了，参见：Szinnyei，*Finnisch-ugrische Sprachwissenschaft*，S. 115 f.。

② 在土耳其语中，“父亲的房子”被表达为“父亲的他的房子”。参见：A. Müller，*Türkische Grammatik*，S. 65；在乌戈尔语中也有相似情况，参见：Winkler，*Das Uralaltaische und seine Gruppen*，S. 7 ff.。

从本质上看是在**感受**（Empfindung）的观点之下还是在**行为**（Tat）的观点之下指称动词事件（die Bezeichnung des verbalen Vorgangs）的而区分语言形式的不同类型。在前一种情况下，对行为的表达变成了单纯的“在我看来它表现得……”；而在后一种情况下，单纯的表现（Erscheinen）被解释为行为。[1] 但是，在这样强化活动表达的时候，自我表达也获得了一种新的措辞（Fassung）。自我表象的**动态**（dynamisch）表达比名词的客观表达更接近于把自我理解为纯粹的形式统一性。现在，自我事实上越来越清晰地变成了纯粹的关系表达。如果不仅所有的行为（Tun），而且所有的受动，不仅每一种行动（Handlung），而且每一种状态规定，都是通过动词表达的人称形式而与自我关联起来并似乎与自我结合为一体的，那么，这个自我本身最终就只是这种理想的中心。它不是特殊的知觉或直观内容，按照康德的说法，而仅仅是“联系着表象的综合统一体”。[2] 在这个意义上，自我表象是“一切表象中……最贫瘠的”[3]，因为它看起来还缺少任何具体内容——但是这种缺乏内容包含着全新的功能和含义。对于这种含义，语言还没有充分地表达；因为即使在其最高的精神性上，语言也必然关联着感性直观，并因此不再能够达到自我——那个“先验统觉”的自我——的那种“单纯理智表象”[4]。但是尽管如此，语言至少间接地打好了基础，因为它越来越精致、明确地表现出了物性的客观存在与主观人格性存在之间的对立，并且从不同的路径借助不同的工具规定了这二者之间的关系。

228

3. 语言表达的名词类型与动词类型

语言科学和语言哲学很长时间以来都在争论如下问题：作为语言

---

① 参见：Franz Nikolaus Finck，*Die Haupttypen des Sprachbaus*（*Aus Natur und Geisteswelt. Sammlung wissenschaftlichgemeinverständlicher Darstellungen*，Bd. 268），Leipzig 1910，S. 13 f.。

② ［S. Kant，*Kritik der reinen Vernunft*（§16），S. 114-117（B 131-136）.］

③ ［同上书，S. 279（B 408）。］

④ ［同上书，S. 202（B 278）。］

起点的那些原初语词具有**动词**本性还是**名词**本性，它们是物的指称(Dingbezeichnungen）还是活动的指称（Tätigkeitsbezeichnungen)?在这个问题上，各种观点泾渭分明——对立的双方不仅引证了语言史的根据，而且引证了一般性的思辨根据。只有争论围绕的概念本身都变得成问题了，争论才在一段时间内沉寂下去。现代语言科学已经越来越多地放弃了追溯到原始时代以直接窥视语言创造的秘密。对它而言，"语言根"（Sprachwurzel）概念不再是一个具有现实历史实存的概念，相反，它在这个概念中仅仅看到了——正如**洪堡**已经以他通常的批判性慎重所完成的那样——语法分析的结果。语言的"原初形式"（Urformen）蜕变成了单纯的思想形式、抽象的形成物。只要人们还相信语言有一个真正的"根期"（Wurzelperiode)，人们就会尝试着把语言形态的整体都追溯到"有限数量的母体或类型"[①]——当人们把这种看法与如下信念联系在一起，即所有言谈都起源于共同完成的人类活动（Tätigkeit）时，人们就会进一步在这些基本语言形态中寻找这种行为（Tun）的痕迹。在这个意义上，举例来说，**麦克斯·米勒**（Max Müller）遵循**路德维希·诺埃雷**（Ludwig Noirés）的做法，把梵语的词根追溯到特定数量的原初语言概念，追溯到人类最简单的活动（Tätigkeiten）——编织、缝补、连接、裁剪、划分、挖掘、戳刺、撕折、捶打——表达。[②] 但是，一旦人们不再从内容上而是从形式上来理解词根概念——一旦人们在这个概念中看到的不是一切语言形成的事实环节（das sachliche Element aller Sprachbildung）而是语言**科学**的方法论环节（ein methodisches Element der Sprachwissenschaft)，那么这种尝试就失去了意义。即使人们还没有进步到在方法论上完全消除词根概念——即使人们相信如下看法是正确的，即例如在印度-日耳曼语中，词根在变形之前的那个时期就已

229

① ［Noirés，*Der Ursprung der Sprache*，S. 349.］

② 参见上书，S. 311 ff. u. 341 ff.，以及 Max Müller，*Das Denken im Lichte der Sprache*，übers，v. Engelbert Schneider，Leipzig 1888，S. 371 ff. u. 571 ff.。

经真实存在——人们看起来也必须放弃有关其真实形式的任何主张。[①] 然而，即使在今天的经验性语言研究中，各种迹象表明，原初词根的属性和结构问题重新开始受到关注。在这里，最常见的论题是这些词根的动词源头和动词特征。这个古老的论题曾经受到帕尼尼的支持，这位法国语言学家最近试图重新研究这一论题，它不仅印证了语言史的观察，还明确引证了一般性的形而上学考量。按照他的观点，语言必须把动词概念的指称作为自己的起点，由此才能逐步进步到对物的概念（Dingbegriffe）的指称，因为只有活动（Tätigkeiten）和变化（Veränderungen）才能在感性上被知觉到，因为只有它们才是作为现象被给予的，而为这些变化和活动提供了基础的事物（das Ding）始终只是间接地被把握到的，始终只能作为它们的载体而被推论出来。像思维的道路一样，语言的道路也必须从可知的东西走向未知的东西，从感性知觉到的东西走向单纯被思考到的东西，从“现 230 象”走向“本体”：动词和动词性属性概念的指称因此必定先于实词指称，先于语言的“实词”。[②]

但恰恰是这种“*μετάβασις εἰς ἄλλο γένος*”、这种令人吃惊的转向形而上学的做法清晰地表明这种问题提法在方法论上的虚弱。一方面，这整个论证都以显而易见的四词错误为基础：实体（词）概念在这里被用作推论的中项，它两次出现的含义完全不同，一次是在形而上学的意义上，一次是在经验的意义上。推论的大前提在谈论实体时把它作为变化和属性的形而上学主体，作为一切质和偶性“背后”的“物自体”——结论句谈到了语言的名词概念，因为这些名词概念表达的是对象，它们只能被视为“现象中的对象”。[③] 在前一意义上，实体是绝对本质的表达，在后一意义上则相反，它只是相对性的和经验性的持存的表达。如果在

① 例如，这是德尔布吕克的立场，参见 Delbrück，*Grundfragen der Sprachforschung*，S. 113 ff.。

② de la Grasserie，*Du verbe comme générateur des autres parties du discours*.

③ ［Immanue Kant，*Die Metaphysik der Sitten in zwei Teilen*，in：*Werke*，Bd. Ⅶ，hrsg. v. Benzion Kellermann，Berlin 1916，S. 1-309：S. 179（Akad.-Ausg. Ⅵ，371).］

后一意义上对待该问题，那么这一推论将因其建立在**知识批判**基础上而丧失一切说服力。因为知识批判从来没有教导我们，变化着的属性或变化着的状态的思想必然先于“事物”的思想，即关于一种相对持久的统一体的思想：毋宁说，这表明了，事物的概念和属性或状态的概念是同等有效的，而且在建构经验世界时也是同样必要的条件。它们并不是作为给定现实的表达，也不是依照这些现实内在固有的秩序或相对于我们的知识而言所承载的秩序而彼此区分开来，相反，它们是作为理解的形式、作为互相决定的范畴而彼此区分开的。在**这个**意义上，持存的观点、“物”的观点不是在变化之前或变化之后被给予的，而完全只是伴随着变化并作为其相关要素而被给予的。现在，这一思路也可以在相反的方向上使用：它不仅证明了动词和动词概念并不具有人们宣称的首要性，而且证明了人们用来说明纯粹对象性直观和单纯名词概念具有首要性的 *231* 心理学论证也不成立。举例来说，冯特发现：“人们不可能认为人只思考过动词概念。出于心理学的原因，人们更容易接受的是，人仅思考过对象性的表象；事实上，不仅在儿童的言语方式中，而且在保存了概念发展更原初状态的现存语言中，都能够非常清晰地发现这种状态的痕迹。”① 然而，如下观点，即人曾经仅仅思考过“单纯的”名词概念，与其对立面的观点，即把动词概念视为时间上和事实上（sachlich）优先的，均包含着相同的**原则性**缺陷。在这里我们面对的问题不能通过一种简单的非此即彼（Entweder-Oder）而得到回答，只有通过根本上批判性地**重新提出问题**才能得到解决。这一两难最终是一个方法论的两难，很长时间以来它都把语言研究者划分为两个不同的群体和阵营。如果人们停留在**反映论**的地基上——如果人们因此接受如下观点，即语言的目的仅仅在于外在地指称在表象中给定的各种区别，那么下面这个问题——它首先强调的是物（Dinge）还是活动（Tätigkeiten）、是状态（Zustände）还是属性（Eigenschaften）——就有好的意义。但是基本上，这种提出问题的方式中只是包含着那个古老

---

① Wundt，*Völkerpsychologie*，Bd. I/1，S. 594.

的错误，即直接把精神性的-语言的基本范畴事物化（Verdinglichung）。一个最初“在”精神“中”的区分，亦即通过精神的全部功能才形成的区分，被视为一种实体性地现成的、先于所有这些功能而存在的区分。相反，如果人们反思到，“物”与“状态”、“属性”与“活动”不是意识的给定内容，而是意识赋形（Formung）的方式和方向，那么，这个问题立即就获得了一种不同的意义。这表明，不论是前者还是后者都不是直接被知觉到的，也不是按照这种知觉而在语言上被指称出来的，而是只有一开始未分化的感性印象的杂多性按照某一种思维形式或语言形式而得到**规定**的。在知识的逻辑劳作中以及在语言的精神劳作中所表达的，正是这种规定**为**对象（Gegenstand）或规定**为**活动（Tätigkeiten），而不是对象**的**或活动**的**单纯命名。因此，这里的问题不是命名行动首先把物还是活动理解为现实的自在存在的规定性，而是命名行动是否位于某一种语言思维**范畴**的记号之中——它看起来是从名词的观点（sub specie nominis）还是从动词的观点（sub specie verbi）得到表现的。

232

从一开始就不可能给**这个**问题一个完全简单的先天的解答。如果语言不再被视为一清二楚地给定的现实（eindeutig-gegebenen Wirklichkeit）的一清二楚的反映（Abbild），而是被理解为自我与世界“应对彼此”（Auseinandersetzung）这个大过程中的一个工具，在这个过程中自我与世界的边界才确定地划分开来，那么很显然，这项任务有很多不同的可能解答。因为自我与世界得以产生交流的媒介并不是从一开始就完成和确定的，而是只有通过赋予自己本身形态，该媒介才存在，才产生作用。一切语言发展都要以一种固定的轨道经历一些语言范畴，我们既不能谈论这些语言范畴体系，也不能谈论这些语言范畴在时间或逻辑上的序列和次序。就像在知识批判研究中那样，我们提取出来并与其他范畴对立起来的每一个个别范畴始终只能被理解为和判定为一个个别的**题材**（Motiv），按照该题材与其他题材产生的不同关系，这个题材也会发展出非常不同的具体形态。正是从这些题材的相互渗透及其彼此之间不同的关系中，语言的“形式”

产生了，然而该形式不能被视为存在的形式，而是要被视为运动的形式，不能被视为静止的形式，而是要被视为动态的形式。因此这里并没有绝对的对立，始终只有相对的对立——意义的对立和**理解方向**的对立。有时强调的是这一个要素，有时强调的是另一个要素，能够以最为多样的方式动态地强调（Akzente）物的概念与属性概念、状态概念与活动概念，而且正是在这种往返运动、这种确定的摇摆运动中，我们才发现了每一种语言形式作为创造形式的独特特征。我们越是试图更加清晰地理解个别语言中都在上演的这种细分，下面这一点就变得越清晰，我们的语法分析习惯于区分开的那些个别的语词类别，实词、形容词、代词、动词并不是从一开始就存在的，并不是像固定的实体性单元一样互相作用，它们似乎是彼此产生、互相限定的。指称并不是从完成了的对象中发展起来的，而正是通过记号的进步以及由此达到的意识内容的越来越明确的“区分”，世界的轮廓对我们而言才越来越清晰地表现为“对象”和“属性”、“变化”和“活动”、“人格”（Personen）和“物品”（Sachen）、位置关系和时间关系的总和。 233

如果语言走的是通向规定的道路，那么就可以期待，这种语言将逐步地、持续地摆脱相对无规定性的阶段并为自己赋形。语言史彻底证明了这一推断：因为它表明了，我们越远地追溯语言的发展，我们就越被引领到如下阶段上，即我们在高度发达的语言中区分出来的那些词类（Redeteile）不论在形式上还是在内容上都还没有分离开。在这里，同一个词可能在语法上起到了非常不同的功能，按照它所出现的特殊条件可能被用作介词或独立名词、动词或实词。尤其是**对名词和动词的冷漠**（die Indifferenz von Nomen und Verbum）构成了决定着大多数语言结构的规则。有人曾经附带说过，尽管所有语言都分解为名词和动词这两个范畴，但是很少有语言拥有我们意义上的动词。印度-日耳曼语群和闪米特语群的语言看起来几乎都无一例外地、真正明确地区分开了这两种形式类别（Formklassen），但是我们可以发现，在这些语言中名词语句形式与动词语句形式之间的边界还是流动的。① 洪堡指出，马来语系的一个特 234 征在于，名词表达与动词表达之间的界限在很大程度上消失了，以至于人们在这里似乎感觉到动词消失了。他还强调，缅甸语完全缺少形式上表达动词功能的指称，以至于说话者没有鲜活地感受到动词的真正力量。② 洪堡还把这些现象视为语言形成（Sprachbildung）的一种不正常的东西——比较语言学的进步已经证明了，这些东西是一种普遍的和广泛存在的现象。我们在这里多次碰到的不是动词与名词的明确区分，而是一种平均的、似乎无定形的形式。③ 它清楚地表明了，事物表达和活动表达之间语法形式界限是非常缓慢地划分开的。就其语言形态（sprachlichen Gestaltung）而言，“变位”和“变格”一开始还是经常融合在一起的。只要一种语言遵守“所有格变位”，这种语言由此就形成了名词表达与动词表达之间的完全对应关系。④ 活动指称与属性指称之间也有相似的关系：同一个变 235 形体系既适用于动词，也适用于形容词。⑤ 复杂的语言形成物，有时甚

① 诺尔德克指出：“在叙利亚语中，名词句子，即有一个名词、形容词或副词做表语的句子与动词句子并没有明确区分开来。分词经常被用于谓语，它正在变为纯粹的动词形式，但是还没有隐藏起它的名词起源……表明了从名词句子向动词句子的转变……在叙利亚语中，名词句子和动词句子并没有表现出很大的区别。”(Nöldeke，*Syrische Grammatik*，S. 215)

② Humboldt，*Ueber die Verschiedenheit des menschlichen Sprachbaues und ihren Einfluss*，S. 222，280ff. u. 305；尤其参见：a. a. O.，*Über die Kawisprache auf der Insel Java*，S. 81，129 ff. u. 287。

③ 相关事例参见：Friedrich Müller，*Grundriß*；霍屯督语的例子参见：*Grundriß*，Bd. I/2，S. 12 ff.，曼德黑种人语言的例子参见上书，S. 142，萨莫耶德语中的例子参见：Bd. II/2，S. 174，耶尼斯西-奥斯蒂亚克语的例子参见：Bd. II/1，S. 115。

④ 参见本书上文：S. 222。

⑤ “形容词变位”的丰富事例，参见：de la Grasserie，*Du verbe comme generateur des autres parties du discours*，S. 32ff.。——在马来语中，每一个词都毫无例外地能够用一个后缀转变为动词；相反，人们也能在它前面加一个定冠词就把动词变成名词（Humboldt，*Über die Kawisprache auf der Insel Java*，S. 81 u. 348 ff.）。在科普特语中，此不定式甚至带有实体名词的性：不定式是名词，而且可以是阳性或阴性。更重要的是，与其名词特征相一致，它一开始并没有任何客体，这种含义是由直接跟着不定式的所有格表达的（S. Steindorff，*Koptische Grammatik*，S. 91 f.）。在叶尼塞奥斯加克语和德拉威语中，动词形式带有格后缀，并按照它“降格”，而在其他语言中，名词是与特定的时态指示词在一起的，并照此“变格”（参见：F. Müller，*Grundriß*，Bd. II/1，S. 115 u. 180f.；Bd. III/1，S. 198）。在阿纳托姆语中——按照伽布伦茨（*Die Sprachwissenschaft*，S. 160f.）的观点——变位的不是动词，而是人称代词。代词开始一个句子，并指明我们是在讨论第一、二、三人称，或者单数、双数、复数，或者行为是现在的、过去的、未来的、意愿的。

至是整个句子都可能以这种方式“变位”。[1] 我们不应该把那些现象理解为一种语言“缺少形式”的证据，而应该把它们视为“生成形式”的典型证据。因为在语言的这种无规定性中、在语言个别范畴还有缺陷的形成和划分中恰恰包含着语言真正的可塑性及本质性的内在形成力量。无规定性的表达包含着各种规定的可能性，并且似乎是让每一种特殊的语言决定选择其中的哪一种可能性。

为这种发展确立一种一般性图式的任何尝试似乎必然都是徒劳的，因为这一发展的具体丰富性恰恰在于，每一种语言在建构其范畴体系时都遵循了一种**不同的**方法。然而，即使不暴力地干涉这些表达形式的具体丰富性，我们也能按照确定的基本类型对它们进行分类。有些语言和语言群非常清晰严格地形成了名词类别，因此它们的整个结构似乎都是被**对象性的**直观控制引导的，与这些语言和语言群相反，在其他语言中，语法结构和句法结构都是由**动词**规定和指引的。按照动词表达是被理解为单纯的**过程**表达（Vorgangsausdruck）还是被理解为纯粹的**活动**表达（Tätigkeitsausdruck），按照动词是沉浸在客观事件的进程（Verlauf des objektiven Geschehens）中还是突出行动着的主体及其活动（Energie），动词又包括两种不同的形式。名词类型在阿尔泰语群的语言中最明确地发展起来了。在这里，整个句子结构是这样节节相连的（gegliedert），一个对象性的表达接着另一个对象性的表达，并且作为属性与它关联在一起，然而就算是这种简单的分节（Gliederung）原理，只要被严格地全方位地执行了，还是能够为最复杂的规定提供清楚的和自足的描述。海因里希·温克勒（Heinrich Winkler）用日本语动词的结构说明了这一原理，他对这一原理的判断是： 236

> 我毫不迟疑地把它称为一种十分神奇的结构。它在最简洁的形式中表达了各种数不尽的最精密细微的差别。我们在自己的语

① 在阿留申群岛语中就是这样，参见：Henry，*Esquisse d'une grammaire raisonnee de la langue aleoute*，S. 60 ff.。

> 言中用无数拐弯抹角的说法、用各种关系从句和连接从句所表达的东西，在这里只用一个唯一的表达或一个动名词修饰另一个动名词就能清晰地表达出来。按照我们的理解，这样的动名词[……]完全清晰地描述了一个带有两三个从句的主句，其中的三四个部分每一个都可能包含时间、主动或被动、因果性、连续性，简言之行动各种各样变化中的最为丰富的关系和最为精细的差别。[……]所有这一切都没有求助于我们所熟悉的且认为必不可少的大多数形式环节。因此，日本语在我们看来是一种标准的非形式化的语言，我这样说并不意味着轻视这种语言，而只是表明了它的结构与我们的语言有多大分歧。①

这种分歧本质上在于，在这里虽然绝对不缺少对行动（Handlung）的概念性细微差别的感觉，但是只有当行动表达似乎与对象表达纠缠在一起并且作为更进一步的规定进入对象之中时，才能在语言中表达出这种感觉。物的实存形成了指称的中心，而且属性、联系和活动（Tätigkeiten）的一切表达都依附于它。因此，我们在这种语言形式中拥有的是一种真正意义上的“实体性”见解。在我们按照自己的习惯期待一种谓语陈述时，在日本语的动词中经常出现的是一种纯粹的实存陈述。它陈述的不是主词与谓语之间的**结合**（Verknüpfung），它强调和突出的是主词或谓语的**在场**（Vorhandensein）或不在场（Nicht-Vorhandensein）、真实或不真实。“是什么”、主动和受动等所有这些进一步的规定，都以这样最初确定存在或非存在为起点。②
237 这一点在否定的说法中表现得最突出，在这种说法中，非存在还被理解为似乎是实体性的。对一个行动的否定是通过该行动非存在的肯定性陈述来表达的：这里并没有我们意义上的“没有到来”，而只有“到

① Winkler，*Der Uralaltaische Sprachstamm*，S. 166 f.

② 在日语中“下雪”（es schneit）的说法是“雪的落下”（Schneens Herabfallen（ist））；“白天结束了，天变暗了”（der Tag hat sich geneigt，es ist dunkel geworden）的说法是“天的变暗”（des Tages Dunkelgeworden-sein（ist））。参见：J. J. Hoffmann，*Japanische Sprachlehre*，S. 66 f.。

来”的非存在和非在场。这种非存在（Nichtsein）本身的表达是，“无的存在”（das Sein des Nicht）。与否定的**关系**（die Relation der Verneinung）在这里被转变为一种实体性的表达一样，其他的关系表达在这里同样被转变为了一种实体性的表达。在雅库特语中，**占有关系**（Besitzverhältnis）是这样表达的：它谈论的是占有对象的实存或非实存：像“我的房子存在”或“我的房子不存在”这种说法表达的是，我拥有或不拥有一所房子。① 数字表达经常是这样形成的，即数字规定似乎表现出一种独立的对象性的存在。因此，人们说的不是“很多”或“所有人”，而是说“复多性的人”或“全体性的人”，不说“五个人”，而是说“人的五性（Fünfheit）、人的五位、人之五（Fünferleiheit）”等。② 动名词的情态或时态规定是以相同的方式表达的。一个实词表达，例如位于前面（Bevorstehen），在它作为属性与动名词联系在一起的时候，它所表达的是它所指称的行动被视为未来的，因此动词是在未来的意义上被对待的③——一个实词性表达，像要求（Verlangen），它的作用是形成动词的所谓愿望形式。其他情态的细微差别，例如条件、让步，也是按照相同的原则表达的。④ 在这里，语言通过把个别的存在规定（Seinsbestimmungen）和独立的对象术语简单地并列起来，可以表现大量的概念形式和概念组合。 238

在有些地方，语言依旧保留了对名词-动词原初的漠不关心，但是在相反的意义上又使用并突出了这种基本的漠不关心形式，在这

① Winkler, *Der Uralaltaische Sprachstamm*, S. 199 ff.; Böhtlingk, *Über die Sprache der Jakuten*, S. 348.

② Winkler, *Der Uralaltaische Sprachstamm*, S. 152 u. 157 ff.

③ 在雅库特语中（Böhtlingk, *Über die Sprache der Jakuten*, S. 299f.）：“我的迫在眉睫的剪切”等于“即将被我切的东西”，但是也等于“我将要切”；参见：日语动词的时间规定，在日语中，表达未来或过去、完成或持续的各种形式是指称一个不独立动名词的所有组合，不独立动名词指称的是行动的内容，支配性的动名词指示它的时态特征。因而“看的”“努力、意愿、变成”表达的是“将要看”；“看的”“往前走”表示“已经看到”。参见：Winkler, *Der Uralaltaische Sprachstamm*, S. 176 ff.，以及 J. J. Hoffmann, *Japanische Sprachlehre*, S. 214 u. 227。

④ 更多内容参见：Winkler, *Der Uralaltaische Sprachstamm*, S. 125 ff. u. 208 ff.，以及 *Uralaltaische Völker und Sprachen*, bes. S. 90 ff.。

里，我们能碰到的是一种完全不同的基本精神见解。如果说在上面提及的那些情况下所有语言规定都把**对象**作为起点，那么还有另外一些语言，它们同样鲜明确凿地把关于过程（Vorgang）的指称和规定作为出发点。动词作为过程的纯粹表达（reiner Vorgangsausdruck）很显然是语言的真正中心：在那里，在名词中，所有关系，甚至事件（Geschehen）的和行为（Tun）的那些关系，都被转变为存在关系；与此相反，在这里，存在关系被转变为事件关系（Geschehensverhältnisse）和事件表达（Geschehensausdrücke）。在前一种情况下，可以说，动态变化的形式被卷入了静止的和静态的定在之中；在后一种情况下，只有联系着变化才能理解定在。但是，这种变化形式还没有被纯粹的自我形式渗透，因此尽管它有各种活力，还是拥有一种压倒性的客观的形态、一种非人格性的形态。尽管我们在这里还处在事物领域中，但是其中心是移动的。语言指称强调的不是实存，而是变化。如果说在前面，作为对象表达的实词支配了语言的整个结构，那么，现在我们可以期待的是，动词作为变化的表达是真正的力量中心。正如在那里语言努力把一切复杂关系转变为实词形式，在这里它试图把一切这种关系都包含在而且似乎是限制在动词事件表达的形式中。这种整体见解似乎是大多数印第安语的基础——人们曾经试图在心理学上从印第安人精神的结构环节中解释这种整体见解。[①] 但是不论人们怎么对待这种解释的尝试，这些语言的纯粹持存总是都表明了一种独一无二的语言构形**方法**（Methodik der Sprach-

239

gestaltung）。这种方法的一般性纲要被洪堡在其描述墨西哥语的词素综合方法（Einverl-leibungsverfahren）的著作中最清晰地说明了。很显然，这种方法的核心在于，其他语言用句子、用分析性的句子分节（Gliederung）表达的那些关系在这里被综合性地概括为一个唯一的语言结构、一个复杂的“句词”（Satzwort）。这种句词的中心是可以附加各种各样修饰词的动词性行动表达。动词中起支配作用的部分

---

① 参见：H. G. C. v. d. Gabelentz，*Die Sprachwissenschaft*，S. 402 f.。

和被支配的部分，尤其是对离它更近或较远的客体的指称，作为必要的补充被包含进这个动词表达。洪堡发现，“句子，就其形式而言，在动词中看起来应该就已经是自足的，此后似乎只是在用同位语来更明确地规定它。按照墨西哥人的思维方式，离开这些补充性的规定，压根儿无法思考动词。因此，如果一个动词没有任何确定的客体，那么语言就把一个不确定代词与这个动词连在一起用。在指称人和物品时，它用的是两种不同的形式：ni¹-tla²-qua³，ich¹ esse³ etwas²（我吃某种东西）、ni¹-te²-tla³-maca⁴，ich¹ gebe⁴ jemandem² etwas³（我给某人某个东西）。”因此，词素综合方法把整个陈述内容压缩为一个单个的动词表达，或者，如果陈述过于复杂，那么就不可能从句子的动词中心点“找到一些标记，由之出发指明发现句子个别部分的方向”。即使在动词并不包含整个陈述**内容**时，它也包含了句子结构的一般**图式**：句子不应该被构成，不是从其不同要素中逐步构成的，而是作为铸造好了的统一体形式一下子给出的。语言首先产生了一个结合在一起的整体，这个整体形式上是独立自足的：它通过一个代词把还没有被个别规定的东西明确指称为一个不确定的某物，之后又逐一填充起了这个不确定的残留物。①

对美洲语言的各种后来的研究已经在某些方面改变了洪堡在这里制定的词素综合方法的整体图景；这些研究表明，这种方法在不同语言中可以在词素融合的方式、程度和范围上采取非常不同的形态。② *240* 但是，为洪堡的研究奠定基础的那种独特思维方式的一般性特征却并没有由于这些论断而有本质上的改变。人们可以把语言在这里使用的

① 参见：Humboldt，*Ueber die Verschiedenheit des menschlichen Sprachbaues und ihren Einfluss*，S. 144 f.［Zitate S. 145 u. 148］。

② 尤其参见吕西安·亚当（Lucien Adam）对那瓦特语、奇楚亚语、维奇语和玛雅语中的“多词综合”的研究（Lucien Adam，*Etudes sur six langues américaines. Dakota*，*Chibcha*，*Nahuatl*，*Kechua*，*Quiche*，*Maya*，Paris 1878）。更多研究可参见：Daniel Garrison Brinton，*On Polysynthesis and Incorporation as Characteristics of American Languages*，in：*Proceedings of the American Philosophical Society of Philadelphia*，*held at Philadelphia*，*for Promoting Useful Knowledge 23*（*1886*），pp. 48-86。也可参见：Boas，*Handbook*，a. a. O.，S. 573 u. 646 ff.（Chinook），S. 1002 ff.（Thalbitzer，Eskimo）u. ö.。

方法与一种数学图景，即与制定一个公式相类比，公式指明了大小的一般性关系而没有规定特殊的大小值。公式首先只是以一种统一的综合性表达复现了特定的大小种类之间的一般性连接方式、函数关系：但是，如果要把它运用到个别的情况中，就需要用确定的大小替换在这个公式中出现的不确定的大小 x、y、z。相似地，在动词句子中，陈述的形式一开始就完全制定了、提前制定了，——只有用后来加入的语言规定更详细地规定句子中的不确定代词，这个陈述形式才会得到素材上的补充。作为事件指称（Vorgangsbezeichnung），动词追求的是，把在句子中表达出来的鲜活意义整体结合并集中在自身之内；但是，它在这项工作上的成绩越大，它被涌动的材料之流控制并似乎沉陷在这种材料中的危险也就越大，而它本来是要驾驭这些材料的。围绕着陈述的动词核心形成了一个如此密集的各种变化着的规定的网络——这些规定指明了行动的种类和方式、空间和时间状况、更近的或较远的客体——以至于很难把陈述本身的内容从这种纠缠中提取出来，并把它理解为独立的含义内容。行动的表达在这里似乎从来不是类的表达，而是个别规定的表达，是由专门的小品词标明的，而且是与这些小品词不可分割地联系在一起的。① 如果行动（Handlung）或过程（Vorgang）一方面虽然被这类大量的小品词表现为具体的直观**整体**，那么另一方面，事件（Geschehen）的**统一性**尤其是行为**主体**的统一性在语言上还没有被明确地突出和强调出来。② 语言的全部光亮似乎都

241

① 关于这一点参见施泰恩（Karl von den Steinen）对巴凯里语所做的典型评论：*Unter den Naturvölkern Zentral-Brasiliens*，S. 78 ff.，尤其是：*Die Bakairi-Sprache*，S. IX f.。

② 关于克拉马斯语中的动词，加切特（*The Klamath Indians*，S. 572 f.）强调说：它只是以非人格的和不定式的形式——与我们的不定式类似——表达了动词行为或状态。在“你—打断—木条”的句子结构里，动词表达指称的只是打断并没有关注到主体。因此，玛雅语中没有任何我们意义上的及物主动动词：玛雅语只有名词和绝对动词，它们指称的是存在的状态或者一个属性、一个行为，它们在结构上是人称代词或起到主语作用的第三人称的谓语，玛雅语不直接带客体。表现及物行为的词语是真正的或派生的名词，它们作为这样的名词是与所有格前缀联系在一起的。在玛雅语中，“你杀死了我的父亲”“你写了一本书”的字面含义是“你杀的人是我的父亲”“你写的东西是书”（更多内容参见：Seier，*Das Konjugationssystem der Mayasprachen*，S. 9 u. 17 ff.）。在马来语的动词表达中，这些“非人格的”用法经常出现，“我看星星”在这里的说法是“我的看（是）星星”。参见：Humboldt，*Über die Kawisprache auf der Insel Java*，S. 80，350 f. u. 397。

只照在了事件（Geschehen）本身的内容上，而没有照在参与到事件中的活动着的自我上。下面的内容也表明了这一点，例如，在大多数印第安语中，动词的变形（Flexion）不是由主语而是由行动的客体控制的。及物动词的数（Numerus）不是由主语而是由直接的客体规定的：如果它涉及的是多个对象，那么它就必须用复数形式。因此，句子的语法客体在这里变成了句子的逻辑主语，控制着动词。[①] 句子的形态和语言的整个形态以动词为起点，但是动词依旧停留在客观直观的领域里：这种语言学方法中的核心要素是事件（Ereignis）的开始和过程，而不是主语表现在行动中的活动（Energie）。

有一些语言进展到了动词行动采取纯粹人称的形态，因此在这些语言中，动词变位就其基本类型而言并不在于动名词与所有格后缀的联结（Verbindung），而在于动词表达与人称代词表达的综合性结合（Verknüpfung），只有在这些语言中，这种基本观点才发生改变。把这种综合与所谓的"多词综合"语言的做法区分开来的是，这种综合以一种先行的分析为基础。在这种综合中完成的结合并不是对立面的单纯混合，并不是对立面的交融，而是该综合以这些对立面本身及其明确的区分和分离为前提。随着人称代词的发展，主观存在领域与客观存在领域在语言表达中清晰地分离开了——主观存在的各种表达与客观事件的各种表达在动词的变形（Flexion）中重新结合为一个新的统一体。无论人们在哪里发现动词表达在这种结合中的关键和特殊本性，人们都会因此推导出，这一本性只有在动词环节与人称存在表达的关联中才完成。"因为动词的语法表象所刻画的真实存在，"洪堡说，"不能轻易地由自身表达出来，而是只有作为一个以特定方式在特定**时间**（Zeit）和**人格**（Person）中存在的存在时才能表现出来，这一特点的表达与词根不可分割地交织在一起，由此表明了，只有联系着这些属性才能思考词根，而且词根似乎变异为这些属性。[……]它的[动词的]本性恰恰是这种运动性，除非被固定在某一个个别情

242

① 参见：Gatschet，*The Klamath Indians*，S. 434，以及 Seier，*Das Konjugationssystem der Mayasprachen*。

况中，它不可能被固定。”[①] 不论是动词表达的时间规定还是人称规定、时态上的固定还是人称上的固定，它们都不属于动词表达最初的基本持存，而二者都指明了在语言发展的相对晚期才达到的那个目标。上面关注的是时间规定[②]——至于动词与自我的关系，如果人们注意到个别语言区分开及物动词表达与不及物动词表达的方式，那么，人们就可以说明在这种关系中存在着一种逐步的过渡。举例来说，在不同的闪米特语中，不及物动词或半被动动词表达的不是一种纯粹活动着的行动，而是一种状态或受动，它们是由一种不同的元音发音区指明的。按照迪尔曼的观点，在埃塞俄比亚语中，通过发音区别不及物动词的做法十分鲜活地保留下来了：指称属性、肉体或精神 *243* 规定、热情或不自由的活动（Tätigkeiten）的所有动词，其发音与那些指称自我的纯粹的和独立的活动性（Aktivität）的动词不同。[③] 在这里，声音符号体系的作用是表达那个在语言形成过程中越来越清晰地凸显出来的根本精神过程——语言形成过程表明了，自我如何通过它在动词性行动的对立面中把握住了自己，以及它如何在该对立面越来越明确地突出出来和分化开来的过程中才真正地发现了自己并理解了自己特殊的地位。

---

① Humboldt，*Über die Kawisprache auf der Insel Java*，S. 79 f.

② 参见本书上文：S. 171 f. 。

③ Dillmann，*Grammatik der äthiopischen Sprache*，S. 116 f.

第四章　作为概念思维之表达的语言
——语言概念形成和类别形成的形式

一、定性概念的形成

概念形成的问题指明了逻辑学与语言哲学接触最紧密的那个点，244 在此点上，它们似乎融合成了一个不可分割的统一体。对概念的所有逻辑分析看起来最终都引向了这样一个点，在这个点上，对概念的研究过渡到了对语词和名称的研究。坚定的唯名论把这两个问题集中为一个唯一的问题：概念的内容对它而言变成了语词的内容和功能。因此，真理本身变成了一个语言规定而非逻辑规定："真理在言说中，而不在事物中"（veritas in dicto，non in re consistit）。它是一种一致，既不存在于事物之中也不存在于观念之中，而是仅仅与记号尤其是声音记号的结合有关。一种绝对"纯粹的"、脱离语言的思维不会了解真实与错误的对立，这一对立只有在语言中并通过语言才产生出来。因此，那个追问概念的有效性和源头的问题在这里必然追溯到语词起源的问题：研究语词含义和语词类别的起源似乎是让我们理解概念的内在意义及其在知识建构中的功能的唯一途径。①

更进一步的研究确实表明了，唯名论为解决概念问题而提供的答 *245* 案因为形成了一个循环而依旧是一个假的答案。因为在这里如果语言应该提供概念功能的最后的、在一定意义上唯一的“解释”，那么，语言在自身的建构中任何时候都离不开这种功能。在这里造成的这种循环现在又在细节上再次出现了。传统的逻辑学说认为概念产生于“抽象”：它告诉我们，概念是通过比较相似的事物或表象并从中提取出“共同的特征”形成的。被我们比较的那些内容已经**有了**（haben）确定的“特征”，它们本身就带有各种质的规定，按照这些规定，我们能够把它们划分到各种相似性的类别和区域内，划分到各种种和类中，这一点经常被视为自足的、不需要任何专门提及的前提。然而，恰恰是这一表面上的自足性中包含着概念形成的一个最为困难的问题。首先，下面这个问题在这里再次出现了，即我们按照它们把事物划分为各种类别的那些“特征”是在语言形成（Sprachbildung）之前就已经给予我们的，还是说这些特征也许是只有**通过**语言形成才提供给我们的。**西格沃特**（Sigwart）正确地评论道：抽象理论

> 忘记了，为了把一个被表象的客体消融进其个别的特征中，必然已经做过这些**判断**，它们的谓词必须是一般性的表象（按照习惯的说法是概念）；**这些**概念最终必然是以某种不同于抽象的方式获得的，因为正是这些概念才使得这个抽象过程成为可能。更进一步说，它忘记了，这个抽象过程的前提是，**它已经以某种方式规定了将要被比较的那些客体的范围**。为了要正好对这个范围进行统合并探寻其共同的东西，它静悄悄地预先设置了一个题材。即使这个题材不是绝对任意设定的，它最终说来也只能是那些客体预先就被视为相似的，因为它们共同拥有一个确定的内容，也就是说，这个题材是，已经存在着一个一般性的表象，由

① 参见本书上文：S. 78 ff.。

> 于这个一般性的表象，这些客体被从整个客体中划分出来。只有当——就像经常发生的那样——问题在于，说明**一般语言用法用语词事实上指称的那些事物的共同性**，进而阐明语词事实上的含义，通过比较和抽象形成概念的整个学说才有意义。如果要求说明动物、气、偷等这些概念，那么人们也许会试图寻找所有被称为动物的事物、所有被称作气的物体、所有被称作偷的动作的共同特征。这种做法是否成功，这样解释概念形成是否可行，这是另一个问题；如果人们可以假定，人们需要称为动物、气、偷的那些东西是没有任何疑问的——也就是说，如果人们事实上已经拥有了在寻找的概念，那么，这似乎是真实的。通过抽象形成一个概念，这意味着人们在自己鼻子上的眼镜的帮助下寻找戴在自己鼻子上的眼镜。①

246

事实上，抽象理论只是通过有意识地或无声地求助于**语言形式**，才解决了**概念形式**的问题，但是这样一来，这个问题只是被推到另一个领域而没有被解决。只有针对这些已经以某种方式规定了的和指明了的、在语言上和思想上划分好的（gegliedert）内容，才能完成抽象的过程（Prozeß der Abstraktion）。但是，我们现在必须问，如何才能达到这种分节（Gliederung）本身？什么是在语言中起作用的那个**首要赋形**的条件，它为所有更进一步的和更复杂的逻辑思维综合奠定了基础？语言如何跳出赫拉克利特所说的变化之流，在这条变化之流中，任何内容都不会真正相同地再次出现——语言如何把自身与这条变化之流相对立并从中提取出固定的规定性？这里包含着作为逻辑问题和语言问题的“直言判断”的真正秘密。思维和言语的起点并不在于简单地把握住并命名某些在感受和直观中给定的区别，而在于我们主动地画出明确的分界线，做出确定的分割（Trennungen）和连接（Verknüpfungen），由此把个别形态清晰地分离出来并把它从没有差

① Christoph Sigwart，*Logik*，*Bd. I*：*Die Lehre vom Urtheil*，*vom Begriff und vom Schluss*，2，durchges. u. erw. Aufl.，Freiburg i. Br. 1889，S. 320 ff.

别的意识之流中突出出来。只有通过确定的理智操作，尤其是通过依据类的相似性（genus proximum）和种的差异性（differentia specifica）完成“定义”，从而达到对语词含义内容的明确划分和清晰固定的地方，逻辑学通常才发现概念的真正诞生地。但是为了达到概念的最终源头，思维必须退回到一个更深的层次，它必须寻找连接和分割的主题（Motive），这个主题在构词过程中发挥了作用，而且对于把整个表象材料（Vorstellungsmaterial）归类为确定的语言类别概念（Klassenbegriffe）至关重要。

247

因为与逻辑学在一个世纪之久的传统的压力之下大多数时候所接受的东西不同，概念形成的**首要**任务并不是提高表象使之具有越来越大的**一般性**，而是提高表象使之具有越来越高的**确定性**。就概念被要求具有“一般性”而言，一般性并不是自足的目的，而只是达到概念真正目标的工具，达到规定性目标的工具。在任何一种内容能够被互相比较并按照它们的相似性程度被分成不同类别之前，它们自身必须首先被规定为内容。但是，为此需要一种**设定**（Setzung）和**区分**（Unterscheidung）的逻辑行动（Akt），通过这种行动，意识的持续之流中才产生出了某种切割，通过这种行为，感官印象无止息的到来和远去似乎停住了，而且赢得了确定的停止点。因此，概念最初的、决定性的成就不是比较各种表象并按照种属统摄起它们，而是把印象赋形（Formung）为表象。在现代逻辑学家中间，首先要数**洛采**（Lotze）最清楚地把握住了这种关系，尽管他在解释和描述这种关系时依旧没有完全摆脱逻辑学传统强加到他身上的束缚。他的概念学说的出发点是，最原初的思维行动不可能存在于两个给定表象的结合（Verknüpfung）之中，而是逻辑学理论在这里还必须再倒退一步。为了把各种表象在一种**思想**形式中联结起来，它们需要一个先行的赋形，通过这个赋形它们一般说来才变成逻辑的建筑材料。人们习惯于忽视思维的这第一个成就，只是因为它在流传给我们的那种语言的形成过程中已经完成了，因此它似乎是自足的前提，不再属于思维自身的劳作。但是事实上，如洛采所言，恰恰是语词的创造——如果我们忽视单纯无形式的感叹词和兴奋的声音——包含着思维的基本形式，即**客观化**的形式。语言在这里的目标还不是在一个普遍有效的规则之下建立杂多东西之间的连接，而是必须首先解决如下先行任务，即赋予每一个个别印象内在的含义。这种客观化对于在一种完全独立于知识的现实中赋予内容一无所知——相反，它关注的只是为知识固定住内容，并为了意识而把该内容刻画为一种在印象的变化和转变中自我等同的东西与重复出现的东西。“通过这种在创造名称时起作用的逻辑上的客观化，被命名的内容并没有被移到外部现实性中；其他人期待着在一个共同的世界中发现我们所指称的那个内容，这个共同的世界就其一般性而言只是可思维东西的世界；在这里，独立存在和内在合规律性的最初迹象被归于这个世界，这种内在合规律性对一切思维着的存在物而言都是相同的，而且独立于这些思维着的存在物［……］”①

248

对能够被思维和语言理解的某些质的最初固定现在又得到了更进一步的规定，这些质由此发生了确定的**关系**，组合出秩序和序列。单个的质并非仅仅拥有一种相同的“所是”，一种独特的持存，而正是通过这些东西，它们才与其他质联系起来——而且，这种联系也不是任意的，而是表现出了一种独特的客观形式。然而，尽管我们辨认出了并且也承认这种形式本身，但是我们还不能把它作为某种独立的东西和可分离的东西与那些个别内容相并列，我们只能在那些个别内容中并通过那些内容才能发现该形式。如果我们在确定下并命名了一些内容本身之后把它们结合为一个系列的形式，那么这样一来似乎也同时设定了一个**共同东西**（Gemeinsames），这个共同特征在这个系列的所有个别要素中明确表现了出来，但在每一个要素中又都有独特的差别。然而，正如洛采强调的，这种**最初的一般性**与逻辑学习惯的类概念有本质的差别。

① ［Hermann Lotze，*Logik. Drei Bücher vom Denken vom Untersuchen und vom Erkennen*（*System der Philosophie*，*Bd. I*），Leipzig ² 1880，S. 16.］

> 我们在与其他人交流一种动物或一种几何图形的一般概念时，需要把一系列连接分离或联系的精确思维操作运用到一些众所周知的预设的个别表象上；在这种逻辑操作的最后，我们希望与那个人交流的内容将出现在他的意识中。但是，与此相反，我们在浅蓝色和深蓝色中同时思考到的一般性蓝色，或者我们在红色和黄色中同时思考到的一般性**颜色**在哪里，却是这种方法不能解释的［……］使得红色和黄色都是颜色的那种共同因素，与使得红色是红色、黄色是黄色的那种东西是不能分隔开的。也就是说，这个共同因素不能被分离开，并形成与那两个表象具有相同种类和秩序的第三个表象的内容。正如我们所知，被感受到的始终只是一种特定的个别色彩，只是一种具有特定音高强度和特色的声调［……］谁要是试图把握住颜色或声音的一般性东西，那么他就会不可避免地与如下事实相抵触，他所直观到的是特定的颜色和特定的声调，同时还伴随着这样的附带想法，每一种其他的颜色和声调都有同样的权利作为普遍东西的直观事例，而普遍东西本身是非直观的；或者说，他的记忆必定前后相继地呈现出很多颜色和声调，而他同时也意识到，他想要的并不是这些个别的颜色和声调，而是它们的共同点，这种共同的东西是不能被直观到的。［……］事实上，像颜色和声调这些词只是指出了无法在一种自足表象的形式中解决的逻辑学任务。我们通过它们命令我们的意识，把个别的可以表象的颜色和声调表象出来并加以比较，在这种比较中把握住共同的东西，按照我们感受的证据，这些共同的东西就包含在个别的东西中，但是不论思维如何努力，都不能真正脱离使它们互相区别开来的个别东西，并使它们形成一种直观上同样全新的表象内容。①

249

我们在这里详细地复述了洛采的“最初的一般东西”的学说，

---

① ［Hermann Lotze, *Logik. Drei Bücher vom Denken vom Untersuchen und vom Erkennen* (*System der Philosophie, Bd. I*), Leipzig [2] 1880, S. 14 ff. u. 29 ff. ［Zitat S. 29 ff. ］］

因为如果正确地理解和解释这一学说的话，它能够变成理解支配着语言的概念形成原初形式的钥匙。正如洛采的陈述清晰地说明的，逻辑学传统发现自己在这个问题上陷入了一种独特的两难之中。传统的逻辑学坚信，概念必然纯粹指向一般性，其最终成就必然是提供一般性的表象；但是，现在证明了，这种到处都一致的对一般性的追求无法以同样的方式在所有地方都实现。相应地，必须区分开两种一般性的形式：在其中一种形式中，一般性的东西似乎只是内在地、在个别内容所表现出来的关系形式中给予的；在另一种形式中，一般性的东西是外在地、在独立地直观到的表象种类中显现出来的。但是由此出发，只需要一步就能够扭转我们的观点：把关系的持存视为概念的真正内容和真正逻辑基础，而把“一般性的表象”（Allgemeinvorstellung）只是视为一种并非始终必需和可以达到的心理学偶性。洛采并没有迈出这一步；他并没有把概念提出的规定要求与一般性要求明确地在原则上区分开，相反，他又把概念引向的那种首要的规定性变成了首要的一般性，如此一来，对他而言就不存在两种典型的概念成就，而只有两种一般东西的形式：一种“第一性的”一般东西和一种“第二性的”一般东西。但是，从他自身的描述中可以得出，这两种一般东西除了**名字**之外几乎不再有共同的东西，而且它们在逻辑**结构**上有着最明确的区别。传统的逻辑学认为，包容关系是构成性的关系，通过这种关系，一般东西同特殊东西、类同种和个体关联起来了，这种关系不能运用到概念上，洛采认为概念是“最初的一般东西”。蓝和黄不是作为特殊东西从属于“颜色一般”（Farbe überhaupt）这个类**之下**，而是颜色“本身”（die）就包含在蓝和黄以及所有其他可能的色差（Farbennuancen）之中，而且只能被思考为这种按照顺序排列的整体。但是如此一来，一般逻辑学就把我们引向了一种贯穿于语言概念形成的区分。在语言发展到概念的一般性和包容性形式之前，它首先需要另一种纯粹**质的**概念形成类型。在这里，不是从一个事物所属的**类**出发，而是联系着在其整个直观内容中被把握住的某个别**属性**对这个事物命名。精神的劳作并不在于使

250

一个内容从属于另一个内容，而在于通过强调该内容中的一种特定典型要素、关注这种要素，从而把该内容进一步区分为一个具体的但又未分化的整体。“命名”的可能性就以精神目光的这种汇聚为基础：为一个内容打上新的思想性烙印是在语言上指称该内容的必要条件。

251　语言哲学已经为所有这些问题创造出了一个特殊的概念，这个概念在使用时是如此模糊和有歧义，以至于它不仅没有提供一个确定的答案，反而它本身看起来就属于最困难和最有争议的问题。洪堡以来，为了指称每一种语言在自身的概念形成中与其他语言借以区分开来的那种特殊的法则，人们习惯于谈论单个语言的“内在形式”。洪堡把这个概念理解为精神劳作中持续的、一致的因素，精神把清楚的（artikulierte）发音提升为思想的表达——他尽可能充分地在其关联（Zusammenhang）中理解这个因素并系统地描述它。但是，即使在洪堡那里，对它的规定也不是清晰的：因为这种形式有时候表现在语言**结合**的法则（Gesetzen der sprachlichen Verknüpfung）中，有时候又表现在**基本词汇**（Grundwörter）的形成中。因此，正如人们有时正确地反对洪堡时说的，这种形式有时候是在形态学的意义上，有时候又是在符号论的意义上理解的。一方面，它联系的是特定的基本语法范畴——例如，像名词和动词这些范畴——之间的关系；另一方面，它又退回到了语词含义本身的源头。① 如果人们从**整体**上研究一下洪堡对概念的规定，那么就会毫无疑问地发现，后一种观点对他而言是主导性的和决定性的。每一种特殊的语言都有一种特殊的内在形式，这一点对他而言首先意味着，每一种语言在选择自己的指称时从来没有简单地表达自在地被知觉到的对象，而是说，这种选择首先是被精神的整体立场规定的，是被对对象的主观见解的方向规定的。因为语词不是自在对象的反映，而是

---

① Humboldt, *Ueber die Verschiedenheit des menschlichen Sprachbaues und ihren Einfluss*, S. 47 ff.；德尔布吕克的相关评注，参见：Delbrück, *Vergleichende Syntax*, Bd. I, S. 42。

反映了这个对象在心灵中造成的图像。① 在这个意义上，不同语言的词汇不可能是同义词，在精确的、严格的意义上来看，它们的意义不可能被一个只是描述了它们所指称对象的客观特征的简单定义涵盖。始终存在着一种独特的**赋予意义**（Sinngebung）的方式，它表现在构成了语言概念形成之基础的综合和搭配中。如果月亮在希腊语中被称作“度量”（μήν），在拉丁语中被称作“发光体”（luna，luc-na），那么，同一种感性直观在这里被置于非常不同的含义概念之下，而且是被这些含义概念规定的。对于这种规定在个别语言中起作用的方式事实上似乎不能给出一个一般性的解释，这恰恰是因为，这里涉及的是一种最为复杂、在每一种情况下都不同的精神过程。在这里，似乎还剩下唯一一条路，即置身于个别语言的直接直观之中，不是尽力以一种抽象的公式描写它们的程序，而是联系着特殊的现象并在特殊的现象中直接地感受它。② 尽管哲学分析从来不能声称把握住了表达在诸语言中的特殊主体性，但是，语言的一般主体性对它而言似乎依旧是一个问题。因为正像诸语言由于自己特殊的“世界观立场”③ 而互相区分开一样，也存在着一种语言本身的世界观，借助于这种世界观，它从各种精神形式的整体中凸显出来，语言的这种世界观与科学知识、艺术、神话的世界观时而有所接触，时而与它们区分开来。

252

把语言的概念形成过程与严格意义上的逻辑概念形成形式区分开来的首先是，对内容的静止观察和比较在语言中从来不是唯一起决定性作用的，相反，单纯的“反思”形式在这里总是渗透着特定的**动态题材**（dynamitischen Motiven）——它从来不是仅仅从存在的世界中而是始终同时也从行为（Tun）的世界中获得自己的本质推动力的。语言概念还总是处在行动（Aktion）与反思、行为与观察之间的边界

① 参见：Humboldt，*Ueber die Verschiedenheit des menschlichen Sprachbaues und ihren Einfluss*，S. 59f.，89 f.，190 f. u. ö. und oben，S. 100 ff.。

② 拜耳尼（James Byrne）在非常丰富的经验材料的基础上尝试着完成这一任务，这是一次非常有趣和有教益的尝试。参见：James Byrne，*General Principles of the Structure of Language*，2 Bde.，London 1885。

③ [Humboldt，*Ueber die Verschiedenheiten des menschlichen Sprachbaues*，S. 179.]

上。在这里，不存在按照特定的对象性标记对诸直观进行单纯的分类和排序，即使是在这种对象性的理解中表现出来的始终也同时是对世界及其形态的一种活跃的（tätig）兴趣。赫尔德曾经说过，对人而言，语言与自然一样，最初都是一种万神殿，都是有生命的行动着的存在物的王国。它事实上不是客观环境的反映，而是自身的生命和行为的反映，人自身的生命和行为不仅决定了语言世界图像（Weltbild der Sprache）独特的基本特征和本质特征，而且也决定了原始神话的自然图像。只有当人的意志和行为指向**一个**点，人的意识也注意到并集中到这个点上，人才似乎对指称过程准备就绪。意识似乎一向是一致地奔流的，在意识的洪流中，出现了波峰和波谷：这形成了被动态强调的个别内容，其他内容围绕着这些强调的内容分成不同的组。如此一来才为各种归并（Zuordnungen）准备好了地基，这些归并使得有可能挑选出某些语言的-逻辑的“特征”并把它们统摄为特定的特征组，这样才具备了能够在其上建构起定性的（qualifizierend）语言概念形态（Begriffsbildung）的基础。

253

从单纯的感性激动声音向**呼喊**的过渡已经表现出了语言形成的一般方向。呼喊，例如，恐惧呼喊和疼痛呼喊可能还完全属于单纯感叹词的范围；但是，一旦它不是一种感觉到的感性印象的直接反射，而是意志的特定的和意识到了的目标方向的表达，它的含义就已经不止于此。因为意识现在不再位于单纯反映的记号中，而是位于期待的记号中：它没有依附于给定的东西和当前的东西，而是延伸到了未来东西的表象上。相应地，意识不再只是**伴随着**一种现成的内在感觉状态和激动状态，而是它本身是作为一个介入到事件中的**题材**起作用的。并不是仅仅在指称这个过程中的变化，在严格意义上说是在“唤起”它。当声音以这种方式作为**意志的器官**（Organ des Willens）起作用时，它完全超出了单纯“模仿”的阶段。在儿童的真正语言形成之前就已经可以观察到，儿童哭喊（Schrei）的特征如何逐步过渡到呼喊（Ruf）的特征。当呼喊本身分化开来，当特定的声音表达尽管发音还不清楚却被用来表达不同的情感和不同的要求，声音似乎被导向特定的与其他内容有区别的内容，由此，其“客观化”的最初形式就准备好了。假如那个由**拉扎鲁斯·盖格**（Lazarus Geiger）创立并由路德维希·诺埃雷进一步发展的理论——所有最初的语言声音并不是以对存在的客观直观为起点，而是以对行为（Tun）的主观直观为起点——被采信了的话，那么，人类作为一个整体在他们发展出语言的过程中本质上就是沿着相同的道路前进的。按照这个理论，只有当这个世界本身逐步地从人的作用和创造领域中获得形态，语言声音才有能力并适宜于表现物的世界。对诺埃雷而言，尤其是行为的**社会**形式（die soziale Form des Wirkens）才使语言作为理解工具的社会功能得以可能。假如语言声音只是一种个体性的、在个别意识中创造出来的表象的表达，那么它就似乎也还局限在这个意识的界限内，而且没有超出这个界限的力量。从一个主体的表象世界和声音世界通向其他主体的表象世界和声音世界的桥梁就永远都无法建成。但是如果声音不是在人的孤立行为中而是在人的**共同**行为中产生的，那么它从一开始就拥有了一种真正共同的、“一般性的”意义。语言作为**共同感觉**（sensorium commune）只能从活动的共情（Sympathie der Tätigkeit）中产生出来。 254

> 正是从指向一个**共同目标**的**共同活动**中，正是从我们祖先的**原始劳动**中，涌流出了语言和理性生活。[……] 语言声音在其产生时就是伴随着**共同活动**的对**被强化的共同感觉**的表达。[……] 对于所有其他东西，对于太阳、月亮、树木和动物、人和孩子、疼痛和兴趣、食品和饮料不可能有任何共同见解的可能性，因而也不可能有共同指称的任何可能性；只有那一种行动，即共同的行动**而不是个体的**行动，才是稳固的不可撼动的基础，从这个基础在 [……] 才能产生出 [……] 共同的理解。事物出现在 [……] 人的视野中，亦即，只是因为它们**经受**了人类的行动，它们才变成**事物**，只有在此之后，它们才获得了自己的指称、自己的**名字**。①

① 参见：Lazarus Geiger，*Ursprung und Entwickelung der menschlichen Sprache und Vernunft*，2 Bde.，Stuttgart 1868/1872；Noirés，*Der Ursprung der Sprache*，bes. S. 323ff.［Zitat S. 331，338 u. 347］；a. a. O.，*Logos*，bes. S. 296ff.。

诺埃雷试图用来支撑他的这一思辨论题的经验证据最终无疑落空了：他关于语言词根和人类原初词汇的最初形式所提出的东西，像语言最初的“根期”的整个观点一样，依旧是假设和可疑的。但是，即使我们不期待从这个点出发能够洞察到语言起源的最后的形而上学的秘密，对语言的**经验形式**的研究还是表明了，它们在人的活动（Wirken）和行为（Tun）领域扎根有多深，这是它们真正的营养基础和生长基础。尤其是在原始人的语言中，这种关联（Zusammenhang）随处清晰可见[①]——人们越多地超出文明语言的一般性概念语词的范围，观察文明语言作为专门的“专业语言”（Berufssprachen）在人类活动（Tätigkeit）的不同领域所经历的发展，那么文明语言也越清晰地表现出了这种关系。**乌斯纳**（Usener）指出，这些专业语言的独特结构表现出了一种共同要素，这种共同要素对于语言的概念形成方向以及对于神话-宗教的概念形成方向而言同样是标志性的。只有当人从特殊的活动（Tätigkeiten）进步到更一般的活动同时伴随着其行为的这种日益壮大的一般性也获得了对自己行为的越来越一般性的意识时，神话的“专职神”的范围——正如个别的和特殊的“专有名称”一样——才被逐步超越。——只有行为的扩展，才提升了语言概念和宗教概念的真正普遍性。[②]

只有当人们在这些概念的抽象的**逻辑**意义之外和之后还考虑它们的**目的论**意义，这些概念的内容以及决定了这些概念结构的原理才会变得完全可以理解。语言的语词不是自然和表象世界的固定规定性的复现，而是指明了规定本身的方向和路线。在这里，意识并不是被动地面对感性印象的整体，而是深入它们并用自己本身的内在生命填满它们。只有那个以某种方式触及了内在行动性的东西，只有那个对它而言“有意义”的东西，才获得了语言的含义标签。如果有人因此说，概念一般（Begriffe überhaupt）的形成原理不是“抽象”的原理

① 参见梅因霍夫的一篇论文：Carl Meinhof，*Einwirkung der Beschäftigung auf die Sprache bei den Bantustämmen Afrikas*，in：*Globus. Illustrierte Zeitschrift für Länder- und Völkerkunde 75*（*1899*），S. 361–364。

② Hermann Usener，*Götternamen. Versuch einer Lehre von der religiösen Begriffsbildung*，Bonn 1896，bes. S. 317ff.

而是**选择**的原理（Prinzip der Selektion），那么，这一点首先适用于语言概念形成的形式。在这里发生的，并不是简单地固定住在感受和表象中给定的意识区别并为它们提供一个特定的声音记号作为某种标记，而是在意识整体中画定分界线。借助于行为本身经历的规定，产生了语言表达的决定因素和优势因素。光线并不是简单地从对象照进精神的领域中，而是从行为本身的中心逐步向外扩散[①]，由此才把直接的感性感受变成了从内部照亮的世界，变成了由直观和语言赋予形态的（gestalteten）世界。在这个过程中，语言形成一方面表明了自己与神话思维和神话表象的亲缘性，另一方面又保持了一种与神话思维和神话表象相对的独立方向、一种它特有的精神趋势。与神话一样，语言也是以人格性作用的基本经验和基本形式为出发点的；但是现在它不像神话那样再次把世界编织为这个中心点周围的无限多样性，而是赋予了世界一种新的形式，它在这个形式中与感受和感觉的单纯主体性是相对而立的。因此，在语言中，活化（Belebung）过程和规定（Bestimmung）过程不停地融合起来并结合为一种精神统一体。[②] 在这 *257*

① 我们从布鲁格西（Heinrich Brugsch）那里引述了有关这一过程的一个事例："在埃及古语中，kod 这个词指称了最多样的概念：做一个陶罐、成为一个制陶匠、形成、创造、制造、工作、绘画、浏览、旅行、睡觉；还有一些实词：同样、图像、隐喻、相似、圆、环。[……] 所有这些相似的引申义都以最初的表象'转圈、绕一圈'为基础。制陶匠的飞轮旋转引发了雕塑行为的表象，由此形成、创造、建造、劳动的意义更为一般化地产生了出来。"参见：Heinrich Brugsch，*Religion und Mythologie der alten Aegypten Nach den Denkmälern*，2，verm. Ausg.，Leipzig 1891，S. 53。

② 通过研究行为的语言表达，动词在变形语言中所具有的形态也许能最好地追溯这双重过程。在这里，两种完全不同的功能统一在一起并相互渗透，因为动词一方面是客观化力量最清楚的表达，另一方面是人格化力量最清楚的表达。前一方面已经被洪堡注意到了，他把动词视为精神性的"综合设定行为"的直接语言表达。"通过同一个综合行为，它把谓语和主语结合在存在中，存在与一个有能量的谓语一起变成一个行为，并被归属于主语，如此一来，被理解为仅仅可以在思想中连接在一起的东西变成了一个存在的事物或实际的事件。并不只是我们在想着亮的闪电，而是闪电本身在闪……如果一个人能够如此感性地表达自己，那么思想就在动词的帮助下离开内部的居所变成了现实的东西。"参见：Humboldt，*Ueber die Verschiedenheit des menschlichen Sprachbaues und ihren Einfluss*，S. 214。后一方面，例如赫尔曼·保罗强调说，动词的语言形式本身已经包含着自然活化的一个要素，这与神话的万物"有灵论"非常相近："在使用动词时总是包含着主语的一定程度的人格化。"参见：Paul，*Prinzipien der Sprachgeschichte*，S. 89。

种由内而外和由外而内的双向运动中，在精神的这种潮涨和潮落中，内部现实和外部现实对它而言才具有了形态和边界。

以上这些其实只是首先提出了语言概念形成的一个抽象图式，似乎只是描述了它的轮廓，到目前为止还没有进入这幅图景的细节。为了对这些细节达到更精确的理解，人们必须追随语言逐步从一种纯粹“定性的”见解进步到“一般化的”见解、从感性具体东西进步到属的-一般性东西的方式。如果比较我们发达的文明语言与原始人语言的概念形态（Gestaltung），那么基本观点上的对立立即就清晰地表现了出来。原始人的各种语言有一个突出特点，它们总是用最直观的规定性来指称每一个事物、每一个过程、每一个活动（Tätigkeit），它们试图最为清晰地表达事物的每一个有差异的属性、过程的每一个具体特征、行为的每一种变化和细微差别。它们在这一方面拥有的表达丰富性是我们的文明语言永远无法望其项背的。正如已经说明的，**空间**规定和关系在这里尤其表达得最为仔细。[①] 但是，除了在空间上细分动词表达，它们还按照其他各种最不相同的观点细分了动词表达。一个行动的每一种变化的状态——不论这种状态涉及的是这个行动的主体还是客体，是目标还是行动借以完成的工具——都直接影响了表达的选择。在一些北美语言中，按照是洗手还是洗脸、洗碗、洗衣服、洗肉等，“洗”这个活动是用13个不同的动词指称的。[②] 我们语言中的“吃”这个一般性的表达——按照**特朗布尔**（Trumbull）的说明——在美洲原住民语言中并没有对应的词；相反却有大量不同的动词，其中一个，举例来说，在开荤时使用，另一个在素食时使用，一个表达的是一个人用餐，另一个表达的是一起用餐。在“**打**”这个动词上，关键在于是用拳头打还是用手掌打，是用树枝打还是用鞭子打；在“**撕**”这个动词上，按照撕的方式以及完成撕所用

258

① 参见本书上文：S. 148 ff.。

② Sayce，*Introduction to the Science of Language*，Bd. I，S. 120.

的工具会用到不同的指称。[1] 几乎不受限制的相同分化不仅适用于活动概念，而且也适用于事物概念。在语言成功创造出特定的类别指称和“类概念”之前，语言也在努力首先形成“诸变种”(Varietäten) 的指称。塔斯马尼亚原住民没有语词来表达“树”这个概念，相反针对金合欢、蓝色橡胶树的每一种个别品种却都有一个专有名称。[2] 施泰恩告诉我们，巴凯里人最为精确地区分开并命名了每一种鹦鹉品种和棕榈树品种，而鹦鹉和棕榈树本身的物种概念却没有任何语言上的对应物。[3] 相同的现象也反复出现在其他高度发达的语言中。例如，阿拉伯语针对动物多样性和植物多样性 (Tier-oder Pflanzenvarietäten) 发展出了令人吃惊的如此丰富的指称，以至于人们能够引证阿拉伯语作为证据证明，通过单纯的语言学和语词研究何以能够直接推动自然史和生理学的研究。**哈默** (Hammer) 在一部专著中列出了阿拉伯语中针对骆驼的不少于 5744 种名称，这些名词按照该动物的性别、年龄或任何一种个体特征而有所区别。不仅雄性骆驼和雌性骆驼、骆驼驹和成年骆驼有专名，而且在这些类别内部也存在最精细的区分 (Abstufungen)。还没有长出侧齿的骆驼驹、刚开始走路的骆驼驹，甚至 1 岁至 10 岁的骆驼都有一个自己的名称。其他的区别与交配、怀崽、生育以及特殊的体格特征有关。例如，针对一个骆驼的耳朵是大还是小、是否剪过耳朵、有无耳垂、颌骨大小、颏是否下垂等都有一个专名。[4]

259

很明显，我们在这里处理的不是一种个别语言冲动的偶然放纵，

---

① James Hammond Trumbull, *On the Best Method of Studying the North American Languages*, in: *Transactions of the American Philological Association. 1869–70*, Hartford 1871, S. 55–79; 参见: Powell, *Introduction to the Study of Indian Languages*, S. 61。——有关细节见阿尔贡金语和苏语中的事例，参见: Boas' *Handbook*, Jones, *Algonquian (Fox)*, S. 807 ff., Boas/Swanton, *Siouan*, S. 902 ff. u. ö.。

② Sayce, *Introduction to the Science of Language*, Bd. II, S. 5f.

③ Steinen, *Unter den Naturvölkern Zentral-Brasiliens*, S. 84.

④ 参见: Josef von Hammer-Purgstall, *Das Kamel*, in: *Denkschriften der Kaiserlichen Akademie der Wissenschaften. Philosophisch-historische Classe, Bd. VI*, Wien 1855, S. 1–84 u. Bd. VII, Wien 1856, S. 1–104。

而是在处理语言概念形成的一种原初形式和基本趋势。一般说来，在语言超出了这种原初形式和基本趋势之后，经常还是可以在个别的典型后果中清晰地看到它们。自从赫尔曼·奥斯特豪夫以来，人们习惯于称为异形词现象的那些语言史现象尤其被解释为这样的后果。尤其是在印度-日耳曼诸语言的变形和构词系统中，有一种广为人知的现象，即彼此结合为一种词形变化体系——例如像实词的单个的格、动词的不同时间形式和形容词的比较级形式——的特定语词和语形(Wortformen)不是从同一个语言词干，而是从两个或多个这样的词干中形成的。在动词变位和形容词比较级的"规则"形式之外，还有这样一些情况——正如我们在 fero、tuli、latum、*φέρω*、*οἴσω*、*ἤνεγκον*中看到的——它们乍一看似乎是如下原理的单纯"例外"、任意突破，即用词根相同的词指明相同概念的不同形式。通过把这些例外一般性地追溯到语言形成的一个更加古老的层次——那时，"个别化的"见解还是优先于"群组化"的见解的——奥斯特豪夫发现了支配着这些例外的那个法则。固定在语言中的个别概念和含义距离人的自然表象以及人的直接活动和兴趣越近，"个别化的"观点必定越长久地占据这种优势地位。"[……] 正如人用他的肉眼总是能够更清晰地区分开空间上离他最近的东西，用灵魂的眼睛，其镜子就是语言，也将**最清晰地区分开那些在感觉和思维上距离说话人更近的东西并单个地把握住这些东西**，这些东西往往也更强烈地、更生动地抓住他的情绪，激起了单个人即人类个体的心灵兴趣。"① 事实上，从这种观点来看下面这一点才显得意义重大，即恰恰是那些原始人的语言表现出最多样、最丰富的名称的概念领域在印度-日耳曼诸语言中也发展出了最丰富的异形词现象，而且也最长久地保持了异形词现象。在活动词汇中，尤其是运动动词，"走"和"来"、"行"和"跑"，然后是吃、打、看、说等动词中，可以发现最多样的细分。格奥尔格·库尔修斯曾经详细地证明，在印度-日耳曼的基础语言中，例如"走"的

260

① [Osthoff, *Vom Suppletivwesen der indogermanischen Sprachen*, S. 42.]

各种**变形**（Varietäten）先被区分开，然后才有了“走”的一般语言**概念**；此外他还说明，凝视和张望、观看、注意、保护的表象在印度-日耳曼语中必定是更早地被区分开的，然后才形成了不同感官活动本身——看、听和感觉——的指称。像荷马之后的αἰσθάνεσθαι、“sentire”、“感觉”等指称感官知觉一般的动词是最晚才发展出来的。[①] 如果人们考虑到，在其他语群中，例如在闪米特语中，出现了与印度-日耳曼语中的异形词现象完全类似的形态，那么就表明了，这里的构词形式事实上反映了语言概念形成的一种一般方向。人们确实不能在严格的意义上谈论语言有一种原初的“个体化”趋势：因为单个直观的**名称**不论是多么具体地形成的，都已经超出了对那个直观的纯粹个体化的理解，而且在一定意义上与那个直观是对立的。然而，在语言概念中能够表达不同维度的一般性。如果人们把整个直观世界都表象为一个一致的平面，特定的单个形态通过命名行动从这个平面上凸显出来并与它的周围环境区分开来，那么，这个命名过程一开始涉及的只是这个平面的一个个别的非常有限的部分。然而，由于所有这些个别区域都是彼此临近的，以这种方式只能逐步理解整个平面，并用一个变得越来越细密的命名网络在这整个平面上织一张网。尽管这张网的单个网眼都非常细密，但是它们中间还是有空隙。因为每一个语词也只有自己本身相对有限的活动范围，它的力量无法超出这个范围。也就不可能把含义范围的多数和差异性重新统摄为一个全新的、用一种统一的形式指称的语言整体。每一个单个语词所内含的构形和区分力量都起了作用，但是这种力量很快就耗尽了，现在必须用一种新的独立冲动打开一个新的直观领域。所有这些不同的个别冲动每一个都是单独地起作用的，它们的总和充其量形成了集合性的（kollektiv）统一体，但没有形成真正通用的（generisch）统一体。语言表达的总体在这里形成的只是一种聚集，而不是内在地划分好（in sich gegliederte）的体系；分节（Gliederung）的力量在个别的命

261

① Curtius，*Grundzüge der griechischen Etymologie*，S. 98 f.；整体的情况参见：Osthoff，*Vom Suppletivwesen der indogermanischen Sprachen*。

名活动中消耗殆尽，不足以形成综合性的统一体。

如果语言不再满足于为特定的直观领域创造特定的命名，而是过渡到把内容的事实性**关联**（die sachliche Zusammengehörigkeit von Inhalten）清晰地表现在语言形式中进而把这些命名连接起来，那么语言就更进一步地迈向了通用的一般性。下面这种努力——通过把特定的声音序列作为对应物分配给特定的概念含义序列从而把声音与含义置于一种更加严格的关系之中——构成了从纯粹定性的（qualifizierend）语言概念形成过程进展到分类（klassifizierend）语言概念形成过程的特征。这一点以最简单的形式表现为，用一个共同的后缀或前缀赋予不同语词组一致的语言标记并由此把它们标记为一个统一体。通过给一个语词添加上一个一般的规定环节以明确这个词与其他语言形成物的联系，每一个语词本身所具有的特殊含义就得到了补充。这种被一个特定的分类后缀结合在一起的群组可以在印度-日耳曼语的亲属关系名称——父亲、母亲、兄弟、姐妹、女儿等——中发现。出现在它们［pitár，mātár，bhrátar，svásar，duhitár，*πατήρ*，*μήτηρ*，*φράτωρ*，*θυγάτηρ* 等］中的共同词尾- tar（ter）把这些名字联结为一个自成一体的序列并且由此把它们标记为同一个“概念”的表达——然而这个概念不是作为一个独立的、可分离的统一体**外在于**这个序列（Reihe）的，而是其含义恰恰在把这个序列的单个语词统摄起来的功能中。但是，如果人们出于这个理由就不愿意把语言在这里起到的功能视为一种思想性的功能、一种严格意义上的**逻辑**功能，那么这又是错误的。因为概念的逻辑理论清楚地表明了，“序列概念”在力量和含义上并不次于“类概念”（Gattungsbegriff），事实上它是类概念本身的一个本质性的要素和一种不可或缺的部分（Bestand）。① 如果人们记住这一点，那么那个在这些语言形态（Bildungen）中起支配作用的原理立即就表现出了其全部含义和成果。如果人们相信把这些形态还原为单纯的相似性联想这一心理学法则就能解

262

① 更多内容参见我的著作：»*Substanzbegriff und Funktionsbegriff*«，bes. Kap. 1 und 4［ECW 6］。

释这些形态，那么，人们并没有完全公平地对待这个原理的精神内容。联想（Assoziation）的偶然过程在每一个情形、每一个个案中都是不同的，它既不能解释语言概念的基础和起源，也不能解释纯粹逻辑概念、知识概念的基础和起源。冯特评论说：

> 从心理学的观点来看，思考印度-日耳曼语［亲属关系名称形成］过程（Vorgang）唯一可能的方式在［……］于，从一个亲属关系名称的形成过程到另一个亲属关系名称的形成之间传递的是这两个表象之间以及伴随着这两个表象的感觉过程之间的联想，这种联想造成了语词的这些声音环节的一种同化，而这些声音环节并没有表达特定的表象内容。这种决定性的声音记号是所有表象类别共有的，只能从历时性的联想性同化中产生出来，而不能从一致的概念记号的共时性形态中产生出来；相应地，诸客体之关联性（Zusammengehörigkeit）的概念并不是先于这些规定性环节形成的，而是与这些环节完全同时发展的。因为很显然，关联性的**概念**就是直接出现在从一个对象过渡到其他对象时的那种关联性的表达，后者的基础是具有一致色彩的特定随行感觉，而不是真正的比较。①

263

然而与此相反，不得不说的是，不论归纳出一个特定的名称组的原初心理**动机**（Motiv）是什么，归纳本身都表现为一种具有特殊逻辑形式的独立逻辑行动（Akt）。一个仅仅停留在感觉领域中的规定不能独自创造出一个新的客观规定。因为任何情绪化的联想最终都能存在于意识的一切内容甚至是最异质性的内容之间，如此一来，相应地，这种联想不可能发现通向“同质性”的道路，而同质性则是在逻辑概念或语言概念中建立起来的或至少是这些概念所要求的。感觉能够把任何东西联结起来（verbinden），因此它不能为把**特定**内容结合（verknüpfen）为**特定的**统一体提供任何充分的解释。为了解释这一点，我们所需要的毋宁说是一种比较的思想观点，这种思想观点在语

① Wundt, *Völkerpsychologie*, Bd. 1/2, S. 15 f. ［Zitat S. 16］.

言的序列形成中——即使这一序列仅仅表现为分类后缀的形式而不是表现为独立的概念语词和实词的形式——是可以辨认出来的。[1] 如果语言描述了特定内容在种属上是同属一类的这种状况，那么——不论它是否成功地把握住了并指明了这种关联（Zusammenhang）存在于**何处**——它都已经是作为理智进步的一种工具在起作用了。在这里，它再一次预设了一种只有科学知识才能真正完成的任务：它似乎假定了逻辑概念。逻辑概念并不满足于简单地断定内容的一种搭配（Zuordnung）和关联性（Zusammengehörigkeit），而是追问这种搭配的“原因”：它想要理解其法则和“根据”。对概念关联的分析在这里最终追溯到了这种关联的“发生学定义”：追溯到一个**原理**，从这个原理中能够产生出这些关联并能够引导出其特殊化。语言在其定性概念、“分类”概念以及更狭窄意义上的“通用”概念中都没能把自己提升到去完成这个任务。但是通过创造搭配一般（Zuordnung überhaupt）的最初图式，语言为此准备好了基础。这个图式几乎不包含内容本身的客观关联，以至于概念的主观方面似乎固定在了这个图式里面，以至于对它而言意味着**问题**的东西包含在了这个图式里面。事实上，历史地说，概念问题的发现也在于，人们学着不去把概念的**语言**表达接受为确定的，而是把它认证为并理解为**逻辑问题**。苏格拉底的概念表达——ἔστι——的源头就在这里：苏格拉底借以“引向”概念的归纳法在于，为了赢得逻辑概念的特定的和确定的形式，把词形的暂时的和假定的统一性作为出发点。[2] 在这个意义上，语言的搭配（Zuordnungen）和分类（Klassifiationen）不可避免地带有主体性，正是在这种主体性中，它们才同时具有了一种确定的**理想性**（Idealität），即朝向“观念”之客观统一性。

264

① 毫无疑问，这些“分类后缀”像其他后缀一样可以追溯到具体的实词（参见本书第五章）。在印度-日耳曼语中找到这种关系的词源学证明似乎是不可能的，参见：Karl Brugmann, *Vergleichende Laut-, Stammbildungs- und Flexionslehre*, Bd. II/1, S. 184, 582 ff. u. ö.。

② 参见本书上文：S. 58。

二、语言类别形成的基本方向

描述在各种单个语言中起作用的概念形成过程和类别形成过程的不同形式并理解它们最后的精神动机的任务不在语言哲学的范围内，而且也不是语言哲学的方法论能够解决的。一般说来，只能从一般语言学和特殊语言科学来解决这一任务。语言走上的这些道路是如此犬牙交错和晦暗，以至于只有通过最精确地沉浸在这些个别语言的细节之中并最精细地体味这些细节，才能成功地逐步澄清这些方法。因为恰恰是类别形成的方式（die Art der Klassenbildung）构成了“内在形式”的本质性要素，它把这些语言彼此明确地区分开了。但是尽管以任何一种完成的、抽象的图式都不能够一劳永逸地抓住这种丰富多样的精神形式（Formung）并通过这种图式说明它们，但是，对这些特殊现象进行比较还是能够指明某些确定的一般性观点，语言就是按照这些一般性观点完成了自己的分类和搭配的。人们可以尝试着把从“具体东西”向“抽象东西”的进展——一般说来，该进展决定了语言发展的方向——作为指引原理来使用，并以此来排列这些观点：事实上我们此时必须牢记的是，这里涉及的并不是一种时间性的分层而是一种方法论的分层，因此，我们在这里试图从思想上区分开来的那些层次在语言的某一个给定历史形态中是并存和共存的，而且可能以最为多样的方式交织在一起。

265

当对客体的比较和客体间的搭配仅仅以客体所唤起的感性印象的某种相似性为基础时，我们看起来还处在精神阶梯的最低阶段。原始人的语言给这种完全受感性因素支配的归纳（Zusammenfassung）程序提供了各种各样的例子。只要表现出了感性知觉形式上的某种类似，内容最为不同的东西也能够被归纳进一个“类别”。在美拉尼西亚语以及一些美洲原住民语言中存在着这样的趋势，用专门的前缀来标记那些具有长的形式或圆的形式的对象。借由这种趋势，太阳和月亮的表达，例如，与人的耳朵、特定形式的鱼、独木舟等的表达被归入同一组，而鼻子和舌头的名称则作为长的形式之对象的指称而存在。[1] 那些不是以个别知觉物的单纯内容相似性为基础而是以某种关系规定为基础的类别区分似乎已经属于一种完全不同的观察层次，在这里，客体是按照它们的大小、数量、彼此的地位和位置而被区分开的。在前一种情况下，例如，班图语为了指称尤其大的物使用了专门的前缀，而其他前缀则指称较小的东西；在这里，作为"多中之一"的对象——它们经常是作为集合在一起的多个东西的环节而出现的——也与作为"成对存在的物"——像眼睛、耳朵、手、人体其他成双成对的分节（Gliederung）等——的对象区分开了。[2] 针对姿态和位置，例如，在很多美洲原住民语言中决定一个语词类别归属的是，这个语词所指称的对象是否被思考为站立的、坐着的或躺着的。[3] 如果说在这里客体的分节是按照直接的、直观把握到的特征进行的，那么在这种分类（Klassifikation）之外还有一种分类，它利用的是一种值得注意的**间接**划分原理：它把物的整体与人体的部分搭配起来，同时借助于它是属于这个部分还是另一个部分而把它归类到不同的语言组。人们在这里辨认出了与我们在空间直观的语言建构中以及在特定的最初空间语词的形成中所碰到的那种相同的主题：人的身体与其个别部分的区分是作为一般语言"定向"的一个首要的和必要的基础起作用的。[4] 因此在有些语言中，身体部分的划分恰恰被当作了一般图式，对世界整体及其分节的理解就是按照这种图式形成的，

266

---

① Codrington, *The Melanesian Languages*, S. 146 f. ——在美洲语言中，例如在海达语中，所有名词都根据感性特征被区分为不同的群组，例如，长、瘦、圆、平、有角的、三角形，每一个都形成了一个独立的群组。参见：Swanton, *Haida*, S. 216 u. 227 ff. 。

② 关于分类前缀的描写参见：Meinhof, *Vergleichender Grammatik der Bantusprachen*, S. 8 ff. u. 16 ff. 。

③ 参见：Powell, *Introduction to the Study of Indian Languages*, p. 48。彭加语在有生命对象与无生命对象之间做出了区分，在有生命对象中，有专门的前缀分别指称静止的对象、运动的对象，当一个单个的有生命的存在物站着时有一个专门的前缀，当它坐着时也有一个专门的前缀。参见：Boas/Swanton, *Siouan*, S. 940。

④ 参见本书上文：S. 157ff. 。

因为语言命名的每一个个别的物在这里首先都是与某个身体部分，例如嘴、腿、心脏、胸脯等结合在一起的，并且按照这种基本关系被划分为特定类别、固定“属”中的个别客体。[①] 这种划分使下面这一点变得非常清楚，即语言最初的概念区分依旧是与一种物质基础完全联系在一起的；只有当一个类别中的诸部分之间的关系同时以某种方式**化身**为图像（bildmäßig verkörpern）才能**思考**它们之间的关系。然而就是在最丰富地发展出最精细的类别体系的语言中，例如在班图语中，似乎也已经从根本上超出了单纯感性区分的最初范围。在这里，语言已经表现出了把存在的整体——就其被视为空间整体而言——理解为**诸联系**的一种复合体的力量，并且在一定程度上让这个整体从这些关系中生长出来。如果说班图语用到的那些等级分明的“位置前缀”一方面明确地指出了客体与说话人的不同距离，另一方面也明确地指出了客体之间各种各样的空间关系：“相互渗入”“彼此紧挨”“相互外在”，那么空间直观的直接形式似乎就开始具有**系统性**形态（systematische Gestalt）了。语言似乎把空间在形式上建构为一种以多种方式被决定的杂多性，通过位置和方向的各种区分把空间塑造成一种自成一体同时又自我分化的统一体。[②] 这些类别划分似乎已经证明了一种形成**组织**（zur Organisation）的冲动和力量，即使在**对象**本身（Gegenstand selbst）依旧完全停留在直观存在的范围内，就其**原理**而言，组织也已经超出了这一范围并指向了“对杂多进行综合”

---

① 关于这一点非常典型的是南安达曼语引人注目的类别体系，爱德华·曼（Edward Horace Man，*On the Aboriginal Inhabitants of the Andaman Islands. With Report of Researches into the Language of the South Andaman Islands* by A. J. Ellis，London 1885）对于这一点有很深入的描述。莫里斯·波特曼（Maurice Vidal Portman，*Notes on the Languages of the South Andaman Group of Tribes*，Kalkutta 1898）对爱德华·曼的描述有一个重要补充。在安达曼语的分类体系中，人首先形成了一个专门的类别，与所有其他名词区别开了；身体部分和亲属关系被分为不同的组，它们在语言上有严格区别，如此一来，例如，对于每一组都有一个专门的所有格代词，“我的”“你的”“他的”都有一个专门的说法。在身体的各部分之间和不同亲属关系之间存在着一系列相似的搭配及“同一性”（参见：Man，*On the Aboriginal Inhabitants*，S. 51 ff.，以及 Portman，*Notes on the Languages*，S. 37ff.）。

② 有关班图语中“位置前缀”体系的描述，参见：Meinhof，*Vergleichender Grammatik der Bantusprachen*，S. 19 ff.。

的那些新的典型形式。①

事实上，所有这种综合都不是仅仅受理论观点的支配，而是也受想象观点的支配，这一点是存在于语言本身的本质之中的，因此长期来看，语言的"概念形成"与其说是对直觉内容进行逻辑比较和连接的结果，不如说是**语言幻想**（sprachphantasie）的结果。序列形成的形式从来不是仅仅由个别内容的客观"相似性"决定的，而且也是主观想象力的结果。因此，在类别形成中引导着语言的那个动机——就我们一般说来能够获得关于它的一种洞见而言——似乎无一例外地都与原始的神话概念形式和类别划分有着密切的联系。② 这也证明了，语言作为一般的文化形式位于神话和逻各斯的边界上，同时也表现了理论世界观与审美（ästhetisch）世界观之间的中间地带和中介。离我们最近和最常见的语言分类形式——名词分为阳性、阴性和中性三个"性"——就是由这些半神话半审美的因素造成的，这一分类形式的个别体现清楚地表明了这一点。恰恰是那些把艺术直观的深刻性和精细性与语法逻辑分析的力量和明确性结合在一起的语言研究者曾经相信，在这里能够理解语言概念形成原理的真正源头并且似乎能够直接地窥视这一源头。雅克布·格林从语言最早期的自然性别的传导（Übertragung）中引申出了印度-日耳曼诸语言的"性"的区别。不仅阳性和阴性有"自然的开端"，中性也有"自然的开端"，格林在"有生命的创造物的胎儿概念或后代概念"③ 中探寻中性的真正起源。格林试图更进一步说明，阳性指称的是更早的东西、更大的东西、更稳固的东西、更脆的东西、更敏捷的东西、行动者、运动者、发生者；与此相反，阴性指称的是更晚的东西、更小的东西、更柔韧的东西、更安静的东西、受动者、感受者；中性指称的是被产生者和被影响者、物质性的东西、一般性的东西、集合性的东西、未发展的东西。在这点上，现代的语言研究确实只在很小一部分上追随了他。在

① ［Kant, *Kritik der reinen Vernunft*, S. 97 (B 104) u. ö.］

② 更多内容参见我的论文：»Die Begriffsform im mythischen Denken«。

③ ［Q. Grimm, *Deutsche Grammatik*, Bd. III, S. 317 f.］

印度-日耳曼语言科学的范围内，格林的审美理论就已经受到了布鲁格曼的更加清醒的理论的反对，布鲁格曼的理论没有把“性”的区别扩展到所有名词上这一现象归因于语言幻想的任何一般趋势，而是把它归因于特定的形式类似和一定意义上的偶然类似。语言在形成和固定下这些区别时，不是受物活论的直观引导，而是受声音形式本身没有含义的相似性的引导，因此，例如，特定的“自然阴性名词”、阴性存在物的特定指称是以- a(- η) 为结尾的这一情况造成了如下结果，所有带有这一词尾的语词都以纯粹联想的方式逐步被归入了“阴性名词”的类别。① 人们也反复尝试了各种折中理论，这些理论把语法的“性”的形成部分地追溯到直观的内容性因素，部分地追溯到形式因素，并且试图在二者的作用之间画出分界线。② 但是，只有语言研究扩展到印度-日耳曼语群和闪米特语群之外，并越来越多地说明，像印度-日耳曼语和闪米特语中存在的性的区别只是一种特例，而且也许是更为丰富、更为明确地形成的类别划分的一种残余，才能理解这个问题的整个含义和涉及范围。如果人们以像我们尤其在班图语中看到的那些划分为出发点，那么就会毫无疑问地得出如下结论，“性别”（Sexus）意义上的“性”（Geschlecht）的区分在语言用来表达一般性的“种”的区分的整个工具中只占了一个相对小的部分，因此，它表现的也只是语言幻想的一个个别方向，而不是其一般性的、普遍的原理。事实上，很多语言都不是按照自然的性别，也不是按照任何的类似一般性地对名词分类的。在这些语言中，无生命的存在物一般而言并不区分男性和女性性别，而对于动物，则要么是用专门的词语来表达它的性别，要么是把一个包含了专门性别指称的语词添加 *270* 到该种动物的一般名称上。对于人也是这样指称性别的，举例说来，给孩子或服务生这种一般性的表达加上表明性别的语词，就能把它们

① Karl Brugmann, *Das Nominalgeschlecht in den indogermanischen Sprachen*, in: *Internationale Zeitschrift für allgemeine Sprachwissenschaft 4 (1889)*, S. 100-109；另参见：a. a. O., *Kurze vergleichende Grammatik*, S. 361 f.。

② 参见：Wilhelm Wilmanns, *Deutsche Grammatik. Gotisch, Alt-, Mittel- und Neuhochdeutsch*, 3. Abt., Bd. I, 1. u. 2. Aufl., Straßburg 1906, S. 725ff.。

变成男孩和女孩、男服务员和女服务员等的表达。①

洪堡——像雅克布·格林一样——在语言“想象能力”的基本功能中寻找语言类别划分的起源，从一开始就在一种更宽泛的意义上理解这种能力，因为他的出发点不是自然性别的区别而是有生命东西与无生命东西的一般性区别。洪堡在这里本质上以对美洲原住民语言的观察为基础，它们大多数要么压根儿没有指明自然的性别区别，要么只是偶然地、不充分地指明了自然的性别区别，但是除此之外，它们对有生命对象和无生命对象之间的对立总是有着最精细的感觉。在阿尔贡金语中，正是这种对立支配着语言的整个结构。在这里，有一种专门的后缀（-a）来指称一个本身就统一起了生命的属性和独立运动的属性的客体；另一种后缀（-i）则指称不具有这种属性的对象。每一个动词或名词必然落入其中一种类别。在这里，归入某类根本不是仅仅由纯粹经验**观察**提供的特征决定的，神话幻想和神话自然物活论在其中也起着重要的决定作用。因此，在这些语言中，举例来说，大量的植物——其中最重要的植物种类，像谷物和烟草——被归入有生命对象的类别。② 如果说在其他地方，天体与人和动物在语法上被置于同一类别中，那么，洪堡看到这一点最清晰地证明了，在这些把天体与人和动物等量齐观的民族的思维中，天体被视为依靠自身的力量运动的创造物，而且似乎也是被赋予了人格性的、在上面指引着人类命运的存在物。③ 如果这一推论是正确的，那么也就证明了，语言在那些类别划分中虽然还直接地与神话思维和表象交织在一起，但是它们也已经开始把自己提升到这种思维的最初的原始基本观点之

271

---

① 这种做法在乌戈尔语和阿尔泰语中最为典型，它们都没有印度-日耳曼语意义上的词性。但是在其他语群中也存在这种做法。关于阿尔泰语，参见：Böhtlingk，*Über die Sprache der Jakuten*，S. 343，以及 I. J. Schmidt，*Grammatik der mongolischen Sprache*，S. 22 ff.。关于其他语群，参见：H. G. C. v. d. Gabelentz，*Die melanesischen Sprachen*，S. 88；Westermann，*Die Sudansprachen*，S. 39ff.；Mathews，*Languages of Some Native Tribes*，S. 148 u. 168。

② 关于阿尔贡金语中的类别形成，参见：Jones，*Algonquian* (*Fox*)，S. 760f.。

③ Humboldt，*Ueber die Verschiedenheit des menschlichen Sprachbaues und ihren Einfluss*，S. 172 f.。

上。因为尽管在这个层次上起支配作用的还是“万物有灵论”的一种形式，它囊括了世界的整体及其每一种特殊的定在，并渗透进它们之中，但是，在语言习惯于把人格类别（Personen）和物品类别（Sachenklasse）区别开来的那种用法中，人格性的有自我意识的定在（Dasein）——作为一种具有独特含义和独特价值的存在（Sein）——逐渐越来越确定地从“生命”的一般性领域中提升出来了。例如，在德拉维达语中，所有名词都分为两类，一类包含“理性的”存在物，另一类包含“非理性的”存在物——人、神、半神属于前一类，无生命的东西和动物属于后一类。[1] 语言此时在世界整体中画下各种分界线时所遵从的原理从本质上说与简单的而且似乎没有差异的神话万物有灵论是不同的。班图语在自己的类别体系中也明确地划分开了作为独立的行动着的人格的人与有生命但却没有人格的存在。它们用一个特殊的前缀来表达鬼魂，这种东西并没有被思考为独立的人格性，而是被视为有生命的东西或者被视为侵害人的东西，因此这个前缀也尤其用来表达疾病及烟、火、潮水、月亮等**自然力量**。[2] 因此，关于严格意义上的人格性-精神性的存在和行为的见解也创造了自己的语言表达，借助于这种表达，语言把自己与对生命和灵魂表象的单纯有灵论的观点区别开了，后者把灵魂视为一种普遍的但又完全不确定的神话力量。

在这里，划分出专门的人格类别和物品类别以及把个别的对象归入（Zuordnung）这两个类别中的某类，并没有仅仅遵循“客观的”标准；而是说，表现在语言中的那种概念性-逻辑性的现实结构依旧还是被纯粹主观的且只能在直观感觉中被把握住的区别完全决定和充满的。这种归入从来不是由单纯的知觉行动或判断行动决定的，而是总是同时由情绪行动和意志行动、由内在的观点决定的。因此，为了 *272*

---

① F. Müller，*Grundriss*，Bd. III/1，S. 173；a. a. O.，*Reise der österreichischen Fregatte Novara*，S. 83.

② 相关事例参见：Meinhof，*Grundzüge einer vergleichenden Grammatik der Bantusprachen*，S. 6 f.。

强调所谈论对象的价值和重要性并突出其特殊的意义，常见的做法是，一个自在地属于物品类别的事物（Ding）的名称出现在人格类别（Personenklasse）中。[①] 有些语言——在我们已知的语言中——按照自然的性别区分开了名词。即使在这些语言中，在它们使用这些区别的时候也往往清晰地透露出这种用法可以追溯到这种人的类别与物的类别的更古老区分，这种区分同时也被感受为一种价值区分。[②] 这些 *273* 现象乍一看似乎很奇怪，但是它们只是表明了语言概念形成本身的基本原理。语言从来没有简单地遵循印象和表象的引导，而是以独立的行动面对这些印象和表象：它区分、选择、引导，并且通过这些行动才创造了客观直观的特定中心。而且因为感性印象的世界渗透了判断的内在尺度，理论性的含义细微差别和情绪上的价值细微差别一开始还在不停地向对方转变。但是，语言的内在逻辑表现在，它所创造的那些区分并没有立即消失，而是拥有一种持续的趋势、一种独特的逻辑连贯性和必然性，借助于这种连贯性和必然性，它们不仅保存了自身，而且从语言形态的个别部分越来越多地扩展到语言形态的整体。适用于名词的概念区分通过**一致性**（Kongruenz）规则——该规则支配了语言的语法结构，而且在既有前缀也区分类别的语言中最明确地发展了起来——扩展到了语言形式的整体上。在班图语中，每一个与

---

① 在利比里亚的戈拉语中（参见：Westermann，*Die Gola-Sprache*，S. 27），一个实词通常用另一个前缀，但是如果要强调它尤其大、突出、有价值，那么常常就用人和动物类别的 o-前缀，这些特点使它属于有生命的造物类别："[……] 因此，在 *kesie* 油橄榄之外，人们也说 *osie*，以此来表明这种橄榄是最重要的树木之一；人们不说 *kekul* 树，而是说 *okul*，一种尤其大、漂亮的树；不说 *ebu* 田地，而是说 *obūo*，广阔的茂盛的土地。在童话中说话的书或其他事物也属于 o-类。"在阿尔贡金语中，小动物常被归为"无生命的"对象，而特定的尤其重要的植物种类则归于"有生命的"类别。参见本书上文：S. 275 f.，以及 Boas，*Introduction*，S. 36。

② 关于这一点的典型事例是由梅因霍夫和雷尼什从贝多耶语中引证的，在这里，"šá"（母牛）是整个经济的主要支撑，它是阳性的，相反"šá"（肉）是阴性的，因为这不太重要（参见：Meinhof，*Die Sprachen der Hamiten*，S. 139）。在闪米特语中也有类似情况（参见：Brockelmann，*Grundriss*，Bd. I，S. 404 ff.），名词的阳性和阴性的词性区别一开始与自然性别很可能没有关系，而是建立在等级、价值的基础上，这一点还残留在阴性是贬低形式和小型形式的用法中。参见：Brockelmann，*Grundriss*，Bd. II，S. 418 ff. und a. a. O.，*Kurzgefasste vergleichende Grammatik*，S. 198 ff.。

实词构成定语或表语关系的语词，每一个更明确地规定了实词的数词、形容词或代词，都必然带有那个实词典型的类别前缀。相似地，动词也通过一个特殊的前缀与其主语第一格和宾语第四格联系起来。[①] 因此，一旦达成了类别划分原理，该原理就不仅支配了名词的构形，而且也由此扩展到了语言的整个句法结构上，变成了其关联（Zusammenhang）、其精神性“勾连关系”（Artikulation）的真正表达。在这里，**语言幻想**的成就与语言**思维**的特定方法论似乎总是有最紧密的联系。语言在与感性世界和想象世界的联系和纠缠中再次表现出了朝向逻辑的-一般性东西（zum Logisch-Allgemeinen）的趋势和力量，通过这种趋势和力量，它越来越多地解放了自己，其形式获得了一种越来越纯粹且越来越独立的精神性。

① 有关班图语中句法的评论，参见：Meinhof，*Grundzüge einer vergleichenden Grammatik der Bantusprachen*，S. 83 ff.。相似的情况也适用于大多数印第安语，参见：Powell，*Introduction to the Study of Indian Languages*，S. 48 f.。

第五章　作为逻辑联系形式之表达的语言

——判断领域与关系概念

274　对于知识批判研究而言，从感性感受领域到直观领域、从直观到概念思维、从概念思维再到逻辑判断，形成了一条不间断的道路。知识批判在穿过这条道路时意识到，尽管它在反思中把这条道路的个别阶段非常明确地区分开了，却从来没有把它们视为意识的彼此独立的、互相分离的给定性。毋宁说，在这里每一个更加复杂的要素都不仅包含了更加简单的要素，每一个"相对靠后"的要素不仅包含了"更加靠前"的要素——而且反过来说，"后面的"要素也在"前面的"要素中做好了准备并播下了种子。构成知识概念的所有构成部分都是互相联系在一起的，关联于知识的共同目标，关联于"对象"，因此更加精细的分析能够发现它们每一个部分都与所有其他部分关联在一起。简单感受和知觉的功能在这里不仅与理解、判断和推论的理智性基本功能"联结"在一起，而且它本身就已经是一种这样的基本功能——隐含地包含着在这些基本功能中达到自觉形式（Formung）和独立形态（Gestaltung）的东西。可以预期的是，精神工具这种难解的相互关系在语言中也保存了下来，它就是用这些工具建构自己的边界的：它的每一种特殊题材都不仅已经包含着语言形式的一般性，而且包含着语言形式独有的**整体**（Ganze）。如果我们注意到，一切语言形成的真正的和原初的环节不是简单的语词而是**语句**，那么上述期待就会被证实。这一认识是洪堡为语言哲学研究确立的根本洞见。*275* “人们不可能想着，”他强调，“语言的起源开始于用语词指称对象，进而过渡到形成组织。实际上，话语不是从其之前的语词中组合出来的，而是语词是从话语的整体中产生出来的。”① 洪堡从其语言哲学体系的一种思辨性的基本概念中——从作为一切思维和言谈之起源的“综合”概念中——得出了这一结论。② 这一结论已经被经验-心理学的分析完全证明了。经验-心理学的分析也把“语句相对于语词的优先性”视为它的一个最重要的、最可靠的结论。③ 语言史也得出了相同的结论，语言史似乎总是在告诉我们，从句子整体中分离出个别语词以及把个别的词类（Redeteile）划分开来完全是逐步完成的，在早期原始的语言形态中还完全找不到它们。④ 在这里也证明了语言是一个有机体，在有机体中，按照亚里士多德广为人知的定义，整体是先于部分的。语言开始于一个复杂的整体表达，它只是后来才逐步地分解为诸要素、分解为相对独立的子单元（Untereinheiten）。只要我们

---

① Humboldt，*Ueber die Verschiedenheit des menschlichen Sprachbaues und ihren Einfluss*，S. 72，尤其参见：S. 143。

② 关于这一点参见本书上文：S. 104。

③ 这种优先性被冯特，尤其被迪特里希（Ottmar Dittrich）所确证。参见：Ottmar Dittrich，*Grundzüge der Sprachpsychologie*，*Bd. I*：*Einleitung und Allgemein-psychologische Grundlegung*，Halle a. d. S. 1903，以及 *Die Probleme der Sprachpsychologie und ihre gegenwärtigen Lösungsmöglichkeiten*，Leipzig 1913。

④ 在这里可以参见塞义斯（Sayce）的评论：Sayce，*Introduction to the Science of Language*，Bd. I，S. 111 ff.，以及 Berthold Delbrück，*Vergleichende Syntax der indogermanischen Sprachen*，Bd. III，S. 5。众所周知，在所谓的“多词综合”语言中，并不能在单个语词与语句之间画出明确的边界线；参见博厄斯对美洲原住民语言的描述：Boas' *Handbook*，a. a. O.，Introduction，S. 27ff.，Jones，*Algonquian*（*Fox*），S. 762 ff.，Thalbitzer，*Eskimo*，S. 1002 ff. u. ö.。温克勒告诉我们，阿尔泰语也没有发展出真正的语词单位，语词在大多数情况下只是变成了句子中的词（Winkler，*Das Uralaltaische und seine Gruppen*，S. 9，43 u. ö.）。即使在变形语言中，我们也总是发现古代语言状态的残留，在那时语句与语词之间的边界还是完全流动的。例如，关于闪米特语的评论，参见：Brockelmann，*Grundriss*，Bd. II，S. 1 ff.。

向前追溯得足够远，那么我们总是会发现语言是被赋予形式的统一体（geformte Einheit）。它们的所有表达都不能被理解为个别的和质料性的含义声音的单纯并列，而是我们在每一个表达中同时发现了这样的规定，它们纯粹服务于表达个别环节之间的**联系**，而且这种联系本身以多种方式分节并分出等级。 276

如果人们考虑到所谓的"孤立性语言"——事实上人们经常直接用这种语言证明完全"无形式的"语言是可能的、现实的——这一期待看起来确实落空了。因为在这里，上面所说的那种语句和语词之间的关系看起来并没有被证明，而是直接地处于上述关系的对立面。语词似乎拥有独立性和真正的"实体性"，借助于这种独立性和"实体性"，语词独立"存在"，而且必须被理解为这样的。单个语词在句子中是作为材料性的含义载体简单地并列存在的，它们之间的语法关系并没有以任何一种方式表现出来。汉语是这类孤立性语言的主要证据。在汉语中，同一个语词有时作为名词，有时作为形容词，有时作为动词来使用，而这些语法范畴上的差异无法以任何一种方式从语词本身中辨认出来。一个名词是在哪个数（Numerus）和格（Kasus）上使用，一个动词在哪个性、时态和情态下使用，这一事实在这个语词的声音形态中没有以任何方式表现出来。语言哲学很长时间以来都相信，汉语的这一形态能够让我们看透语言形成的那个原初阶段，在那个阶段，一切人类话语还存在于简单的和单音节的"词根"的结合中。但是这一信念随后逐渐被历史研究推翻了，历史研究表明，今天在汉语中起支配作用的那种严格的孤立关系（Isolierung）绝对不是一种原初状态（Bestand），而只是一种次生的和派生的结果。一旦人们把汉语与相近的语言比较并把它置于相近语言的整个语群内来考察，如下设想，即汉语语词从来没有经历过转变，这一语言从来都没有任何构词或构形方式，就变得——正如伽布伦茨强调的——站不住脚了。在这里，下面这一点立即就很明显了，汉语还带有古老的黏着形态以及真正的变形形态的各种痕迹。人们今天经常拿汉语的发展与现代英语的发展做比较，在现代英语中，从变形状态过渡到相 277

对无变形（Flexionslosigkeit）阶段似乎就在我们眼前上演着。[1] 但是比这种历史变迁更加富有意义的是，在最终实现了纯粹孤立关系的地方，这绝不意味着“无形式”的胜利，而是意味着，形式在看起来很顽固的材料上打下了最清晰有力的烙印，这恰恰是形式的力量。因为语词彼此相互孤立开来压根儿没有消灭（aufzuheben）语句形式的内容和观念意义——因为个别语词不同的逻辑-语法关系最充分地表现在了**语词的位置**之中，而不需要借助于专门的声音来表达。汉语最连贯、最明确地发展了语词位置（Wortstellung）这一工具。人们甚至能够在这一工具中——纯粹逻辑地加以研究——看到语法关系表达的真正充分的工具。因为看起来，通过语词位置中表达的单纯**关系**（Relation）能够比通过特定的语词搭配和声音搭配（eigene Wort- und Lautfügungen）更加清楚、确定地把它们指称为纯粹联系（Beziehungen）的关系（Verhältnisse），亦即不再拥有任何自身表象基础（Vorstellungssubstrat）的关系。一般而言，洪堡总是把变形语言视为语言的充分发展的、“纯粹合法则的形式”，关于汉语，洪堡曾经说道，其本质性的优势在于其贯彻无变形（Flexionslosigkeit）原理的彻底性（Folgerichtigkeit）。恰恰是一切语法表面上的缺席让汉语的精神对话语的形式关联（Zusammenhang）变得更加敏锐——汉语所拥有的**外部**语法越少，它就具有越多的**内部**语法。[2] 汉语的结构事实上是如此严密，以至于有人曾经说，汉语的句法本质上说来不外乎少数几个基本法则的逻辑连贯的发展，所有的特殊应用都能够纯粹通过逻辑演绎的方法从这几个基本法则中引导出来。[3] 如果我们把这种分节（Gliederung）的精致性与其他原始类型的孤立性语言相比

---

① H. G. C. v. d. Gabelentz，*Die Sprachwissenschaft*，S. 252 f.；a. a. O.，*Chinesische Grammatik*，S. 90ff. 也可参见：Delbrück，*Grundfragen der Sprachforschung*，S. 118 f.。

② Humboldt，*Ueber die Verschiedenheit des menschlichen Sprachbaues und ihren Einfluss*，S. 271 ff. u. 304f. [引文参见：S. 253]。

③ H. G. C. v. d. Gabelentz，*Chinesische Grammatik*，S. 19.

278 较——例如在非洲语言中，**埃维语**就是纯粹孤立性语言的一个例子①，那么，立即就可以感觉到，在同一种“语言类型”中，形式构成最为多样的渐变和最为广泛的对立何以可能。施莱歇尔试图按照各种语言的含义（Bedeutung）与联系（Beziehung）之间的关系（Verhältnis）来规定语言的本质，并进而建构起一个简单的向前发展的辩证序列，在这个序列中，孤立性语言、黏着性语言和变形语言之间形成了正题、反题和合题的关系②，这一尝试的其中一个缺陷在于，由于没有考虑到**在**同一种语言类型**中**“联系”与“含义”之间的关系也能够采取非常不同的形态，那个真正的划分原则又被扭曲了。此外，变形语言与黏着性语言之间僵化的区分逐渐被经验历史研究推翻了。③ 古老的经院哲学命题“事物的形式表明其存在”（forma dat esse rei）④ 所表达的那种“本质”（Wesen）与“形式”之间的关系在所有其他语言中也都被证实了。知识批判不能把知识的材料与形式区分为两种只是外在地彼此联结起来的独立内容，相反，这两个要素始终只能在相互的联系中被思考和定义，在语言中，单纯的、赤裸的材料只是一种抽象——只是一种方法上的边界概念，没有任何直接的“现实”、实在的和事实性的持存是与之一致的。

在变形语言中，实体性的含义表达（Bedeutungs-）与形式性的联系表达（Beziehungsausdruck）之间的对立表现得最为清晰，即使在变形语言中我们也发现了，这两个不同表达要素之间的平衡也是一种相当不稳定的平衡。因为尽管范畴概念一般说来都与质料概念（Stoff-）和事物概念（Sachbegriffen）非常清晰地区分开了，但是这

---

① 更多参见：Westermann，*Grammatik der Ewesprache*，S. 4 ff. u. 30 ff.。

② Schleicher，*Zur vergleichenden Sprachengeschichte*，S. 6 ff.，a. a. O.，*Die Sprachen Europas*，S. 5 ff. 参见本书上文：S. 108 ff.。

③ 参见：Boehtlingk，*Über die Sprache der Jakuten*，S. XXIV，参见下文：S. 287，Anm. 16。

④ [Francesco Patrizi，*Discussiones Peripateticae tomi IV. Quibus Aristotelicae philosophiae universa historia atque dogmata cum veterum placitis collata*，*eleganter et erudite declarantur*，*Bd. IV*，Basel 1581，S. 387：Dubitavi，an forma det esse rei sola，an etaim materia?]

两个领域也是流动的，因为事物概念本身是对联系进行描述的基础。当人们从词源学上研究变形语言用来表达质和属性、种类和特征等的**后缀**时，这一事实（Sachverhalt）表现得最为清晰。语言史的研究直接证明并确认了，这些后缀大部分都起源于物质含义。后缀的基础就是这种具体的、感性-对象性表达，它越来越多地摆脱了这一原初特征，变成了一般性的关系表达。① 正是后缀的这种用法，为从语言上指称纯粹关系概念奠定了基础。它一开始被用作特定的物的指称，现在变成了一种范畴性规定形式的表达，例如变成了属性概念的表达。② 尽管从心理学上来看这一转变可以说具有一种否定性的含义，但是这一否定本身也蕴含着语言形成的一种内在的积极行动。乍一看，后缀发展的关键基础似乎确实是，引申出后缀的那些语词之实质性的基本含义被越来越多地推到了背景之中并最终被完全忘记了。这种遗忘是如此彻底，以至于有时可能会出现这样的后缀，它们并不是起源于任何具体的直观，而是似乎起源于一种被误导的语言形式构词

279

280

① 例如，在德语中，后缀“-heit”“-schaft”“-tum”“-bar”“-lich”“-sam”“-haft”的发展形成了一个著名的证据。后缀“lich”已经变成了形成形容词概念的主要工具，直接可以追溯到实词“lika”（“身体、肉身”）。赫尔曼·保罗（*Prinzipien der Sprachgeschichte*，S. 322f.）说道：“一个像 weiblich 的词的种类可以追溯到古老的性状复合词-构词，原始的日耳曼词 wibolikis，其本身的含义是‘女性形式’，随后隐喻式地表示‘具有女性形式’。这一类复合词与单一词、高地德语的 lich、新高地德语 leiche 之间的差异是如此之大，以至于它们之间的含义、声音形式以致所有的联系都被抹掉了。从单一词‘形态、外观’的物质含义中发展出了更抽象的‘性质’的含义。”至于在后缀 heit 中，它所起源的那个实词在哥特语、古高地德语和古萨克森语、古挪威语中都还是作为独立的词汇使用的。它的基本含义是人、等级、尊严，但是种类和方式的一般含义（哥特语中的 haidus）似乎是在更早时期发展起来的。它变成后缀之后被用来指称任何抽象的属性（更多内容例如参见：Grimms，*Deutschem Wörterbuch*，Bd. IV/2，bearb. v. Moriz Heyne，Leipzig 1877，Art. »Heit«，Sp. 919ff.）。罗曼语从一种不同的基本观点出发，但是在相同的方向上按照相同的原理形成了该语言的种类和方式的副词表达，它并没有使用物体存在和物体形态的概念，而是使用了精神的东西的术语，这种精神的东西首先还是完全具体地理解的，只是逐步才获得了后缀的特征和关系的特征（“fierement”＝“fera mente”usf.）。

② 例如，在梵语中后缀“maya”从起源上可以追溯到一个实词（“maya”＝物质、材料），相应地，最初被用来形成形容词，指称一组物质——只是后来，随着名词变位后缀，属性和“性质”的一般性含义才从物质属性的特殊概念中发展起来。（“mrn-maya”表示“从泥土中做成”，但是“mahamaya”表示“以错觉为基础”等）。更多内容参见：Brugmann，*Grundriss*，Bd. II/1，S. 13，以及 Thumb，*Handbuch des Sanskrit*，S. 441。

和仿效构词冲动。众所周知，在德语中，例如，“keit”后缀的形成就可以追溯到这种“误解”：在像“ewic-heit”这样的形态中，词干中的词尾“c”与后缀的词首“h”混合在一起，由此形成了一个新的后缀，这个新的后缀通过类似作用影响的范围越来越大。① 从一种纯粹形式的和语法的观点来看，这些过程通常被视为语言意义的“畸变”，它们绝不意味着语言简单地走上了错误的道路，而是表现了语言在向一种新的形式性观点**提升**，在从实体性的表达过渡到纯粹的关系表达。前者在心理学上的模糊化变成了后者所获得的进步形态的逻辑中项和工具。

在研究这一进展时，人们确实不可以停留在简单的**构词**（Wortbildung）现象上。这一进展的基本方向及其法则只有在语句形成的各种关系中才能被理解——因为如果作为整体的语句是语言“意义”的真正载体，那么只有研究语句才能让这种意义的逻辑细微差别清楚地表现出来。每一个句子，即使是简单句子，在其形式中至少已经表现出了内在分节（Gliederung）的可能性并且包含着这样分节的要求。但是这种分节的程度和等级可能非常不同。有时综合会超过分析，有时则相反，分析获得了相对高的发展，却没有同样强度的统摄力量与之匹配。在这两种力量动态的交互作用中以及在它们的竞争中产生出了人们所说的每一种特定语言的“形式”。在所谓的“多词综合”语言形式中，结合的冲动似乎有非常大的优势——这种冲动首先表现为物质性地、外在地以一种虽然非常复杂但是又自足的**声音结构**（Lautfügung）来表达语言意义的功能统一体。意义整体被压缩进一个单个的句词（Satz-wort），意义整体像被一个坚固的外壳包围着一样被包裹在这个句词中。但是，语言表达的这个统一体还不是真正的思想统一体，因为这个统一体只有以牺牲这个表达的逻辑**一般性**（Allgemeinheit）为代价才能达成。句词在通过合并整个词语或个别

281

① 相关材料参见：Grimms，*Deutschem Wörterbuch*，Bd. V，bearb. v. Rudolf Hildebrand，Leipzig 1873，Sp. 500－503（s. v. »keit«）。在其他语言中也能发现通过“误解”形成后缀的相似过程，参见：Simonyi，*Die ungarische Sprache*，S. 276f.。

小品词时所获得的修饰规定越多，它就能够越好地服务于指称一个特殊的具体情况，它尽力穷尽这个具体情况的一切细节，但又无法把它与其他相似的情况结合起来以形成一个全面的一般关联（Zusammenhang）。[①] 与此相反，例如，在变形语言中，分析和综合、划分和结合这两种力量表现出了一种完全不同的关系。在这里，语词统一体本身似乎既包含着一种内在的张力，同时又包含着这种张力的平衡和克服。语词是从两个清楚地分离开来的但同时又密不可分地连接在一起、与对方联系在一起的要素建构起来的。一个部分纯粹服务于客观的概念指称，另一个部分只完成了如下功能，即把语词置入一个确定的思维范畴中，把它标记为“实词”“形容词”“动词”，或标记为“主体”（Subjekt）和或远或近的客体（Objekt）。个别语词借以与语句整体连接起来的那个关系索引现在不再是外在地与语词联系在一起的，而是与语词混合在一起的，并变成了语词的一个构成性环节。[②] *282* 分化（Differentiation）为语词同组合（Integration）成语句形成了相互关联的方法，这些方法结合为一个唯一的严格统一的成果。洪堡和更古老的语言哲学认为这一事实证明了，真正的变形语言一般而言代表了语言形成的顶峰，在这些语言中，而且也只是在这些语言中，语言的“纯粹合法则的形式”才以理想的完满性表现出来。但是即使我们对那种绝对的价值尺度有所保留并表现出了怀疑的态度，变形语言事实上还是为纯粹**联系思维**的形成（die Ausbildung des rein beziehentlichen Denkens）创造了一种尤其重要和有效的工具。这种思维

---

① 参见本书上文（S. 262 f.）对美洲语言“概念形成”形式的讨论，也可参见：S. 244 ff.。

② 在对雅库特语的讨论中，博特林克（Böhtlingk，1851）强调说，这一过程本身也容许非常不同的程度和等级，在这一方面而言，在变形语言和所谓的黏着性语言之间并没有明确的绝对的分界线。博特林克提出，尽管在印度-日耳曼语中“质料”与“形式”的联系比黏着性语言中更加紧密，但是在某些乌拉尔-阿尔泰语中，尤其是在芬兰语和雅库特语中，质料与形式绝不是像我们经常以为的那样外在地联系在一起的，而是我们在这里发现了朝向“形式构词”的持续发展，这一发展的不同阶段反映在不同语言中，例如，反映在蒙古语、土耳其-鞑靼语和芬兰语中（参见：Böhtlingk，*Über die Sprache der Jakuten*，S. XXIV；尤其参见：Winkler，*Das Uralaltaische und seine Gruppen*，S. 44–47，有关乌拉尔-阿尔泰语中“形态学”的讨论）。

越进步，它也必然越确定地把话语的分节塑造为接近其目标的模样——这种分节本身反过来对思维的形式也有决定性的影响。

如果人们关注的不是语词与句子的关系而是语句之间的结合（die sprachliche Verknüpfung），那么，朝着越来越清晰的分节（Gliederung）的相同进步，从单纯集合的统一体朝着一个系统性“形式”的统一体的相同进展就表现得很明显了。在我们能够从心理学上加以研究的语言形成的最初阶段上，简单的**并列**（Parataxe）构成了语句建构的基本规则。儿童语言总是被这一原理主导着。[1] 一个句子成分单纯地接着另一个句子成分出现，在多个句子一起出现的时候，它们之间表现出了一种宽松的、大多时候松散的联结（Verbindung）。单个的句子能够像串在一根绳子上一样彼此连接起来，但是它们还不是内在地彼此连接起来的，也没有“嵌合进”彼此内部，因为一开始还没有语言工具能够指明并明确地区分出它们之间的优先和从属关系。如果希腊语法学家和修辞学家在某个时期的发展中——此时，语句不是以不确定的顺序接续出现的，而是像拱门的石头一样彼此支撑起来——看到了话语风格的标记[2]，那么这种语言“风格”其实才是语言最后的和最高的产物。不仅原始人的语言缺少这种风格[3]，即使在最高度发达的文明语言中也只是非常缓慢地才获得了这种风格。在这个时期，复杂的因果性或目的论思想关系——原因和结论、条件和结果、目的和手段等——必然要通过简单的配合来表现。一种绝对句子结构——类似于拉丁语的绝对夺格或希腊语的绝对属

283

① 参见：Cl. Stern/W. Stern，*Die Kindersprache*，S. 182 ff.。

② Demetrius von Phaleron，*Qui dicitur de elocutione libellus*，hrsg. v. Ludwig Radermacher，Stuttgart 1901，§§11－13，S. 6f.（zit. bei Humboldt，*Ueber die Verschiedenheit des menschlichen Sprachbaues und ihren Einfluss*，S. 233）.

③ 从大多数非洲语言和美洲原住民语言的描述中能够发现原始人语言中平行句法的优先性证据。关于非洲语言的情况，可参见：Steinthal，*Die Mande-Negersprachen*，S. 120 ff. u. 247 ff.，以及 Roehl，*Grammatik der Schambalaspräche*，S. 27；关于美洲语言的情况，可参见：Gatschet，*The Klamath Indians*，S. 656 ff.。在埃维语中所有的依附性从句如果在主句之前都以冠词“la”结尾；它们被视为句子的一部分，而不是句子，参见：Westermann，*Grammatik der Ewesprache*，S. 106。在奴巴语中，对待从句像对待名词一样，因此与名词有相同的格词尾，参见：Reinisch，*Die Nubasprache*，S. 142。

格——的作用往往是用来说明“当时”“此后”“因为”“因此”“尽管”“以此”之类的复杂关系的。在这里，构成话语的个别思想似乎还处于一个语言平面上：对话语本身中的前景和背景还没有做出任何视角上的区分。[①] 在把语句的各部分“协调起来”时，语言表现出了 *284* 区分和分节的力量；但是它还不能把这种纯粹静止的关系提升为一种动态的关系或思想的相互依赖关系，并把它明确地表达为这样的关系。仅仅靠着一个动名词构造（Gerundialkonstruktion）而非靠着精确划分从句的层次，就能起到如下作用：在不脱离一般结合法则（das allgemeine Gesetz der Beiordnung）的情况下，把那个行动（Handlung）的大量最为不同的规定（Bestimmungen）和变化（Modifikationen）结合在一起，并把它们包含在一个稳固的但又尤其坚硬的结构中。[②]

---

① 关于这一点尤其典型的证据似乎可以在芬兰-乌戈尔语和阿尔泰语中找到。关于这些语言的句子结构，温克勒说道：在这里最初没有任何种类从句的空间。整个句子就是一个形容名词，是一个像语词一样的、自足的、统一的复合体，或者只是表现了类似主语的部分与类似谓语的部分形成的无缝连接。在这两种情况下，我们认为次要的各种东西，如时间、空间、因果和条件规定都被置于这两个核心部分之间。“在大多数乌拉尔-阿尔泰语中，例如在蒙古语、通古斯满语、土耳其语、日语中，这并不是虚构，而几乎是毋庸置疑的真正本质［……］通古斯满语留下了以下印象，在这种特殊地发展起来的土语中，似乎没有为回忆起联系的任何东西留下空间。［……］［在沃迪亚克语中］，我们印度-日耳曼语的连接从句经常具有插入语的形式，这种插入语是在我们印度-日耳曼语中的绝对所有格、夺格、宾格之后使用的。”（Heinrich Winkler，*Der Uralaltaische Sprachstamm*，S. 85f. u. 107ff. ［Zitat S. 85f.，111 u. 107］）在汉语中，一个常见的现象是，几个完整的句子常常是被简单地串在一起的，因此只有从整个语境中才能获知它们之间的关系是时间性的、因果性的、相对性的还是让步性的，参见：H. G. C. v. d. Gabelentz，*Chinesische Grammatik*，S. 168 f.。

② 这种句子结构的最显著的事例是由例如施密特（Isaak Jakob Schmidt）在他的《蒙古语语法》（*Grammatik der mongolischen Sprache*，S. 62 ff u. 124 ff.）中指出的。像我们德语中的一句话：“在我从我的长兄那里请求要来一匹马并交给我的小弟之后，我的小弟从我这里接受了马，当我进屋找绳子的时候，我的小弟骑上它走了，没有和任何人说一句话。”在蒙古语中，字面上的翻译是：“我从我的长兄那里请求得到一匹马，给了我的小弟，我的小弟从我这里得到了它，我进屋里找绳子，我的小弟，没有与任何人说一句话，骑上它走了。”［在这里——如温克勒（*Der Uralaltaische Sprachstamm*，S. 112）指出的——“während”这个词在翻译中已经交织成了句子里的条件关系，而文本本身并没有表现出任何关系。］相似地，施密特也从西藏语中指出了通过动词变格名词（Gerundia）、动名词（Supina）、类分词形式（partizipialähnlicher Bildungen）构成句子的突出例子。参见：Isaak Jakob Schmidt，*Grammatik der tibetischen Sprache*，S. 197 ff.。

有些语词类别——正如语法学家为它们所创造的指称所表明的那样——需要被视为关系思维和联系表达的基本工具，在缺少这些语词类别时，这种思想形式和语言形式发现了自身否定性的但又非常典型的表达。**相对代词**在语言的发展中似乎总是一个较晚的形态，而且如果人们观察一下整个语言，它也是一个相对罕见的形态。在语言进步到这种形态之前，我们通过相对语句表达的那些关系必须被有些复杂的句子结构代替或改写。洪堡曾经用美洲原住民语言的例子——尤其是秘鲁语和墨西哥语的例子——说明了这种改写的不同方法。[①] 美拉尼西亚语也用诸规定的简单并列关系取代了相对句和相对代词的从属关系。[②] 针对乌拉尔-阿尔泰语，海因里希·温克勒强调说，就其基本特征而言，该语言没有为独立的从属单位留下空间，相应地，在其所有的分支中一般说来最初都没有相对连词，或者只有相对连词的微弱征兆，在后来用到这类连词的地方，它们往往——如果不是始终的话——都可以追溯到纯粹的疑问词。尤其是乌拉尔-阿尔泰语的西部语言组群、芬兰-乌戈尔语群是从疑问词中发展出相对代词的，但是印度-日耳曼语的影响也是发挥了作用的。[③] 在其他语言中，独立的相对句是由专门的小品词形成的，但是它们完全被感受为了实体性的名词，以至于要用定冠词来修饰它们，或者在一个代词等词汇后面作为一个句子的主词或客体，作为第二格来使用。[④] 所有这些现象清楚地表明了，语言如何似乎只是犹豫不决地采用了纯粹关系范畴，以及语言如何只是经过其他范畴，

285

---

① 参见：Humboldt，*Ueber die Verschiedenheit des menschlichen Sprachbaues und ihren Einfluss*，S. 235 f.。在我们使用并列关系从句的地方，克拉马斯语使用分词和动词表达；参见：Gatschet，*The Klamath Indians*，S. 657。

② 相关事例参见：H. G. C. v. d. Gabelentz，*Die melanesischen Sprachen*，S. 202 f. u. 232 f.；Codrington，*The Melanesian Languages*，S. 136。

③ 参见：Winkler，*Der Uralaltaische Sprachstamm*，S. 86 ff.，98 f. u. 110 ff.；也可参见：Simonyi，*Die ungarische Sprache*，S. 257 u. 423。

④ 参见：Steindorff，*Koptische Grammatik*，S. 227 ff.；相似地，在闪米特语中，"省略连接词的相对句实词化"是一个常见现象，参见：Brockelmann，*Grundriss*，Bd. II，S. 561 ff. [Zitat S. 561]。

尤其是经过实体和属性①这些范畴来迂回地从思想上把握这些纯粹关系范畴。有些语言在其整体结构中已经把话语的独特“风格”、从属性分节（Gliederung）的艺术发展得最为精致了，即使对于这些语言来说，这一点也是适用的。人们曾经说，印度-日耳曼诸语言由于有令人震惊的区分关系表达的能力而成为哲学唯心主义的真正语言，但是即使是这种语言，也只是缓慢而逐步地获得了这种能力。② 例如，希腊语的结构和梵语的结构之间的比较表明了，就关系思维和纯粹关系表达的力量和自由而言，这一语言组群中的个别成员处于完全不同的阶段上。在古代，主句形式相对于从句形式、并列联结相对于从属联结似乎明显具有优势。如果古代语言已经拥有了相对句的话，那么按照语言比较的证据，它们也还缺少界限分明的连词来表达原因、结果、从属、对立等。③ 在古印度语中，几乎还完全缺少作为一个固定语词类别的连词；其他语言，尤其是拉丁语和希腊语，通过从属连词表达的东西在这里是通过几乎无限制地使用名词构成以及通过用分词和动名词增强主句来表达的。④ 但是在希腊语中，从荷马语言的分词结构进展到阿提卡艺术散文的并列结构也只是逐步完成的。⑤ 所有这

286

---

① 例如，日本语中没有任何相对句，而是必须把它们变成形容词从句，参见：J. J. Hoffmann，*Japanische Sprachlehre*，S. 99；相似的情况也适用于蒙古语，参见：I. J. Schmidt，*Grammatik der mongolischen Sprache*，S. 47 f. u. 127 f. 。

② “这一类语言似乎是为抽象和形而上学而创造的。它们可以通过关系名称的变形、通过其动词时态和情态的变化、通过复合词、通过精细的小品词，以不可思议的灵活性表达最细致的事物关系。它们知道如何把语句的各种成分链接为一个整体［……］所有的东西对于它们而言都变成了抽象和范畴。它们是唯心主义的语言。” Ernest Renan，*De l'origine du langage*，8. Aufl. ，S. 194［*Verifiziert nach*：Paris 6 1883，S. 194］.

③ 梅耶（Antoine Meillet，*Introduction ä Petude comparative des langues indo-europeennes*，2，korr. u. erw. Aufl. ，Paris 1908，deutsche Ausg. v. Printz，S. 231）写道：“相对句是唯一的从属句，它们可以被恰当视为印度-日耳曼语。其他种类，尤其是条件从句在印度-日耳曼语方言中有一种不同的形式。” 布鲁格曼（*Kurze vergleichende Grammatik*，S. 653）对这种关系有不同的理解，他通过如下理论解释了为什么缺少一致意见，尽管连接分词在古代就已经存在，但是它们还没有被广泛使用，还没有被固定为特定关系的表达。

④ 相关事例参见：Whitney，*Indische Grammatik*，S. 394f. ，以及 Thumb，*Handbuch des Sanskrit*，S. 434 u. 475 ff. 。

⑤ 更多讨论参见：Brugmann，*Griechische Grammatik*，S. 555f. 。

些都证明了，洪堡称为语言中的独立设定行动和综合设定行动的东西，以及他发现除了动词之外尤其在连词和相对代词的使用中所表现出来的东西，只是语言形成的一个最终理想目标，语言只是通过多个中间阶段才达到了这个目标。

有些语言形式就其基本含义而言原则上摆脱了一切物性-实体性的表达（dinglich-substantiellen Ausdruck）。这一点在这些语言形式的形成中表现得尤其明显和清晰。*287* 它们仅仅表达综合**本身**（Synthesis als solche）、纯粹的结合（Verknüpfung）。在判断中起作用的逻辑综合在**系词**（Kopula）的使用中才获得了其充分的语言指称和规定。《纯粹理性批判》在分析纯粹判断功能时已经指向了这种关联（Zusammenhang）。对于《纯粹理性批判》而言，判断意味着“行动的统一性”[①]，谓词通过它与主词发生关系，并与主词结合为一个意义整体、结合为一种客观存在的和有客观根据的关联。现在行动的这种理智统一性在系词的语言应用中发现了其表现和反映（Gegenbild）。“但是，当我更仔细地研究每个判断中被给予的知识的关系，”在讨论纯粹知性概念的先验演绎的一节里，康德如此说道，“并将它作为属于知性的关系和按照再生的想象力规律的关系（它只有主观有效性）区别开来时，我就发现，一个判断无非是使给予的知识获得统觉的**客观**统一性的方式。这就是判断中的系词‘是’的目的，它是为了把给予表象的客观统一性与主观统一性区别开来。因为它标志着这些表象与本源的统觉及其**必然**统一性的关系……”如果我说“物体是有重量的”，那么这意味着物体和重量在客体中是彼此关联在一起的，而不是单纯在主观知觉中随时并存的东西。[②] 因此对于纯粹逻辑学家康德来说，判断的**客观意义**与表语**谓述**（Aussage）的语言形式是非常密切地联系在一起的。对于语言的发展而言，下面这一点无疑是清楚的，即它只能非常缓慢地推进到在系词中表达出来的那个纯粹存在的抽象。对于那种一开始完全位于实体性**定在**的直观、对象性**定在**的

① [Kant, *Kritik der reinen Vernunft*, S. 90 (B 93).]

② 同上书，S. 120 [B 141 f.]。

直观中并依旧束缚在它那里的语言而言，“存在”的表达作为一种纯粹先验的关系形式只是一种后来的经过多次中介的结果。很多语言完全不了解我们逻辑的-语法的意义上的系词，而且压根儿不需要系词。我们的“关系语词‘ist’”所指称的那种统一的、一般的表达 *288* 不仅是原始人的语言缺少的——就像很多非洲人语言、美洲原住民语言等那样——而且在很多其他高度发达的语言中也是缺少的。即使在表语关系与纯粹属性关系已经区别开来的地方，表语关系也不必然需要一种专门的语言指称。因此举例来说，在乌拉尔-阿尔泰语群中，主语表达与谓语表达之间的联结几乎都是通过二者的一种简单并列结构完成的，如此一来，一个像“城市大”的表达说的就是“城市是大的”，一个像“我男人”的表达说的就是“我是男人”等。① 在其他语言中，我们虽然经常碰到一些乍一看与我们的系词用法似乎完全对应的用法，但是这些用法事实上远没有达到系词功能的一般性。正如更进一步的分析表明的，系词“ist”在这里并不是一个用来表达结合**本身**（die Verknüpfung schlechthin）的普遍性表达，而是有着一种特殊的和具体的——通常有一种地点和时间的——次要含义。这个表达所指称的不是纯粹关系性存在（Sein），而是这个地点或那个地点的实存（Existenz），一个此-在（Da -）或彼-在（Dort-sein），在这一时刻或另一时刻的实存。因此，根据主词的空间位置或者依据主语所给予的其他直观变化，明面上系词的使用也出现了分化——如此一来，当谈论的主语站立着的时候，与主语是坐着或躺着的时候，使用的是不同的“系词”；当主语在醒着与睡着的时候，使用的“系词”也不同。② 在这里，取代结合的形式性存在和形式性意义的是一种更 *289*

---

① 参见：Winkler，*Der Uralaltaische Sprachstamm*，S. 68 f.。关于匈牙利语，参见：Simonyi，*Die ungarische Sprache*，S. 403 f.。

② 相关事例尤其可以在美洲语言中发现。因此，阿尔贡金语中还缺少“存在”的一般动词，而有大量的指称了这里或那里、这时或那时这一条件或另一条件下的存在的动词。在克拉马斯语中，动词（“gi”）是作为系词 sein 的表达来使用的，事实上是一个指示小品词，表达的是定在或那里存在（参见：Gatschet，*The Klamath Indians*，S. 430 ff. u. 674f.，以及 Trumbull，*On the Best Method of Studying the North American Languages*）。

多或较少地从物质性上来理解的表达，这些表达似乎还带有个别感性给定的现实色彩。①

即使在语言进步到一定点，即把存在的所有这些特殊规定都统摄进一种一般性的存在表达之中时，在单纯**定在**的每一种如此广泛的表达与作为纯粹谓述性"综合"之表达的"存在"之间还是存在着可以感觉得到的差别。在这里，语言发展反映了一个远超出语言自身范围的问题，这个问题在逻辑和哲学思维的历史上起着决定性的作用。在这里比所有其他地方都更加清楚地表明了，这种思维是如何与语言一起但同时也是**与**语言**相对立着**发展的。从埃利亚学派以来，哲学唯心论都在与语言及其存在概念的歧义性做斗争。巴门尼德给自己明确提出的任务正是以纯粹理性解决围绕着真正的存在的争论。但是埃利亚学派的这种真正的存在是纯粹建立在逻辑判断意义之中的吗？它仅仅与作为每一种有效陈述之基本形式的系词ἔστι相一致，还是说它还有其他更加具体的原初含义？通过这种原初含义，这种真正的存在变得可以与一种"圆满的球"的直观比较了。巴门尼德试图把自己从习惯性的感性世界观和语言的锁链中解放出来。"因此，"他宣布，"相信其真理的凡人们已确定的所有东西：生成与消灭，存在与非存在，位

290

(续前) 玛雅家族的印第安语同样在谓语陈述中使用特定的指示小品词。当与时态记号结合起来时，就获得了真正动词实词的外观。但是它们与普遍的、纯粹的关系词"to be"都不同，有些表达的是名词概念："给、假设、表现"；有些指示特定时空下的情况（参见：Seier，*Das Konjugationssystem der Mayasprachen*，S. 8 u. 14)。在美拉尼西亚语和很多非洲语言中也有相似的区分。例如，伽布伦茨说："斐济语中没有真正的实词动词；有时是用 yaco'发生、转变'，有时是用 tu'在那里、表现'，有时是用 tiko'在那里、持续'等表达的，总是有一个与这些动词的真正含义相一致的次要含义。"参见：H. G. C. v. d. Gabelentz，*Die melanesischen Sprachen*，S. 40，尤其参见：S. 106。关于非洲语言，参见：实词动词的不同表达，米格奥德（Migeod，*The Mende Language*，S. 75 ff.）列举了曼德黑种人语言的例子；韦斯特曼（*Grammatik der Ewesprache*，S. 75）列举了埃维语的例子。

① 例如，尼克巴语中，"是"作为一个单纯的系词并没有被表达出来："实词动词"总是有"存在""表现"的含义，尤其有"在特定地方存在"的含义。参见：Frederik Adolph de Roepstorff，*A Dictionary of the Nancowry Dialect of the Nicobarese Language*；in two parts：Nicobarese-English and English-nicobarese，hrsg. v. Christiane Hedevig de Roepstorff，Kalutta 1884，S. XVII u. XXIVf.。

置的变化与光色的改变，都只是一个名字。”① 在表达其最高原理时，他又再次屈服于语言的威力及其存在概念的多样性。在埃利亚学派的基本公式，即在是者存在（ἔστι τὸ εἶναι）这一命题中，存在的动词含义与实词含义、表语含义与绝对含义直接混合在了一起。即使是柏拉图也是在经历了长期的思想斗争——这些都最清楚地反映在以巴门尼德命名的对话篇中——之后才清楚地区分开了它们。在终结了这些斗争的《智者篇》中，纯粹关系概念的逻辑本性才首次在哲学史上被清楚地突出出来，才规定了这些概念真正的特殊的“存在”。从这新获得的洞见出发，柏拉图能够这样反驳从前的所有哲学，它们追寻存在的原理，但是它们所发现并视为基础的不是存在真正的、根本的**起源**，而始终只是其个别的种类，只是**存在者**（Seienden）的特定形式。但是，用这个含义丰富的描述（Formulierung）并没有消除存在概念中所包含的那个对立，而只是明确地指出了它。这一对立贯穿整个中世纪的思想史。如何划分存在的两种基本样态：“本质”和“实存”，它们尽管被划分开了但又如何彼此结合起来了，这些问题变成了中世纪哲学的中心问题。在本体论的上帝证明中——这是中世纪神学和形而上学的思辨中心——这些问题变得最尖锐。但是即使是放弃了“形而上学这个骄傲的名字”并满足于“纯粹知性分析”② 这一谦卑名字的现代批判唯心论形式也发现自己一再被纠缠进存在概念的多义性中。即使在康德批判了本体论的证明之后，费希特还是认为有必要明确指出表语性存在和绝对存在的区别。在《全部知识学的基础》中，费希特提出“A 是 A”这个命题是全部哲学的第一个无条件的基本原则。他补充说，在这个命题中，“是”只有逻辑系词的含义，关于 A 的实存和非实存没有说任何东西。没有谓语的存在与有谓语的存在所表达的东西是完全不同的：“A 是 A”这一命题所断定的只是，如果 A 存在，那么 A 存在；但是 A 一般而言是否存在，对于这一命 291

① ［*Parmenides*, *Fragm*, zit. nach: Diels, *Die Fragmente der Vorsokratiker*, S. 124.］
② ［Kant, *Kritik der reinen Vernunft*, S. 217 (B 303).］

题而言压根儿不是问题。①

如果甚至连哲学思维都以这种方式持续地卷入了区分两种存在概念（Seinsbegriffe）的斗争中，那么下面这一点就是可以理解的了，即在语言思维中，二者从一开始就是最密切地交织在一起的，而且系词的纯粹意义也只是完全缓慢地才从这种交织中脱离出来。语言使用同一个词来指称实存概念（Begriff der Existenz）和谓述性联结（prädikative Verbindung），这是一种通行的现象，并不局限于某些个别语言群。只要考察一下印度-日耳曼语言，我们就可以随处发现，这些语言用来描述谓述性存在（Darstellung des prädikativen Seins）的各种指称都可以追溯到“定在”的原初含义：要么是在非常一般的意义上被理解为单纯在场的东西（Vorhandensein），要么是在一种特殊的、具体的意义上被理解为生命和呼吸、生长和变化、持久和逗留。“系词，”**布鲁格曼**说，

> 最初是一个带有直观含义的动词（es-mi“ich bin”的基本含义是未知的，最古老的可查证的含义是“我实存着”），实词和形容词是主语的同位语，它与系动词有内在的联系（地球是圆的＝地球是作为球实存的）。强调被转到了谓语名词上时，所谓的动词就退化为了系词，如此一来，动词的表象内容就不再重要了，并且丧失了。动词变成了单纯的形式词语。[……] 在原始印度-日耳曼语时期，es“sein”肯定起到了系词的作用，此外也许还有bheu-“生长、变化”这些形式，那时它们与es-形成了替补关系。

这两个词根的分化看起来是这样达成的：“es”（“as”）被理解为规律性的、持续的实存的表达，相应地也被用来形成现在时的持续形式，而词根“bheu”作为变化的表达，首先用在过去时和完成时的时间

① 参见：Johann Gottlieb Fichte, *Grundlage der gesammten Wissenschaftslehre als Handschrift für seine Zuhörer*, in: *Sämmtliche Werke*, hrsg. v. Immanuel Hermann Fichte, 8 Bde., Berlin 1845 f., Bd. I, S. 83–328: S. 92 f.。

形式中，指称的是已经开始的或完成的事件（参见ἔ-φυ-ν，πέ-φῦ-κα，fui）。① 后一个词根的感性的基本含义和原初含义——在φύω“我造成”、φύομαι“我成长”等的用法中——在希腊语中还是可以清晰地触摸到的。在日耳曼语中，词根“bheu”进入了现在时词干（“ich bin，du bist”等）的形成中，辅助词根“ues”（哥特语“wisan”“ich war”等）最初拥有居住和逗留、持续和“Währens”（保留）（古高地德语的“weren”）的意义。罗马语的发展又是不同的，在罗马语中，存在概念的表达似乎与站立的直观含义有关。② 正如存在的表达在这里依赖的是位置上停止、静止的表象，与之相反，变化的表达依赖于运动的表象：变化的直观是从旋转、转折的直观中发展出来的。③ “转变”的一般性含义也可以从“来”和“去”的具体含义中发展出来。④ 在有些语言那里，系词之逻辑特性的意义已经明确地发展起来了；而另一些语言则完全缺少这种意义或者至少还没有发展出实体动词（Verbum substantivum）这样一种全面的、普遍有效的表达。所有这些都表明了，这两类语言在指称系词时区别并不大。关系表达的精神形式只能够在特定的物质性外衣下表现出来，这层物质性外衣最终被关系表达的精神形式如此深入地渗透了，以至于它不再是单纯的限制，而是表现为纯粹观念性含义内容的感性载体。

292

在**一般的**关系表达——系词——中，我们在各种**特殊的**关系概念

---

① 参见：Brugmann，*Kurze vergleichende Grammatik*，S. 627f. ［Zitat］；Curtius，*Grundzüge der griechischen Etymologie*，S. 304 u. 375 f.。

② 意大利语的“stato”、法语的“été”（来自拉丁语的“stare”）是“êssere”和“être”的分词。按照奥斯特霍夫的观点，古凯尔特人也了解“sta”作为“站”（“stehen”）的辅助用法。参见：Osthoff，*Vom Suppletivwesen der indogermanischen Sprachen*，S. 15。

③ 因此，哥特语的“wairpan”（“werden”）在词源上与拉丁语的“vertere”有联系。类似地，希腊语的πέλω可以追溯到梵语中含义为“运动、活动、旅行”的词根。参见：Brugmann，*Kurze vergleichende Grammatik*，S. 628，以及 Delbrück，*Vergleichende Syntax*，Bd. III，S. 12 ff.。

④ 现代语言中的“diventare”“divenire”“devenir”，英语的“to become”。也参见：Humboldt，*Ueber die Verschiedenheit des menschlichen Sprachbaues und ihren Einfluss*，S. 218f.。

中所追踪到的相同基本趋势都得到了确证。与我们之前在空间关系和时间关系、数的关系和自我关系的语言表现中曾经发现的一样，我们在这里也再次发现了感性东西受精神性东西、精神性东西受感性东西的相同的交互规定（Wechselbestimmung）。在感觉论的意义上解释语言中的这两个要素的紧密交织关系是很有诱惑性的——洛克在这种解释的基础上声称，语言是他的感觉论的基本知识观的主要证据。[①]但是即使对于语言思维，我们也必须引证康德在知识批判中在“开始”（Anheben）和“产生”（Entspringen）之间所做的明确区分，反对这种解释。尽管感性东西和思想性东西在语言的源头似乎是不可分割地交织在一起的，但是二者之间的这种**相互关系**（Korrelation）——正因为这种关系是相互关系——并没有建立在一种单纯的**单方面的**依赖性关系上。因为假如理智表达不是一开始就包含在感性表达之中，因为如果——用赫尔德的话来说——感性指称不是已经包含着“反思”行动（Akt）、“思索”（Besinnung）的基本行动（Grundakt），那么，理智表达就不可能在感性表达中并从感性表达中发展出来。如下原则：*πάντα θεῖα καὶ ἀνθρώπινα πάντα*（永远是神和永远是人）似乎从来没有像在高度发达语言的含义学说和形式学说中那样被如此清晰地证明：感性东西与理智东西这两个极端之间的对立并没有把握住语言的真正内容，因为在其所有成就中以及在其进步的每一个个别阶段上，语言都证明自己**同时**既是感性的也是理智的表达形式。

293

① 参见本书上文：S. 70 f.。

关键术语、人名对照表

术语对照表

Abbildtheorie，反映论
Adjektiv，形容词
Adverb，副词
analogisch，比拟的
Apodeixis，证明
Arbeitsgesängen，劳动歌唱
Artikel，冠词
Aufklärung，启蒙运动
Begriff，概念
Begriffsbildung，概念构成
Deixis，指示词
Dialekt，方言
Ding，物
Dual，双数
Einheit，统一性、单一性
Einheiten，单元
die Eleaten，埃利亚学派
Empiricismus，经验主义
English Platonists，英国柏拉图主义
Farbe，颜色
Gebärdensprache，手势语言
Gengensatz，对立
Gegenstand，对象
Gegenstandlichung，对象化
Gerundien，动名词
Geschlecht，性
"Gestalt" psychology，格式塔心理学
die holländische philologenschule，荷兰语文学学派
Kasus，格；具体的格：
ablative，离格
accusative，宾格
adessive，位置格

Bantu，班图语
das Barmanische，缅甸语
Bayerisch-Oesterreichisch（dialekt），巴伐利亚-奥地利语
die Bedauyesprache，贝多耶语
Binandelesprache，彼南德勒语
das Bugische，布吉内斯语
Bungandity-sprache，比甘地特语
Chinese，汉语
Chinook，奇努克语
Drawidasprache，德拉维达语
Englisch，英语
Eskimosprache，爱斯基摩语
Äthiopisch，埃塞俄比亚语
Ewe，埃维语
Fiji，斐济语
Finnisch，芬兰语
Französisch，法语
der finnisch-ugrischen Sprachen，芬兰-乌戈尔语
Deutsch，德语
Germanisch，日耳曼语
Golasprache，戈拉语
Gothisch，哥特语
das Griechisch，希腊语
Haidasprache，海达语
Die Sprachen der Hamiten，哈姆族语
Hebrew，希伯来语
Hottentot，霍屯督语
Hupa，胡帕语
Indian（Nordamerika），印第安语
die indo-germanischen Sprachen，印度-日耳曼的原始语
das Indo-Iranisch，印度-伊朗语
Indonesisch，印度尼西亚语
Italianisch，意大利语
diejakutische Sprache，雅库特语
Japanisch，日语
Javanisch，爪哇语
Jenissei-Ostjakisch，耶尼斯西-奥斯蒂亚克语
Kawi，卡维语
Kechuasprache，奇楚亚语
Kiwai，基瓦语
Klamath，克拉马斯语
Koptisch，科普特语
Kwakiutl，夸扣特尔语
Latein，拉丁语
Maida，梅达语
Malaiisch，马来语
Malayo-Polynesisch，马来-波利尼西亚语
Die Mandenegersprachen，曼德黑种人语言
Mayasprache，玛雅语
Melanesisch，美拉尼西亚语
Mende，门德语（塞拉利昂）
den mexianischen Sprachen，墨西哥语
Mongolisch，蒙古语
Nahuatl，那瓦特语
Quichesprache，维奇语
Neuguinea，新几内亚语

Nicobarese，尼克巴语
Ntu，恩图斯语
Nubasprache，奴巴语
die Papuasprachen，巴布亚语
Sprache der Poncaindianer 庞卡印第安语
das Polynesisch，波利尼西亚语
Romanisch，罗曼语
Sanskrit，梵语
Samojedisch，萨莫耶德语
Semitisch，闪米特语
Shambala，桑巴拉语
Siamesisch，暹罗语
Siouan，苏语
Somali，索马里语
Sotho，索托语
die Süd-Andamanischen Sprachen，南安达曼语
Südseesprache，南海语
die Sudansprachen，苏丹语
Syrisch，叙利亚语
das Tagalische，塔加路语
Sprache von Tahiti，塔希提语
Sprache von Toaripi，陶瑞匹语
Sprache vonTasmanien，塔斯马尼亚语
Die Sprache der Tscherokesen，切罗基语
Thai，泰语
die Tibetische Sprache，藏语
Tlingit，特里吉特语
Tsimshian，钦西安语
Tungusisch，通古斯语
Türkisch，土耳其语
Türkisch-Tatar，土耳其-鞑靼语
Ural-Altaisch，乌拉尔-阿尔泰语
Vedisch，吠陀语
Zuni，祖尼语
Stamm，词干
Stoa，斯多亚派
Substantiv，实词
Suffix，后缀
Symbol，符号
symbolisch，符号的
Trial，三数
Verbum，动词
Vielheit，复多性
Wortbildung，构词
Wortordnung，词序
Wort-satz，词句
Wurzel，词根
Zählung，数数
Zeichen，记号
Zeit，时间
Zisterziensermönche，西妥教团僧侣

人名对照表

Aristoteles，亚里士多德
Bacon，Francis，培根
Benfey，Theodor，本费
Berkeley，George，贝克莱
Boas，Franz，博厄斯
Böthlingk，Otto，博特林克
Bopp，Franz，波普

Brugmann，Karl，布鲁格曼
Bücher，Karl，比彻尔
Codrington，Robert Henry，科林顿
Cohen，Hermann，柯亨
Condillac，fitienne Bonnot de，孔迪拉克
Croce，Benedetto，克罗齐
Curtius，Georg，库尔修斯
Darwin，Charles，达尔文
Dedekind，Richard，戴德金
Delbrück，Berthold，德尔布吕克
Demokrit，德谟克里特
Descartes，Rene，笛卡尔
Diderot，Denis，狄德罗
Diels，Hermann，蒂尔斯
Einstein，Albert，爱因斯坦
Epikur，伊壁鸠鲁
Fichte，Johann Gottlieb，费希特
Frege，Gottlob，弗雷格
Galilei，Galileo，伽利略
Gatschet，Albert Samuel，加切特
Goethe，Johann Wolfgang von，歌德
Gorgias，高尔吉亚
Grimm，Jacob，雅克布·格林
Grimm，Wilhelm，威尔海姆·格林
Hegel，Georg Wilhelm Friedrich，黑格尔
Helmholtz，Hermann，赫尔姆霍茨
Heraklit，赫拉克利特
Herder，Johann Gottfried，赫尔德
Hertz，Heinrich，赫茨
Hesiod，赫西俄德
Homer，荷马
Humboldt，Wilhelm von，洪堡
Hume，David，休谟
Kant，Immanuel，康德
Köhler，Wolfgang，科勒
Kratylos，克拉底鲁
Leibniz，Gottfried Wilhelm，莱布尼茨
Lessing，Gotthold Ephraim，莱辛
Levy-Bruhl，Lucien，列维-布留尔
Locke John，洛克
Maupertuis，Pierre Louis Moreau de，莫佩屠斯
Meinhof，Carl，梅因霍夫
Natorp，Paul，纳托普
Newton，Isaac，牛顿
Platon，柏拉图
Powell，John Wesley，鲍威尔
Pythagoras，毕达哥拉斯
Ray，Sidney Herbert，雷
Reinisch，Leo，雷尼什
Renan，Ernest，勒南
Rousseau，Jean-Jacques，卢梭
Russell，Bertrand，罗素
Schelling，Friedrich Wilhelm Joseph，谢林
Schlegel，Friedrich，施莱格尔
Schleicher，August，施莱歇尔
Shaftesbury，Anthony Ashley Cooper，沙夫茨伯里
Shakespeare，William，莎士比亚
Simonyi，Siegmund，西姆尼

图书在版编目(CIP)数据

符号形式哲学. 第一卷，语言/（德）恩斯特·卡西尔著；李彬彬译. --北京：中国人民大学出版社，2022.8

（当代世界学术名著）

ISBN 978-7-300-30855-5

Ⅰ.①符… Ⅱ.①恩…②李… Ⅲ.①卡西勒（Cassirer，Ernst 1874—1945）-哲学思想-研究 Ⅳ.①B516.59

中国版本图书馆 CIP 数据核字（2022）第 130967 号

当代世界学术名著

符号形式哲学

第一卷　语言

［德］恩斯特·卡西尔（Ernst Cassirer）　著

李彬彬　译

Fuhao Xingshi Zhexue

出版发行	中国人民大学出版社		
社　　址	北京中关村大街 31 号	**邮政编码**	100080
电　　话	010－62511242（总编室）		010－62511770（质管部）
	010－82501766（邮购部）		010－62514148（门市部）
	010－62515195（发行公司）		010－62515275（盗版举报）
网　　址	http://www.crup.com.cn		
经　　销	新华书店		
印　　刷	唐山玺诚印务有限公司		
规　　格	155 mm×235 mm　16 开本	**版　　次**	2022 年 8 月第 1 版
印　　张	21.75 插页 2	**印　　次**	2022 年 8 月第 1 次印刷
字　　数	297 000	**定　　价**	78.00 元